KB092083

허웅 선생 학문 새롭게 읽기

글쓴이 (가나다 순)

강희조 (서울대학교 인문학연구원 선임연구원)

고성연 (뉴욕시립대학교 퀸즈칼리지 동아시아학과 조교수)

김건희 (서원대학교 국어교육과 조교수)

김윤신 (신라대학교 국어교육과 조교수)

목정수 (서울시립대학교 국어국문학과 교수)

박소영 (부산대학교 국어국문학과 부교수)

신용권 (인천대학교 중어중국학과 부교수)

조원형 (만하임 독일어연구원 방문연구원)

허웅 선생 학문 새롭게 읽기

초판 인쇄 2014년 1월 16일

초판 발행 2014년 1월 23일

엮 은 이 ‖ 권재일

글 쓴 이 ‖ 강희조 외 7인

펴 낸 이 ‖ 박찬익

편 집 장 ‖ 김려생

책임편집 ‖ 김지은

펴 낸 곳 ‖ 도서출판 **박이정**

주   소 ‖ 서울시 동대문구 용두동 129-162

전   화 ‖ 02) 922-1192~3

팩   스 ‖ 02) 928-4683

홈페이지 ‖ www.pjbook.com

이 메 일 ‖ pijbook@naver.com

등   록 ‖ 1991년 3월 12일 제1-1182호

ISBN 978-89-6292-524-1 (93700)

* 책값은 뒤표지에 있습니다.

허웅 선생 학문
새롭게 읽기

권재일 엮음

도서
출판 박이정

책을 내면서

눈뫼 허웅 선생님께서 국어 사랑의 깊은 뜻을 남기고 우리 곁을 떠나신 지 어느새 십 년이 되었습니다. 선생님께서는 평생을 과학적 방법으로 국어의 본질을 연구하시고, 국어에 깃든 민족 문화의 바탕을 밝히셨습니다. 이러한 뜻에서 선생님은 탁월한 학문적 업적을 남기신 국어학자이시면서, 우리 민족 문화의 바탕을 꿋꿋하게 지키신 국어 운동의 실천가이셨습니다.

허웅 선생님의 학문 연구 방법의 가장 큰 특징은 앞선 연구를 계승하고 이를 독창적으로 발전시킨 것이라 하겠습니다. 선생님이 계승한 것은 나라 안팎의 여러 이론과 사상입니다. 가까이는 주시경 선생과 최현배 선생, 우리 선인들에게 뿌리를 두었으며, 나라 밖으로는 유럽의 기능-구조주의 언어 이론, 미국의 기술-구조주의 언어 이론, 변형생성문법 이론을 두루 참조하셨습니다. 선생님께서는 국어를 연구하는 데 있어서, 국어 자료의 정확한 기술을 기반으로 하셨습니다. 주어진 이론 틀에 따라 자료를 해석하는 방법이 아니라, 실증적인 자료를 바탕으로 국어 구조를 찾는 연구 방법이었습니다. 그렇게 하여 학문의 깊이를 더했을 뿐만 아니라, 언어 이론에서 국어 기술에 이르기까지, 음성학에서 통사론에 이르기까지, 그리고 이를 넘어서 언어 정책에 이르기까지 연구의 폭을 넓히셨습니다.

이와 같은 허웅 선생님의 학문 업적을 계승하기 위해 저희 제자들은 선생님께서 돌아가신 뒤 바로 선생님의 학문을 크게 음운 연구, 문법 연구로 나누어 구체적인 주제를 정하여 정리하고, 그 의의와 과제를 살펴보기로 하였습니다. 이를 바탕으로 한국언어학회에서는 2004년 12월 서울대학교 교수회관에서 "눈뫼 허웅 선생의 학문 세계"라는 주제로 학술회의를 개최하였습니다. 모두 열 두 편의 논문을 발표하였으며, 이 내용을 다듬어 책으로 출판한 것이 ≪허웅 선생의 우리말 연구≫(김차균 외 공저, 2005년, 태학사: 신국판 387쪽)입니다.

그러고 나서 이제 십 년이 흘렀습니다. 저희 제자 몇이서 선생님 10주기에 맞추어 선생님의 깊고 넓은 학문을 다시금 되살펴볼 것에 대해 의논하였습니다. 김차균, 권재일, 이기갑, 김주원이 모여 눈뫼연구회를 조직하기로 하고, 선생님의 학문을 되살펴보는 일 가운데 우선 젊은이의 시각으로 허웅 선생님의 학문 업적을 새롭게 읽어 보는 일을 하기로 하였습니다. 새롭게 읽어 본다 함은 젊은 세대 학자의 관점에서 허웅 선생님의 학문을 재해석하고 평가하여 이를 계승하고 발전시킬 방향을 모색하려 하는 것입니다. 여기서 젊은이라 함은 두 가지 뜻을 담고 있습니다. 첫째는 선생님께 직접 가르침을 받지 않은 세대의 젊은 학자라는 뜻입니다. 둘째는 최근의 언어학 이론을 주로 공부하고 그 이론을 기반으로 하여 국어를 연구하는 젊은 학자라는 뜻입니다.

이렇게 젊은 세대의 눈으로 허웅 선생님의 학문을 다시 읽고자 한 것에는 몇 가지 의미가 있을 것이라 판단하였습니다. 첫째, 선생님께 직접 가르침을 받은 학자들은 아무래도 객관적인 시각을 놓칠 수도 있기 때문에 선생님의 가르침을 직접 받지 않은 젊은 학자들의 시각이 더 객관적일 것이라 생각하였습니다. 둘째, 젊은 세대 학자들은 지금껏 연구하면서 허웅 선생님의 학문을 제대로 접해 보지 못하였기 때문에 새로운 관점에서 선생님의 학문을 해석할 수 있으리라 생각하였습니다. 셋째, 이들 젊은 학자들이 공부한 최근의 언어학 이론 틀에서 허웅 선생님의 학문을 어떻게 계승할 것인가를 제시해 볼 수 있으리라 생각하였습니다. 스승의 탁월한 학문이 하나의 고정된 문화재로 정리되어 도서관의 유물로 남지 않고, 후학들의 학문 바탕에 도도하게 흐르는 원동력이 되어 계승되길 바라는 마음입니다.

　이와 같은 생각에서 이 책은 젊은 학자 여덟 분이 집필하였습니다. 그 내용을 잠시 소개하면 다음과 같습니다. 크게 이론 편, 문법 편, 음운 편, 그리고 정책과 사상 편으로 나누었습니다. 이론 편은 허웅 선생님 학문의 이론적 배경에 대하여 논의하였습니다. 문법 편은 현대 국어의 형태론, 통사론, 그리고 15세기 국어 문법으로 나누어 집필하였습니다. 음운 편은 15세기 국어의 음운, 현대 국어의 음운, 그리고 국어음운사로 나누었습니다. 마지막으로는 선생님의 언어 사상과 언어 정책에 관한 내용을 다루었습니다. 그리고 책 앞머리에는 ≪허웅 선생의 우리말 연구≫에 실린 '허웅 선생의 학문 세계'을 간추려 다시 실어 두었습니다. 본론에 들어가기에 앞서 허웅 선생님 학문의 연구 방법과 연구 대상을 전체적으로 이해하는 것이 필요하다는 생각에서입니다.

이 책을 펴내면서, 교육과 연구에 그리고 학교 행정에 한창 바쁜 때임에도 불구하고 시간을 쪼개어 논문을 쓰고, 또 쓴 논문에 대해 몇 차례 모여 함께 진지하게 토론한 글쓴이 모두에게 깊이 감사합니다. 아울러 이 책을 기꺼이 출판해 주신 도서출판 박이정의 박찬익 사장님과 편집의 여러 힘든 일을 맡아 주신 편집부 여러분께도 감사드립니다.

2014년 1월 1일

엮은이　권 재 일 올림

차 례

허웅 선생의 학문 세계

　눈뫼 허웅 선생의 학문을 새롭게 다시 읽기에 앞서 독자들의 이해를
돕기 위하여, 허웅 선생의 학문을 연구 목표, 연구 대상, 연구 방법으로
나누어 살펴본, 권재일(2005), '허웅 선생의 학문 세계'(≪허웅 선생의
우리말 연구≫ pp.15~35, 태학사)를 간추려 앞머리에 다시 실어 둔다.

생전의 눈뫼 허웅 선생의 모습

1. 허웅 선생 학문의 기본 성격

허웅 선생의 국어 연구는 민족 문화를 잇고 가꾸는 데서 시작하였다. 청년시절 최현배 선생의 ≪우리말본≫을 처음 대하면서 자신이 나아가야 할 앞길을 결정한다. 그래서 '한 나라의 말은 그 나라의 정신이며, 그 겨레의 문화 창조의 원동력이다'라는 생각을 일찍이 마음에 간직하였다. 우리말을 민족정신과 문화의 뿌리라고 생각하였다. 이러한 생각은 허웅 선생 학문의 바탕이 되었으며, 평생을 일관되게 지닌 학문적 태도였다.

그래서 허웅 선생 학문의 성격을 한 마디로 말하자면 '연구'와 '실천', 둘의 조화라고 하겠다. 선생의 학문은 국어 연구를 언어과학으로 승화시켰으며, 이를 바탕으로 국어를 지키고 가꾸는 실천 운동을 전개하였다는 데에 의의가 있다. 국어를 객관화시켜 과학적으로 연구만 하고 국어 문화의 가치를 무시하는 학문 태도, 학문적 바탕 없이 맹목적으로 국어 사랑을 외치는 국어 운동의 태도, 허웅 선생은 이 둘을 평소 가장 경계하였다. 그러한 면에서 허웅 선생은 탁월한 학문 업적을 남긴 국어학자이자, 우리 민족 문화와 정신을 꿋꿋하게 지킨 국어 운동의 실천가였다.

허웅 선생의 학문 업적은 크게 두 가지로 살펴볼 수 있다. 첫째는, 국어를 연구하기 위한 이론의 토대를 마련한 업적이다. 1960년대에 지은 저서 ≪언어학개론≫(1963년), ≪개고신판 국어음운학≫(1965년)을 통해 국어 연구에 필요한 언어학 이론을 수립하였다. 외래 이론을 비판적으로 수용하면서 이를 독창적인 이론으로 발전시켰다. 둘째는, 국어 자료를 바탕으로 국어의 참모습을 밝힌 업적이다. 15세기 우리말 체계를 세우고 이 체계에 따라 옛 말본(=문법) 연구를 집대성하여 ≪우리 옛말본≫(1975년)을 펴냈다. 선생은 이를 바탕으로 한편으로는 국어의 역사를 추적하고, 또 다른 한편으로는 20세기 국어를 연구해 왔는데, 그 결실은 ≪20세기 우리말의 형태론≫(1995년), ≪20세기 우리말의 통어론≫(1999년)이다.

허웅 선생의 국어 운동은 국민의 글자 생활은 한글만으로, 언어생활은 쉽고, 바르고, 고운 말로, 그리고 이를 통해 우리 말글의 가치를 높이 받드는, 국어에 대한 자긍심을 높이는 활동이었다. 특히 국어 순화의 올바른 방향을, 이해하기 어렵거나 불필요한 한자말과 외래말을 쉬운 한자말이나 토박이말로 고쳐 쓰는 것으로 잡았다. 모든 한자말과 외래말을 토박이말로 고쳐 쓰자는 것이 아니라 무분별하게 쓰는 한자말, 외래말을 토박이말로 다듬어 쓰자는 것이다. 선생이 주창한 '한글은 우리 겨레와 민중을 위한 글자로 태어난 것이다'라는 생각은 글자 생활에서 민주주의를 실천한 정신이다. 한글만 쓰면, 읽기에 좀 불편한 점이 있다손 치더라도, 모든 국민들이 모두 편하게 글자 생활을 하며 모두가 문화와 정보를 누릴 수 있게 되지만, 한글-한자를 섞어 글자 생활을 하면, 일정한 교육을 받은 지식층만이 문화와 정보를 누리게 된다는 점에서 한글만 쓰기를 주창한 것이다. 이것이 곧 글자 생활의 민주주의 정신이다.

2. 연구 목표

학문의 연구 대상으로 국어를 연구하는 목표는 대체로 다음 두 가지를 생각해 볼 수 있다. 첫째는 국어를 과학적 연구 대상으로 객관화시켜 연구하는 것이다. 둘째는 국어를 민족 문화를 창조하여 이끌어 온 주체로 바라보고 연구하는 것이다. 학자에 따라 이 두 목표 가운데 어느 하나만 중시하고 다른 하나를 경시하거나 무시하는 예를 그간의 국어학계에서 흔히 보아 왔다. 그러나 국어를 연구함에 있어, 과학적 방법으로 국어의 본질을 규명하는 연구도 중요하거니와, 국어에 깃든 민족 문화의 뿌리를 밝히면서 국어를 발전시키고 보전하는 의지의 실천도 매우 가치 있는 일이다. 허웅 선생은 국어 연구의 올바른 방향을 위의 두 목표를 함께 생각하는 것이라고 하였다. 또한 한평생 국어를 연구하는 동안 이를 실천하였다.

허웅 선생의 학문 목표가 이렇게 세워진 데는 주시경 선생과 최현배 선생의 교훈에 힘입은 바가 크다. 선생은 국어에 대한 고귀한 가치를 펼친 주시경 선생과 최현배 선생의 정신을 받아서, 한 민족의 말은 그 민족의 창조적인 정신 활동으로 말미암아 만들어졌고 다듬어져 가는, 민족정신의 가장 거대한 소산일 뿐 아니라, 이 일은 또한 민족의 고유한 정신을 형성하는 데, 다른 어떠한 요인보다도 더 큰 영향력을 발휘하는 것임을 강조하였다. 그리고 우리말은 우리 민족이 가장 소중하게 여기고 이를 가꾸어 나가야 할 것임에도 불구하고, 과거 중국 문화의 영향을 지나치게 입었고, 일제 침략 시대에는 민족정신과 말과 글을 조직적으로 파괴당했고, 광복 뒤에는 서양 문화의 영향을 지나치게 받아, 우리 민족의 사고의 밑바닥에는 아직까지 민족의 언어와 글자에 대한 멸시감이 가시어지지 않고 있음을 지적하였다. 이러한 우리 말글을 지켜 가꾸어야 하겠다는 생각이 선생의 계속된 학문의 목표였다. 결국 선생은 학문의 목표가 단순히 학문을 위한 학문에 그쳐서는 안 되며, 우리의 올바른 언어생활을 위해 기여해야 하며, 학문이 이를 위해 이바지할 수 없다면 그 가치는 반 이하로 떨어질 것이라 강조하였다.

허웅 선생은 그의 학문을 정리하는 단계에서 여러 강의, 강연, 글에서 '우리 말글을 보아 온/보는 두 가지 눈'이란 주제로 되풀이해서 국어학의 목표에 대해 말한 바 있다. ≪한힌샘 주 시경 연구≫ 제12호(1999년)에 실은 글에 따르면 선생의 생각은 다음과 같다.

"우리들이 우리말과 글을 보는 눈은 두 가지다. 한없이 사랑하는 마음을 가지고서 우리 말글을 배우고 연구하고 지키고 가르치는 사람들이 있는가 하면, 외국 말글을 보듯 하는 사람들도 있고, 더 부정적인 눈은 외국 말글에 대해 우리 말글을 낮보는 사람들도 있어 왔고 그리고 지금 도 있다. 앞 것은 말글에 대한 민족사관이오, 뒷 것은 말글에 대한 식민 사관이다.

이러한 두 가지 견해의 대립은 훈민정음을 만든 동기에 대한 해석에 서도 나타난다. 역사의 기록에 따라, 세종의 민족자주 정신과 민본 정신 과 그분의 독창적인 머리와 그분의 진취적 성격이 훈민정음을 만들어 낸 밑바탕이 되었음을 높게 기리는 국어학자들이 있는 반면, 훈민정음은 그러한 데에서 만들어진 것이 아니라, 한자의 소리를 달기 위해서 만들 었다고 우겨대는 사람들이 있다.

이와 같이 지난날이나 지금이나 우리 겨레의, 우리 역사와 우리 말글 을 보아 온/보는 눈이 두 가지인데, 이러한 역사를 짊어지고 현실을 살아 가는 지금의 우리들은 우리말과 글을 어떠한 눈으로 보아야 할 것이며, 또 어떠한 태도로 배워야 할 것이며, 연구해야 할 것이며, 교육해야 할 것인가?

그래서 우리들은, '김부식-최만리-신흠'과 같은 한학 선비들의 국어관 을 물리치고, '세종대왕-김만중-주시경-최현배'의 줄을 잇는 선에서 국 어를 보고 연구하고 교육해야 할 것이다. 일본의 식민사관이 우리들 사이에 아직 남아 있듯이, 일본 학자들이 우리 말글을 연구한 그 태도가 지금도 우리 국어학자들 사이에 아직 남아 있는 현실을 우리들은 바로 보아야 할 것이다."

3. 연구 방법

3.1. 앞선 연구의 계승과 독창적 발전

허웅 선생의 학문 연구 방법의 가장 큰 특징은 앞선 연구를 계승하고 이를 바탕으로 독창적으로 발전시킨 것이라 하겠다. 학문은 앞선 연구의 방법론을 계승하여 발전시키되 비판적인 관점에 서서 이를 독창적으로 발전시켜야 한다고 보았다. 학문 연구의 성과란 아무런 바탕 없이 갑자기 이루어지는 것이 아니라, 항상 앞선 연구의 전통이 바탕이 되어 이를 계승하고, 수정·보완해서 완성되어 발전해 간다. 그래서 선생은 앞사람들이 이루어 놓은 성과를 이어받아, 새로운 이론을 독창적으로 세워 나가는 연구 방법을 강조하였다.

허웅 선생은 평소 이와 같은 학문 연구 방법과 관련하여 논어 위정편의 다음 말을 자주 인용하였다. "學而不思卽罔, 思而不學卽殆". 남의 이론만을 열심히 공부하고 자기의 독창적인 연구를 하지 않으면 학문이 어두워지고, 반대로 남의 이론을 돌아보지 않고 자기의 독단적 이론만 펼치면 학문이 위태로워진다는 뜻이다. 따라서 연구자는 두 가지 일, 즉 앞선 연구의 성과도 수용하고 이를 바탕으로 자기의 독창적 이론도 세워 가는 것이 학문 연구의 바른 길이라고 하였다.

선생은 주시경 선생 이래 잘 가꾸어진 국어학의 수준 높은 줄기가 엄연히 있는데도 그것을 돌보지 않고, 일제 강점기에 일본 학자들이 남겨 놓은 업적에 발을 디디고 있는 사람도 있고, 서양 이론을 비판 없이 그대로 국어에 적용하는 사람도 있음을 지적하고 이를 식민지적 학문 풍토라고 강하게 비판하였다. 선생은 스스로 그의 학문은 주시경 선생에서 비롯되고, 최현배 선생에서 정교한 다듬질을 겪은 이론과 기술 방법을 이은, 선각자들의 학문을 계승하고 있음을 밝혔다.

국어를 우리 민족이 가장 소중하게 여기고 이를 가꾸어 나가야 할 것이기에 이를 연구하는 것을 한평생의 과업으로 짊어지신 분이 주시경 선생이었으며, 선생이 이른 시기부터 국어를 연구해 보겠다는 생각을 가진 이유는 이러한 주시경 선생의 고귀한 정신의 가치를 이어 받은 것이라고 스스로 말하였다. 또한 자료의 해박함과 전후 모순 없는 체계를 세운 최현배 선생의 ≪우리말본≫의 이론을 계승하였다. 선생은 고등보통학교 삼학년 시절에 최현배 선생의 ≪중등조선말본≫을 읽고, 그에 감명을 받아 그 뒤에 나온 ≪우리말본≫을, 고등보통학교를 졸업하기 전에 그 나름대로 이해하면서 다 읽고, 그 영향으로 그 때 최현배 선생이 있던 연희전문학교로 진학하였다. 선생의 이러한 생각은 그의 ≪우리 옛말본≫에 그대로 표현되어 있다.

"그러므로 나에게 있어 ≪우리말본≫의 체계는, 내 어릴 적부터 내 살과 피와 뼈에 스며들어 있는, 내 학문의 알맹이를 차지하고 있는 부분이다. 뿐만 아니라, 내가 ≪우리 옛말본≫을 쓰기를 한 평생의 소원으로 한 것이 바로 이 시기이다. 그러므로 ≪우리 옛말본≫의 체계가 ≪우리말본≫의 그것을 뼈다귀로 하고 있음은 당연한 일이다. 책의 제목을 ≪우리 옛말본≫이라 한 것도 오로지 선생님의 학은을 잊지 않겠다는 내 조그마한 충정에서다."

그러나 선생은 단순히 전통의 계승에 그치지 아니하고 스스로 독창적인 이론 체계를 수립하여, 지금까지 풀지 못하였던 여러 학문적인 문제들을 해결하려 하였다. ≪우리 옛말본≫을 지으면서 스스로 말하기를, "모든 점이 ≪우리말본≫과 같을 수는 없다. 우선 술어를 다소 고친 데가 있는데, 그것은 그 문법범주의 본질을 파악하는데 도움이 될까 해서이며, 세부적인 체계가 달라진 데도 여러 군데인데, 그 중에는 현대 말과 15세기 옛말의, 말의 조직 자체가 다르기 때문에 당연히 그렇게 된 데도 있지만, 어떤 점은 그렇게 하는 것이 낫겠다는 생각에서 고친 데도 있다. 그러나 후자의 경우에 있어서도 공연히 신기함을 내세워 독창적인 척하려는 심정은 전혀 개재된 것은 아니다."

3.2. 이론 수용의 다양성

그렇다고 허웅 선생 학문의 이론적 뿌리가 주시경 선생과 최현배 선생에게만 둔 것은 아니었다. 선생의 학문 방법론은 나라 안팎의 여러 이론과 사상에 뿌리를 두었다. 앞서 살펴본 바와 같이 가까이는 주시경 선생과 최현배 선생, 그리고 우리 선인들에게 뿌리를 두고 있으며, 나라 밖으로는 유럽의 기능-구조주의 언어 이론, 미국의 기술-구조주의 언어 이론, 변형생성문법 이론을 두루 참조하고 있다.

선생은 '말과 정신 관계'를 설명하면서는 나라 안에서 이론을 찾았다. 김만중의 서포만필(西浦漫筆)의 "말과 사람의 마음과는 같은 것의 안팎에 지나지 않는 것으로 보고 있다."에서 말과 정신의 관계를 설명하였으며, 말과 겨레에 대해서는 주시경 선생의 생각을 받아 들였다. "한 겨레가 사는 구역은 독립의 터전이오, 그 인종은 독립의 몸이오, 그 말은 독립의 성(性)이다."라 한 주시경 선생의 생각에서 자기 나라를 보존하며, 자기 나라를 일어나게 하는 길은 나라의 본바탕을 장려함에 있고, 나라의 바탕을 장려하는 길은 자기 나라의 말과 글을 존중하여 쓰는 것이 가장 중요함을 찾아 강조하였다.

소쉬르의 '랑그'와 '빠롤'을 허웅 선생은 말의 갈무리와 부려쓰기로 설명하면서 동양과 서양에서 그 이론의 뿌리를 찾아왔다. 갈무리된 말을 ≪언어학≫(1981년)에서 다음과 같이 설명한다.

반야바라밀다심경에 "모든 물질은 헛것이나 다름없으니, 헛것은 모든 물질이나 다름없다. 물질은 바로 헛것이고, 헛것이 바로 물질이다."란 말이 있다. 물질의 세계는 모두가 다 한 곳이나 한 모양을 유지하지 못하고 항상 변화해 마지않는다. 모든 것이 있다가는 달라지고, 달라지다가는 없어진다. 모두가 다 순간적인 존재에 지나지 않는다. 그러나 인간은 이 변화해 마지않는 물질세계의 밑바닥에서 변화하지 않고 영구히, 또는 반영구히 존재하는 그 무엇인가가 있음을 찾아내는 슬기를 가졌다.

플라톤도 실지로 나타나 있는 것은 거짓 현상에 지나지 않으며, 이 순간적이오 개별적인 거짓 현상의 밑바닥에 참으로 존재하는 '이데아'가 있다고 하였다. 이것은 공간이나 시간에 그 자리를 가지지 않고서 영원한 것이라 하였다.

걷잡을 수 없이 복잡하고, 어지럽도록 순간적인 현상의 세계에서, 보다 질서 있고, 보다 항구적인 그 무엇인가를 찾으려는 노력은 동양이나 서양이나 마찬가지인데, 이렇게 설명한 갈무리된 말이 바로 랑그이며, 이를 직접 부려쓰는 말이 빠롤이다.

한편, 현대 언어학 이론에서도 필요한 개념을 적극적으로 받아들인다. '겉구조'와 '속구조'는 변형생성문법 이론에서 받아들였다. 문장의 층위를, 의미를 반영하는 속구조와 실제 발화에 실현되는 겉구조로 양분하고, 이 두 구조 사이를 변형에 의해 연결시키려는 촘스키의 생각을 통해 속구조와 겉구조의 개념을 받아들여, 문법에서 한기능법과 두기능법을 설명하고, 주체-대상법을 설명하였다.

3.3. 이론과 실증 자료의 아우름

국어 연구에서 생각해 보아야 할 문제 가운데 하나는 새로운 이론의 수용에 치우친 나머지 구체적 언어 사실에 대한 연구를 소홀히 해 온 것이 아닌가 하는 점이다. 이것은 오늘날의 언어학이 일반적으로 안고 있는 문제이기도 하다. 구체적 언어 사실에 대한 연구는 언어 이론의 기초를 다지는 일이며, 따라서 새로운 이론의 개발은 언어 사실 그 자체에 대한 연구가 쌓일 때 가능한 것이다. 이 문제는 궁극적으로 일반언어학과 개별언어학의 관계가 어떠해야 하는가 하는 문제이기도 하다.

일반언어학과 개별언어학인 국어학의 관계를 허웅 선생은 ≪언어학개론≫(1963년)에서 다음과 같이 밝히고 있다.

　"우리나라에 서구의 언어학이 수입되기는 해방 전부터라고 볼 수는 있으나 그 시기에 있어서는, 오로지 일본 학자들의 손을 거쳐 우리에게 받아 들여졌던 것이다. 그러나 우리나라에도 종래 언어학이 전혀 일어나지 않았던 것은 아니다. 갑오경장 이후에, 우리의 선인들은 국어학의 연구에 힘을 기울이는 경향이 현저히 나타났는데, 국어학이 언어학의 한 가닥인 바에야, 이러한 국어학 연구는 곧 언어학의 연구였던 것이다. 그런데 이상하게도 우리나라에서는, 언어학과 국어학은 다른 학문인 것처럼 착각되어 왔었다. 언어학이란 곧 서양 여러 나라말에 관한 학문이며, 그 소재나 술어는 모두 서양말로 되어 있어야 하는 것처럼 생각되어 온 것이다. 언어학이 서구에서 고도로 발달하였고, 그리고 우리들은 그것을 배워왔기 때문에 이러한 생각들을 가지게 된 것은 당연한 일일는지 모른다. 그러나 이러한 생각은 큰 잘못이다. 언어학은 그렇게 먼 곳에 있는 학문이 아니다. 언어학은 언어, 즉 말을 연구하는 학문이며, 우리말을 연구하는 국어학은 곧 언어학인 것이다. 우리들에게 있어서는, 오히려 국어학의 굳건한 토대 위에, 일반 언어학을 건설해 나가는 것이 마땅하며, 그렇게 해야만 우리나라 언어학의 든든한 발전을 이룰 수 있는 것이다."

　언어 속에 작용하고 있는 일반 원리 혹은 보편 원리를 찾아내는 일이 언어학의 근본 과제가 되어야 한다는 데에는 이론의 여지가 없다. 그러나 이를 위해서는 개별 언어들에 대한 깊은 연구가 선행되어야 한다는 사실을 소홀히 하는 데에 문제가 있다. 개별 언어의 깊은 연구 없이는 일반언어학은 가공의 것이 될 수밖에 없다. 개별언어학과 일반언어학은 관심의 핵을 달리 가지면서 공존해야 한다. 허웅 선생의 학문에는 언어학의 이러한 이치가 담겨 있다.

이를 바탕으로 우리말을 연구하는 데 있어서, 허웅 선생은 우리말 자료의 정확한 기술을 기반으로 하였다. 어떤 주어진 이론 틀에 따라 우리말 자료를 해석하는 방법이 아니라, 실증적 자료를 바탕으로 귀납적으로 우리말 구조에 맞는 틀을 마련하여, 연구의 방향을 제시하였다.

3.4. 체계적인 연구 방법

허웅 선생은 학문 연구에서 체계를 특히 강조하였다. 학문의 체계를 세우는 것을 하나의 집을 짓는 것에 비유하여 설명하였다. 집을 지을 때에는 그 집에서 살 가족의 구성과 집에 들어갈 세간에 맞도록 설계를 하고 집을 지어야 하며, 설계를 하되 집짓는 근본 원리는 알고 있어야 하며, 이 근본 원리에 어긋나면 집은 무너지고 만다고 하였다.

이러한 뜻에서 허웅 선생의 학문은 구조주의에 생각을 모았다. 구조주의는 체계를 이루는 요소와 이들 사이의 관계를 찾는다. 따라서 체계를 이루는 언어 요소들의 항목을 확정하고, 이 항목들 사이의 관계를 설정하는 방법을 강조한다.

문법 연구의 예를 들어 체계적인 연구 방법에 대해 살펴보자. 선생은 말본을, 위로는 월을 한계로 하고, 아래로는 형태소를 한계로 하여, 큰 언어 형태를 그보다 작은 언어 형태로 쪼개고, 작은 언어 형태를 그보다 큰 언어 형태로 짜이루는 과정에서 이루어지는 학문으로 규정하고서, 형태론은 형태적 짜임새를, 통어론(=통사론)은 통어적 짜임새를 대상으로 하여 체계를 세웠다. 이 두 짜임새는 어떤 표현을 이루는 두 직접 성분의 의존 혹은 자립 여부에 따르는데, 어떤 표현의 직접 성분이 두 구성으로 되어 있다고 할 때, 둘 모두가 자립 형태소이면 그것은 통어적 짜임새이고 어느 한쪽이 의존 형태소이거나 모두 의존 형태소이면 그것은 형태적 짜임새라고 설명하였다. 이렇게 말본 기술은 두 분야로 체계를 세워 풀이하는 것이 타당하다고 하였다.

또한 통어론 이론을 전개하면서도 체계적인 방법에 기대었다. 그 한 예가 통어적 짜임새 사이에 나타나는 '이끌림의 규칙'을 정립한 것이다. 언어 형태들이 월을 짜이룰 적에는, 각 조각들 사이에 서로 이끌고 이끌리는 역학적인 관계가 맺어지는데, 이 힘의 중심이 풀이말이라 하였다. 즉, 월은 풀이말을 중심으로, 다른 조각들이 이에 이끌려 만들어지는데, 그 사이에는 이끌림의 규칙이 성립하고 있음을 체계적으로 기술하였다. "풀이말은 그 월이나 마디 안에 있는 어찌말과 부림말-위치말-방편말-견줌말을 이끌고서, 마지막으로 임자말을 이끈다."라는 규칙을 비롯, 매김말과 받침말, 맞선말, 홀로말 등에서 나타나는 이끌림의 규칙을 모두 체계적으로 정립하였다.

'월의 손질'이라는 개념을 새롭게 제시한 것 역시 그러하다. 기본적인 월의 짜임새는, 굳어진 표현이 아니고, 한 월의 의향법 씨끝을 다른 씨끝으로 바꾸거나, 또는 씨끝을 바꾸지 않고서 한 월을 다른 큰 월 안에 안기거나, 또 한 월의 의향법 씨끝을 다른 씨끝으로 바꾸어, 말을 끝맺지 않고, 다시 다른 월에 잇대는 현상을 제1차 월의 손질이라는 개념으로 풀이하였다. 이러한 제1차 월의 손질을 거친 월을 더 간편하도록 월의 짜임새를 조정할 수 있는데, 월조각을 줄이거나, 옮기거나, 서로 바꾸어 놓는 일을 제2차 월의 손질이라 하였다. 없어도 된다고 생각하는 월조각을 줄여 없애기도 하고, 특별한 표현 효과를 노려, 본디 있던 자리를 다른 데로 옮기기도 하고, 때로는 말을 효과적으로 표현하기 위하여 한 월조각을 다른 월조각으로 갈음하는 일이 있는데, 이러한 제2차 손질은 제1차 손질의 경우보다, 말할이의 뜻이 더 자유롭게 작용한다고 하였다.

풀이말이 짊어진 말본 정보를 제시함으로써 통어 범주를 체계적으로 살폈다. 풀이말은 다른 월조각에 비해 많은 말본 정보를 짊어지고 있음을 근거로, 말본 정보가 실현되는 방법을, 풀이씨 씨끝에 의한 경우와 매인풀이씨 줄기에 의한 경우로 나누어 제시하였다. 풀이씨 씨끝에 의한 경우는, 말할이의 마음가짐과 관계가 있는 것으로 들을이높임법, 임자높임법을, 객관 세계에 대한 것으로 때매김법을 체계적으로 설정하였다. 매인풀이씨 줄기에 의한 경우는, 지움, 때의 흐름, 섬김, 바람, 해보기, 가능, 힘줌 등의 범주를 체계적으로 설정하였다.

4. 연구 대상 – 주요 논저를 살피면서 –

허웅 선생의 학문 업적은 그 깊이가 깊을 뿐만 아니라, 연구 대상도 참으로 넓다. 언어 이론에서 국어 기술에 이르기까지, 음성학에서 통어론에 이르기까지, 그리고 이를 넘어서 국어 정책에 이르기까지 연구의 폭은 넓다. 이제 이들을 다음과 같은 분야로 나누어 살펴보기로 하겠다.

(1) 언어학, 국어학의 이론 연구
(2) 음운 연구
(3) 문법 연구
(4) 국어학사와 국어 정책 연구
(5) 고전 주해와 사전 편찬

4.1. 언어학, 국어학의 이론 연구

허웅 선생은 국어를 연구하기 위해 외래 언어 이론을 받아들이고, 이를 바탕으로 독창적인 이론 체계를 세웠다. 1958년에 발간한 ≪국어음운론≫(1958, 정음사: 국판 296쪽)은 우리나라에서 처음으로 음운론의 공시적, 통시적 연구의 이론을 마련하고 이에 따라 국어 음운론을 기술한 저서이다. 위로는 소쉬르의 이론으로부터 유럽의 기능-구조주의 음운론 이론(특히, 프라그학파의 이론)과 미국의 기술-구조주의 음운론 이론에 이르기까지, 그리고 훈민정음 창제에 담겨 있는 우리 고유의 음운 이론까지 찾아서, 국어 음운론 연구의 기틀이 될 이론을 정연하게 체계를 세웠다. 위 책은 1965년에 대폭 수정·보완되어 ≪개고신판 국어음운학≫(1965, 정음사: 국판 552쪽)으로 다시 발간되었으며, 그로부터 20년 뒤 ≪국어음운학－우리말 소리의 오늘·어제－≫(1985, 샘문화사: 신국판 606쪽)로 완성되었다.

무엇보다도 언어학 이론을 분명한 체계로 세워 우리 학계에 소개한 것은 1963년에 발간한 ≪언어학개론≫(1963, 정음사: 국판 391쪽)이다. 유럽과 미국의 다양한 언어 이론을 바탕으로 하고 선생의 관점에서 창의적으로 틀을 짜서 세운 우리나라 처음의 언어학 개론서이다. 이 책은 우리나라에서 언어학을 연구하고 국어학을 공부하는 데 있어 오랫동안 주요한 지침서가 되었다는 점에서 높이 평가된다. ≪언어학개론≫에 담긴 내용을 그 차례를 통해 보이면 다음과 같다.

1. 말이란?
2. 언어의 정태와 변화
3. 말의 소리 － 1 (음성학)
4. 말의 소리 － 2 (음운론)
5. 의미 (의미론)
6. 문법
7. 문자
8. 말의 변함 － 1 (소리의 변함)
9. 말의 변함 － 2 (의미의 변함)
10. 언어의 비교
11. 방언
12. 언어학의 발자취

그 이후 ≪언어학개론≫의 이론과 내용을 크게 수정하고 보완하여 ≪언어학-그 대상과 방법-≫(1981, 샘문화사: 신국판, 497쪽)을 발간하였으며, 그리고 이 책을 간략하게 다듬은 것이 ≪고친판 언어학개론≫(1983, 샘문화사: 신국판, 334쪽)이다.

허웅 선생은 언어학에 대한 이론서에 이어, 국어학의 이론적 기틀을 마련하고, 국어 연구의 길잡이가 될 저서를 발간하였는데 ≪국어학-우리말의 오늘·어제-≫(1983, 샘문화사: 신국판, 475쪽)가 그것이다. 이 책은 국어의 말소리, 말본, 어휘 체계를 중심으로 하여, 그 오늘의 모습과 역사적으로 바뀌어 내려 온 모습을 밝힌 것이다. 차례를 통해 본 그 내용은 다음과 같다.

1. 국어학의 연구 대상과 연구 분야
2. 말의 소리 (1) 음성학
3. 말의 소리 (2) 음운학
4. 형태소와 낱말 (형태음소론과 의미론)
5. 말마디와 월 (말본)
6. 글자살이의 역사
7. 말소리의 역사
8. 낱말의 소리와 뜻이 바뀌는 모습
9. 말본의 역사

4.2. 음운 연구

기록에 따르면, 허웅 선생의 첫 논문은 '"에, 애, 외, ᄋᆞ"의 음가'(1952, ≪국어국문학≫ 제1집)이다. 국어국문학회의 창립동인으로 참여하여 첫 학술지에 실은 논문이다. 15세기 국어의 '에, 애, 외, ᄋᆞ'는 현대 국어와 음가가 달라 하강적 이중모음이었음을 규명한 논문으로 주목되었다. 이어서 발표한 '병서의 음가에 대한 반성'(1953: ≪국어국문학≫ 제7집) 역시 15세기 국어의 음가와 음운 체계를 논의한 논문으로 어두자음군에 대한 체계적인 연구이다. 이렇듯 15세기 국어의 음운 체계와 음운 현상을 밝히려는 선생의 음운론 연구는 곧 이어 성조 연구에 한 획을 긋는다. '경상도 방언의 성조'(1954, ≪최현배 선생 환갑기념논문집≫), '방점 연구'(1955, ≪동방학지≫ 제2집)를 발표하여, 15세기 국어 성조의 본질, 그리고 경상도방언의 성조와의 관계를 밝힌다.

이렇게 시작된 허웅 선생의 음운 연구는 15세기 국어의 음운 체계를 수립하고, 현대 국어의 음운 체계를 수립하여 국어 음운 변천사를 기술하였다. 아울러 15세기와 현대 국어의 음운 변동의 규칙 체계를 세우고, 이를 바탕으로 역시 국어 음운 변화를 역사적으로 추적하였다.

이러한 업적은, 음운 이론과 함께, 앞에 든 세 음운학 책에 담겨 있다. 1958년에 발간한 ≪국어음운론≫(1958, 정음사: 국판 296쪽)에서 씨앗을 뿌리고, 1965년의 ≪개고신판 국어음운학≫(1965, 정음사: 국판 552쪽)에서 수확을 하고, 1985년의 ≪국어음운학－우리말 소리의 오늘·어제－≫(1985, 샘문화사: 신국판 606쪽)에서 완성된 모습을 드러냈다. 이 책의 큰 갈래를 소개하면 다음과 같다.

1. 말소리의 일반적 성격
2. 현대 국어의 음운학
3. 15세기 국어의 음운학
4. 국어 음운사
5. 음성 상징

4.3. 문법 연구

허웅 선생은 일찍이 15세기 국어의 문법 체계를 세우고 이 체계에 따라 ≪옛말본≫(1969, 과학사: 국판, 195쪽)을 펴낸 데 이어, 15세기 국어 형태론 연구를 집대성하여 ≪우리 옛말본≫(1975, 샘문화사: 신국판 994쪽+2표)을 펴냈다. 선생은 이를 바탕으로 한편으로는 국어 문법의 역사를 추적하고, 또 다른 한편으로는 20세기 국어 문법을 연구해 왔는데, 그 결실은 ≪20세기 우리말의 형태론≫으로 나타났다. 그리고 곧 이어 ≪20세기 우리말의 통어론≫을 펴냈다. 이 책의 발간으로 선생은 20세기 국어 문법 연구를 완성시켰다.

이와 같이 선생의 문법 연구는 15세기 국어의 체계를 세우는 데서 시작하였다. '존대법사'(1954, 성균학보 제1집)를 시작으로 15세기 국어의 높임법과 '-오/우-'를 중심으로 하는 인칭-대상법에 대한 연구가 이어 졌다. 이 논문들은 저서 ≪중세국어연구≫(1963, 정음사: 국판, 381쪽)에 실려 있다. 이들 연구는 당시 이숭녕 선생을 비롯한 그 제자들과 허웅 선생 사이의 학술적 논쟁을 불러일으켰다.

15세기 국어 형태론은 앞에 든 ≪우리 옛말본≫에 집대성되어 있다. 이 책의 큰 갈래를 소개하면 다음과 같다.

1. 앞머리
2. 조어론 ― 낱말 만들기 ―
3. 준굴곡법 ― 임자씨와 토씨 ―
4. 굴곡론 ― 풀이씨와 그 활용 ―
5. 그 밖의 품사들

15세기 국어 문법에 대한 공시적 연구에 이어, 선생은 국어 문법사 연구에 착수하였다. 우선 범주별 연구에 들어가, 때매김법의 변화를 추

적하였다. 각 시기별 때매김법을 공시적으로 기술함과 동시에 시기별로
변화해 움직이는 모습을 연구하였다. 그 결과는 15세기에서 지금에 이
르는 때매김법사 연구인 ≪국어 때매김법의 변천사≫(1987, 샘문화사:
신국판, 245쪽)에 정리되어 있다.

그 이후 선생은 국어 문법사 연구의 방법을 수정하여, 세기별로 공시
적으로 기술하고 이를 바탕으로 변화의 모습을 추적하였는데, 그 첫
결실은 16세기 국어 문법의 공시적 기술과 그 15세기로부터의 변화를
다룬 ≪16세기 우리 옛말본≫(1989, 샘문화사: 신국판, 548쪽)과 ≪15·
16세기 우리 옛말본의 역사≫(1991, 탑 출판사: 신국판, 205쪽)로 나타
났다.

허웅 선생의 20세기 국어 문법 연구는 20세기를 마무리하는 시점에
결실을 맺었다. 풍부한 현대 국어 자료와 독창적인 기술 방법으로 지은
≪20세기 우리말의 형태론≫(1995, 샘문화사: 신국판, 1530쪽. 2000년
고친판: 1538쪽)과 ≪20세기 우리말의 통어론≫(1999, 샘문화사: 신국
판, 1069쪽)이 그것이다.

≪20세기 우리말의 형태론≫은 말본 체계를 세우고 나서, 형태소와
낱말, 풀이씨의 씨끝바꿈을 다룬 굴곡론과 토씨를 다룬 준굴곡론을 포함
하는 현대 국어 형태론을 집대성한 연구서이다. 이 책은 크게 네 묶음으
로 되어 있다. 첫째 묶음은 말본의 기본 뼈대라 하여, 말본의 얼안과
아랫분야를 다루면서, 우리말 말본 연구의 뿌리인 주시경 문법과 최현배
문법을 분석하였다. 둘째 묶음은 형태소와 낱말이라 하여, 형태소와 형
태소 변동 규칙, 낱말, 씨가름(품사 분류), 낱말 만들기를 다루었다. 셋째
묶음은 풀이씨의 씨끝바꿈이라 하여 의향법과 들을이 높임법, 이음법,
이름-매김-어찌법, 주체 높임법, 때매김법을 다루었다. 넷째 묶음은 준굴
곡법이라 하여 토씨를 다루었다.

≪20세기 우리말의 통어론≫은 홑월의 짜임새와 겹월의 짜임새를
모두 포함하는 현대 국어 통어론에 대한 종합적 연구서이다. 이 책 역시

크게 네 묶음으로 되어 있다. 첫째 묶음은 통어론의 기본 이론으로 국어 통어론을 위한 일관되고 합리적인 지은이의 독창적인 이론이 새롭게 전개되어 있다. 둘째 묶음은 홑월의 짜임새로 풀이씨와 임자씨를 중심으로 이들의 통어적 구실을 체계적으로 제시하였다. 셋째 묶음과 넷째 묶음은 각각 안음과 이음 겹월의 짜임새를 기술하여, 월을 쪼개고 짜이루는 과정을 합리적으로 설명하였다.

위의 두 저서의 기본적인 연구 방법은, 무엇보다도 풍부한 자료를 바탕으로 실제 국어 현상을 정확하게 기술하고 합리적으로 설명하고자 한 것이었다. 이는 전통적 언어학 연구 방법뿐만 아니라 현대 언어학 연구 방법을 두루 살펴, 이를 독창적으로 풀어 낸 결과라 하겠다.

4.4. 국어학사와 국어 정책

허웅 선생 학문의 한 축인 국어 존중과 발전에 기반을 둔 국어 정책 연구에 대해 살펴보고자 한다. 선생의 국어 정책의 관심은 언어와 문자에 걸쳐 있다. 언어와 관련해서는 국어 순화가 중심이며, 문자와 관련해서는 한글만 쓰기 주장이 중심이다. '국어 순화는 왜 해야 하며, 어떻게 해야 하나'(1977, 민족문화연구 제11호, 고려대학교 민족문화연구소)에서는 국어 순화의 목표, 방법, 대상 등을 합리적으로 제시한 바 있다.

선생의 국어 정책에 대한 주요 저서는 다음과 같다. 우리말과 우리글의 나아갈 길을 보여 주는 논설을 모은 ≪우리말과 글의 내일을 위하여≫(1974, 과학사: 4×6판 497쪽)를 시작으로, 이를 더 보완한 ≪우리말과 글에 쏟아진 사랑 −국어 정책론−≫(1979, 문성출판사: 신국판, 660쪽), ≪고친판 우리말과 글에 쏟아진 사랑≫(1987, 샘문화사: 신국판, 597쪽), ≪이삭을 줍는 마음으로≫(1987, 샘문화사: 신국판, 561쪽), 그리고 그 이후의 글을 모아 거둔 ≪이삭을 줍는 마음으로≫<둘째 엮음>

(1998, 다섯번째 더음판 2003년 9월 30일, 샘문화사: 4×6배판, 199쪽)이
있다. ≪우리말 우리글≫(1979, 계몽사: 국판, 223쪽)은 우리말 우리글
의 모습을 초등학교, 중학교 학생들에게 알리기 위해 쉽게 쓴 책이다.

선생의 국어학사 연구는 세종대왕, 주시경 선생, 최현배 선생에 대한
학문적 연구이다. ≪한글과 민족 문화≫(1974, 세종대왕기념사업회,
1999 고침, 문고판, 222쪽), '민족의 큰 스승 세종 대왕'(≪동서사도
론≫ 1976, 을유문고)은 세종대왕의 한글 창제의 역사상 의의, 한글이
우리 역사 발전에 끼친 힘을 역사적 관점에서 풀이한 것이다. '주 시경
선생'(≪한국의 인간상≫ 4, 1965, 신구문화사), '주 시경 선생의 생애
와 업적'(≪사상계≫ 제7권 제1호, 1959, 사상계사)에 이은 ≪주 시경
선생의 생애와 학문≫(1980, 과학사: 국판 317쪽, 박지홍과 공저)은 주
시경 선생의 학문 업적과 생애를 살펴본 논저들이다. 최현배 선생의
삶과 나라 사랑의 정신, 학문, 언어 정책 등을 전반적으로 비춘 저서는
≪최 현배 - 우리말 우리 얼에 바친 한평생 - ≫(1993, 동아일보사: 국
판, 234쪽)이다.

우리말을 연구해 온 모습을 제시한 논문으로 '우리 말글을 보아 온/보
는 두 가지 눈'(≪한힌샘 주 시경 연구≫ 제12호, 1999)이 있다. 한없이
사랑하는 마음을 가지고서 우리 말글을 배우고 연구하고 지키고 가르친
'세종대왕-김만중-주시경-최현배'의 줄을 잇는 선에서 국어를 보고 연구
하고 교육해야 함을 힘주어 말하고 있다.

4.5. 고전 주해와 사전 편찬

국어의 문헌 자료는 국어 연구의 기반이라는 뜻에서 허웅 선생은 옛
문헌에 대해 음운과 문법 해석을 붙여 출판하였다. 용비어천가의 낱말,
말본, 역사를 상세히 풀이한 ≪주해 용비어천가≫(1955, 정음사: 4×6판,

352쪽), 이를 간략히 정리한 ≪용비어천가≫(1977, 형설출판사: 문고판, 198쪽), 그리고 월인천강지곡 상권에 대해 상세히 주해한 ≪주해 월인 천강지곡≫(1962, 신구문화사: 국판, 본문 180쪽+영인 142쪽, 이강로와 공저)이 있다.

국어학 관련 사전도 편찬하였는데, ≪국어국문학사전≫(1971, 일지 사: 신국판, 330쪽, 박지홍과 공저), ≪국어학사전≫(1995, 한글학회 편) 이 있다.

허웅 선생의 일반언어학 이론
- 그 성과와 한계, 그리고 계승을 위한 제언 -

목 정 수

1. 머리말

이 글은 허웅(1963) ≪언어학개론≫(이하, 허웅(1963)이라 줄여 표기
한다), 허웅(1981) ≪언어학, 그 대상과 방법≫(이하, 허웅(1981)이라
줄여 표기한다), 허웅(1983) ≪국어학, 우리말의 오늘·어제≫(이하, 허
웅(1983)이라 줄여 표기한다)라는 세 권의 저서를 중심으로 허웅 선생이
일반언어학 이론을 어떻게 흡수하였고, 국어학 정립에 어떻게 적용해
왔는가 하는 점을 밝히는 데 목적을 둔다. 이를 위해 김현권(2005) '허웅
선생의 학문과 일반언어학 이론'의 개괄적인 논의를 최대한 참조하되,
그와의 차별적인 논의를 위해서 기욤(Guillaume)의 소쉬르(Saussure) 이
론의 극복 과정을 알아보고 거기서 정립된 '동역학적 이론'을 현대 국어
분석에, 구체적으로 조사 체계 분석에 적용했을 때 얻어지는 기술적
타당성과 설명적 타당성을 제시한다. 이 과정을 통해서 허웅 선생이

당대의 여건 때문에 주목하지 못했던 일반언어학의 성과를 새롭게 인식하고 허웅 선생의 국어학을 발전적으로 계승하는 방향을 적극적으로 모색한다. 소쉬르의 ≪일반언어학 강의≫ 이후에 이루어진 후기구조주의의 일련의 연구 성과들을 소개하면서 허웅 선생의 연구와 어떻게 연결될 수 있는지 그 연계 고리를 찾는 것이 핵심이다.

제2장에서는 허웅 선생이 일반언어학의 성과를 수용하여 한국어에 맞는 문법 체계를 어떻게 구성했는지 그리고 그 과정에서 어떤 성과를 냈고 또한 어떤 한계를 보였는지를 소쉬르와 기음을 중심으로 살펴보고, 기술주의의 분포 개념을 철저하게 밀고 나갔을 때, 한국어 형태론과 통사론의 경계에서 어떠한 문제가 발생하는지를 절을 달리해 가면서 상세히 논의할 것이다.

제3장에서는 유형론적 시각에서 한국어의 위상을 교착어, 굴절어, 고립어, 포합어의 전체 분포도를 통해 점검해 보고, 한국어 문법의 양대 산맥인 형태론과 통사론에서 단어 규정의 문제와 관련하여 통사 단위의 설정 문제, 품사 구분의 문제, 단어형성론의 몇 문제를 중점적으로 논의할 것이다. 이어 서술절의 문제를 해결하기 위해 주어의 문제, 선어말어미 '-시-'의 기능, 결합가 이론 등으로 나누어 깊이 논의할 것이다.

2. 허웅 선생의 일반언어학 이론: 그 성과와 한계

2.1. 유럽 구조주의의 수용과 한계: 소쉬르를 중심으로

허웅(1963)에서 허웅(1983)에 이르기까지 허웅 선생의 언어학 그리고 국어학은 소쉬르의 방법론을 수용하는 토대 위에서 출발한다. 먼저, 랑그와 빠롤의 구분을 언어학 대상 선정과 관련하여 논의하고 있는데, 이 글에서 주목하고자 하는 것은 허웅 선생이 소쉬르의 랑그와 빠롤을

'갈무리된 말'과 '부려쓰인 말'로 녹여 이해하는 과정에서 그 대립 관계를 이원적으로가 아니라 일원적으로 통합하는 방향으로 나아가고 있다는 점이다. 허웅 선생은 랑그와 **빠롤**의 대립을 '참된 있음'과 '헛것인 물질', '항구'와 '순간', '사회성'과 '개인성'의 '유한'과 '무한'의 대립을 통하여 설명하고 있다. 그러나 원래 소쉬르의 '랑그'와 '빠롤'의 구분은 사회학의 논의 틀을 받아들이면서 이루어진 바가 컸으므로 ≪일반언어학 강의≫의 기본 축은 원리적으로 '사회'와 '개인'의 구분에 놓여 있었다. 그런데, 허웅 선생은 이러한 이원론을 언어 주체(sujet parlant)의 개인 차원에서 잠재와 실현이라는 두 차원의 존재 양식으로 구분하고 하나의 두 가지 모습으로 언어의 총체성을 바라보는 쪽으로 발전시켜 나갔다.[1] 필자는 이 점을 아무리 높이 평가해도 지나치지 않다고 본다. 이는 소쉬르의 뒤를 잇는 기욤의 소쉬르 비판과 그의 새로운 신비교주의의 방법론과 통하는 점이 많다. 허웅 선생은 기욤을 직접 접하지는 않았지만, 독자적인 소쉬르의 ≪일반언어학 강의≫ 읽기를 통하여, 소쉬르의 초기구조주의의 이원성 원리가 후기구조주의로 나아가면서 어떻게 극복되어 갈 것인가를 꿰뚫어 보고 있었다고 감히 평가할 수 있는 부분이다.[2]

김현권 교수도 '허웅 선생의 학문과 일반언어학 이론'에서 이 부분을 다음과 같이 지적하고 있다(김현권 2005:43~44).

"랑그와 **빠롤**에 대한 눈뫼의 한 가지 독창적인 해석은 이 두 언어의 상호 작용이다. 즉 사람이 언어능력을 가지고 있으므로 "**빠롤**을 토대로

---

[1] '색즉시공(色卽是空)', '공즉시색(空卽是色)'의 불교 용어로 이를 설명하고 있는 것은 정말 압권인데, 이는 보통의 인식으로는 불가능한 시각이라 할 수 있다.

[2] 프랑스의 기욤 학자 포티에(Pottier)도 기욤의 이론을 동양의 음양 원리, 도가 사상과 연결하여 해석한 바 있다(Pottier 1980, Guillaume et le Tao: L'avant et l'après, Le Yang et le Yin).

하여 랑그를 갈무리하고(만든다)” 그리고 빠롤은 “랑그를 부려쓰는 것”
이라고 이 두 언어의 관계를 규정했다. 그리고 랑가주를 언어활동으로
해석하여 이 랑가주를 매개로 두 언어의 관계를 설명한다. 그는 이들의
상호 관계를 다음 그림(허웅 1983:35)으로 나타내고 있다. 이 그림은
허웅 선생의 Saussure의 랑그와 빠롤 그리고 랑가주에 대한 다소 독창적
인 해석을 보여주는 부분이다.

　다음 그림에서 랑가주는 단지 랑그와 빠롤의 총합이 아니라 이 둘을
운용하는 활동인 동시에 이 둘의 상호 작용이 이루어지는 곳이다. 따라
서 이 둘은 서로 차단벽이 쳐져 있는 분리된 두 실체가 아니라 끊임없이
갈무리되고, 부려쓰는 실체이다.

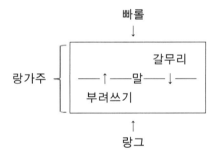

　그림에서 ‘말’이 정확히 지시하는 바가 무엇인지는 언급하고 있지
않으나 이는 역시 소쉬르가 랑가주로 나타내고자 한 바로 그것이다.”

　한편, 목정수(2009a) ‘한국어학에서의 소쉬르 수용의 문제: 기욤을
매개로’에서는 소쉬르의 랑그와 빠롤의 이원성을 시간성의 차원에서
새롭게 해석한 기욤의 정신역학(psychomécanique)을 보여주고 이를 기
반으로 한국어 문법 체계를 새롭게 세울 수 있는 바탕을 마련하였다.
소쉬르의 ≪일반언어학 강의≫가 언어학의 진정한 대상을 정하기 위해
랑그와 빠롤을 구분하고자 했다면, 기욤은 ‘랑그’와 ‘빠롤’의 이원적 구

분에서 빠져 있는 '시간성'이라는 개념의 재인식을 통해 양자를 통합하려는 시도를 했다고 볼 수 있다.[3] 내용이 좀 길더라도 핵심 부분을 인용해 보기로 한다(목정수 2009a:37~38).

"내가 진작부터 깨달아 알고 있었고 또 다른 사람들이 전해 준, 소쉬르의 이 편의주의가 정확히 무엇인지를 탐구하는 것은 소용없는 일은 아닐 것이다. 소쉬르는 언어활동(langage), 언어(langue), 말(parole)을 구분하고, 다음과 같이 그에게 있어서 근본적인 등식을 제시한다: 언어활동 = 언어 + 말.

이 등식에 의하면 언어활동은, 언어에서 말로의 연속의 전부 — 우리의 내부에 잠재 상태로 항구적으로 존재하는 언어와 우리의 내부에 결과의 상태로 순간적으로 존재하는 말로의 연속의 총체로 보는 관계에 따라서 해석될 수밖에 없다.

이러한 해석은, 내 나름으로 내린 것으로서, 소쉬르의 책에서는 찾아볼 수 없다. 그러나 이 해석이 소쉬르의 책에 명시적으로는 아무데도 안 나타나 있다 해도, 암시적으로는 도처에 깔려 있다. 이 해석은 이 책의 전체 내용으로 보아서 암시적인 것으로 제시되어 있다. 겉으로 나타나 있는 것보다 더 깊은 설명을 암시적으로 유지하는 것은 편의주의의 특색이며, 이 책이 더 큰 성공은 아니더라도 새로 탄생한 주장의 장소에서 저항을 덜 받은 것은 다 이 편의주의에 힘입고 있는 것이다.

(……)

이런 모양으로 나타내면, 다루어지고 있는 중심 문제가 밝혀지며, 이렇게 밝혀짐으로써 소쉬르의 공식 '언어활동 = 언어 + 말'이 그 결함을 드러낸다. 소쉬르식 공식이 간과하고 있는 그리고 언어학의 모든 문제에서 가장 엄밀하게 고려되어야 할 여지가 있는 요인은 시간이라는 요인이

---

[3] Leçon du 20 février 1948, Guillaume(1973:64~72)에 그 내용이 명시적으로 들어 있다.

다. 전체나 총체로서의 언어활동은 연속성, 즉 화자 안에 항구적으로 따라서 모든 순간성을 떠나서 존재하는 언어로부터 화자 안에 단지 순간성으로서, 다소간 공간화된 순간성으로서 존재하는 말로의 이행의 연속성을 포함하고 있다. (……)

역사문법의 이성적 도식에 관한 비판을 마치고, '언어활동', '언어', '말'이라는 세 용어 사이에 존재하는 관계에 대한 소쉬르식 공식으로 돌아가 보자. 이러한 관계는 랑그와 빠롤 사이의 연속성 요인을 첨가하면 다음과 같이 된다."

$$\text{langage} \int_{\text{langue}}^{\overset{\text{parole}}{\uparrow}}$$

이상의 인용에서 알 수 있듯이, 기욤은 소쉬르의 랑그/빠롤의 이분법적 개념쌍의 근본을 사회/개인, 계열관계/통합관계, 체계/비체계로 나누는 데서 찾지 않고 '잠재'와 '실현', '먼저'와 '나중'이라는 시간성의 토대에서 찾고 있음을 확인할 수 있다. 기욤에게 있어서, 언어(langue)와 담화(discours)는 언어의 두 가지 존재양식이고, 그 두 양식은 심리적 시간상의 먼저와 나중의 관계 하에 언어 운용자인 언어주체(=화자) 속에서 운동하는 존재로서 화자와 연계되어 있다.[4)]

정리하면, 소쉬르의 랑그와 빠롤의 대립을 '갈무리된 말'과 '부려쓰인 말'로 옮기면서 정립한 허웅(1981)의 논의는 랑그와 빠롤의 대립을 랑그와 디스쿠르로 바꾸면서 기본적인 시각의 전환을 가져온 기욤의 동역학적 관점과 어느 정도 맥이 닿는다고 할 수 있다.

---

4) 이러한 기욤의 언어모델이 후에 들뢰즈 등 프랑스의 후기구조주의 철학자들에게 많은 영향을 주었던 것이다(Deleuze 1968).

그러나 허웅(1981)에서와 마찬가지로 그 이전의 논의를 보면, 기욤의 논의는 전혀 참조되지 않고 있음을 알 수 있다. 당시 한국 언어학계에서 기욤이 부분적으로 고려대 불문과의 전성기 교수를 비롯한 몇몇의 프랑스어학자나 서울대 언어학과의 박형달 교수에 의해 언급된 바가 있으나 거의 주목 받지 못했던 상황을 고려하면, 허웅 선생이 기욤을 대상으로 언어학적 사유를 펼칠 기회는 없었던 것으로 볼 수 있다. 그러나 기욤에 대한 직접적 참조가 없어도, 자연스럽게 소쉬르를 극복하는 과정에서 기욤을 비롯한 서구 후기구조주의자들이 언급한 이원성의 문제, 시간성의 도입 등의 문제가 허웅 선생이 소쉬르의 일반언어학을 국어학에 적용하는 과정에서 부분적으로 또는 암시적으로 언급되고 있다는 사실은 실로 놀랍다고 할 수밖에 없을 듯하다. 또한 소쉬르의 일반언어학의 내용을 다른 개론서를 통해서가 아니라 ≪일반언어학 강의≫를 원전으로 직접 읽는 과정에서 새로운 해석을 내놓았다는 점은 허웅 선생의 지적 수준과 학문적 역량을 보여주기에 충분하다고 할 수 있다.

2.2. 극복 방안: 기욤의 이원성 통합 모델을 기반으로

　그러나 허웅(1963, 1981, 1983)에서는 이러한 동역학적 관점을 언어 분석에 실제로 응용하지는 못하고 있다. 허웅 선생의 분석 단계는 미국의 구조주의, 분포주의에 머물러 있다고 할 수 있다. 목정수(2009a)에서는 한국어의 조사 체계를 분석하는 과정에서 분포와 정신 활동의 동역학적 입장을 고려할 때 소쉬르의 방법론과 기욤의 방법론 간에 어떤 설명력의 차이가 나올 수 있는가를 보여주었다. 여기서 간략히 소쉬르의 랑그와 빠롤의 구분이 기욤의 랑그와 디스쿠르로 변모되면서 동반되는 여러 가지 이론적 함의를 '시간성'의 차원에서 살펴보기로 한다.

이하 내용은 목정수(2009a)의 내용을 재구성하여 제시한 것으로서, 기욤의 동역학적 모델에 입각한 언어 분석의 사례를 좀 더 세밀하게 보여주는 데 목적이 있다. 더 나아가 이 모델을 한국어 명사 확장 구조 분석에 적용했을 때 한국어 조사 체계에 대한 기술이 어떻게 바뀔 수 있는가를 보여주고자 한다.

먼저 실제 프랑스어 자료를 중심으로 명사가 실현되는 양상을 살펴본 후, 한국어의 명사 실현의 양상을 어떻게 분석할 것인가를 따져보기로 하자.

기욤의 명사 분석은 문법요소(성, 수, 격, 외연범위, 인칭)의 분포를 중심으로 하되, 그 요소들이 실현되는 과정의 시간차에 의해 이루어진다. 따라서 현대 생성문법에서 제시한 'NP-분석'과 'DP-분석'과는 기본적으로 시각을 달리한다. 여기서는 허웅 선생의 통어론 체계에서 '말마디'의 개념이 '통어적 짜임새'의 기본이 되고 있기 때문에, 이 '말마디'와 NP-분석이나 DP-분석과의 차이가 무엇인지, 그리고 이를 극복한 DP-분석의 동적 모델을 통해서 명사 확장 구조를 어떻게 일반화할 수 있을지를 보이고자 한다.[5]

전통적으로 명사는 다음과 같은 확장 구조를 갖는 것으로 상정되었고, 나무그림으로 다음과 같이 표상되어 왔다.

---

5) 국어학에서도 격조사가 핵이 되느냐 그렇지 않느냐에 대한 논쟁이 있었다. 임동훈(1991), 한정한(2003), 임동훈(2008) 등으로 이어진 논의가 그것이다. 필자가 보기에 이러한 논의는 생성문법의 투사(projection)와 'X-bar' 이론에 입각한 핵성(headness)의 문제에서 나온 것이었다. 그러나 이 논의들은 핵을 어휘적 핵과 문법적 핵으로 구분해서 보는 시각이 부족했다. 이러한 논의에 기욤의 '걸림관계(incidence)' 이론과 품사 체계 논의, 그리고 영미권의 Corbett et al.(eds.)(1993)이 참조되었다면 훨씬 생산적인 논의가 되지 않았을까 한다.

(1) 전통 수형도

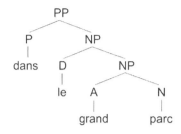

　그러나 위의 나무그림은 몇 가지 문제를 안고 있다. 우선, 형태와 의미 간의 중심이 일관되게 적용되어 있지 않다는 것이다. 이 그림에서 알 수 있듯이, 형용사와 관사를 동일한 차원에서 파악하고 있는 것은 형태와 의미의 관계를 일관되게 고려하지 못한 탓이다. 즉, 전통문법이나 생성문법에서 형용사와 관사는 동일차원에서 명사를 수식하는 수식어로 파악되고 있으나, 형용사의 '개방성/어휘성'과 관사의 '폐쇄성/문법성'을 고려하면 그 방식의 모순을 쉽게 알 수 있다. 기욤은 형용사를 명사의 어휘적 의미와 관련된 내포와 외연에 영향을 주는 수의적 성분, 즉 '질료적 한정사'로 보고, 관사를 결과명사 외연의 적용영역, 즉 외연 범위(extensité)를 한정하는 '형식적 한정사'로 보아 명사의 이해형식(forme d'entendement)을 정해주는 담화적 기능 표지로 정의한다.

　둘째, 관사와 명사의 관계와 전치사와 명사구의 관계가 이질적이다. 명사를 중심으로 하더라도, 관사와 전치사는 문법적 관계를 실현한다는 점에서 이들과 명사와의 관계는 형상과 질료의 관계로 환원되는데, 한 차원에서는 질료(=명사)를 중심으로 범주가 NP로 결정되고, 다른 차원에서는 형상(=전치사)을 중심으로 범주가 PP로 결정되고 있다.

　셋째, 평면적으로 주어니 직접목적어니 간접목적어니 하는 통사적 기능은 똑같이 문장 내에서 실현된 표층의 담화적 사실인데 주어나 목적어의 최대 투사는 NP로, 간접목적어나 처소어 등은 PP로 최대 투사되고 있다. 표면에 집착하고 언어의 실현과정, 즉 그 과정에 숨어 있는 시간의 흐름을 놓쳐서 그런 것이다. 랑그 차원의 명사 자체와 담화 차원에서 실현된 명사를 결과적으로 형태가 동일하다고 해서 동일 차원에 놓고 파악해서는 안 된다는 것이다. 다시 말해서, 랑그 차원의 어휘 목록에 있는 <avion>과 'je vais aller au Japon en avion'이라는 문장에 실현된 'avion'은 눈에 보이는 형태가 같더라도 존재 차원이 다른 것이다. 전통적인 나무그림은 이 점을 놓치고 있는 것이다.

이상과 같은 나무그림의 문제점을 극복하고, 기욤의 시간성을 고려하여 필자가 새로 고안한 나무그림은 다음 (2)와 같은 형식이다. 먼저, 어휘(=의미) 중심에서 문법(=형태) 중심으로의 일관성을 유지하기 위해 화살표로 걸림관계/투사(incidence)의 방향을 표시하고, 명사의 랑그에서 담화로의 이행(=실현) 과정이 두 차원에 걸쳐 이루어진다는 점을 생생하게 표현하기 위해 프라임의 개수로 표시한다. 프라임의 수는 명사의 질적 변화를 의미한다. 따라서 명사를 수식하는 형용사나 관계절은 그 수에 관계없이 명사(N)의 자격(=형상)을 바꾸지 못하므로, 양적 변화만 가져오지 질적 변화를 일으키지 못한다.

(2) 신 수형도

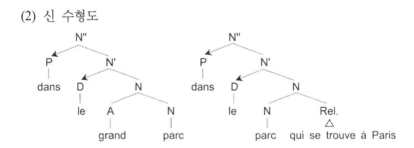

이러한 구조에 입각하여 문장에서 실현된 명사(구)의 내적 구조는 일정하게 다음과 같이 분석된다. 대체적으로 이러한 분석 방식이 생성문법에서 모델의 변화와 더불어 DP-분석으로 발전되어 나간 추이와 대체적으로 유사하다고 볼 수 있다. 아무튼, 이러한 생성문법의 발전 방향이

이미 수십 년 앞서서 기욤의 언어학에 암시되어 있었던 것이다. 따라서 다음 (3)의 예들은 다음 (4)와 같은 구조로 분석된다.

(3) 가. Il y a un grand parc à New York, qui s'appelle "Central Park".

나. Je vais aller au Japon en avion.

다. Paul, il est mon ami.

(4) 가. Il y a [ø₁ un grand parc] [à ø₂ New York], qui s'appelle "Central Park".

나. Je vais aller [au Japon] [en ø₂ avion].

다. [ø₁ ø₂ Paul], il est [ø₁ mon ami].

이를 응용하면, 한국어의 명사가 통사적 기능에 따라 주어, 목적어, 처소어 등으로 실현될 수 있고 그 실현방식은 일정하게 격조사를 통해 나타나는 것을 조사의 분포를 통해서 일관되게 제시할 수 있다. 통사적 기능을 나누어서 명사 '학교' 뒤에 실현되는 조사의 분포양상을 다음과 같이 정리할 수 있다.[6]

(5) 학교-ø₁-ø₂ 가다.　　학교-ø₁-ø₂ 크다.　　학교-ø₁-의 책.

학교-에-ø₂ 가다.　　학교-ø₁-는 크다.　　학교-ø₁-ø₂ 선생.

학교-ø₁-를 가다.　　학교-ø₁-가 크다.　　학교-와-ø₂ 선생님.

학교-에-를 가다.　　학교-ø₁-도 크다.　　학교-에서-의 활동.

---

6) 우리의 체계를 보면, 전통적으로 국어학에서 격조사 계열로 포착해 왔던 조사 '이/가, 을/를, 의'가 조사 '도, 은/는'과 더불어 동일 부류를 이루게 되고 이 부류는 후치 관사와 같은 역할을 하고 있음을 알 수 있다. 이러한 인식의 전환이 국어학계에 미친 파장은 매우 크다. 그리고 진정한 의미에서 문법관계를 표시하는 기능을 하는 이른바 격조사들은 일반언어학적 관점에서나 유형론적 관점에서나 '후치사(postposition)'란 용어로 지칭하는 것이 가장 적절하다고 생각된다.

이런 방식으로 한국어의 조사 체계를 수립하고 위에서 제시한 시간성을 고려한 나무그림으로 표상하면 다음과 같다.[7] 이를 프랑스어의 명사 확장 구조와 나란히 놓고 보면, 그 대칭성이 한눈에 들어올 것이다.

(6) 신 수형도로 표상한 명사 확장 구조

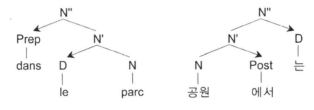

허웅 선생이 '직접성분', '자립형식', '말마디'의 기준을 가지고 분석하고 있는 문장의 구조는 다음과 같았다(허웅 1983:186).

(7) 허웅 선생의 문장 분석도

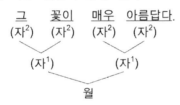

이 나무그림에서 NP의 구조만을 따로 떼어내서 그리면 다음과 같은 그림이 된다.

---

7) 이 그림에서 특히 주목할 것은 D(éterminant) 범주(=한정조사=후치관사)를 기존 한국어 문법의 관형사 또는 한정사라고 불리는 '이, 그, 저'나 '한, 하나의' 등과 혼동해서는 안 된다는 점이다. 이에 대한 자세한 내용은 목정수(1998)을 참조할 것.

(8) 허웅 선생의 전통 수형도

그러나 필자가 NP-분석과 DP-분석을 통합하여 새로 제안한 역동적 나무그림으로 이를 나타내면 다음 (9)와 같이 직접성분의 구조가 달라진다. 이어 문장 전체에 대한 분석도를 (10)에 제시한다.

(9) 목정수(1998)의 신 수형도

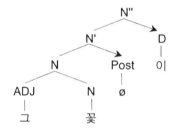

(10) 목정수의 문장 분석도

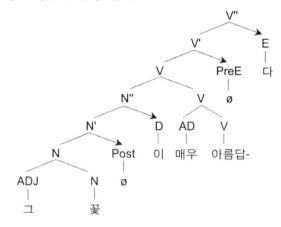

2.3. 미국 기술주의의 수용과 한계

국어학사를 정리하는 자리에서 빠지지 않고 지적되는 것은 구조주의 시각에서 한국어 문법 현상에 대한 정밀한 기술이 채 완성되기 전에 생성문법이 유입됨에 따라 국어학의 기본 터전이 충분히 성숙되지 못했다는 것이다(권재일 2012 참조).

따라서 블룸필드(Bloomfield)를 비롯하여 호켓(Hockett), 해리스(Harris) 등 미국의 기술주의 문법을 원용하여 조사 체계를 분류하는 여러 논의들에서조차 조사의 분포 관계를 잘못 파악하거나 이론적인 입장에서 선입견에 이끌려 분포의 제약을 잘못 기술한 예들이 많이 나타난다(김영희 1974). 허웅(1983)에서도 보조사의 범주에 '는, 도, 만'을 같은 계열에 놓고 취급하고 있거나, 격조사 중에서도 '가, 를, 의'와의 분포 관계를 따져보지 않고 넘어가고 있는데, 이는 분포와 기능, 형태와 의미의 관계를 철저하게 파악하지 못했다는 증거이다. 여기서는 미국 구조주의의 기술언어학에서 분포의 개념을 수용해서 전개한 허웅의 말본 체계를 논의하면서 분포 개념을 보다 엄격하게 적용할 필요가 있음을 지적하고자 한다.

2.4. 극복 방안: 분포 개념을 온전히 적용함으로써

한국어의 조사 체계를 일단 분포 관계를 통해 보면, 적게는 두 계열, 많게는 최대 네 계열의 자리(slot)를 정할 수 있다. 이러한 계열이 각각 어떤 기능을 담당하고 있는가를 정밀하게 따지는 것은 바로 분포 관계 파악 이후에 따라와야 한다는 것이 기술 문법(descriptive grammar)의 방법론이다. 그러나 이러한 분석 절차가 지켜지지 않으면, 3층 위에 2층을 짓는 꼴이 되어 버린다. '가'와 '는'의 대립 관계 등에 대한 의미·화용론적 논의가 그렇게 많은데도 여전히 하나는 '격조사' 계열로, 다른 하나는 '보조사' 계열로 논의되는 국어학의 형국을 반성적으로 살펴볼 필요가 있는 것이다.

구체적으로 다음과 같은 자료를 외래 이론이나 선입견에 의존하지 않고, 분포에만 입각하여 분석했다면 우리는 국어의 조사 체계를 다음과 같이 세울 수 있었을 것이다. 우선, '학교'라는 명사가 문장 내에서 실현될 수 있는 형태의 구조를 총망라하여 살펴야 하는데, 다음 분석 대상의 자료를 보면 그 총체적인 구조를 제시할 수 있을 것이다.

(11) 가. 너 학교 안 다닐 거니?
　　 나. 오랜만에 학교에 가 봤더니, 많이 변했더라구.
　　 다. 네 형편에 학교엘 어떻게 다녀?
　　 라. 철수는 학교를 같이 가자고 매일 우리집에 들렀다.
　　 마. 학교가 뭐 간다고 가지냐?
　　 바. 그렇게 공부하려면, 학교에는 뭐 하러 다니냐 이놈의 자식아!
　　 사. 우리 아들 이제 학교도 가고, 수영장도 다니고 좋겠네!
　　 아. 저 치가 우리 학교 영어선생이여.
　　 자. 우리 학교의 전통을 살릴 수 있는 방안을 모색해 보시오.
　　 차. 우리 학교와의 교류는 언제 추진할 겁니까?

이를 조사들의 통합관계와 계열관계에 따라 분석하면 다음과 같은 심층 구조를 설정할 수 있다. 앞서 (5)에서 제시한 대로 한 것이다.

(12) 학교-$\emptyset_1$-$\emptyset_2$ 다니다. 　　　학교-$\emptyset_1$-가 가지다.
　　 학교-에-ㄹ 다니다. 　　　　학교-에-$\emptyset_2$ 가다.
　　 학교-$\emptyset_1$-는 다니다. 　　　학교-$\emptyset_1$-를 가다.
　　 학교-$\emptyset_1$-도 가다. 　　　　학교-$\emptyset_1$-$\emptyset_2$ 영어선생.
　　 학교-$\emptyset_1$-의 전통. 　　　　학교-와-의 교류.

이러한 작업에 입각하여 목정수(1998)에서는 다음과 같은 한국어 조사 체계의 전반을 제시했다.

(13) 한국어 조사 체계의 기본 골격

랑그격 (덩어리격)	담화격(분석격)과 문법관계표지		한정사
≪학교≫	학교 (내부적으로 열려 분화된 격)	$-\theta_1$	$-\theta_2$
	학교 (내부적으로 닫히는 격)	-에/-에게/-께 -에서 -(으)로 -와/과	-이/가 -을/를 -도 -은/는 -의

따라서 크게 보면, 한국어 조사 실현의 첫 번째 층위에서 나타나는 것들이 통사적 기능과 직접적 관련을 맺는 것으로 보아 이를 묶어 '후치사'로 규정하는 것이 바람직해 보인다(앞의 각주 (6)을 참조). 더욱 자세한 형태 구분을 하여 더 세세한 분류를 한다면 바로 그러한 테두리 안에서 이루어져야 할 것이다. 목정수(2003)에서는 다음과 같은 도식을 제시한 바 있다.[8]

---

8) 다음과 같은 프랑스어의 체계와 비교해 볼 수 있다.

부사/소사	전치사	한정사	명사	형용사
seulement	dans	le	parc	fameux
justement	en	(ø)	avion	

(14) 한국어 조사 체계의 상세도

명사	격어미	후치사	질화사	한정조사	종조사
학교	에	서	만	은	요
국어학	(ø)	(ø)	만	이	(ø)
북경	으로	부터	(ø)	의	(ø)

3. 유형론의 성과와 허웅 선생의 일반언어학과 국어학

허웅 선생이 서구 언어학 이론을 섭렵하고 국어에 맞는 이론 체계를 구축할 당시에는 국어학계에 유형론적 논의가 많지 않았고, 전통적으로 내려오던 세계 언어의 유형 분류로서 고립어, 교착어, 굴절어, 포합어의 구분만이 주어져 있었던 것이 사실이다. 최근 들어서 유형론의 성과들이 많이 쌓였고 이에 비추어 한국어의 특수성과 보편성이 속속 드러날 수 있는 여건이 조성되고 있다고 볼 수 있다. 이에 본장에서는 허웅 선생의 국어학 체계에서 일반언어학 이론을 수용하는 과정에서 있을 수 있었던 왜곡이나 모순점 등을 몇 가지 사례를 통해 지적하고, 한국어를 객관적으로 기술하고 설명할 수 있는 여건을 마련하고자 한다. 이로써 세계 유형론 학계에 잘못 알려진 한국어의 실상을 바로잡는 역할도 동시에 수행하고자 한다.

3.1. 한국어의 유형론적 위치: 기욤의 언어유형론 소개

허웅 선생의 국어 문법 체계는 한국어의 유형론적 위상에 대한 논의가 부족한 상태에서 이루어졌다고 볼 수 있다. 다음 절에서 상세하게 다루겠지만, 단어를 '최소 자립 형식'으로 규정한 것은 인구어, 특히 굴절어의 형태론적 특성에 의한 것이다. 이를 한국어에 자칫 잘못 적용하게 되면, 근본적으로 형태론적 구성과 통사론적 구성이 서로 어긋나게 되어 있다. 따라서 언어유형론에 대한 허웅 선생의 입장을 정리해야만 그의 문법 체계의 긍정적인 면과 극복해야 할 면이 선명히 드러날 수 있을 것이다.

　허웅 선생은 인구어 문법 체계에 대한 해박한 지식을 보여주긴 했지만, 본격적으로 한국어의 문법요소인 조사와 어미가 인구어의 곡용어미와 활용어미와 어떻게 다른지에 대한 철저한 논의 없이 굴절어 성격의 고전어를 중심으로 한 문법 체계를 한국어 문법을 세우는 데 기본으로 삼고 있다. 뒤에서 살펴볼 조사를 '준굴곡법'으로 본 것도 이러한 논의의 한계성 속에서 설명될 수 있다.

　전통적으로 유형론에서 이루어진 굴절어, 고립어, 교착어, 포합어 등의 분류법은 어느 하나의 자연언어의 성격을 온전히 보여주기 어렵다. 목정수(2009b)에서 한국어와 프랑스어를 비교하여 두 언어의 유형론적 특성을 재규정한 것처럼, 프랑스어의 굴절어적 성격의 한계와 더불어 한국어에 대해서도 교착어로서의 특성이 의미하는 바의 핵심을 짚어내고 한계를 정확히 인식하는 것이 필요하다.[9] 한국어의 문법요소의 교착적 특성과 굴절어적 특성은 인구어와 비교해 볼 때 상대적인 비율의 차이를 갖는 것으로 보는 것이 좋을 듯하다. 어느 한 쪽만 배타적으로 갖는 것이 아닌 것은 프랑스어의 예를 통해서도 알 수 있다. 심지어 고립어로 규정되는 중국어의 수많은 허사(虛辭)의 역할을 생각해 보면 중국어를 고립어로 규정하는 것의 의미가 무엇인가를 다시금 생각해

---

9) 허웅(1981:235)에서도 Bally(1952:25)를 인용하여 프랑스어의 단어 규정의 난점을 지적하고 있다. "바이이(Ch. Bally)의 다음과 같은 가상도 흥미 있는 이야기다. 곧 프랑스말이 글자 없는 야만 민족의 말이고, 여기 언어학자가 여행을 한다면, 그 언어학자는 프랑스말의 jèm(j'aime), tuèm(tu aimes), ilèm(il aime), nouzèmon(nous aimons) 따위 말에서 대이름씨 없는 움직씨만의 어형변화(paradigme) aime, aimes, aime, aimons...을 이끌어 내기는 어려울 것이며, 아마 프랑스말에서 교착의 경향(une tendance à l'agglutination)이 있다고 할 것이라 하였다."

보게 되는 것이다. 이렇듯 전통적인 유형론은 세계의 언어들을 분류해 본다는 의의를 제공해 주긴 하지만, 일정한 원리나 기준으로 전 세계의 언어를 연속체로 보고 각 언어의 상대적인 지위의 차이를 논하기에는 역부족이다.

이러한 문제 제기를 통해 새로운 유형의 언어유형론에 관심을 갖고 파고들어간 학자가 바로 기욤이다. 기욤은 소쉬르의 랑그와 빠롤의 이원적 구분을 '시간성'이란 요소를 개입시켜 랑그에서 디스쿠르로의 연속으로 새롭게 해석했듯이, 전통 언어유형론의 분류를 랑그에서 디스쿠르로의 연속체에서 기본적 단위인 단어의 포착이 이루어지는 지점인 어근 포착(saisie radicale), 어휘 포착(saisie lexicale)과 문장 포착(saisie phrastique)의 상대적 위치에 의해서 언어의 유형을 분류하려는 시도로 전환했다.[10) 쉽게 말해서, 한 언어의 랑그의 영역과 디스쿠르의 영역이 점유하는 상대적인 크기에 따라 언어를 유형적으로 나누는 것이다. 예를 들어, 중국어는 어근포착과 어휘포착이 병합되어 이루어지고 그 단계에서 문장포착으로 곧바로 진행이 된다고 본 반면에, 라틴어는 어근포착에서 어휘포착으로 전이되는 단계와 어휘포착에서 문장포착으로 전이되는 단계가 이중적으로 나눠진다고 본다. 반면에 바스크어는 어근포착 단계에서 어휘포착과 문장포착이 동시에 일어난다고 본다. 이처럼 기욤은 언어 유형을 언어활동의 총체에서 랑그의 구성 작용과 디스쿠르의 구성 작용이 차지하는 상대적인 비율로 조건 짓고 있는 것이다. 이를 도식화하면 다음과 같다(Guillaume 1971:25).

---

10) 이러한 전통 유형론에 대한 기욤의 입장을 언어생성 영역 이론(théorie des aires glossogéniques)이라 하는데, 크게 1영역에는 고립어와 교착어가 소속되고, 2영역에는 자음어근과 형태적 모음 교체가 있는 셈어계가 소속되고, 3영역에는 굴절어가 소속된다.

(15) 기욤의 언어모델과 언어유형론

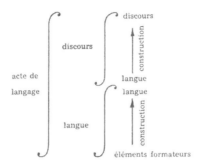

(acte de langage = 언어행위, langue = 언어, discours = 담화,
éléments formateurs = (단어)형성소들, construction = 구성)

영어와 프랑스어를 비교해 보자. 영어는 랑그의 영역에서 기본 동사
의 수가 적고 소사(particle)를 이용하여 각종 동사를 만들어 내는 반면,
프랑스어는 랑그의 영역에서 기본적으로 영어의 해당 동사나 구동사에
대응하는 동사가 정립되어 있다. 따라서 프랑스어는 영어보다 상대적으
로 랑그의 영역이 크고 디스쿠르의 영역이 작다고 할 수 있다.

(16) 영어와 프랑스어의 유형 비교표

	영어	프랑스어
랑그	go	aller, entrer, sortir
디스쿠르	go in, go out	-

기욤은 또한 라틴어와 프랑스어의 유형론적 차이를 다음과 같이 나타
내고 있다(Guillaume 1971:21).

(17) 라틴어와 프랑스어의 유형 비교

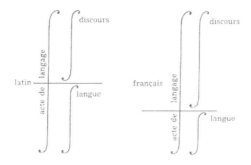

　　이처럼 유형론적 시각에서 봐야 인구어 중심의 문법적 틀이 한국어에
어떻게 적용 가능한가 그리고 그 한계가 무엇인가를 가늠해 볼 수 있게
된다. 한국어는 유형론적 시각에서 보면, 오히려 라틴어나 희랍어보다는
프랑스어와 유형론적 특성을 공유하는 바가 더 크다는 점을 알 수 있다.
거울영상처럼 순서가 정반대일 뿐이다(목정수 2009b 참조). 그런데 허
웅 선생의 형태론과 통어론의 구분은 희랍어나 라틴어를 근간으로 이루
어진 인구어 전통문법의 틀에 입각하고 있다. 따라서 허웅 선생의 한국
어 문법 체계는 바로 이러한 지점에서 재검토되고 그 극복 방안이 마련
되어야 할 것이다. 다음에 절을 달리하여 이 문제를 깊이 다루기로 한다.

3.2. 한국어의 통사 단위에 대한 허웅 선생의 기본 입장과 그 한계

　　허웅 선생의 문법 체계는 기본적으로 소쉬르를 중심으로 한 유럽의
구조주의와 미국의 기술주의, 분포주의 문법관에 토대를 두고 있다. 그
러나 동시에 서구 이론의 편향에 휩쓸리는 것을 경계하기도 하면서,
국어의 특성을 형태 중심의 문법 이론 위에서 밝히려는 기본 방향을
수립하고 있다. 허웅(1983:199)에서는 격조사의 체계를 잡을 때 어떤
기준을 토대로 할 것인가에 대하여 다음과 같은 태도를 보이고 있는데,

우리는 여기서 그의 비판적 자세를 엿볼 수 있다.

　"우리말의 자리란, 한 독립된 낱말로서의 토씨의 쓰임을 풀이하는 한 방편이다. 따라서 우리는 엄격한 형태 위주나, 엄격한 내용 위주를 다 같이 취하지 않고, 이 두 면을 절충하는 방법을 취하는데, 그러나 역시 형태 쪽으로 기울어지지 않을 수 없다. 말본은 어디까지나 형태 위주의 학문이 되어야 한다고 우리는 생각하고 있기 때문이다."

　그리고 허웅(1983:211)에서는 서구문법의 체계에 우리말을 끼워 맞추는 것을 경계하는 태도도 보여주고 있다.

　"지금까지 우리가 '-의'를 자리토씨로 보아 온 것은, 인도구라파말의 말본 체계에 끌린 것으로 생각된다. 인구말의 말본에서는 이름씨 따위 말의 굴곡은 모두 '자리'(격)로 보기 때문에 '가짐자리'(매김자리)가 설정되는 것이다.
　그러나 우리말의 말본에서는, 인구말의 임자씨의 굴곡과 비슷한 현상이 있기는 하나, 그러나 그 굴곡(곡용)의 가지에 해당되는 토씨는 여러 점으로 그와 다르다. 그러므로 우리는 우리말의 특질에 맞는 풀이 방법을 생각하지 않으면 안 된다. 만일 인도구라파말과 같은 방법을 따른다면, 우리말의 '자리'는 토씨의 수만큼 세워야 할 것이다. 그러나 이런 방법을 따랐다가는 말본의 풀이가 잘 되지 않을 것이다. ─ '자리'에 대한 개념이 잘 세워지지 않는다."

　허웅(1983)은 미국 구조주의/기술주의적 방법론을 받아들였고, 문법 형태소가 발달한 한국어의 특성을 고려하여 형태론 중심의 문법 기술을 펼치면서도, 생성문법의 기저구조와 표면구조의 관계를 적극 고려하고 있다. 그러나 이러한 과정에서 인구어 중심의 문법틀을 유지하고자 한국어 분석 현실에 딱 들어맞지 않는 용어를 선택할 수밖에 없는 시대적 한계에 부딪히게 된다. 그것이 바로 조사의 지위를 설정하기 위해 도입한 '준굴곡' 개념이다. 이것은 바로 통사 단위인 '단어'의 지위 규정과 맞물리는 문제이다.

굴절어로 분류되는 인구어들의 역사적 변모를 살펴보면, 문법적 기능을 담당하던 굴절어미가 어순이나 전치사에 그 역할을 넘겨주는 현상을 보게 된다(Hewson & Bubenik 2006). 그러나 여기서 생각해 봐야 할 것은 인구어 굴절어에서의 곡용어미는 독립적인 통사 단위를 이루는 것이 아니지만, 프랑스어의 전치사는 독립적인 통사단위가 될 수 있다는 점이다. 라틴어에서는 어근 또는 어간과 격어미가 융합된 형태가 랑그의 기본단위가 되므로, 격어미를 통사론의 최소단위로 따로 떼어내는 것이 불가능하다. 반면에 프랑스어의 전치사는 하나의 독립적인 통사단위가 된다.11)

허웅(1983:184~188)에서는 '그 꽃이 매우 아름답다'란 예를 가지고 [그 꽃이]의 구조를 '그'와 '꽃이'의 결합으로 기술하고 이들의 결합을 '통어적 짜임새'라12) 하고 '꽃이'를 '형태적 짜임새'라13) 하고 있다.

한국어의 조사는 굴절소라기보다는 교착소의 성격이 강하다. 조사 하나하나가 단독적으로 그의 숙주(host)인 체언 요소에 붙을 때, 그 체언과 분리되어 존재할 뿐만 아니라, 그 기능도 하나의 형태에 하나의 기능이 대응하는 대원칙에 부합한다고 볼 수 있다. 따라서 '체언'과 '조사'의 결합을 '결합과정'으로, 성분과 성분의 결합을 '통합과정'으로 양분해서

---

11) 기욤의 강의록 참조(Guillaume 1974:45~50).

12) "어떤 자립형식을 직접성분으로 쪼개어서 얻어지는 언어형식이 다 자립형식일 때에, 그 큰 언어형식을 '통어적 짜임새'라 하고, 통어적 짜임새의 됨됨이, 그 짜여지는 과정에서 생겨나는 문제들을 연구하는 부문을 '통어론'이라 한다."(허웅 1983:186).

13) "'꽃-이'와 '아름답-다'는 두 형태소로 된 하나의 말마디인데, 이러한 한 말마디의 짜임새(자+구, 구+구)를 '형태적 짜임새'라 하고, 그 짜임새와, 그 때에 나타나는 '-이', '-다'와 같은 구속 형식의 뜻을 연구하는 부문은 '형태론'이다."(허웅 1983:186).

따로 부르고 있는 권재일(2012)의 체계를 유지한다고 해도, 원리적으로 굴절어에서 말하는 '곡용형'의 단어형, 즉 형태론적 구성으로 볼 수는 없다. 심성어휘론(mental lexicon)의 관점에서 말한다면, 체언과 조사는 따로따로 어휘부에 독립적으로 등재되어 있는 단위로 보는 것이 합당하다. 수식의 통사적 관계를 따져볼 때도, 한국어의 '체언+조사'를 굴절형으로 보면, 설명하기 어려운 난점에 직면하게 된다. 예를 들어, '아름다운 소녀가/소녀와'나 '새 책을/책으로는' 등에서 볼 때 관형어 '아름다운', '새'가 수식하는 것이 '소녀'와 '책'이지 '소녀가/소녀와'와 '책을/책으로는' 전체가 될 수 없다는 것은 자명하다. 그러나 허웅(1981, 1983) 등에서는 자립형식에 의지해 단어를 규정하고 있으므로, '소녀가/소녀와'나 '책을/책으로는'을 최소자립형식의 단어로 볼 수밖에 없으므로, 수식어 '아름다운, 새'가 이들 말마디를 꾸며주는 것으로 파악하게 되는 것이다.

'아름다운 소녀에 대하여 (이야기하다)'라는 구성에서도 직접성분 분석은 [아름다운 소녀]와 [-에 대하여]로 나뉘지, [아름다운 소녀에]와 [대하여]로 나뉘는 것이 아니다. 여기서 [-에 대하여]를 복합조사라는 개념으로 묶으면, 이는 복합후치사란 개념에 해당한다고 할 수 있다. 영어의 'according to'나 'by dint of' 등등과 비견될 수 있는 것이다.

허웅(1983:189)에서는 성분과 품사를 구분하면서도, 그 차이를 가끔 뒤섞는 경우가 보인다. 관형어와 부사어의 수식을 논하는 자리에서 다음과 같이 언급함으로써 관형어의 수식 관계가 성분 전체에 걸리지 않는다는 것을 간접적으로 드러내고 있다.

"'그 사람이 밥을 빨리 먹는다' 이 월에서, '사람이'는 먹는 움직임의 주체를 나타내므로 '임자말'(주어)이 되고, '밥을'은 먹는 대상을 나타내므로 '부림말'(목적어)이 되고, '먹는다'는 '그 사람'의 움직임을 풀이하는 '풀이말'(서술어)이 된다. 그리고 '그'와 '빨리'는 각각 '사람'과 '먹는다'의 뜻을 꾸미는 '꾸밈말'(수식어)이 되는데, '그'와 '빨리'는 꾸미는 대상이 말본 상 다른 성질을 가진 말이므로 '그'는 '매김말'(관형어), '빨리'는 '어찌말'(부사어)이라 하여 구별한다."

    따라서 한국어의 조사는 그 기능에 따라 문법관계를 표시하는 격조사, 의미기능을 한정하는 보조사(delimiter) 등으로 하위분류할 수 있으나, 그와 관계없이 선행 단위인 체언 요소와는 별개의 요소로 분석되어야 한다. 형태음운론적으로 앞말과 운율적인 단위로서 말토막이나 억양구를 이루나 이것은 통사적 단위와는 별개의 차원이다. 따라서 이러한 현상을 인구어에서 종합적 성격을 완전히 잃고 분석적 성격으로 변한 프랑스어나 영어와의 비교를 통해 보면 한국어의 조사는 그 분포에 입각하여, 후치사류와 한정사류로 대별하는 것이 가장 타당하다고 할 수 있다. 이에 대해서는 2.4절에서 자세히 논의한 바 있다.

    지금까지 언어유형론의 연구 성과를 토대로 허웅 선생의 형태론과 통사론에 대한 입장을 몇 가지 측면에서 재검토해 보고자 했다. 다음과 같이 다시 정리하고자 한다. 유형론적으로 '교착어'로 규정되는 한국어의 특성을 정교하게 따져보는 작업, 즉 허웅 선생의 형태적 구성(=짜임새)과 통어적 구성의 구분에 대한 논의는 명사와 조사의 통합 관계를 형태론적 구성으로 볼 것인가 통사적 구성으로 볼 것인가의 문제를 유형론적 관점에서 점검할 것을 요구한다. 왜냐하면, 먼저 형태론적 구성, 통사적 구성에서 핵심이 되는 것이 '단어'이고 '단어의 기준'인데, 이들이 먼저 라틴어나 희랍어처럼, 굴절어미가 발달한 굴절어를 토대로 하고 있기 때문이다. 굴절어 라틴어도 로만스제어로 발달하면서 그 성격이 많이 바뀐다. 현대프랑스어는 실상 굴절 요소가 부분적으로 남아 있긴 하지만, 전체적으로는 교착적 성격의 문법요소가 많이 발달하여, 교착적 성격의 문법요소가 어휘요소에 선행하는, 이른바 '핵이 앞에 놓이는' 언어의 성격을 보여준다는 점에서 문법소가 철저하게 뒤에 놓이는, 즉 '핵이 뒤에 놓이는' 언어인 한국어와 거울영상(mirror image)처럼 대칭적이라 할 수 있다. 따라서 한국어의 명사는 유형론적 관점에서 보면, 라틴어의 명사와 달리, 프랑스어나 영어의 명사와 더 비슷한 단계에 있다고 할 수 있다. 따라서 영어의 명사와 관사, 명사와 전치사, 또는 명사와 관사와 전치사의 통합체를 하나의 단어로 보지 않듯이, 한국어에서도 명사와 조사의 결합 단위를 하나의 단어로 볼 수는 없다. 전통적으로도 학교문법에서는 조사의 품사를 인정하여 이들의 결합을 두 단어의 결합으로 보고 있다. 그런 점에서 서양의 고전문법의 틀 ― 곡용과 활용 ― 을 유지하기 위해 '준-굴곡법'을 세운 것은 그 의도와는 달리 석연치 않은 결과를 낳고 말았다. 결국 '명사+조사'는 본질과 다르게 형태론적 구성이 되어 버렸고, 그 전체 통합 단위가 통사론의 단위가 되고 만 것이다. 형태론적 구성이라는 것은 하나의 단어의 내적 구조가 되는 것인데 '명사+조사'가 하나의 단어가 아니므로 이는 모순이 아닐 수 없는 것이다.

3.3. 품사 구분의 몇 문제: 단어형성 절차 기술의 문제를 중심으로

허웅 선생도 주시경과 최현배의 품사 체계를 대체로 그대로 이어받고 있다. 관형사(=매김씨)나 형용사(=그림씨)의 설정, 그리고 형용사와 동사(=움직씨)를 한데 묶는 상위 범주로 용언(=풀이씨)을 설정하는 것도 같다. 그리고 지정사 '이다'를 별도의 품사로 독립시키고 있는데, 이는 용언의 하위부류로 보고 있는 것을 의미한다(허웅 1995:332~334). '이다'에 대해서는 조사설에서 통사적 접사설, 접어설에 이르기까지 다양한 논의가 있지만, 목정수(2007) 등에서 '기능동사'로 본 것이 허웅 선생의 '잡음씨'로서의 '이다' 규정에 가장 가까운 분석이 아닌가 한다.

여기서는 허웅 선생의 품사 구분에서, 일관된 기준에 입각했을 때 그리고 품사에 관한 유형론적 연구 성과를 고려했을 때, 미흡하게 이루어진 몇 가지 문제를 비판적으로 검토해 볼 것이다.

허웅(1995) ≪20세기 우리말의 형태론≫에서 조어법 절차로 '파생'과 '합성'의 구분 문제가 어떻게 다루어졌는가를 살펴볼 때 의아한 부분이 이른바 '특수뿌리 만들기'와 '하다' 파생에 관한 것이다. 여기서는 '하다'와 이른바 어근 파생의 문제를 중심으로 재검토하고, 문법의 일관성을 세우기 위한 대안으로 품사 가르기와 단어형성 절차와의 상관성을 알아보기로 한다. 유형론적 입장에서 한국어 조어법의 특수성과 일반성을 따져보는 작업의 성격을 띤다.

전통적인 한국어 조어법 논의에서 특이한 점은 영어 동사 'distinguish'에서 형용사 'distinguishable'이 파생되는 것처럼, 한국어에는 동사에서 형용사가 파생되는 절차가 없다는 것이었다. 즉, 형용사 파생의 원형적인 예는 '유명하다/조용하다'를 통해서 설명되어 왔다. 그 절차는 다음과 같은 인지적 순서로 재구성해 볼 수 있다. [①'유명하다'는 형용사이다. → ②'하다'는 형용사를 파생시키는 파생접사이다. → ③따라서 파생의 어기(base)가 되는 '유명'은 품사전성이 이루어진 단위이므로 형용사일 수는 없고, 명사이다.] 그런데, 우리는 여기에 대해 두 가지의 문제를 제기하지 않을 수 없다. 첫째, 파생접사가 어떻게 어기와 조사에 의한 분리가 가능한가? 따라서 '하다'를 접사로 하기는 어렵다.[14)]

(18) 가. 유명도 하구나.

나. 유명만 하면 더 바랄 게 없겠지.

---

14) '이다'는 '하다'와 이 점에서 가장 다르다. 이 때문에 '이다'를 접사적 성격이 있는 것으로 보는 입장이 많다. 그러나 목정수(2007) 등에서 논구했듯이, 이른바 '어근 분리'의 불가능성도 '이다'의 통사적 단위로서의 지위 규정을 막을 순 없다. 분리가 되지 않는 '이다'도 통사적 단위로 봐야 하는데, '하다'의 경우는 어떻겠는가. 더 말할 필요가 없다.

둘째, '유명'을 명사라고 하는 것은 위의 파생 절차 논의에 따른 결과
였지, 명사의 정의적 속성을 따져본 후에 취한 조치는 아니었던 것이다.
즉, '유명'은 명사의 원형적 기능인 '논항'의 구실을 하지 못한다(Croft
2001).

(19) 가. *나의 유명은 어머니가 바라시던 바이다.
　　　　나. *유명을 목표로 하라.

셋째, 이러한 종류의 몇몇 어휘요소들은, 이른바 '어근'이란 명칭이
무색하게, 독자적으로 부사의 기능도 갖는다. 동사성 형용사와 동사는
부사의 기능을 가지려면 반드시 '-게'형으로 활용을 해야 하는 것과 비
교해 보면 차별적임을 알 수 있다. 아래의 예를 살펴보자.

(20) 가. 그 사람을 어지럽게 만들었다.　　(어지럽다 → 어지럽게)
　　　　나. 그 사람을 죽게 만들었다.　　　　(죽다 → 죽게)

이에 반해, (명사성)형용사는 어미 '-게'와 결합할 수 없다. 또, (명사
성)형용사 중에는 접사 '-이/히'의 도움 없이도 부사적으로 기능하는 어
사들이 있는데, 이들을 단순히 '어근'이라 할 수는 없을 것이다. 엄연히
하나의 통사 단위로 기능하고 있기 때문이다. '가득'을 예로 들어보자.

(21) 가. 차에 사과를 가득 실었다.
　　　　나. 차에 가득히 사과를 실었다.
　　　　다. 컵에 물이 가득하다.
　　　　라. 내 마음은 꿈으로 가득!

그밖에 '어근'으로 분류되는 어사들이 독자적 부사어로서 기능하는

예를 보이면 다음과 같다(목정수 2009c).

(22) 가. 경찰을 긴급 투입했다.
　　　나. 선수를 전격 발탁했다.
　　　다. 기분이 완전 좋다.
　　　라. 별 상관없다.

필자는 부사형 'X-히'가 동사성의 복합형 형용사 'X-하다'로부터 파생된 것이 아니라고 본다. 이 부사형은 '(명사성)형용사'라는 어근－필자는 이에 (명사성)형용사라는 품사의 지위를 부여해야 한다고 주장하는 것이다－과 접사 '-히'로 구성되었다고 보는 것이다.

이러한 정황 때문에 본고는 '유명하다'의 '하다'를 기능동사로 보았고,[15] '유명'과 '하다'의 결합을 형태론적 구성이 아닌 통사적 구성으로 간주하고,[16] 이때의 '유명'을 명사가 아닌 (명사성)형용사로 규정했다 (목정수 2009b).

이제 본론으로 돌아가서, 이러한 시각에서 얻을 수 있는 유용성 몇 가지를 제시하고자 한다. 이러한 본고의 노선을 따르면, '달콤하다', '깊숙하다' 등의 단어구조를 새롭게 그리고 단어형성 절차의 인지과정에 부합하는 방식으로 설명할 수 있게 된다. 전통적으로 '달콤하다'의 단어형성 절차는 다음과 같았다.[17]

---

15) 이 글이 주장한 '기능동사'를 기존 국어문법 품사 구분에 맞추어 조정하면, '기능형용사' 가 된다.
16) 'X-하다'를 통사적 구성으로 본다는 것은 적극적으로 'X'를 어근으로 보는 것에 반대한 다는 의미가 된다. 그리고 'X'와 '하다'의 결합이 하나의 단어로 취급되기 위해서는 '어휘화'나 '단어결합'의 개념이 필요하다.
17) (23)의 구조로 분석하는 것은 송정근(2007)에서 이루어졌고, (24) 식의 분석은 허웅 (1995)에서 찾아볼 수 있다.

(23) [달a-콤하다suf]a   (a=형용사, ro=어근, suf=파생접사)

　'달다'라는 형용사에 파생접사 '-콤하다'가 붙어 새로운 형용사 '달콤하다'가 파생되었다는 것인데, '-콤하다'라는 하나의 파생접사 단위를 설정할 수 있을지가 의문이며, 이 단위도 '달콤은 하다'처럼 조사에 의한 분리가 가능한 것으로 보아, 결국 이를 또다시 설명해야 하는 부담이 생긴다.

　또 다른 방식은 '달콤하다'의 내적 구조를 다음과 같이 파악하는 것이다.

(24) [[달a-콤suf]ro-하다suf]a

　이 방식은 전통적으로 '깨끗하다' 구성을 분석한 방식과 동일한 차원에서 이루어진 것이다. 즉, '깨끗'을 '깨끗하다'라는 형용사의 의미 중심인 어근으로 보고, 파생접사 '-하다'에 의해 파생된 것으로 보는 시각이다. '달콤'은 바로 이 '깨끗'의 자리에 놓이는 것이므로, 이 논리에 따르면 '달콤'은 어근이다. 그런데, 이러한 방식은 우리의 인지과정에 부합하지 않는다. 우리가 새로운 어휘를 만들어 가는 과정을 순차적인 것으로 가정한다면, '달다'라는 형용사에서 더 유표적인 형용사를 만들기 위해, 중간에 '어근'이라는 독립적 지위가 없는 단어 아닌 단위를 만들고, 그것을 바탕으로 다시 '-하다'에 의해 형용사를 파생시킨다는 다소 부자연스러운 과정을 설정하고 있기 때문이다. 바로 이 지점에서 허웅 선생의 '특수뿌리 만들기'의 문제가 발생한다.

　그렇다면, 어떻게 기술하면 좋을까? 우리는 '달다'를 기본적으로 동사의 하위부류, 즉 기술동사로 보는 시각을 받아들이면 해결 가능하다고 본다.[18] 따라서 '달콤하다'라는 단어가 형성되는 과정에서 제일 먼저는 '달콤'이라는 어휘가 파생된다고 보는데, 이는 '달다'라는 기술동사에

'-콤'이라는 접사가 붙어, 속성을 나타내는 (명사성)형용사 '달콤'이 파생되었다고 보는 것이다. 접사 부착에 의해 품사 전성이 이루어지는 것은 자연스러운 현상이다. (기술)동사에서 (명사성)형용사로. 이어 이 단어에 통사 단위인 기능동사, 즉 계사 '하다'가 붙음으로써 '달콤 하다'라는 통사적 구성이 만들어지고 이것이 어휘화하여 '달콤하다'라는 복합형의 기술동사가 된다고 보는 것이다. 이 과정과 절차를 다음 (25)처럼 나타낼 수 있다. 이상의 절차에 비추어보면 단어에 접사가 붙어 단어 지위가 아닌 '특수뿌리'가 되는 절차는 이상한 파생 절차가 아닐 수 없다.

(25) [[달vd-콤suf]na-하다sup.v]vd
　　　(vd=descriptive verb(=기술동사),
　　　　na=nominal adjective(=명사성형용사),
　　　　sup.v=support verb(=기능동사))

'달콤'이 명사성 형용사로서 통사적 단위인 단어라는 것의 근거는 다음과 같은 구성이 가능한 것에서도 찾을 수 있다. 먼저, (명사성)형용사의 병치 구성이 가능하다. 그리고 서술적 용법으로서 계사 '하다'와 결합하여 동사적 차원의 문장으로 실현될 수 있다.

(26) 가. 달콤 살벌한 여인.
　　　나. 달콤 새콤하다.
　　　다. 달콤은 한데, 약간 짜네.

---

18) 이는 '달다'를 동사성 형용사로 보는 것과 결국 같은 것이나, 품사 구분 시 형식적 기준을 중심으로 하는 관점에서 행한 결과로 주어진 것이다.

이러한 동사(=기술동사)에서 (명사성)형용사가 파생되는 기제는 한국어에서 매우 활발하게 작동하고 있다.

(27) 동사 → 형용사

　　가. 달다 → 달콤(하다), 달짝지근(하다)

　　나. 넓다 → 넙데데(하다)

　　다. 푸르다 → 푸르스름(하다), 프르딩딩(하다)

　　라. 하얗다 → 허여멀건(하다)

　　마. 깊다 → 깊숙(하다)

　　바. 낮다 → 나지막(하다)

　　사. 얕다 → 야트막(하다)

　　아. 예쁘다 → 예쁘장(하다).

　　자. 바라다 → 바람직(하다)

(27자)를 보면, 행위동사에서 (명사성)형용사가 파생되는 기제도 활발함을 알 수 있다. 이렇게 단어형성 절차 기술의 문제와 관련하여 허웅 선생의 '특수뿌리 만들기'와 '접사 '-하다' 파생'을 비판·수정하면, '달콤하다'는 ['달다' → '달콤']의 '형용사 파생', 기능동사 '하다'와의 통사적 결합, 그리고 어휘화로 기술하고 설명할 수 있게 된다.

3.4. 서술절에 대한 허웅 선생의 입장과 그에 대한 비판

허웅 선생의 한국어 통어론에 대한 논의에서는 이른바 주제어에 대한 논의가 없다. 보조사 '은/는'에 대한 소개에서도 이에 대한 언급이 구체적으로 보이지 않는다. 따라서 다음과 같은 이른바 '이중 주어 구문'에 대해서는 대주어, 소주어의 개념을 사용하고 있다.

(28) 가. 나는 호랑이가 무섭다.

　　　나. 우리 할아버지는 돈이 엄청나게 많으세요.

　　　다. 코끼리가 코가 긴 까닭이 뭔지 아십니까?

　이러한 관점은 자연스럽게 서술절을 인정하는 셈이 된다. 이러한 서술절을 인정하는 입장은 학교문법에 수용되었을 뿐만 아니라, 허웅 선생의 논의를 가장 일선에서 계승 발전시키고 있는 권재일(2012)에서도 그 기본 틀이 유지되고 있다. 뒤에서 살펴보게 되겠지만, '서술절'은 개념적으로나 논리적으로나 많은 문제를 노정하고 있어 국어의 전반 체계를 설명할 때 좌충우돌할 가능성이 높다. 권재일(2012:219)에서 내포문의 체계를 세울 때도 '서술절 내포문'은 따로 '상위문 서술어' 없이, 서술절 내포문이 상위문 서술어가 되는 특이한 구조를 하게 된다고 설명할 수밖에 없는 것도 다 그런 사정에 연유한다. 임동훈(1997)에서 수정하긴 했지만, 임동훈(1996)에서 '코끼리가 코가 길다'의 심층구조로 '[코끼리가 [코가 길-다]-다]'라는 구조를 설정하게 된 것도 바로 이와 같은 서술절에 대한 기본적인 생각 때문이었다(목정수 2005 참조).

　본절에서는 '서술절'에 대한 논의를 비판적으로 검토하게 되는데, 결국 주어에 대한 개념 정립부터 새롭게 논의할 필요성이 제기된다. 우리는 기욤의 논의에 따라, 문장을 구성할 때 가장 기본적인 절차는 어떤 유형의 언어이든지 간에 무엇에 대해서 뭐라고 서술하는 것으로 보고, 이것이 인간 언어활동의 기본이라고 본다(Hirtle 2007a, 2009). 이러한 관점에 서게 되면, 이른바 '서술절'을 형성하는 것들이 '주어'에 대한 '서술어'의 관계를 형성하고 있는가 하는 의문을 품을 수밖에 없다. 예를 들어, '고향이 보고 싶다.', '돈이 이것밖에 없니?', '네 말이 이해가 안 간다.', '바람이 분다.', '비가 온다.'와 같은 문장을 '무엇에 대해 어떠한 서술이 더해졌는가'의 관점에서 보면, '고향'에 대해서 그 서술 내용이 '보고 싶다'가 된다고 볼 수가 있느냐 하는 것이다. 우리는 그렇게 보기 어렵다고 본다. 오히려 '고향이 보고 싶다' 전체는 명시적으로 나타나 있지 않은, 즉 보이지 않는 무엇에 대한 서술처럼 느껴진다. 그것은 바로 화자 자신에 대한 진술이라는 것이다. 구체적으로 표시하면 화자 '나'에 대해서 '고향이 보고 싶다'라는 서술이 이루어지고 있는 것이다. 따라서 이 문장의 주어는 '나'가 되고 그것을 상정해야 전체 문장의 구조를 이해하게 되는 것이다. '비가 온다.'도 마찬가지이다. 이 문장은 '비'라는 것에 대해서 '온다'라는 서술이 행해지는 문장으로 보기보다는 기후나 날씨의 일반적인 상황이 화자의 머리에 먼저 떠오른 것이고 그에 대한 서술로서 '비가 온다.'를 발화하는 것으로 보는 게 옳을 것이다. '비가 온다.'가 '비오다'라는 하나의 동사(구)처럼 어휘부에 등재될 수 있는 것은 이 구성이 절이 아니라 구 구성일 가능성이 높다는 것을 의미한다. 이는 인구어의 이른바 비인칭 주어 구문과 비교해 볼 수 있겠다.

(29) 가. It is raining.   (영어)
　　 나. Il pleut.   (프랑스어)
　　 다. Plouă.   (루마니아어)
　　 라. Llueve.   (스페인어)
　　 마. Piove.   (이탈리아어)
　　 바. 下雨。   (중국어)[19]

　이처럼, 한국어 문법에서 무엇을 주어로 볼 것인가가 많은 문제를 야기하고 있는데, 이른바 주체존대 선어말어미 '-시-'에 대한 논의도 결국 문장의 주어를 무엇으로 보느냐의 시각과 긴밀하게 연동되어 전개되기 때문이다(목정수 2013b).

---

19) 중국어의 '下雨'에서 논항명사 '雨'가 동사 '下' 뒤에 나타나는 점이 매우 시사적이다. '雨'를 주어 자리에 놓고, 자동사 '下'를 서술어 자리에 놓은 구성 '雨下了。'는 비문법적이다.

이른바 주체존대 선어말어미 '-시-'와 관련하여 국어학계에 널리 퍼져 있는 개념이 '직접 존대'와 '간접 존대'의 개념이다. 이는 '높임법'의 체계를 설정할 때 '주체 높임법'과 '객체 높임법'으로 나누고, 다시 '주체 높임법'을 하위분류할 때 나온 개념으로서, 고영근·구본관(2008) 등을 위시한 학교문법에서 그대로 수용되고 있고, 최근에 나온 권재일 (2012)에서도 더 고착화되어 제시되고 있다. 본고에서는 '직접 존대'와 '간접 존대'의 개념은 '주어' 개념에 대한 이론적 차이에서 나오는 파생 개념으로서 본질적으로 '-시-'의 이중적 기능으로 파악할 수 없음을 논증하고자 한다. 관련해서 '서술절' 개념의 부당성을 밝힘으로써, '-시-'의 단일 기능을 복원할 수 있게 될 것이다. 다시 말해서, 주어에 대한 시각이 분명히 서 있지 않으면, '-시-'의 기능을 이른바 '직접 존대'와 '간접 존대'로 나누게 되는데, 이는 직관적으로 하나의 실체로 보이는 '-시-'의 본질과는 동떨어진 처사가 아닐 수 없다.

서술절 설정에 대한 비판은 남기심(1986), 임홍빈(1974), 목정수(2005) 등에서 이루어진 바 있다. 그 중에서 가장 극단적인 목정수(2005)에 의하면, 서술절은 서술구로 재인식되어야 한다는 것이다. 목정수(2005)가 제시한 논거의 핵심은 진짜 '주어+서술어'는 하나의 사태를 나타내는 단위로 환원될 수 없다는 것이다. '아이들이 밥을 먹다' 구조에서 '밥을 먹다'는 하나의 단위로 굳어질 가능성이 있지만, '아이들이 먹다'가 하나의 단위가 되어 사전에 등재되는 일은 없다는 것이다. 목정수(2005)에서는 이러한 점이 실제로 사전에 관용구나 숙어, 연어 등의 형태로 반영되어 있다는 점을 객관적으로 제시했다.

이상 목정수(2005)나 목정수(2013b)에서 제시된 논거에 더하여 여기서는 '대용사'를 가지고 진단해 보기로 한다. 대용언 '그러다'와 '그러하다/그렇다'를 통해 보면, 이들 대용언은 '주어+서술어' 전체를 대용할 수 없다는 결론이 도출된다.

(30) 철수는 집에서 놀았고, 민수는 운동장에서 놀았다.
　⇒ 공원에서도 그랬다.
　　영수도 그랬다.

(30)의 대용표현에서 '그랬다'는 '집에서/운동장에서 놀았다'를 받을 수도 있고, '놀았다'만을 받을 수도 있다. 반면에 '철수는 놀았다'나 '민수는 놀았다'를 받을 수 없다. 즉, 자동사와 타동사의 경우, 동사나 그와 관련된 내부 논항으로서의 성분과의 결합체를 그 선행사로 되받을 수 있지, 외부 논항인 주어를 포함한 절 전체를 받지는 못하는 것이 대용언의 일반적 제약이다.

그렇다면, 이른바 서술절을 포함하고 있는 경우에는 어떤지 살펴보도록 하자. 다음 두 예문을 통해서 보자.

(31) 가. 코끼리가 코가 길지요.
　　나. 나는 호랑이가 무서워요.

위 문장을 듣고 다음과 같은 반문이 가능할 것이다.

(32) 가. 코끼리도 그래요?
　　나. 코도 그래요?

(33) 가. 너도 그래?
　　나. 뱀도 그래?

여기서 (32가)의 '그래요'는 '코가 길어요'를 대용한다. 그러면 (32나)의 '그래요'는 '코끼리가 길어요'를 대용할 수 있는가? 그렇지 않다. 이 경우에 '그래요'는 '코끼리도'라는 성분이 생략된 채로 그를 전제로 해서 '길어요'라는 서술어만을 대용할 수 있다. (33가)와 (33나)에서도 똑같은 상황이 펼쳐진다. '그래'는 '(호랑이가) 무섭다'만을 대용할 수 있다. 이렇게 이른바 이중주어 구문에서 서술어는 일반적인 타동사의 경우와 마찬가지인 것이다. 따라서 '그러하다'가 '코가 길다'를 대용할 수 있다는 것은 이것이 [주어+서술어]의 절 구성이 아니라 [비주어+서술어]의 구 구성을 하고 있다는 것을 의미한다. 다음 예문에서 대용언으로의 대체 가능성을 통해서 보면, '그녀가 오다' 구성이 '비가 오다'나 '책이 많다' 구성과 그 속구조가 다르다는 것을 알 수 있다.

(34) 오월에 그녀가 왔을 때, 우리는 모두 신이 났다.
⇒ *삼월에 그랬을 때도, 우리는 모두 신이 났다.

(35) 여름에 비가 왔을 때, 우리는 고생을 많이 했다.
⇒ 겨울에 그랬을 때도, 우리는 고생을 많이 했다.

(36) 나는 책이 많으면, 기분이 좋아진다.
⇒ 나도 그러면, 기분이 좋아진다.

따라서, 목적어가 주제화된 다음과 같은 문장을 제외한 이른바 이중주어 구문에서의 [NP가 V] 구성은 통사적 결합체로서 서술구(=동사구)를 이룬다고 할 수 있다.

(37) 가. 철수는 아버지가 일찍 돌아가셔서 공부를 포기하고 돈을
벌러 나갔다.
나. 한글은 세종대왕께서 만드셨다.

이 문장들에서 '그러다'가 '아버지가 돌아가시다'와 '세종대왕께서

만드시다'를 대신할 수 없는 이유는 앞에서 살펴보았듯이, 이들이 서술구가 아니라 서술절을 형성하고 있기 때문이다.

(38) 가. *영수도 그러셔서 공부를 포기했다.
　　　나. *측우기도 그러셨다.

허웅(1983:248)에서는 통어론을 말마디가 모여 월이 짜여지는 방법에 대한 연구로 규정하면서 월성분과 월의 관계를 대체로 다음과 같은 그림으로 제시하고 있다. 생성문법의 외부 논항으로서의 주어와 내부 논항으로서의 목적어의 구분이 여기에도 고스란히 반영되어 있다.

(39)
　　　임　부　위　방　견　어　(인)　풀
　　　　　↓　↓　↓　↓　↓　↓　　↑
　　　└──────────────────┐
　　　　　　　　　<큰 풀이말>
　　　　　　　　　　　↑

그리고 허웅(1983:239)에서 높임법의 선어말어미 '-시-'를 "풀이말에 포함된 '-으시-'는 그 월의 임자말로 지시되는 사람(주체)을 높이는 데 쓰이므로 '통어상의 높임법'이라 하기도 하고, '주체 높임'이라고도 한다."라고 설명하면서 든 예에 다음과 같은 예를 포함시키고 있다.

(40) 가. 아버님께서 몸소 가셨다.
　　　나. 그분은 얼굴이 매우 희시다.
　　　다. 저분이 김 선생님이시다.

그러나 허웅(1983)에서는 서술절 ─ 허웅 선생의 용어로는 풀이마디 ─

을 인정하고 있다. 허웅(1983)에는 허웅(1981)에서 설정한 풀이마디에 대해 보충 설명과 더 나아간 논의는 없고, 다만 거기에서의 논의를 재인용하는 것에 그치고 있다. 그가 든 예와 풀이마디를 인정하는 이유에 대한 논거를 여기에 인용하면 다음과 같다(허웅 1981:307).

　"풀이마디: 한 월의 풀이말의 자리를 한 월이 차지하고 있을 때, 그월을 풀이마디라 한다.
　(가) 부지런한 학생이(은) 성적이 좋다.
　(나) 코끼리가(는) 코가 길다.
　(다) 나는 손톱이 닳았다.
　(라) 나는 비가 싫다.
　(마) 나는 그가 좋다.
　(바) 물이 얼음이 되었다.
　(사) 고래는 물고기가 아니다.
따위는 모두,

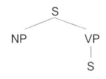

의 짜임새로 되어 있다. 그러므로 이 마디들을 풀이마디라고 한다.
　그러나 이에 대한 반론은 매우 강하다.
　첫째, 풀이마디를 인정하는 최 현배의 우리 말본에서도 (바)(사)는 풀이마디로 인정하고 있지 않다. (바)의 '얼음이'와 (사)의 '물고기가'는 임자말이 아니라, 각각 바뀜 어찌말, 기움말로 풀이된다.
　둘째, 속뜻으로는 (가)-(다)의 상위 임자말은 마디의 하위 임자말의 뜻을 한정하고 있는 것으로 볼 수 있다. 곧 '학생의 성적, 코끼리의 코,

내 손톱'과 같은 뜻으로 볼 수 있다. 그러므로 이런 말들은 속짜임새도 모두 이렇게 된 것으로 보면, 이것들은 두 월로 된 것으로 볼 수 없다.

셋째, (라)(마)는 위의 어느 방법으로도 풀이되지 않으나, 이것도

(라) 나는 비를 싫어한다.

(마) 나는 그를 좋아한다.

의 변형으로 보자는 풀이 방법이 있다.

그러나 필자로 볼 때는, 이렇게까지 해서 굳이 풀이마디를 없애야 하는 이유를 찾을 수 없다. 필자로서는,

그 종소리는 듣기가 좋다.

그 종소리를 듣기를 좋아한다.

의 두 말의 뜻이 같다고 느껴지지 않는다. 하나는 마음의 상태이오, 하나는 마음의 움직임이니, 뜻이 같을 수 없지 않은가?"

그러나 본고에서 주목하고자 하는 것은 서술절(=풀이마디) S가 안겨 있는 상위 교점이 VP로 되어 있는 위의 그림이다.

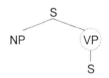

허웅 선생이 풀이마디를 VP라고 그리면서도 결국 서술절이라 해서 절의 지위를 준 것은 이를 [주어+서술어]로 보고 있기 때문이고, 주어로 본 것은 주격조사 '이/가'를 주어 표지로 본 것과 관련이 있다는 것이다. 따라서 서술절을 인정하든 이를 서술어구로 보든 분명한 것은 이러한 서술절/서술어구가 [토픽-코멘트] 구조에서 코멘트 부분을 형성한다는 것이다. 따라서 서술절 속의 NP는 진정한 주어가 될 수 없다는 것인데,

이는 주체존대 요소 '-시-'와의 관계에서 드러나고, 대용언의 테스트를 통해서도 밝혀진다(목정수 2013b).

이상에서 보면, 한국어의 문장에서 이른바 주격조사가 중출된다 하더라도, 문장의 주어를 문장의 시발점이 된 기수 인칭(cardinal person) – 기수 인칭은 말하는 자로서의 1인칭, 말을 받는 자로서의 2인칭, 말의 대상이 되는 사람 또는 사물로서의 3인칭으로 구분되는 서수 인칭(ordinal person)에 공통된 말의 대상으로서의 인칭을 말함(Hirtle 2007a: 145~166) – 으로 보게 되면, 나머지 성분들은 그와 관련된 다른 기능으로 파악할 수 있게 된다. 이는 유형론적으로 봐서도 하나의 문장에 주어가 하나인 것이 보편적인데, 한국어도 이에 예외가 아니고, 보편적인 기본질서를 유지하는 언어로 파악이 가능하다는 것이다. 한국어의 이른바 이중주어 구문을 한국어의 특수성이 아닌 보편성으로 설명할 수 있는 길이 열린다.

(41) 가. (할어버지는_주어) 호랑이가_보어/목적어 무서우시대요._주어인칭/화청자인칭

　　　나. (나란 놈은_주어) 떡을_목적어 좋아한다._주어인칭/화청자인칭

　　　다. (너는_주어) 내 말이_목적어 이해가 되지가 않니?_주어인칭/화청자인칭

목정수(2013a)에서는 또한 복합문에서의 동일 주어 제약의 연결어미를 통하여, 그리고 '-시-'와 호응하는 성분의 구별을 통해 이른바 이중주어 구문의 진성 주어 문제를 논한 바 있다. 이를 간략히 재구성하여 소개하기로 한다.

한국어의 복문 구조를 보면, 연결어미의 성격에 따라 선행절과 후행절의 인칭 제약이 생기고 있음을 알 수 있다. 'contrastive connective'의 하나인 '-고도'는 선행절과 후행절의 주어가 동일해야 한다는 '주어 동일성 제약'이 있다. 다음 (42나)의 비문법성은 여기에서 비롯된 것이다.

(42) 가. 저는 결혼하고도 일을 계속하고 싶어요.

　　나. *그는 결혼하고도 저는 일을 계속하고 싶어요.

이를 통해 이중주어 구문의 진성 주어를 판별해 보자. 다음 문장의 주어는 무엇일까?

(43) 가. 포도주를 두 잔 마시고도 잠이 안 왔어요.

　　나. 포도주를 두 잔이나 드시고도 잠이 안 오세요?

결론부터 말하자면, 위 문장의 후행절의 주어는 '잠이'가 될 수가 없다. 왜냐하면, 이 '잠이'가 주어라면 선행절의 주어로 상정될 수 있는 인물명사와 다르므로 '주어 동일성 제약'을 어기게 된다. 따라서 이 문장은 비문이 되어야 하는데, 실제로는 그렇지 않다. 따라서 이 복문에서 후행절의 주어는 선행절의 주어와 같다는 것이 입증된 셈인데, 그 주어는 '포도주를 마시고 잠이 안 오는' 사람인 것이다. 여기서는 1인칭 주어인 '나/저'가 된다.

(44) 가. (나는$_i$) 포도주를 두 잔 마시고도 (ø$_i$) 잠이 안 왔어요.

　　나. (ø$_i$) 포도주를 두 잔 마시고도 (나는$_i$) 잠이 안 왔어요.

　　다. *그는 포도주를 두 잔 마시고도 나는 잠이 안 왔어요.

(45) 가. 그는$_i$ 포도주를 두 잔 마시고도 (ø$_i$) 잠이 안 오나 봅니다.

　　나. (ø$_i$) 포도주를 두 잔 마시고도 그는$_i$ 잠이 안 오나 봅니다.

　　다. *그는$_i$ 포도주를 두 잔 마시고도 (ø$_j$) 잠이 안 오나 봅니다.

(46) 가. 할아버지는ᵢ 포도주를 두 잔 드시고도 (øᵢ) 잠이 안 오세요?

　　나. (øᵢ) 포도주를 두 잔 드시고도 할아버지는ᵢ 잠이 안 오세요?

　　다. *할아버지는ᵢ 포도주를 두 잔 드시고도 (øⱼ) 잠이 안 오세요?

이상과 같은 논의를 밀고 나가면, 선어말어미 '-시-'의 쓰임새에 대해서도 일관되게 설명할 수 있는 길이 열린다. 심지어 최근 들어, 과용 또는 오용 사례로 지적되고 있는 '이쪽으로 앉으실게요'나 '손님, 만원이세요', '복된 한 해 되시길 바랄게요' 등에서의 '-시-'의 사용을 일관되게 '주어 존대 요소'로서의 '-시-'의 용법으로 설명할 수 있게 된다(목정수 2013b). 상황주체 존대나 청자 존대 요소로서의 '-시-'를 따로 세우는 일단의 국어학자들과는 달리(이정복 2010, 임동훈 2011), 우리는 한결같이 '-시-'를 주어 존대 요소로 본다. 언중들이 (국어학자들이 보기에) 과용이나 남용처럼 보이는 예를 계속 생산해 내는 이유는 '-시-'의 기능이 변해서가 아니라, '-시-'를 쓸 수밖에 없는 언어 상황, 담화 상황, 언어 환경이 계속해서 새로 생기고 늘고 있기 때문이다. 쇼호스트로서나 종업원으로서 고객을 대하는 언어 환경에서는 화자는 말하는 주체로서 1인칭이지만 결코 화자 자신의 입장에서 말하지 않고 청자, 그것도 높임의 대상이 되는 청자, 즉 2인칭의 입장에서 말을 해야 하는 것이다. 누가 여기서 자유롭겠는가?

마지막으로 허웅(1983)에서 계속 타당하다고 본 서술절 설정에 대해서 논항구조나 결합가(valency) 이론에 의지하여 서술절 설정의 부당성을 입증하고자 한다. 우선 결합가란 문장의 용언이 필수적으로 요구하는 빈자리(Leerstelle, empty place)를 말한다(고영근 2013). 여기서 강조하고자 하는 것은 용언(동사이든 형용사이든) 또는 용언에 상당하는 용언구가 결합가를 결정한다는 것이다. 그 요구되는 논항이 다 채워진 것이 기본적인 단문을 구성한다. 따라서 문장의 주어나 목적어 같은 성분은 논항으로서 서술어에 의해 요구된 것이다. 전체 문장은 결합가 실현의 결과이지, 다시 다른 논항을 요구할 수 있는 자격은 없다. 왜냐하면 문장의 핵을 동사로 보고 주어가 실현된 단계에서의 핵을 동사가 유지한다고 하더라도 그 동사의 논항 요구는 이미 실현된 것이기에 다시 이것이 중심이 되어 또 다른 논항을 요구할 수는 없는 것이다. 이것이 가능하려면 서술어가 논항으로 요구한 성분과의 결합이 제3의 서술어처럼 취급되어야 한다. 합성동사나 서술어구나 하나의 서술어로서 기능할 수 있는 자격이 주어져야 그것이 핵이 되어 다른 논항을 요구할 수 있는 것이다. 따라서 '코끼리는 코가 길다'에서 서술어 '길다'가 '코가'를 주어 논항으로 요구하고 '코가 길다'가 또다시 주제 논항으로 '코끼리는'을 요구한다고 하는 것은 '코가 길다'를 문장 단위로 보는 한, 모순에 빠지게 된다.[20] 문장은 다른 논항을 요구할 수 있는 자격이 없는 단위이기 때문이다. 따라서 이러한 모순점은 다음과 같이 '코가 길다'의 결합을 문장 차원이 아니라 구 차원에서 파악할 때만이 해결될 수 있는 것이다. '길다'가 요구한 '코가'와의 결합은 VP 구성으로 파악되고 이 VP의 핵은 여전히 '길다'가 유지하고 있지만, '코가'와의 결합체인 '코가 길다'가 하나의 단위로 개념화되거나 하나의 서술어로 될 가능성을 유지한 채, '코가 긴' 대상을 주어 논항으로 요구할 수 있게 되는 것이다.

4. 맺음말

지금까지 우리는 허웅 선생이 외부에서 받아들이고 내부에서 펼쳐나간 일반언어학과 국어학의 내용을 둘러보되, 현재 시점에서 그리고 현대

---

20) 이 때문에 '코끼리는 코가 길다'에서 서술어 '길다'를 1항 술어로 본다면, 이 문장은 '코끼리의 코가 길다'라는 심층구조를 설정할 수밖에 없는 것이다. '길다'의 논항은 '코끼리의 코가'로 하나만 요구되기 때문이다. 1항 술어의 논항이 실현된 '코가 길다'가 절이라면 이미 논항 실현이 끝난 단문 차원으로 넘어가기 때문에 이 절이 다시 새로운 논항을 요구할 수는 없게 되는 것이다.

언어학의 입장에서 비판해야 할 점을 지적하는가 하면, 일반언어학의 관점에서 새롭게 발전적으로 계승할 수 있는 부분을 드러내고 그 발전 방안에 대해서도 함께 논의했다. 허웅 선생이 연구 방법과 관련하여 자주 ≪논어≫ 위정편을 인용하여 "學而不思則罔, 思而不學則殆(남의 이론만을 열심히 공부하고 자기의 독창적인 연구를 하지 않으면 학문이 어두워지고, 반대로 남의 이론을 돌아보지 않고 자기의 독단적 이론만 펼치면 학문이 위태로워진다)"라고 지적한 바를 마음에 새기고, 그런 차원에서 허웅 선생이 세운 국어 문법의 체계가 갖는 의의를 적극적으로 수용, 발전시키고자 했다. 동시에 허웅 선생의 국어학이 가질 수밖에 없었던 시대적 한계를 극복하기 위한 방안도 적극 모색해 보았다. 미래의 젊은 세대들이 지속적으로 허웅 선생의 국어학 체계를 계승 발전시켜 나가는 데 도움이 될 수 있는 징검다리 돌 몇 개를 놓은 셈이다.

참고 문헌

고영근·구본관 (2008), ≪우리말 문법론≫, 집문당.

고영근 (2013), 민족어 의존·결합가 문법과 그 유형론적 접근: 언어 유형론 노트 (4), ≪2013 형태론 가을 집담회≫.

권재일 (2005), 허웅 선생의 학문 세계, ≪허웅 선생의 우리말 연구≫, 태학사. pp.15~35.

권재일 (2012), ≪한국어 문법론≫, 태학사.

김방한 (1998), ≪소쉬르: 현대언어학의 원류≫, 민음사.

김영희 (1974), 한국어 조사류어의 연구: 분포와 기능을 중심으로, ≪문법 연구≫ 1, 문법연구회. pp.271~311.

김차균 외 (2005), ≪허웅 선생의 우리말 연구≫, 태학사.

김현권·목정수(공역) (1992), ≪소쉬르의 일반언어학 강의≫, 한불문화 출판.

김현권 (2005), 허웅 선생의 학문과 일반언어학 이론, ≪허웅 선생의 우리 말 연구≫, 태학사. pp.37~61.

남기심 (1986), 서술절의 설정은 타당한가, ≪국어학 신연구≫, 탑출판사. pp.191~198.

목정수 (1998), 한국어 격조사와 특수조사의 지위와 그 의미: 유형론적 접근, ≪언어학≫ 23, 한국언어학회. pp.47~78.

목정수 (2003), ≪한국어 문법론≫, 월인.

목정수 (2005), 국어 이중주어 구문의 새로운 해석, ≪언어학≫ 41, 한국언 어학회. pp.75~99.

목정수 (2007), '이다'를 기능동사로 분석해야 하는 이유 몇 가지, ≪어문 연구≫ 136, 한국어문교육연구회. pp.7~27.

목정수 (2009a), 한국어학에서의 소쉬르 수용의 문제: 기욤을 매개로, ≪ 언어학≫ 53, 한국언어학회. pp.27~53.

목정수 (2009b), ≪한국어, 문법 그리고 사유≫, 태학사.

목정수 (2009c), 수상한 수식 구조에 대하여, ≪어문론집≫ 40, 중앙어문 학회. pp.5~38.

목정수 (2013a), 한국어의 핵심을 꿰뚫어 본 교육 문법서: Yeon & Brown (2011), *Korean: A Comprehensive Grammar*를 중심으로, ≪형태론≫ 16-1, 형태론편집위원회. pp.55~81.

목정수 (2013b), 선어말어미 '-시-'의 기능과 주어 존대, ≪국어학≫ 67, 국어학회. pp.63~105.

목정수 (2013c), ≪한국어, 보편과 특수 사이≫, 태학사.

연재훈 (2005), 현대 국어 형태론 연구, ≪허웅 선생의 우리말 연구≫, 태학사. pp.229~261.

이정복 (2010), 상황 주체 높임 '-시-'의 확산과 배경, ≪언어과학연구≫ 55, 언어과학회. pp.217~246.

임동훈 (1991), 격조사는 핵인가, ≪주시경학보≫ 8, 탑출판사. pp.119~129.

임동훈 (1996), ≪현대 국어 경어법 어미 '-시-'에 대한 연구≫, 서울대학교 박사학위논문.

임동훈 (1997), 이중 주어문의 통사 구조, ≪한국문화≫ 19, 한국문화연구
소. pp.31~66.

임동훈 (2008), 다시 격조사는 핵이다, ≪형태론≫ 10-2, 형태론편집위원
회. pp.287~297.

임동훈 (2011), 담화 화시와 사회적 화시, ≪한국어 의미학≫ 36, 한국어의
미학회. pp.39~63.

임홍빈 (1974), 주격 중출론을 찾아서, ≪문법연구≫ 1, 문법연구회.
pp.111~148.

장병기 · 김현권(편역) (1998), ≪소쉬르의 현대적 이해를 위하여≫, 박이정.

최기용 (2005), 현대 국어 통어론 연구, ≪허웅 선생의 우리말 연구≫,
태학사. pp.263~294.

한정한 (2003), 격조사는 핵이 아니다, ≪한글≫ 260, 한글학회. pp.149~182.

허웅 (1963), ≪언어학개론≫, 정음사.

허웅 (1981), ≪언어학, 그 대상과 방법≫, 샘문화사.

허웅 (1983), ≪국어학, 우리말의 오늘 · 어제≫, 샘문화사.

허웅 (1995), ≪20세기 우리말의 형태론≫, 샘문화사.

허웅 (1999), ≪20세기 우리말의 통사론≫, 샘문화사.

Bally, Ch. (1985), *Le langage et la vie*, Geneva.

Blanche-Benveniste, C. et al. (1984), *Pronom et Syntaxe: L'approche pro-
nominale et son application au français*, Société d'Etudes Linguistiques
et Anthropologiques de France.

Contini-Morava, Ellen and Yishai Tobin (eds.) (2000), *Between Grammar
and Lexicon*, John Benjamins.

Corbett, G.G. et al. (eds.) (1993), *Heads in grammatical theory*, Cambridge
University Press.

Croft, W. (2001), *Radical Construction Grammar: Syntactic theory in Typo-
logical perspective*, Oxford University Press.

Guillaume, G. (1919), *Le problème de l'article et sa solution dans la langue française*, Paris, Hachette.

Guillaume, G. (1929), *Temps et Verbe*, Paris, Champion.

Guillaume, G. (1971), *Leçons de linguistique 1948~1949*, Série B, Psychosystématique du langage: Principes, méthodes et applications (I), Québec, Presses de l'Université Laval et Lille; Paris, Klincksieck.

Guillaume, G. (1973), *Principes de linguistique théorique de Gustave Guillaume*, Paris, Klincksieck et Québec, Presses de l'Université Laval et Paris, Klincksieck.

Guillaume, G. (1974), *Leçons de linguistique 1949~1950*, Série A, Structure sémiologique et structure psychique de la langue française II, publiées par R. Valin, Québec: Presses de l'Université Laval et Paris, Klincksieck.

Guillaume, G. (1987), *Leçons de linguistique 1947~1948*, Grammaire particulière du français et grammaire générale III, publiées par R. Valin, Walter Hirtle et André Joly, Québec: Presses de l'Université Laval et Lille, Presses universitaires de Lille.

Guillaume, G. (1997), *Leçons de linguistique 1951~1952*, Série A, Psychosystématique du langage: Principes, méthodes et applications (IV), Québec, Presses de l'Université Laval et Lille; Paris, Klincksieck.

Guillaume, G. (2003), *Essais et mémoires de Gustave Guillaume*, vol. 1. Prolégomènes à la linguistique structurale I, Québec: Presses de l'Université Laval.

Guillaume, G. (2004), *Essais et mémoires de Gustave Guillaume*, vol. 2. Prolégomènes à la linguistique structurale II. Discussion et continuation psychomécanique de la théorie saussurienne de la diachronie et la synchronie, Québec: Presses de l'Université Laval.

Guillaume, G. (2007), *Essai de mécanique intuitionnelle: espace et temps en pensée commune et dans les structures de langue*, Québec: Presses de l'Université Laval.

Hagège, C. (2010), *Adpositions*, Oxford University Press.

Hewson, J. (1972), *Article and Noun in English*, Mouton.

Hewson, J. & V. Bubenik (2006), *From case to adposition: the development of configurational syntax in Indo-European languages*, John Benjamins Publishing Company.

Hirtle, W. (2007a), *Lessons on the English Verb*, McGill-Queen's University Press.

Hirtle, W. (2007b), *Language in the Mind: An Introduction to Guillaume's Theory*, McGill-Queen's University Press.

Hirtle, W. (2009), *Lessons on the Noun Phrase in English*, McGill-Queen's University Press.

Joly, A. et D. Roulland (1981), "Pour une approche psychomécanique de l'énonciation", *Langage et psychomécanique du langage Pour Roch Valin*, (ed.) par A. Joly et W. Hirtle, Presses de l'Université de Lille, Presses de l'Université Laval.

Joly, A. (ed.) (1988), *La linguistique génétique: Histoire et Théories*, Lille, P.U.L.

Pottier, B. (1980), "Guillaume et le Tao: L'avant et l'après, Le Yang et le Yin", *Langage et Psychomécanique du langage*, Presses Universitaires de Lille, Presses de L'Université Laval.

Sanders, C. (ed.) (2004), *The Cambridge Companion to Saussure*, Cambridge University Press.

Saussure, F. de (1972), *Cours de linguistique générale*, Ed. critique par T. de Mauro, Payot.

Saussure, F. de (2002), *Ecrits de linguistique générale*, Etablis et dits par Simon Bouquet et Rudolf Engler avec la collaboration d'Antoinette

Weil, Gallimard. 김현권 · 최용호 옮김 (2007), ≪일반언어학 노트≫, 인간사랑.

Tesnière, L. (1959), *Eléments de syntaxe structurale*, Paris: Klincksieck.

Tollis, Francis (ed.) (1996), *The Psychomechanics of Language and Guillaumism*, LynX' 5, Valencia, Spain: Departament de Teoria dels Llenguatges.

허웅 선생의 형태론 연구에 대한 새로운 해석

김 윤 신

1. 머리말

이 글은 눈뫼 허웅 선생님의 ≪20세기 우리말 형태론≫(1995/2000, 이하, ≪형태론≫으로 줄여 표기한다)을 중심으로 허웅 선생님의 형태론 연구를 현대 언어학의 관점에서 새로이 해석해 보고자 한다. ≪형태론≫에 나타난 선생님의 연구는 매우 엄밀한 구조주의적 방법론을 따르고 있으면서도 그 연구 대상의 측면에서는 문어와 구어를 모두 아우르고 있으며 연구의 내용에 있어서는 형태소와 단어 자체에 대한 것뿐만 아니라 형태소와 단어가 더 큰 언어 단위를 형성하면서 나타나는 현상을 포괄적으로 제시하고 있다. 이러한 선생님의 연구 방향은 오늘날의 국어학 연구자들에게 시사하는 바가 매우 크다.

이에 이 글은 선생님의 형태론 연구를 다음과 같은 부분에 초점을 맞추어 살펴보고자 한다.

첫째, 연구 대상과 방법론의 측면에서 허웅 선생님의 형태론 연구를 현대 언어학의 연구 경향과 관련지어 살펴보고자 한다. 연구 대상의 측면에서는 ≪형태론≫은 문어에 그 연구 대상을 한정하지 않고 구어로까지 확장하였다. 최근 들어 기존의 문어 중심 언어 연구 방법론에 대한 회의와 반성과 함께 구어 중심의 언어 연구에 대한 필요성과 전망이 학계의 중요한 쟁점으로 등장하고 있다. 이러한 측면에서 선생님의 연구를 살펴보는 것은 매우 중요한 일이라고 생각된다. 그리고 연구 방법의 측면에서 구조주의적 엄밀성과 새로운 방법론의 도입에 대해서 형태론의 중요한 연구 대상인 단어에 대한 연구에 초점을 맞추어 살펴보도록 할 것이다. 특히 품사와 관련하여서 ≪형태론≫은 현재 학교 문법의 바탕이 되는 외솔 최현배 선생님의 ≪우리말본≫(1937/1971)(이하, ≪우리말본≫으로 줄여 표기한다)과는 다른 태도를 취하고 있는 부분이 있다. ≪형태론≫의 연구 방법을 재검토하는 것은 현재 학교 문법이 갖는 한계를 극복하는 데 실마리를 찾을 수 있으며 한국어 문법의 체계를 다지는 데에도 필요하다.

둘째, 연구 내용의 측면에서 ≪형태론≫의 연구 결과를 현대 언어학의 새로운 경향을 고려하여 살펴보고자 한다. ≪형태론≫에 나타난 허웅 선생님의 연구에는 형태소와 단어라는 연구 대상을 확정함으로써 형태소가 문법적 기능을 표시하는 국어 연구에서 형태론과 통사론의 접면(interface)에 대한 고려가 분명히 드러나 있다. 앞서 밝힌 바와 같이 허웅 선생님의 연구는 기본적으로 형태에 입각한 엄밀한 구조주의의 방법론의 따르고 있으므로 의미를 언어학의 독립적인 연구 대상으로 삼아 언급하지는 않았다. 그러나 허웅 선생님의 ≪형태론≫에서는 형태소를 비롯한 언어 형태가 갖는 고정적인 의미뿐만 아니라 화자와 청자의 입장을 고려한 화용론적 의미까지 고려하면서 형태소 분석의 어려움도 의미의 개입에서 그 원인을 찾고 있다. 따라서 허웅 선생님의 연구는 의미를 본격적으로 드러내지 않았으나 의미나 맥락상의 사용에 대한 논의를 형태론 연구 전반에 적용한 것으로 보인다. 이것은 실제로 '의미'

가 음운에서 담화에 이르기까지 언어의 모든 단위에 직접적으로든 간접적으로든 관여하고 있기 때문이다. 이 글에서는 ≪형태론≫의 연구 내용을 형태론과 통사론의 접면과 형태론과 의미·화용론의 접면으로 나누어 살펴보고자 한다.

2. 연구의 대상과 방법

2.1. 연구 대상의 확대: 구어로의 확대

연재훈(2005)에서 평가한 바와 같이 허웅 선생님의 형태론 연구는 단어 이하의 언어 형식으로 이루어진 형태론적 구성을 연구하는 것으로 그 연구 대상을 확정하였고, 이는 형태론과 통사론의 구분이 분명하지 않았거나 지금과 달리 구분했던 이전의 국어학 연구와는 차별되는 경향이다. 실제로 많은 국어학 연구에서는 문법 형태소가 발달한 한국어의 교착어적 특징을 지나치게 강조한 나머지 형태론과 통사론을 거의 대동소이하게 취급하여 문법론이라는 국어학의 하위 분야가 지금까지 언급되기도 한다.

그런데 형태론의 연구 대상을 이와 같이 확정한 것은 두 가지 의미를 지닌다. 첫째, 형태론이 독립된 연구 분야로서 그 위상을 갖게 된 것이다. 즉, 연구의 대상이 확정되고 그에 따른 방법론이 정립된 것이다. 둘째, 이전에 모호했던 분야 간의 경계를 분명히 하여서 형태론과 통사론의 접면에서 나타나는 언어 현상을 파악할 수 있게 되었다. 접면 현상을 파악하기 위해서는 각 분야 사이에 경계가 먼저 확정되어야 할 것이다. 이전의 연구에서는 접면 현상을 발견하는 것 자체가 불가능했다고 할 수 있다. ≪형태론≫에서는 형태론과 음운론 사이, 그리고 형태론과 통사론 사이에 존재하는 경계 문제에 대한 관심이 전체 논의의 저변에 깔려 있다고 볼 수 있다. 이와 같은 접면 현상에 대한 이해는 형태론과 통사론의 경계가 불분명했던 국어학 연구에서는 불가능한 것이었다고 할 수 있다.

그러나 허웅 선생님의 형태론 연구는 연구 대상을 단어 이하의 단위로 확정하였을 뿐만 아니라 그 연구 대상의 범위를 문어에 한정하지 않고 구어에까지 확장하였다. 이것은 허웅 선생님의 형태론 연구에 나타난 전체적인 특징이며 특히 종결 어미(맺음씨끝)에 잘 나타나 있다. 다음은 ≪형태론≫에 제시된 종결 어미의 목록이다.[1]

(1) 가. 서술법

낮춤	
일러듣김	는(ㄴ)다, 느(나)니라, 느니, 네, 어, 지, 으이, 을지라, 을지니라, 을지어다, 을지로다, 는(ㄴ)단다, 는(ㄴ)다네, 노라네, <u>으니까</u>, 는(ㄴ)다니까, 는(ㄴ)다나, 으라나, <u>는(ㄴ)다고</u>, 다마다, 고말고, 는(ㄴ)단말이야, 어야지
약속	으마, 을께, 음세
뜻	과저, 을래, 을란다, 을꺼나, 을라고
헤아림	을라, 을러(레)라, 을레, 을세라, 으렷다, 거니, 으려니
느낌	는구나, 는구려, 는구료, 는구먼, 도다, 어라, 노라, 는(ㄴ)다니, <u>는데, 는지, 는지고</u>, 는걸, 을걸, 을세, 로세, <u>거든, 으니, 을데라니</u>, 을씨고, 을손, <u>을사, 을진저</u>, 데나, 누나, 누마, 로고, 을매라, <u>드만</u>, 을게로군, <u>을데라고</u>
예사높임	
일러듣김	소(으오)/오, 는(ㄴ)다오, 습닌다/ㅂ닌다, 습딘다/ㅂ딘다, 는(ㄴ)단말이오, 네요, 어요, 지요, 으이요, <u>으니까요, 는(ㄴ)다니까요</u>, 는(ㄴ)다나요, <u>는(ㄴ)다고요</u>, 다마다요, 고말고요, 어야지요

1) 이 표는 ≪형태론≫(775~786)에 제시된 목록을 간략하게 제시한 것이다. ≪형태론≫의 표기를 따라 어미 앞의 줄표(-)는 생략하였다.

86 ᐧ 허웅 선생 학문 새롭게 읽기

약속	을께요
뜻	을래요
헤아림	
느낌	는군요, 눈구먼요, 는(ㄴ)다니요, 는데요, 는걸요, 을걸요, 거든요

아주높임
습니다/ㅂ니다, 사옵니다/옵니다, 는(ㄴ)답니다, 습네다/ㅂ네다, 으이다, 나이다, 노이다/느이다, 으니이다, 어이다, 소이다, 도소이다, 올시다

나. 물음법

	낮춤
단순-본디	느냐, 느뇨, 는가, 는고, 을런가/을런고, 을까/을꼬, 는지, 을지, 을런지/을는지, 을소냐, 을손가, 는감, 나/노, 니(으니, 느니), 으랴
단순-유용	어, 지, (으이), 을래, 고, 고서, 는데(도), 으려고, 을라고, 게, 는(ㄴ)다, 는담, 어야지
복합-서술	는(ㄴ)다고, 는(ㄴ)다며, 는(ㄴ)다면서, 는(ㄴ)다니, 는(ㄴ)다지
복합-물음	느냐고, 느냐니까
복합-시킴	으라며/으라면서, 으라고, 으람
복합-함께	자며/자면서
복합-이름	기는, 음에랴
복합-그밖	기나, 으려나/으려남, 는거야
	예사높임
단순	소(으오)/오, 을갑쇼
요-본디	는가요, 을까요, 는지요, 을지요, 을런지요/을는지요, 나요
요-유용	어요, 지요/죠, (으이요), 고요, 고서요, 는데(도)요, 으려고요, 을라고요, 게요, 어야지요
요-서술	는(ㄴ)다고요, 는(ㄴ)다며요, 는(ㄴ)다면서요, 는(ㄴ)다니요, 는(ㄴ)다지요
요-물음	느냐고요, 느냐니까요
요-시킴	으라면서요, 으라고요
요-함께	자면서요

요-이름	기는요
아주높임	
	습니까/ㅂ니까, 사옵니까/옵니까, 습네까/ㅂ네까, 으이까, 나이까, 소이까, 느이까/늬까, 니이까

다. 시킴법

낮춤
어라, 으라, <u>으라고</u>, <u>으라니까</u>, <u>으라니깐</u>, 으렴, 으려무나, 으려마, 게, 게나, 구려, 구료, 으렷다, 어, 지
예사높임
<u>으오/소</u>, <u>으라고요</u>, 어요, 지요
아주높임
(으십시)오, 으소서, 읍소사/으십사/읍시사

라. 함께법

낮춤
자, 자고, 자꾸나, 자니까, 세, 세나, 음세, 어, 지
예사높임
으오, 자고요, 자니까요, 어요, 지요
아주높임
읍시다, 으십시다, 사이다

(1)에 제시된 목록에서 밑줄 친 것들은 연결 어미와 형태가 동일하거나 그 연결 어미에 예사 높임의 단계에서 높임을 나타내는 조사가 붙은 형태이다. ≪우리말본≫이나 고영근(1989) 등에서 제시한 어미 체계에서는 이러한 어미들을 종결 어미로 처리하지 않고 대부분 연결 어미로 처리하고 있거나 연결 어미와 관련된 것으로 처리하고 있다. 그러나 실제 우리의 구어 담화에서는 다음과 같은 종결 어미의 사용이 나타나고

있다.

(2) 가. (전화 상황에서)
         갑: 지금 뭐하고 있어?
         을: 책 읽고 있는데.
      나. 갑: 비가 오는데 우산은 있니?
         을: 네. 저는 우산 가지고 왔는데요.

(2가)에 나타난 '을'의 대답에 생략된 부분을 설정하기가 쉽지 않다. 실제로 '을'의 대답 내용은 '갑'의 물음에 대한 답으로는 아주 적절하다. 또한 (2나)의 '을'이 하는 대답처럼 종결 보조사인 '요'가 붙는다면 상황은 더 확실하다. 물론 '요'가 문중에도 붙을 수도 있으나 이것은 (2가)에 나타난 '을'의 대답에 나타난 '-는데요'는 '-는데'라는 연결 어미에 조사 '요'가 결합된 형태로 분석할 수 있으며 이러한 형태가 종결 어미로 사용된다는 것은 부인할 수 없는 우리의 언어 현실이다. 1990년대 이후에는 이러한 방식으로 종결 어미의 범위를 확장하는 경향이 나타났고 한길(1991) 등의 연구가 대표적이며 허웅 선생님의 형태론 연구도 이러한 경향과 관련이 있는 것으로 평가할 수 있다. 또한 이와 같은 연결 어미 형태의 종결 어미가 사용되는 실제 양상을 말뭉치 분석을 근거로 하여 실행한 연구로는 권재일(2004), 목정수·유현조(2003), 목정수(2010, 2011) 등이 대표적이다. 또한 최근의 국어학 연구와 국어 교육 및 한국어 교육에서도 구어 문법과 구어 담화에 대한 연구가 중요한 과제로 대두되고 있다. 이러한 연구 경향에서는 통사론적 구성의 문제뿐만 아니라 이와 같은 형태소의 사용 문제가 연구의 핵심 주제가 되어야 하며 특히 어미의 사용 문제는 결국 국어의 어미 체계에 큰 영향을 줄 것으로 기대할 수 있다.

≪형태론≫에는 이러한 종결 어미뿐만 아니라 연결 어미나 조사에 대해서도 같은 태도를 취하고 있다. 조사의 경우는 다른 문법 기술에서도 '한테, 랑'과 같은 구어에서 사용되는 형태를 제시하고 있으나 ≪형태론≫에서는 여느 연구에서보다 더 폭넓은 정보를 제공하고 있다. 또한 연결 어미의 경우에는 현재 표준형이 아닌 방언형에 해당하는 '-으나따나, -기는새로에' 등이나 구어적인 형태인 '-으명 …… -으명' 등과 같은 형태를 제시하고 있다.

결국 ≪형태론≫에서 제시하고 있는 형태소는 문어나 구어, 또는 표준어나 방언을 가리지 않고 국어를 있는 그대로 살펴보고자 하였다는 점에서 큰 의미를 갖는다. 이는 오늘날 대두되고 있는 구어 문법에 대한 관심을 앞서는 것이며 연구 대상을 어느 순간 문어에 국한된 범위로 한정해 버려 실제로 그 연구 결과가 현실과 괴리되는 한계를 극복할 수 있는 실마리를 제공한다고 할 수 있다.

2.2. 연구 방법: 품사 분류를 중심으로

이 소절에서는 ≪형태론≫에 나타난 허웅 선생님의 구조주의적 연구 방법을 중심으로 형태론의 핵심 쟁점인 단어의 문제를 중심으로 살펴볼 것이며 또한 현대 언어학과 국어학에서의 연구 방향에 맞추어 해석해 볼 것이다. 주로 다루고자 하는 내용은 조사와 의존 명사의 문제, 그리고 지정사와 접속사의 품사 지정의 문제에 대한 것이다.

2.2.1. 단어로서의 조사와 의존 명사

≪형태론≫에서는 단어(낱말)는 한 말도막이 그 자체로 하나의 자립 형태가 되는 것으로 정의하여 단어의 홀로 서는 힘, 즉 독립성을 강조하고 있다. 그래서 단어는 자립 형태 하나로 이루어지거나, 구속 형태와

자립 형태로 이루어지거나, 또는 두 자립 형태로 이루어지는데, 그래서 합친말(합성어)을 단어의 범주에 넣고 있다. 그러나 이러한 단어의 정의에 문제를 제기하는 대표적인 형태가 바로 조사와 의존 명사이다. 이 형태들은 단어가 갖는 공통적이고도 매우 중요한 속성을 갖지 못하므로 단어로 정의하기가 어렵지만 ≪우리말본≫ 이후로 국어의 형태론 연구에서는 '예외적인' 단어로 인정하는 것들이며 ≪형태론≫에서도 이와 같은 입장을 취하고 있다. 이러한 이중적인 속성으로 인하여 더욱이 이 형태들은 남한과 북한의 문법에서 서로 다른 지위를 부여받고 있다.[2] 특히 조사에 대한 논의를 어미와 관련지어 고려해 본다면 단어를 정의하는 것이 간단하지 않은 문제임을 짐작할 수 있다.

≪형태론≫(211~215)에서는 의존 명사가 단어가 될 수 있는 근거를 다음과 같이 제시하였다.

(3) 가. 명사와 같은 실질적인 속뜻을 갖는다. [의미]
　　나. 문장을 구성할 때 명사와 동일한 역할을 한다. [구조]
　　다. 명사와 같이 문장 성분의 자격을 갖는다. [기능]

이것은 각각 의존 명사가 갖는 '의미', '구조', 그리고 '기능'의 측면에서 독립된 단어인 다른 명사와 대등한 지위를 획득할 수 있는 근거이다. 즉, 단어로서의 의존 명사는 형태상의 특징이나 형태소의 구조와 같은 순수하게 형태론적인 특성을 중심으로 명사의 속성이 부여된다고 하기 보다는 의미적인 측면, 통사적인 측면을 동시에 고려하여 그 속성을 부여받게 되는 것이다. 이는 단어의 정의라는 형태론적 작업에서 Bloomfield(1933)가 그러하였듯이 허웅 선생님도 의미적 속성이나 통사

---

2) ≪형태론≫에 따르면 실제로 정열모(1946)는 조사에 대하여 이와 다른 견해를 가지고 있었으며 북한의 문법은 이와 같은 방법을 취하고 있다고 한다.

적 속성을 고려하였음을 알 수 있다.

조사를 단어로 삼는 것에 대한 근거는 이보다 더 복잡하다. 이는 의존 명사와 같이 유사한 의미와 구조, 그리고 기능을 갖는 단어가 없고 오히려 독립성이 없는 어미와 더욱 유사하기 때문이다. 이에 대하여 ≪형태론≫(216~223)에서 밝히는 근거를 다음과 같이 요약할 수 있다.

(4) 가. 조사는 영어의 전치사와 같이 단어의 자립성이 약한 것이다.
　　나. 조사는 어미와 달리 결합하는 요소와 분리될 가능성이 높다.

(4)의 근거는 매우 일반적인 것으로 취급되고 있다. 그러나 여기서 중요한 것은 조사의 약한 자립성이라는 사실보다는 어미와 달리 체언으로부터 분리되기 쉽다는 사실이다. 실제로 ≪형태론≫(217)에서는 자립성이 강한 명사와 결합하기 때문에 분리가 쉽다고 언급하였다. 또한 조사는 어미와 달리 명사와 같은 체언 이외에도 부사, 용언의 활용형, 구나 절에까지 결합할 수 있으며 여러 조사가 결합할 경우에는 그 순서를 바꿀 수도 있다. 그런데 다시 단어의 독립성으로 돌아가 이를 생각해 보면 분리가 가능한 형태들은 자립적인 속성을 갖는 것이므로 체언과 조사는 다른 정도이기는 하지만 일정한 수준의 자립성을 갖춘 단어라고 할 수 있다. 그러나 분리가 불가능한 두 형태들은 모두 자립성이 없으므로 어간과 어미로 이루어진 용언의 경우에는 반드시 둘이 함께 모여서만이 자립성을 갖춘 단어가 되는 것이다. 따라서 조사와 어미는 같은 문법적 지위를 갖는 것이 아니다. 이러한 근거로 ≪형태론≫(216~223)에서는 조사와 어미를 같이 논의할 수 없다고 주장하였다. 즉, 조사는 단어로, 어미는 단어의 일부인 문법 형태소로 따로 처리하는 것이다.

그런데 ≪형태론≫에서 주목할 만한 사실은 이 두 요소가 서로 다르다는 것에 대한 또 다른 증거를 어린이의 언어 습득 양상에서 찾아 다음과 같이 제시하였다는 것이다.

(5) 가. 조사는 거의 나타나지 않는다.

　　나. 용언의 어미는 매우 잘 쓰이며 마침법의 어미가 가장 많이
　　　　나타난다.

《형태론》(227~231)에서 개별적인 단어인 조사가 단어의 일부인 어미에 비해 늦게 습득됨을 제시하며 이와 같은 조사와 어미에 대한 어린이의 습득 양상을 통하여 조사와 어미가 근본적으로 다르다는 점을 강조하였다. 또한 이를 통하여 어린이의 문법 체계는 기반이 잡혀 있으나 체언의 기능에 대한 문법 범주 체계가 아직 분명하게 정립되어 있지 않아서 어린이들의 문법에서 체언의 체계는 고립어적이지만 용언의 체계는 굴곡어적이며 조사와 어미가 매우 다른 요소임을 알 수 있다고 밝히고 있다. 이러한 연구의 방향은 형태론의 연구를 문어 자료나 또는 성인들의 발화만을 대상으로 하는 국어학 연구에서는 매우 신선한 시도라고 할 수 있다. 이러한 점은 앞서 형태론의 연구 대상을 구어로까지 확장하였다는 것과 일맥상통하는 것이며 통합적인 연구 방법을 시도한 것이라고 할 수 있다.

2.2.2. 품사 설정의 문제: 지정사와 접속사

《형태론》의 품사 분류는 《우리말본》의 전통을 계승하였으나 지정사와 접속사를 따로 설정하여 모두 11개의 품사를 제시하였다. 《형태론》(232~233)에서는 품사 분류(씨가름)의 기준을 꼴(형태), 구실(기능), 뜻(의미)로 구분하고 있다. 이는 일반적으로 인정되는 국어 품사 분류의 기준이나 이 기준을 어떻게 적용하느냐에 따라서 품사 분류의 양상은 매우 달라진다. 특히 품사 분류에 있어서 쟁점으로 나타나는 것이 '이다' 등과 같은 지정사와 '그러나' 등과 같은 접속사이다. 이 두 부류의 단어들은 현재 학교 문법에서는 각각 조사와 부사로 분류되고

있으며 이는 학교 문법을 규정하는 과정에서 많은 이견들을 절충한 안으로 알려져 있다.

그러면 다음에서 ≪형태론≫(233~424)에 제시된 품사 분류 체계와 학교 문법의 체계로 대표될 수 있는 남기심·고영근(1985/1993)이나 고영근·구본관(2008)의 체계를 살펴보도록 하자.

다음 쪽의 표 (6)과 (7)을 비교해 보면 우선 앞에서 밝힌 바와 같이 동일한 기준을 적용하여 단어의 품사를 분류하고 있다. 그러나 결정적으로 (6)에서는 (7)에 없는 '지정사'와 '접속사'를 제시하고 있고 (7)은 형태의 바뀜에도 불구하고 기능의 유사성을 우선적으로 고려하여 관계언 아래에 조사를 넣고 그 중에서 가변어에 속하는 것을 서술격 조사로 처리하고 있다. 사실 (7)의 분류가 현재 학교 문법의 분류이며 기능을 중심으로 분류했으나 실제로 품사 분류의 기준을 적용하는 데에서는 그 일관성이 유지되지 못한 것으로 보인다. 결국 기준의 엄밀한 적용이냐 아니면 실제 기능에 우선하느냐의 문제인데 ≪형태론≫의 품사 분류는 구조주의적인 엄밀성을 반영한 것으로 판단된다.

(6)에서와 같이 ≪형태론≫의 품사 분류에서 '이다'와 '아니다'를 묶어 지정사로 취급하고 있는데 이는 ≪우리말본≫의 연구 경향을 계승한 부분이다. ≪형태론≫(330~339)에 따르면 꼴바꿈이 가능한 용언(풀이씨)으로 꼴바꿈의 양상은 형용사와 유사하나 '-로다, -어니와'와 같은 고유한 꼴바꿈도 가능하다. 또한 그 구실이 '이다-문(월)'의 서술어(풀이말)로 그 뜻을 바꾸어 말하는 것이라고 기술하고 있다. 이와 함께 '아니다'의 꼴바꿈과 구실, 그리고 뜻을 고려하여 현재 학교 문법에서 분류하는 바와 달리 '이다'의 부정형인 지정사로 처리하고 있다. 이와 같은 품사 분류에서 가장 중요한 기준은 꼴바꿈에 있음을 분명히 하고 있다.

(6) ≪형태론≫

	[1] 형식	[2] 기능	[3] 의미
단어	불변어	체언(임자씨)	명사(이름씨)
			대명사(대이름씨)
			수사(셈씨)
		그밖	관형사(매김씨)
			부사(어찌씨)
			감탄사(느낌씨)
			접속사(이음씨)
			조사(토씨)
	가변어	용언(풀이씨)	지정사(잡음씨)
			동사(움직씨)
			형용사(그림씨)

(7) 남기심·고영근(1993)/고영근·구본관(2008)

	[1] 형식	[2] 기능	[3] 의미
단어	불변어	체언	명사
			대명사
			수사
		수식언	관형사
			부사
		독립언	감탄사
	가변어	관계언	조사
			(서술격 조사)
		용언	동사
			형용사

이와 같은 품사 분류는 '지정사설'이라고도 하며 연재훈(2005:244)에서 언급한 바와 같이 '이다'에 대한 현재의 가설 세 가지(용언설, 접미사설, 조사설)와 비교할 만하다. 이 세 가설은 모두 그 현상에 대한 대동소

이한 기술에도 불구하고 어떠한 속성에 중점을 두느냐에 따라 '이다'에 서로 다른 품사를 부여하고 있다. 허웅 선생님의 '지정사' 분류는 용언설에 속하며 이는 목정수(1998, 2006, 2007)의 논의와 관련이 있으나 이 논의들은 '이다'를 기능 동사로 분류하고 있다는 점에서 차이가 난다.

앞에서 밝힌 바와 같이 '접속사(이음씨)'의 설정도 ≪우리말본≫의 품사 분류와 다르다. 부사(어찌씨)의 일부로 처리한 ≪우리말본≫을 비롯한 다른 문법 체계와 달리 접속사를 설정한 것이다. 이러한 사실은 접속 부사의 기능이 실제로 부사의 기능과 상이하다는 주장과 그 맥이 통한다. 실제로 ≪형태론≫(422)에서 '그러나'와 같은 단어는 문장의 구조에 간접적으로 관여하는 독립어의 자격을 가질 뿐이므로 다른 말을 수식하는 부사어의 자격을 갖지 못하는 것이다. ≪우리말본≫(602)에서도 이음어찌씨(접속 부사)의 주요한 기능을 앞뒤의 말을 잇거나 월을 잇는 것이라고 기술하고 있다. 그러나 수식과 접속의 기능을 하나 묶는 것이 무리가 있음은 분명하다. 다음의 접속사 설정을 보면 더욱 그러하다.

(8) ≪형태론≫(423)
　　가. 앞뒤의 말을 잇는 것: 및, 또는, 곧
　　나. 월 앞에 놓여, 그 앞 월의 뜻을 뒤로 이어 주는 것: 또, 그뿐아니라, 더구나, 하물며; 그러나, 하니까, 그런고로, 따라, 그러매, 그러므로, 그런즉, 한즉, 그러니까; 그러면, 그러하거든, 그래야만; 그렇지마는, 하지마는, 하나, 하나마, 그러나, 그러하되, 하되, 그러할지라도, 그럴지라도

(9) 가. 책상과 의자
　　나. 그 사람은 집에 돌아왔다. 그러나 아무도 집에 없었다.

(8가)와 같이 앞뒤의 말을 잇는 접속사는 (9가)에서 볼 수 있는 것과 같이 단어의 연결을 수식의 기능으로 보기 어렵다. 또한 (9나)와 같이 문장과 문장을 연결한 경우에도 지금의 학교 문법에서와 같이 두 문장의 관계를 나타내는 것을 수식으로 판단하기 어렵다.

이 밖에도 관형사(매김씨)와 수사(셈씨) 사이에 나타나는 문제에 대한 언급도 있다. 수사 '하나, 둘, 셋, 넷, 다섯, 여섯'과 수 관형사인 '한, 두, 서/세/석, 너/네/넉, 닷, 엿' 이외에는 수사와 수 관형사의 형태가 동일하다. 품사의 구분은 문장 구조에서의 기능을 중심으로 판단할 수 있는 데 이 역시 모호한 경우가 많다. 왜냐하면 체언인 수사가 관형어의 기능을 할 수 없는 것이 아니기 때문이다. ≪형태론≫(316, 414)은 수사와 수관형사에서 꼴바꿈의 문제가 전면적으로 나타나는 것이 아니므로 하나의 품사로 보는 것이 타당하다고 보고 있다. 이러한 관점도 품사 분류를 체계화하는 데에 중요한 시사점을 제공한다고 할 수 있다.

이와 같은 품사 분류는 실제 문법 교육의 현장에서 직접적으로 부딪히는 문제이다. 그리고 품사의 분류는 문법 교육의 시작이므로 더욱더 중요한 문제이다. 많은 예외와 설명이 필요한 문법 체계는 그 타당성을 의심할 수밖에 없다. 현재의 품사 분류가 가지는 문제의 해결을 위해서 ≪형태론≫의 품사 분류를 수용할 필요가 있다. 특히 품사 분류의 기준을 적용하는 방식은 오늘날 학교 문법의 문제를 극복하는 데 유용할 것이다.

3. 연구 내용: 접면 현상을 중심으로

3.1. 형태론과 통사론의 접면 현상

어미나 접사, 그리고 조사의 문제는 형태론과 관련된 부분이다. 특히 조어법 중 합성어 형성과 관련된 문제는 순전히 형태론의 문제라고 여기기 쉽다. 그런데 국어에서는 이러한 형태소와 관련된 문제가 형태론에만 관련된 것이 아니라 문장의 구조와 관련된 문제가 되며 단어 형성의 문제도 통사적 구조에 대한 통찰이 필요하다. 이 소절에서는 이와 같은 형태론과 통사론의 접면의 문제를 살펴보도록 하자.

3.1.1. 합성어의 형성

연재훈(2005:247)에서 밝힌 바와 같이 허웅(1963:183~187)은 미국과 유럽의 구조주의 문법을 도입하여 조어법과 굴절법을 구분하고 조어법은 다시 파생법과 합성법으로 구분하였다. 또한 조어법은 새말을 만드는 방식으로 접사가 어근에 결합하여 새말을 만드는 파생법과 자립 형태가 둘 이상 합쳐 새말을 만드는 합성법으로 나누고 그 중 합성법은 국어의 통사적 규칙을 따르는 통어적 합성과 비통어적 합성으로 나누었다.

그러나 국어 형태론에서 쟁점이 되는 것은 합성과 파생이 모두 나타나는 다음과 같은 단어의 목록과 구조이다.

(10) 가. 땀받이, 해돋이, 가을걷이, 손잡이, 코납작이, 배불뚝이, 벼훑이, 밥벌이, 눈웃음
     나. 꺾꽂이, 붙박이, 미닫이
     (≪형태론≫ 430)

(11) 가. 땀을# 받다 → 땀# 받다 → *땀받다 (한 낱말로 된 것으로 가정)

　　　　　　　　　　 *땀받- + -이 → 땀받이

　　　해가# 돋다 → 해# 돋다 → *해돋다 (한 낱말로 가정)

　　　　　　　　　　 *해돋- + -이 → 해돋이

나. 꺾어# 꽂- + -이 → *꺾꽂- + -이 → 꺾꽂이

　　붙어# 박- + -이 → *붙박- + -이 → 붙박이

　　밀고# 닫- + -이 → *미닫- + -이 → 미닫이

(11)의 구조를 통해 ≪형태론≫(430~431)은 이러한 단어들의 구조를 통어적 구조로부터 형성된 것으로 보고 있음을 밝히고 있다. (10나)에 대해서는 특별한 논란은 없지만 (10가)에 대해서는 연재훈(2005:249)에서 밝힌 바와 같이 두 가지 견해가 존재한다. 먼저, 이러한 단어의 구조에 대하여서는 ≪형태론≫의 견해와 같이 통어적 구조를 유지한 상태로 접미사를 붙여 파생시키는 구조를 제시하는 의견이 있다. 이와 달리 동사 어근에 동사화 접미사가 먼저 붙고 그 형태와 앞에 논항에 해당하는 명사가 붙는 구조를 설정하는 의견도 있다.

그런데 ≪형태론≫의 이러한 견해는 분산형태론(distributed morphology)의 입장을 취하는 박소영(2011), 박소영·김혜미(2012) 등의 분석 방식과 같은 맥락이다. 박소영(2011:685)에서는 (10가)의 합성어가 통합 합성어(synthetic compound)[3]의 구조를 가지며 그 합성어의 구성 요소인 동사가 선행 성분을 취하는 구조를 가지고 있다고 설명하고 있다. 또한 이러한 합성어의 구조가 통사부에서 생성되는 통사적 구조를 가지지만 이와 대응하는 명사절과는 다음과 같은 점에서 차이가 나므로 통사적 구조가 다름을 보이고자 하였다(박소영, 2011:702).

---

3) 고영근·구본관(2008:235)에서는 이를 '종합 합성어'로 부르고 있다.

(12) 가. 통합 합성어는 부사어에 의한 수식이 허용되지 않으나, 명사형 구성4)은 허용된다.

　　　나. 통합 합성어의 명사 선행 성분은 지시성이 없으나, 명사형 구성의 명사 논항은 지시성이 있다.

　　　다. 통합 합성어는 문법적인 사건 자질을 가지고 있지 않으나, 명사형 구성은 사건 자질을 갖는다.

　　　라. 통합 합성어의 관용적인 해석은 대응하는 명사형 구성에서는 유지되지 않는다.

또한 통합 합성어와 명사절에 대해서 다음과 같은 구조를 제시하였다.

(13) 가. 통합 합성어 '양치기'의 구조

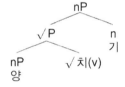

　　　나. 명사절 '양을 치기'의 구조

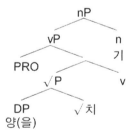

(13가)에서는 어근구인 √P에 명사화 접미사인 '-기'가 붙은 구조를 제시하고 (13나)에서는 vP에 명사형 어미인 '-기'가 붙은 절의 구조를

―――――――――――――――――――
4) 박소영(2011)에서는 명사절을 명사형 구성으로 이름 붙이고 있다.

제시하고 있다. 박소영(2011:704)은 이러한 구조를 통해 통합 합성어가 정상적인 통사적 구성인 명사절과는 상이한 투사 방식을 가지고 있음을 제시하였다. 이것은 (11가)에서 제시된 바와 같은 취지를 갖는다고 할 수 있다. (11가)에서도 이 합성어의 구조가 통사적 구조를 가지지만 단어로 사용될 가능성이 있는 것으로 설명하고 있다. 이는 분산형태론의 입장에서는 (13가)와 같이 이러한 단어의 구조는 통사부에서 통사규칙의 적용을 받으며 생성된 구조인 동시에 어근부에 접미사가 붙는 것은 단어를 구성하는 구조로 설명하는 것으로 바꾸어 말할 수 있을 것이다.

이러한 설명의 방식은 (10나)의 단어도 (11가)와 같은 어근부의 구조로 설명할 수 있을 듯하다. 어근부에서는 통사 규칙의 영향을 받아 어근부에서 [꺾어# 꽂-]의 형태로부터 [*꺾꽂-]의 형태로 투사되어 생성되는 것으로 설명할 수 있다. 그렇다면 분산형태론의 설명력이 더 큰 타당성을 얻을 수 있을 것이다.

그러나 분산형태론의 설명 방식은 지나친 단어의 생성이라는 문제를 발생할 수 있다. 이 대목에서 이전의 생성문법이 제시했던 알파-이동(Move-α)의 과도 생성을 상기해야 한다. 따라서 보다 타당한 이론으로의 발전을 위해서는 과도 생성의 문제에 대한 제약을 제시해야 할 것이다. 이는 어휘부의 존재에 대한 재고찰과 어휘부 등록 방식에 대한 고려로 해결할 수 있을 것이라 기대한다.

≪형태론≫과 분산형태론에 입각한 설명은 모두 단어를 생성하는 형태론적 과정이 통사부의 규칙의 영향을 받는다는 측면에서 형태론과 통사론이 만나는 지점에서 나타나는 언어 현상에 대한 것이다. 즉, 형태론적 구성인 합성어에 나타난 통사론적 특징에 대한 설명인 것이다. 따라서 이러한 설명 방식은 전형적인 형태론과 통사론의 접면에 대한 접근이다.

3.1.2. 사동과 피동

국어의 사동(하임법)과 피동(입음법)은 접사를 통해 파생된 동사를 통해 주로 실현된다. 동사의 형태가 변화하면 관련된 문장의 구조가 바뀌므로 형태론적 변화가 통사론적 변화를 초래하는 형태론과 통사론의 접면에서 나타나는 언어 현상의 또 다른 예라고 할 수 있다.

≪형태론≫에서는 사동과 피동을 두 부분에서 따로 다루고 있다. 조어법인 파생법과 보조 용언 구성에서 다루고 있다. 이것은 일반적으로 국어의 사동과 피동은 접사에 의해 파생된 동사를 통해 나타나거나 '-게 하다'나 '-어지다'와 같은 보조 용언 구성을 통해 나타나기 때문이다. 그러나 ≪형태론≫에서는 파생법을 통해서는 사동과 피동이 모두 실현되나 보조 용언 구성을 통해서는 피동만이 실현되는 것으로 제시하고 있다.

이러한 내용은 오늘날의 사동과 피동에 대한 연구와 크게 다른 점이다. 대신 사동의 경우 접사에 의한 사동 이외에 '-게 하다' 구성을 제시하고 있으나 이는 보조 용언 구성이 아닌 '-게' 부사형과 본용언 '하다'가 결합한 형태로 보고 있다. 이것은 '-게'를 부사절을 만드는 전성 어미로 파악하고 있기 때문이며 하나의 형태에 하나의 의미를 연결하고자 하는 엄밀함에서 기인하는 것이다.

그러나 접사에 의한 사동과 피동이 단어 파생이라는 형태론적 단계의 현상일 뿐만 아니라 문장의 구성에도 변화를 가져오므로 통사론에서도 다루어져야 함을 언급하고 있다. 이것은 바로 접면 현상에 대한 통찰이다.

≪형태론≫(455)에서 사동은 주어(임자)가 어근(밑말)의 주어로 하여금 그 움직임을 하게 하는 뜻을 나타내며 형용사(그림씨)나 자동사(제움직씨)는 타동사(남움직씨)로, 타동사는 이중 타동사(겹남움직씨)로 파생시킨다고 하였다. 그러나 형용사나 자동사로부터 타동사인 사동사가

된 경우에는 실제로 주어가 그 행동을 직접 하는 경우가 많다고도 설명하고 있다. 이러한 견해는 사동사를 다른 타동사와 구분하거나 접사가 들어간 경우는 모두 사동사로 취급하는 입장보다는 매우 정밀하고 정연한 것이다. 이러한 사동에 대한 견해는 생성 어휘부 이론을 채택한 김윤신(2001가)에서도 나타난다.

≪형태론≫에서는 이러한 파생 사동사는 사동의 의미 이외에 다음과 같은 다양한 의미를 갖는다고 설명하고 있다.

(14) 가. 아버지가 아이에게 약을 먹인다. (구속, 강요)
　　　나. 도서실을 차려 놓고, 일반 사람에게 책을 보인다. (허용)
　　　다. 그는 집을 태웠습니다. (불행, 운수 따위)

이와 같은 설명도 사동을 형태상으로만 파악하지 않고 그 용법과 의미를 고려한 접면에 대한 연구 경향을 반영한 것이다.

≪형태론≫(457)에 따르면 피동을 그 어근의 행동이 미치는 대상이 주어로 바뀌는 방법으로 정의하고 피동에서 주어로 바뀐 주어는 그 행동을 하는 것이 아니라 그 행동을 입는 대상이 되는 것이다. 따라서 이에 대하여 피동사의 어근이 되는 단어는 대상을 취하는 타동사여야 함을 밝히고 있다. 이러한 피동에 대한 제약은 실제로 동사의 논항이 취하는 의미 역할에 대한 인식을 바탕으로 그 동사의 진정한 타동성에 대한 고려하여 설정되어야 한다. 이러한 피동화에 대한 어휘 의미론적인 제약은 김윤신(2001나:105, 108)에서 다음과 같이 보다 구체적으로 제시되었다.

(15) 가. 피동화의 어휘 의미론적 제약1(사건 구조상의 제약): 좌중점 사건을 나타내는 완성 동사만이 피동화가 가능하다.

나. 피동화의 어휘 의미론적 제약2(동사의 어휘 부류에 대한 제약):
　　　　① 일반적으로 어휘적 피동의 짝을 갖는 동사도 피동화가
　　　　　불가능하다.
　　　　② 간접 사동인 산출 동사(creation verb)[5]는 피동화가 불가능
　　　　　하다.

　이러한 피동화의 어휘 의미론적 제약은 ≪형태론≫의 제안과 그 맥이
닿아 있다. 대상을 가지는 타동사는 바로 어휘적 피동의 짝이 없는 경우
이고 산출 동사가 아닌 완성 동사인 것이다. 다시 말해, (15)는 ≪형태
론≫의 제안이 최근 발달한 의미론의 이론을 통해 보다 구체화된 것이
라고 평가할 수 있다.

　≪형태론≫은 피동의 의미에 대하여서는 보조 용언 구성 '-어지다'가
다양한 의미를 가짐을 언급하고 있다. '-어지다' 구성은 피동인 '입음'뿐
만 아니라 '절로 됨', '가능' 등의 여러 가지 뜻을 가짐을 나타내며 '-어지
다'가 붙었을 경우 원래 본용언의 의미와 보조 용언의 의미 이외에 특별
한 뜻이 덧붙는 경우가 많고 단순한 피동을 나타내지 않는다는 점도
함께 밝히고 있다.

(16) 가. 펜으로 글을 쓴다 - 글이 써진다 (가능)
　　　나. 장막을 친다 - 여기 저기 장막이 쳐졌다 (절로 됨, 가능)
　　　다. 흥미를 느낀다 - 흥미가 느껴진다 (절로 됨)
　　　라. 하루에 백리를 간다 - 하루에 백리를 가진다 (가능)
　　　마. 나는 영어가 싫다 - 나는 영어가 싫어졌다 (절로 됨)
　　　바. 그 모습이 언제까지나 잊혀지지 않는다 (피동+-어지다)

---

5) 김윤신(2001나)에서는 creation verb를 '창조 동사'로 번역하였으나 그 의미가 명확하지
　못하여 '산출 동사'로 바꾸어 쓰기로 한다. 이는 남승호(2004:87)를 따른 것이다.

사. 이 지방의 교통이 편리해졌다 (어떤 상태에 이르는 과정)

이와 같은 관찰은 매우 중요하며 이후 연구에 결정적인 단서를 제공했다고 할 수 있다. 다만 ≪형태론≫에서는 사동이나 피동을 통사적인 범주로 다룬 것이 아니라 형태론의 입장에서 설명하였으므로 접사 파생의 경우와 보조 용언의 경우가 통합되어 다루어진 것이 아니라고 생각한다.

3.1.3. 어말 어미: 한자격법과 두자격법

≪형태론≫(523, 986)에서는 풀이씨가 그 끝바꿈에 따라 한 편으로는 풀이말의 자격을 가지면서 다른 한 편으로는 다른 씨갈래 또는 다른 월조각(월성분)의 자격을 겸해 가지는 굴곡 범주를 '두자격법'으로 정의하고 맺음씨끝의 한 갈래로 보고 있다. 이러한 정의는 ≪우리말본≫나 현재의 학교 문법과 차이가 난다. 다음을 살펴보자.

(17) 가. ≪우리말본≫(323~326)의 끝바꿈 갈래

마침법	베풂꼴(서술형), 물음꼴(의문형), 시킴꼴(명령형), 꾀임꼴(청유형)
감목법	어찌꼴(부사형), 매김꼴(관사형), 이름꼴(명사형)
이음법	매는꼴(구속형), 놓는꼴(방임형), 벌림꼴(나열형), 풀이꼴(설명형), 견줌꼴(비교형), 가림꼴(선택형), 잇달음꼴(연발형), 그침꼴(중단형), 더보탬꼴(첨가형), 더해감꼴(익심형), 뜻함꼴(의도형), 목적꼴(목적형), 미침꼴(도급형), 되풀이꼴(반복형)

나. ≪형태론≫(524)의 풀이씨 씨끝 갈래

맺음씨끝 (어말 어미)	한자격법	의향법(마침법)과 들을이 높임법, 이음법
	두자격법	**이름법, 매김법, 어찌법**
안맺음씨끝 (선어말 어미)	임자(주체) 높임법, 때매김법과 다짐법	

다. 학교 문법의 어미 분류

선어말 어미			
어말 어미		종결 어미	
	비종결 어미	연결 어미	대등적 연결 어미
			종속적 연결 어미
			보조적 연결 어미
		전성 어미	관형형 전성 어미
			명사형 전성 어미

두자격법은 ≪우리말본≫의 감목법(자격법)이나 학교 문법의 전성 어미와는 다르게 분류하고 있다. ≪우리말본≫에서는 용언의 어미를 마침법(종지법), 감목법(자격법), 이음법(접속법)의 세 갈래로 나누고 있으나 ≪형태론≫(523~524)에서는 용언의 어미를 맺음씨끝(어말 어미)과 안맺음씨끝(선어말 어미)의 두 갈래로 나누고 두자격법은 그 중에서 맺음씨끝에 넣고 있다. 또한 현재의 학교 문법에서는 용언의 어미를 어말 어미와 선어말 어미로 나누고 어말 어미를 다시 종결 어미와 비종결 어미로 나누고 두자격법에 해당하는 용언의 어미인 전성 어미를 비종결 어미의 한 갈래로 분류하고 있다.

그런데 ≪형태론≫, ≪우리말본≫, 학교 문법에서 나타난 이 세 어미의 분류는 서로 다르다. 먼저, ≪우리말본≫(163)는 풀이씨의 말본스런 노릇(어법적 기능)에 따라 어미 전체를 세 갈래로 나누었으나, ≪형태론≫과 학교 문법은 어미를 우선 그 출현 위치에 따라 두 갈래로 나누고 그 중 어말 어미를 다시 두 갈래로 나누었다. ≪형태론≫과 학교 문법도 모두 어미가 용언에 부여하는 기능을 고려하여 어말 어미를 두 갈래로 나누고 있으나 용언의 기능 중에서 어떠한 부분에 초점을 맞추느냐에 따라서 그 차이를 보인다. ≪형태론≫에서는 용언의 어말 어미 동사가 문장에서 가지는 기능, 즉 자격의 수에 따라서 한자격법과 두자격법으로 나누고 있다. 반면 학교 문법에서는 어말 어미를 문장의 종결 여부에 따라서 종결 어미와 비종결 어미로 나누고 있다. 다시 말해, 《형태론》의 어말 어미 갈래는 전체 문장의 구조가 안은문장이냐 그렇지 않느냐와 관련되어 있는 것이고 학교 문법의 어말 어미 갈래는 어미 뒤에 다른 문장의 요소가 오느냐 그렇지 않느냐와 관련되어 있는 것이다. 다음의 예를 살펴보자.

(18) 가. 가을 하늘이 매우 푸르다.
　　　나. 여름이 가고 가을이 온다.
　　　다. 꽃이 핀 산이 아름답다.

(18가)와 (18다)의 '-다'와 (18나)의 '-ㄴ다'가 붙은 용언은 문장을 종결하는 기능을 가지며 이 문장에서는 서술어의 자격을 갖는다. 따라서 학교 문법의 종결 어미인 동시에 《형태론》의 한자격법이다. 그런데 (18나)의 '-고'가 붙은 용언은 앞과 뒤의 두 절을 연결하는 기능을 가지나 문장을 종결하지는 않고, 이 용언은 앞의 절에서 서술어로만 사용된다. 따라서 이것은 학교 문법의 비종결 어미인 연결 어미이지만 《형태론》의 갈래에 따르면 의향법이자 한자격법이다. 반면 (18다)의 '핀'에 나타나는 '-ㄴ'은 용언을 앞의 말 '꽃'에 대해서는 서술어의 기능을 하게 하는 반면 뒤의 말 '산'에 대해서는 관형어의 기능을 하게 한다. 이러한 어미를 학교 문법은 역시 문장을 종결하지 않으므로 비종결 어미이나 동사의 역할을 관형어로 만드는 관형형 전성 어미로 구분하고 있다. 그러나 《형태론》에서는 이 어미를 붙인 용언이 문장에서 동시에 두 가지 기능을 하고 있음에 주목하여 두자격법으로 구분하고 있다.

따라서 학교 문법의 전성 어미는 《형태론》에서는 두자격법으로, 그리고 학교 문법의 종결 어미와 연결 어미는 《형태론》의 한자격법으로 달리 분류되었다. 이러한 사실로 미루어 우리가 알 수 있는 것은

≪형태론≫의 어말 어미 갈래는 문장 전체의 구조를 우선적 기준으로 삼은 것이며 학교 문법은 어미의 형태에 따른 문장 종결이라는 단순 기능을 품사 분류의 일차적 기능으로 삼고 이후에 문장에서의 역할을 이차적 기능으로 삼은 것이다.

이는 이어진문장과 안은문장의 특징을 잘 반영한 갈래의 구분으로 보인다. 이어진 문장은 홑문장을 접속사로 이은 두 문장으로 전언할 수 있으나 안은문장은 그렇지 않다.

(19) 가. [하늘은 맑고] [태양은 빛난다].

　　 나. 하늘은 맑다. 그리고 태양은 빛난다.

(20) 가. [[[구름이 떠가는] 하늘을] 바라본다].

　　 나. 하늘$_i$에 구름이 떠간다. 나는 그것$_i$을 바라본다.

(19가)와 같이 이어진문장의 구조는 '[A]+[B]'의 단순 병렬 구조인 반면 (20가)와 같은 안은문장의 구조는 '[B[A]B]'와 같은 복합 내포 구조를 보인다. 따라서 (19가)는 (19나)와 같이 홑문장 두 개의 단순 연결인 반면 (20가)는 (20나)와 같이 접속사가 나타나지 않으며 밑줄 친 두 단어의 사이에 나타나는 공지시성에 의한 결속 관계를 근거로 앞 문장의 내용 전체가 뒤 문장에 포함되는 구조를 보인다. 결국 이러한 구조의 차이에 따라서 이어진문장과 안은문장에서 용언의 역할이 다르다. 이어진문장에서 앞과 뒤의 절에 나타난 용언은 각각 그 절 안에서 독립적인 역할을 한다. 반면 안은문장의 안긴문장에 나타난 용언은 안긴문장에서는 서술어의 역할을 하지만 안은문장 전체에서는 관형어와 같은 또 다른 역할을 하게 되는 것이다. 이와 같은 ≪형태론≫의 어말 어미 구분은 형태소의 실현이 문장의 구조라는 통사적인 특징과 상호 연관이 있음을 보여 주는 또 다른 경우라고 할 수 있다.

3.2. 형태론과 의미·화용론의 접면

3.2.1. 형태론과 통사론의 접면 현상

국어 문법에서 높임법은 청자나 문장의 주체나 객체에 대한 화자의 태도를 표현하는 문법 범주이다. 청자는 발화가 일어나는 상황 맥락을 구성하는 한 요소이고 문장의 주체나 객체는 일반적으로 주어나 목적어로 실현되므로 높임법은 화용론적인 차원과 통사론적인 차원에서 모두 논의되어야 하는 이중적인 성격의 문법 범주이며 국어의 특수성을 반영하기도 한다. 이것은 그 정체성이 불분명하다는 것으로 해석될 수도 있으나 다른 한편으로는 화용론적 특징과 통사론적 특징이 모두 고려되어야 한다는 것을 의미하기도 한다. 더욱이 국어에서 이 문법 범주는 형태소로 실현되는 이유로 형태론적인 측면도 고려해야 하는 것이다.

이와 같은 일반적인 문법 기술에서와 마찬가지로 ≪형태론≫(525, 1052~1055)은 문장 종결법인 의향법과 청자 높임법(들을이높임법)이 함께 나타나고 주체 높임법(임자높임법)은 주체 높임 선어말 어미인 '-시-'에 의해 표시되며 청자 높임법은 화자와 청자의 관계에서 이루어지는 것이라 상황에 관한 것이라고 언급한다. 그리고 주체 높임법은 말 안에 등장하는 임자, 즉 문장의 주어와 관련지어 결정되는 것이므로 통어적 성격을 띠는 것이라고 설명하고 있다. 따라서 ≪형태론≫에서도 이 문법 범주의 이중적인 성격을 잘 파악하고 있는 것이다. 그렇지만 주체 높임법의 경우에도 주체와 화자와의 관계는 단순히 문장의 주어만을 고려하여 파악할 수 없어 화자와 문장의 주어와의 관계에서부터 비롯되는 것으로 생각하여야 하므로 화자를 맥락의 구성 요소로 이해한다면 주체 높임법도 상황과 무관하지 않아 보인다. 그래서 형태와 통사, 그리고 화용의 문제가 모두 결부된 주체 높임법의 문제가 더욱 복잡하다고 판단된다.

먼저 청자 높임법부터 살펴보자. ≪형태론≫(528)에서는 청자 높임법의 등분을 다음과 같이 제시하고 있다.

(21) 가. 낮춤
　　　나. 높임
　　　　나-1. 예사높임
　　　　나-2. 아주높임

　≪형태론≫(528)에서는 ≪우리말본≫에서는 낮춤을 다시 '하게체'로 실현되는 '예사낮춤'과 '해라체'로 실현되는 '아주낮춤'으로 나누고 다시 반말을 제시하였으나 이러한 높임법 등분을 세우기가 어려워 주시경 선생의 방법을 따랐다고 설명하고 있다.6) 이러한 높임법의 등분 설정은 타당한 부분이 있다. 실제로 국어에서 '하게체'는 거의 사용하지 않고 실제로 (21나-1)의 예사높임에 해당하는 '하오체'의 사용도 드물게 나타나며 그 대신 이 자리를 '해요체'가 차지하고 있는 형편이다. 그러므로 아주 높임, 예사 높임, 낮춤 정도의 등분이 적절하다고 판단된다.
　≪형태론≫에서는 청자 높임범의 단계에 맞춘 의향법을 다음과 같이 설정하였다.

---

6) 이는 다음과 같은 학교 문법의 높임법 등분과 유사하다. 이것은 남기심·고영근(1993)에 제시된 것이다. 다만 학교 문법에서는 비격식체에 반말체인 '해체' 이외에 '해요체'를 둔 것이 다르다.

	격식체	비격식체
높임 ↑	합쇼체 (아주높임)	해요체 (두루높임)
	하오체 (예사높임)	
↓ 낮춤	하게체 (예사낮춤)	해체 (두루낮춤, 반말체)
	해라체 (아주낮춤)	

(22) 의향법과 청자 높임법7)

서술법	낮춤, 예사높임, 아주높임
물음법	낮춤, 예사높임, 아주높임
시킴법	낮춤, 예사높임
함께법	낮춤, 예사높임, 아주높임

그런데 ≪형태론≫(529~530)에 따르면 서술법의 경우에 의욕, 추측, 느낌 등과 같이 화자의 내적 마음가짐을 나타내는 경우에는 높임의 등분이 적용되기 어렵다고 보았고 이는 스스로를 높이는 어색함에서 기인하는 것으로 보인다. 또한 ≪형태론≫(749)에서는 시킴법이 '아주높임'의 등분에서는 청자에 대한 '시킴'이 아니라 '바람(간청)'으로 바뀐다고 보았다. 이것은 상대방이 윗사람일 경우에는 명령이 될 수 없음을 반영하는 것이며 순전히 화용론적인 상황 맥락을 반영하는 것이다. 이는 현대 화용론의 주요한 연구 분야인 화행 이론(speech act theory)과도 그 맥락이 통한다. 실제로 화행 이론에서 정의하는 요청과 명령은 모두 화자가 청자에게 어떤 행위를 하도록 하는 것인데 화자보다 더 권위가 있는 청자에게는 명령의 적절성이 떨어지게 되므로 실현되기 어려운 것이다. 그래서 화자는 청자에게 어떤 행동을 하도록 요청할 때 더욱 더 공손한 말을 쓰게 되는 것이다. 다음의 예에 나타난 간접 화행은 바로 이러한 공손성을 반영하는 것이며 이것은 청자를 높이는 방법이다.

(23) 가. 이쪽으로 오시겠습니까?
　　　나. 이쪽으로 오십시오.

(23가)는 화자의 요청에 대한 청자의 의도를 물음으로써 요청의 화행

---

7) ≪형태론≫(774~789)에 제시된 목록을 요약한 것이다.

을 실현하고 있다. 그런데 (23나)와 같은 노골적인 요청이나 간청은 그리 공손하지 않아 보인다. 그것은 직접 화행으로 요청하였기 때문이다. 이러한 화행과 공손성의 문제도 화자와 청자의 관계의 문제이며 결국 명령이나 요청과 같은 상대에게 부담을 주는 화행은 아주높임에서는 실현되기가 쉽지 않음을 보여 주는 것이고 이것은 아주높임에서는 명령이 나타날 수 없다는 것에 대한 방증이 될 수 있다. 결국 문장 종결 어미에 실현되는 청자 높임법에 대한 설명도 화용론적 맥락의 반영이므로 형태론과 화용론의 접점에 대한 접근이라고 할 수 있다.

앞에서 밝힌 바와 같이 청자 높임법과 달리 주체 높임법은 주체 높임의 선어말 어미에 의해 실현된다. ≪형태론≫(1055~1056)에 제시된 다음의 예를 살펴보자.

(24) 가. 그분은 이미 떠나셨습니다.

(25) 가. 선생님은 수염이 있으시다.
　　　나. 점잖으신 어른이 이게 무슨 짓이세요?

(26) 가. 댁이 어디십니까?
　　　나. 음악을 좋아한다는 건 좋은 취미세요.
　　　다. 혹시 그런 이야기 아니세요?

(24)에서 화자는 주어 '그분'을 높여야 하므로 주체 존대 선어말 어미인 '-시-'를 당연히 사용해야 한다. 그러나 (25)와 (26)에서는 서술어의 직접적인 주어의 형태에 해당하는 '수염, 이게, 댁, 음악을 좋아한다는 것, 이야기' 등은 주체 존대 선어말 어미인 '-시-'로 높임을 표현할 수 있는 것이 아니다. 이에 대해 ≪형태론≫(1055)는 (24)와 같이 주어인 문장의 주체를 높이는 높임법은 '바로높임(직접 높임)', 반면 (25)나 (26)과 같이 주인공인 문장 주어 자체가 아니라 높여야 할 주체와 관련이

있는 것이 주어 자리에 나타나 이를 높이는 높임법을 '건너높임(간접높임)'이라고 하였다.

(25가)는 이른바 '이중 주어 구문'으로 '선생님'을 높이는 것이 아니므로 '계시다'가 아닌 '있으시다'를 높이고 있고 이는 간접 높임의 전형적인 예이다. 그러나 (25나)는 전형적인 이중 주어 구문의 형태는 아니지만 구조적으로 (25가)와 유사하다. ≪형태론≫(1056)에서는 이 문장의 서술어 '무슨 짓이세요?'의 직접적인 주어는 '이게'이고 이것은 그 앞에 나오는 '점잖은 사람'의 행동을 가리키기 때문에 그 사람의 행동이 되므로 간접 높임의 대상이 된다고 설명한 것이다. 또한 이중 주어 구문에서는 두 주어 사이에 일정한 관계를 설정할 수 있으며 이 관계는 주로 소유주-소유물, 대상-속성, 전체-부분 등의 주종 관계가 된다. 따라서 이러한 특징은 간접 높임이 성립할 수 있는 근거를 제공한다. 그렇다면 다음과 같은 통사 구조를 갖는다고 볼 수도 있다.

(27) 가. [선생님은 [[수염이 있-ϕ-으시-]다]
　　　가'. *[선생님은 [[수염이 계시]-다]]
　　　나. [[[점잖으신] 어른이] [[이게 무슨 짓이-ϕ-세-]요?]]

(27)의 통사 구조는 임동훈(2006:305)에 제시된 것과 동일한 통사 구조로 서술절을 인정하는 입장에서 제시된 것이다. 그런데 이 통사 구조가 ≪형태론≫에서 제시한 간접 높임의 문장이 갖는 구조로 매우 적절하다고 보인다. 즉, 주체 높임의 선어말 어미 '-시-'가 수염과 직접 관련되어 있는 것이 아니라 그 서술절의 주어인 높임의 대상과 직접 관련이 되어 있음을 보여 주는 것이다. 만약에 (27가)과 같이 '있으시다'가 아닌 '계시다'를 사용한다면 수염을 직접 높이게 되므로 이는 허용되지 않는다.

그런데 (26)은 주어 자리를 차지한 것은 높여야 할 주체가 아니라 청자와 관련 있는 것으로 높여야 할 숨은 주체가 있는 것을 짐작할 수 있는데 이는 구체적으로 드러나 있지 않고 문장의 종결법을 통해서 알 수 있다. 이때 숨겨진 주체인 청자를 고려한다면 다음과 같은 문장으로 환언할 수 있다. 숨겨진 청자는 '선생님'으로 정하였고 첨가된 요소는 밑줄로 표시하였다.

(28) 가. <u>선생님은</u> 댁이 어디십니까?

    나. <u>선생님이</u> 음악을 좋아한다는 건 좋은 취미세요.

    다. <u>선생님은</u> 혹시 그런 이야기 <u>말씀하시는 것</u> 아니세요?

이렇게 된다면 (28가)에는 청자인 '선생님은'이 첨가될 수 있고 이렇게 되면 이 문장은 전형적인 이중 주어 구문으로 바뀌어 (27)과 같은 통사 구조를 갖는다고 할 수 있다. (28나)의 경우에는 조금 복잡한 문제가 있다. 이 문장에서는 청자로 가정하여 첨가한 주어 '선생님이'를 명사절인 '음악을 좋아하는 건'의 주어와 일치하여 주어로 상승된 것으로 생각할 수 있다. (28다)는 청자인 '선생님은'과 함께 지정사인 '아니다' 앞에 '말씀하시는 것'이 첨가된 것으로 생각할 수 있다. 이것은 허웅(1999:186~239)에서 밝힌 바와 같이 지정사 구문에서의 대체 현상이다.[8] 사실상 (26다)는 (28다)와 같은 속뜻을 가진다고 할 수 있다. (28)에 제시된 문장들이 가지는 구조는 다음과 같다.

(29) 가. [선생님은 [[댁이 어디이-ϕ-시-]ㅂ니까?]

    나. [선생님$_i$이 [[[e_i 음악을 좋아한다는 건] [좋은 취미아-ϕ]]-세-]요]

    다. [선생님은 혹시 [[[그런 이야기 말씀하시는 것] [아나-ϕ]]-세-]요?]

---

8) 최기용(2005:282)에서 재인용한 것이다.

또한 ≪형태론≫(1082~1083)에서는 다음 (30)과 같은 문장을 들어 주체 높임의 형식에 어긋난 것으로 지적하고 있다.

(30) 가. 늙은 게 짓는 음식이 입에 맞으시겠는지 모르겠군요.
　　 나. 이런 것이 마음에 드실지 모르겠어요.
　　 다. 이것들 가운데 어느 것이 좋으실지요?

이를 ≪형태론≫에서는 청자와 관련될 것으로 예상되는 대상에 대해서도 청자를 높여야 할 경우에 청자 높임법과 함께 간접 높임이 실현되는 것이며 이것은 주체 높임법의 범위를 벗어나는 것으로 설명하고 있다.

이러한 간접 높임의 문제는 사실 국어학 연구의 쟁점 가운데 하나이며 사실상 오늘날까지 많은 논란을 일으키고 있다. 이는 오늘날 이른바 '백화점식 높임법' 또는 '과잉 공대 현상'[9]라는 다음과 같은 주체 높임법의 오용 문제와 관련되는 것이다.

(31) 가. 가격이 만 원이십니다.
　　 나. 주문하신 음식이 나오십니다.

(31)의 문장이 현재 표준 화법 등에서 오용으로 지적되고 있는 것이다. 물론 문장의 표면 구조 자체만 떼어 놓고 보면 주체 높임 선어말 어미 '-시-'가 통사적인 제약을 벗어나 오용으로 사용되고 있는 것으로 분석될 수 있다. 그러나 이러한 문장이 광범위하게 그리고 규칙적으로 사용되는 것은 그 이유가 있음직하다. 규범적인 차원에서는 이러한 높임법의 사용이 문제가 될 수도 있으나 실제의 언어 현상을 분석하는 국어

---

9) 고영근·구본관(2008:460~461)에서 사용한 용어이다.

학 연구의 입장에서는 이러한 원인에 대한 분석이 필요하다. 그렇다면 ≪형태론≫에서 밝힌 바와 같이 청자를 높이기 위한 것이라고 생각할 수도 있다. 이러한 것이 문법적으로 주체 높임법에 어긋날 수는 있으나 높임법이 상황 맥락적인 요소를 형태·통사론적으로 실현하는 것이라고 본다면 다음과 같은 구조를 설정하여 청자가 전체 문장의 주어 자리에 오는 것으로 분석할 수도 있을 것이다.

(32) 가. [손님은 [[가격이 만 원이-ϕ]-시-]ㅂ니다]
    나. [손님은 [[[주문하신 음식이] 나오-ϕ]]-시-]ㅂ니다]

(32)와 같이 분석을 한다면 이것은 온전한 주제 높임의 실현으로 파악할 수도 있는 것이며 주체 높임 선어말 어미인 '-시-'의 분포를 통해서 분석하기 어려운 문장의 구조를 찾아갈 수 있는 것이다. 목정수(2013:79~100)에서도 이와 유사한 의견을 제시하고 있으며 '-시-'를 다른 화용론적 요소를 붙인 특별한 요소가 아닌 주어 높임으로 볼 수 있을 것이라고 제안하고 있다.

결국 이러한 ≪형태론≫의 설명은 온전히 형태·통사적인 측면으로 실현되는 것처럼 보이는 주체 높임법이 사실상 우리 언어 현실에서는 상황 맥락의 요소를 포함하고 있음을 보여 주는 것이다. 이것은 우리 국어를 담화적 속성이 강한 언어로 규정짓는 것과도 통하는 것이다. 또한 임동훈(2006:290)에서 밝힌 것과 같이 주체 높임법은 통사론에 국한되지 않고 언어 사용자들의 인식 내용이 관습화되어 통사론에 반영되고 또 그렇게 반영된 통사론적 지식이 언어 사용자들에게 이용되는 또 하나의 예인 것이다. 그러므로 주체 높임법의 문제는 형태론과 통사론, 그리고 의미·화용론의 접면의 문제를 다루는 것이 된다.

≪형태론≫(1060)에서는 또한 주체 높임법과 청자 높임법의 결합에 대해서도 언급하고 있다. 주체 높임 선어말 어미 '-시-'는 대부분의 종결

어미와 결합 가능하며 특히 청자 높임의 등급이 낮은 문장 종결 어미와 함께 나타나는 경우가 있다. 다음을 살펴보자.

(33) 가. 자네도 한번 해 보시게(나).

　　　나. 한번 해 보시구려.

　　　다. 그대도 가시는구려.

　　　라. 기분이 매우 좋으시구려.

　　　마. 누난 참 괴짜야. 그런 델 다 다니시구.

　　　바. 자넨 참 익살꾼이시네.

《형태론》에 따르면 이러한 경우에는 주체 높임의 효과가 잘 드러나지 않는다. (33)의 문장들은 모두 주어가 청자에 해당한다. 주체 높임의 효과는 잘 드러나지 않지만 물론 청자를 낮추는 효과도 완화하는 것이다. 또한 화자와 청자와의 친밀한 관계도 드러내는 것이라 할 수 있다. 이와 같은 사용은 엄밀한 언어 규범을 따른다면 오류라고 할 수도 있으나 실제 그 규범을 어겨 사용되는 이러한 언어 현실은 일정한 효과를 지향하는 것이다. 《형태론》의 분석은 이러한 관점을 반영한 것이라고 할 수 있다.

3.2.2. 때매김법: 시제·상·서법

상은 주로 형태소인 선어말 어미나 보조 용언 구성으로 실현되어 문장 전체의 의미에 영향을 주며 동시에 문장의 구조와도 관련되는 형태론과 통사론의 접면과 형태론과 의미론의 접면에서 발생하는 대표적인 언어 현상이다. 또한 서법은 문장이 나타내는 명제에 대한 화자의 태도를 나타내며 이는 의미·화용론적인 차원의 문제이다. 이 서법도 형태소나 선어말 어미로 주로 실현된다. 그러나 국어에서는 다음과 같이 하나의 시제 형태소가 맥락에 따라 다른 의미로 해석되기도 하지만 경우에 따라서는 여러 가지 의미를 동시에 갖는 경우도 있다.

(34) 가. 나는 그 일을 꼭 하겠다.
　　　나. 어제 모든 일이 끝났다.

실제로 (34가)의 선어말 어미 '-겠-'은 미래의 일이라는 시제적 의미를 나타내는 동시에 주어의 의지라는 서법적인 의미도 함께 나타내고 있다. 그리고 (34나)의 선어말 어미 '-았-'은 과거라는 시제적 의미와 함께 완료라는 상적 의미도 함께 나타내고 있다.

《형태론》(1084~1089)에서는 이와 같은 양상을 보이는 시제, 상, 그리고 서법을 모두 때매김법이라는 하나의 문법 범주로 묶어 설명하고 있다. 《형태론》에서는 때매김법을 용언이 나타내는 움직임이나 상태가 때의 흐름에서 차지하는 모습, 그리고 때의 흐름과 관련된 여러 가지 사실들을 용언의 어미변화로 표현되는 문법 범주로 정의하고 있다. 《형태론》에서 때매김법을 현실성, 회상성, 완결성을 기준으로 다음과 같이 네 부류로 나누었다.

(35)

[+현실성] …………………………………… 현실법			ϕ
[-현실성]	[+회상성]……………………… 회상법		-더-
	[-회상성]	[+완결성]…… 완결법	-었-
		[- 완결성]…… 추정법	-겠-

(35)의 분류에서 일차적인 기준은 시제와 관련된 현실성 여부이며 그 다음이 서법과 관련된 회상성, 그리고 상과 관련된 완결성 순서로 적용되고 있다. 다시 말해, 이 분류 기준이 네 부류의 때매김법에 전면적

으로 적용되지 않고 현실성을 갖지 않는 부류에 대해 회상성을 적용하고 다시 회상성을 갖지 않는 부류에 대해 완결성을 적용하는 방식인 것이다. 그렇다면 이러한 분류는 현실성, 회상성, 완결성이라는 세 속성들 사이에 일종의 함의 관계가 존재함을 시사하는 것이다. 즉, 현실성이 없는 때매김은 과거에 속한 것인데 과거의 때에 해당하는 일들은 다시 화자의 회상과 관련된 것과 그렇지 않은 것으로 나눌 수 있고 화자의 회상과 관련이 없는 것은 다시 완결된 것과 그러지 않은 것을 나누는 것인데 그렇다고 현실성을 가진 것이 회상성을 가진다고 보기는 어렵다. 오히려 회상성은 현실성과 무관한 문제이며 완결성은 회상성과 무관한 것이다. 이것은 때매김법의 갈래를 정하기 어려움을 여실히 보여 주는 부분이지만 현실성과 회상성, 완결성이라는 세 속성으로 시제·상·서법을 정연하게 정리하고 있는 것은 평가할 만한 일이다. 그러나 완결성에 의한 구분을 완결법과 추정법으로 분류하고 있는 것은 완결성을 기준으로 나눈 갈래로는 적절해 보이지 않는다. 권재일(1992:141~142)에서는 때매김법을 보완하여 시제법으로 고치고 현실성과 결정성을 기준으로 네 부류로 나누었다. 현실성을 기준으로 현실법과 회상법으로, 결정성을 기준으로 완결법과 미정법으로 구분하였다.

그런데 현재 국어학 연구에서 전개되고 있는 가장 뜨거운 쟁점 중 하나가 바로 이러한 시제 관련 선어말 어미의 정체를 규명하는 것이다. 사실은 어떤 일을 의도한다는 것은 결국 미래의 일에 대한 것이고 이런 측면에서 시제와 서법을 구별하는 것은 어려운 일이다. 또한 과거의 일은 이미 완료된 일일 가능성이 높으므로 또한 시제와 상이 서로 아무런 관련이 없다고 보기는 어렵다. 시제와 상, 그리고 서법이 서로 독립적인 개념이며 또 각각의 개념을 정의할 수 있다고는 하지만 실제로 언어 현실에서 드러나는 것이 언어마다 다르며 국어는 이 세 개념의 구분과 관계없이 분화된 문법 형태소로 실현되지 않는 것이다. 이러한 사실은 ≪형태론≫에서도 잘 드러나며 이러한 복잡성을 고려하여 때의 흐름과 관련이 있는 모든 현상을 모두 다 때매김법에 포함시키며 추측이나 의도도 때와 무관하지 않음을 분명히 하고 있다. 또한 '때'는 단순히 객관적인 때의 흐름을 가리킬 뿐만 아니라 때의 흐름을 중심으로 관련된 모든 내용을 포함하는 것으로 폭넓게 정의하고 있으며 실제로 명사 전성 어미를 제외한 거의 대부분의 국어 선어말 어미와 어말 어미가 모두 때를 나타내는 데 관여하고 있다는 사실에서 이러한 정의의 또 다른 동기를 찾고 있다. 결국 의미의 폭넓음과 형태소의 폭넓은 사용을 서로 연관시키고 있는 것이다.

≪형태론≫(1095~1996)에서는 시제·상·서법을 모두 아우르는 때매김법의 기준점을 문장 종결 어미에 두고 있으나 종결 어미는 때의 흐름을 나타내는 소극적인 방식으로 정의하며 선어말 어미는 분명하고 적극적인 방식으로 때의 흐름을 나타낸다고 보고 명사형 전성 어미나 부사형 연결 어미 가운데 몇몇은 때의 흐름과 무관하다고 하였다. 또한 형태소 하나만으로 때의 흐름을 나타내는 방식은 기본 때매김법으로 정의하였고 여러 형태소가 함께 나타나는 경우를 복합 때매김법으로 정의하였다. 이 외에 보조 용언에 의한 때매김법은 어휘론적 방법으로 분류하였다.

여기서 우리가 형태론과 의미론적인 접면 현상으로 고려할 수 있는 것이 복합 때매김법이다. ≪형태론≫(1196~1126)에서 제시한 복합 때매김법의 갈래와 때매김법의 유형, 그리고 이에 속한 어미를 다음과 같이 정리할 수 있다.

(36)

완결 추정법	-었겠-, -었었겠-
	-었으리-, -었었으리-
	-었을, -었었을
추정 회상법	-겠더-
	-겠던
완결 회상법	-었더-, -었었더-
	-었던, -었었던
완결 추정 회상법	-었겠더-

(36)에 제시된 복합 때매김법에 대해서 주목할 점은 다음과 같다.

첫째, ≪형태론≫(1197)에서는 현실법의 어미들은 다른 때매김들과 겹쳐질 경우 때매김의 뜻을 잃어버린다고 하였다. 즉, 현실법을 제외하고 완결법, 추정법, 회상법 등을 조합하여 복합 때매김법을 만들고 있다는 것이다. 현실법은 애초에 선어말 어미의 형태를 갖지 못하며 나머지 세 때매김법과 현실성에서 대립하고 있다. 따라서 복합 때매김법을 구성하는 데에서 배제되는 것으로 추론할 수 있다. 흥미로운 것은 현실성을 가지지 못한 것들은 서로 양립 가능하다는 사실이다.

둘째, 추정법의 선어말 어미 '-겠-'이 완결법의 '-었-'이나 '-었었-'과 결합하게 되면 미래의 의미가 사라지게 된다. 즉, 추정 완결법이나 추정 완결 회상법에서 '-겠-'은 완결된 사실을 추정하는 것으로 의미가 달라지게 된다. ≪형태론≫(1198)에서는 이러한 점을 지적하면서 이것을 지난적(완결)과 올적(미래)는 양립할 수 없기 때문이라고 설명하고 있다.

(37) 지금쯤 그 사람이 집에 도착했겠다.

셋째, 완결 추정법의 두자격법인 '-었을'의 '-을'과 추정 회상법의 '-겠던'과 완결 회상법의 '-었던'의 '-은'은 현실법의 어미와 같이 그 때매김의 뜻을 잃어버리게 된다. 이때 문장의 시제가 관형절의 시제를 결정하게 된다. 이를 ≪형태론≫(1210)에서는 때매김의 뜻이 중화되었다고 하였다. 이는 단순 때매김범에서도 나타나는 일이기도 하다. 결국 현실법과 추정법의 때매김을 나타내는 두자격법 어미는 다른 때매김 요소와 결합할 경우 중화되어 관형절을 구성하는 역할만을 하게 되는 것이다.

   (38) 가. 내가 그의 서재에 들어갔을 때 그는 고서들을 뒤적이고 있었다.
         나. 능히 넘겠던 산을 밤이 어두워 못 넘었지.
         다. 강남 갔던 제비도 다시 돌아온다.

   이러한 복합 때매김의 현상은 때매김의 선어말 어미들이 결합할 경우 일종의 의미상의 제약이 나타나는 것을 보여 준다. 단순한 분포의 문제로 볼 수도 있으나 이 분포의 이면에는 의미의 결합 관계가 존재하는 것이다. 현실성이라는 양립 불가의 대립을 보이는 의미 특성이 있으나 자격의 변화와 때매김이라는 두 가지 기능을 가진 관형형 어미의 경우에는 복합 때매김법에서 양립할 수 없는 기능은 사라지게 되는 변화를 겪게 된다. 이러한 현상은 일종의 의미 연산이라 할 수 있으므로 형태론과 의미론의 접면으로 파악할 수 있다.

4. 맺음말

   지금까지 허웅 선생님의 ≪형태론≫을 중심으로 허웅 선생님의 형태론 연구에 대한 새로운 해석을 시도해 보았다. 이를 위하여 연구 대상과 방법, 그리고 연구 내용으로 나누어 현대 언어학과 국어학의 연구 흐름을 고려하여 살펴보았다. ≪형태론≫을 통해 알 수 있는 허웅 선생님의 형태론 연구는 다음과 같이 요약할 수 있다.

첫째, 연구 대상의 측면에서 ≪형태론≫은 그 범위를 문어에 한정하지 않고 방언을 비롯한 국어의 많은 변이형이 나타나는 구어로까지 확장했다는 것이다. 이러한 연구 대상의 확대는 국어학의 연구 대상을 국어에 나타난 모든 언어 현상으로 연구 내용의 폭을 넓히고 이러한 연구 대상의 다양성에 대처하기 위한 연구 방법을 다양화하는 계기를 제공하였다고 보인다.

둘째, 연구 방법의 측면에서 ≪형태론≫은 엄밀한 구조주의적 방법을 취하면서도 언어 습득론의 방법론 등 현대적인 언어학 방법론을 도입했다는 것이다. ≪형태론≫에서는 언어 습득 과정에 대한 관찰을 통해 경험적이고 실증적인 연구 방법도 함께 사용하고 있다.

셋째, 연구 내용의 측면에서 ≪형태론≫은 꾸준히 통사론과의 접면을 염두에 두며 형태소와 단어의 구조를 살펴보고 있다. 국어의 경우 형태소가 통사 구조에 미치는 역할은 절대적이므로 이를 피할 수 없는 것은 사실이다. 그러나 의미론과 화용론이 형태론과 만나는 지점에 대한 고려는 그리 크지 않다. 이는 선생님의 구조주의적 연구 경향과도 맞물리는 것이지만 의미와 맥락에 대한 고려가 끊임없이 이루어지고 있었으며 연구의 대상을 구어로 확대하고 있으므로 이 또한 피할 수 없는 일이다. 이러한 연구 경향은 현대 언어학의 접면 현상에 대한 연구에 버금가는 업적이며 이에 앞서가는 통찰이다.

≪형태론≫에 나타난 허웅 선생님의 연구는 이전에 이루어진 국어 형태론 연구의 경향을 포괄적으로 담았으며 선생님의 이전 연구를 비롯한 기존의 연구에 대한 성찰과 반성과 함께 새로운 관점을 담아냈다고 할 수 있다. 사실 선생님의 연구가 방대하고 철저한 연구인만큼 아직도 미처 살피지 못한 구석이 많다. 이 글에는 현대 언어학의 여러 경향 가운데 접면 현상이나 분산형태론, 그리고 어휘 의미론과 같은 일부 경향만이 반영되어 있고 굴곡법이나 이음법, 그리고 토씨에 대한 전반적인 고찰이 이루어지지 않은 부족함이 있음을 밝히며 마무리하고자 한다.

참고 문헌

고영근 (1989), ≪국어 형태론 연구≫, 탑출판사.

고영근·구본관 (2008), ≪우리말문법론≫, 집문당.

권재일 (1992), ≪한국어 통사론≫, 민음사.

권재일 (2004), ≪구어 한국어의 의향법 실현방법≫, 서울대학교 출판부.

권재일 (2012), ≪한국어문법론≫, 태학사.

김기혁 (1995), ≪국어 문법 연구 -형태·통어론-≫, 박이정.

김윤신 (2001가), 파생동사의 어휘의미구조 - 사동화와 피동화를 중심으
　　로 -, 서울대학교 대학원 언어학과 박사학위 논문.

김윤신 (2001나), 한국어 동사의 어휘의미구조와 피동화의 제약, ≪언어
　　학≫ 30, 한국언어학회. pp.89~112.

김윤신 (2004), 한국어 동사의 사건구조와 사건함수 '-고 있다'의 기능,
　　≪형태론≫6-1, 형태론편집위원회. pp.43~65.

김윤신 (2007), 사건 함수로서의 상 보조 용언에 대한 연구, ≪한국어학≫
　　35, 한국어학회. pp.17~31.

김윤신(2008), 상 보조 용언 구성 '-어 가다'/'-어 오다'의 의미, ≪언어학≫
　　52, 한국언어학회. pp.57~78.

김차균 외 (2005), ≪허웅 선생의 우리말 연구≫, 태학사.

김창섭 (1983), '줄넘기'와 '갈림길'型 合成名詞에 대하여, ≪국어학≫
　　12, 국어학회. pp.73~99.

남기심·고영근 (1985/1993), ≪표준국어문법론≫, 탑출판사.

남승호 (2004), 한국어 술어의 사건 구조와 상적 의미, ≪인문논총≫ 52,
　　서울대학교 인문학연구원. pp.75~124.

목정수 (1998), 기능동사 '이다' 구성의 쟁점, ≪언어학≫ 22, 한국언어학
　　회. pp.245~289.

목정수 (2006), 韓國語 문법 체계에서의 '이다'의 正體性: 기능동사 擁護
　　論, ≪語文研究≫ 34-4, 한국어문교육연구회. pp.55~81.

목정수 (2007), '이다'를 機能動詞로 分析해야 하는 이유 몇 가지, ≪語文研究≫ 제35-4, 한국어문교육연구회. pp.7~27.

목정수 (2010), 구어 한국어를 위한 문법 모형, ≪한국어학≫ 46, 한국어학회. pp.81~122.

목정수 (2011), 한국어 구어 문법의 정립 -구어와 문어의 통합 문법을 지향하며 -, ≪우리말연구≫ 28, 우리말학회. pp.57~98.

목정수 (2013), 선어말어미 '-시-'의 기능과 주어 존대, ≪국어학≫ 67, 국어학회. pp.63~105.

목정수·유현조 (2003), 한국어 동사·어미범주와 주어 인칭의 상관관계, ≪어학연구≫ 39-3, 서울대학교 언어교육원. pp.37~101.

박소영 (2011), 한국어 통합합성어의 통사구조와 형태-통사론의 접면, ≪생성문법연구≫ 21-4, 한국생성문법연구회. pp.685~706.

박소영·김혜미 (2012), 한국어 통합합성어 형성 원리 재고: 신어 통합합성어 분석을 중심으로, ≪언어학≫ 64, 한국언어학회. pp.77~108.

박철우 (2006), '이다' 구문의 통사구조와 {이}의 문법적 지위, ≪한국어학≫ 33. pp.235~263.

서울대학교 국어교육연구소 (2008), ≪고등학교 문법≫, 교육인적자원부/두산동아.

연재훈 (2005), 현대 국어 형태론 연구, ≪허웅 선생의 우리말 연구≫, 태학사. pp.229~261.

이익섭·채완 (1999), ≪국어문법론강의≫, 학연사.

임동훈 (2006), 현대국어 경어법의 체계, ≪국어학≫ 47, 국어학회. pp.287~319.

임홍빈 (1998가), ≪국어 문법의 심층 1≫, 태학사.

임홍빈 (1998나), ≪국어 문법의 심층 2≫, 태학사.

임홍빈 (1998다), ≪국어 문법의 심층 3≫, 태학사.

정열모 (1946), ≪신편고등국어문법≫, 한글문화사.

최기용 (2005), 현대 국어 통어론 연구, ≪허웅 선생의 우리말 연구≫, 태학사. pp.263~294.

최현배 (1937/1971), ≪우리말본≫, 정음사.

한길 (1991), ≪국어 종결어미 연구≫, 강원대학교 출판부.

허웅 (1963), ≪언어학개론≫, 정음사.

허웅 (1981), ≪언어학 - 그 대상과 방법 -≫, 샘문화사.

허웅 (1983), ≪국어학≫, 샘문화사.

허웅 (1995/2000), ≪20세기 우리말의 형태론(고친판)≫, 샘문화사.

허웅 (1999), ≪20세기 우리말의 통어론≫, 샘문화사.

Bloomfield, Leonard (1933), *Language*, New York: Holt, Rinehart and Winston.

Chomsky, Noam (1981), *Lectures on Government and Binding: The Pisa Lectures*, Dordrecht: Foris Publications.

Radford, Andrew (1988), *Transformational Grammar: A First Course*, Cambridge: Cambridge University Press.

생성문법적 관점에서
≪20세기 우리말의 통어론≫ 새롭게 읽기

박 소 영

1. 머리말

≪20세기 우리말의 통어론≫(1999년, 샘문화사)은 허웅 선생의 통사론에 대한 마지막 역작이다. 이 논문의 목적은 ≪20세기 우리말의 통어론≫(이하, 허웅(1999)로 줄여 표기한다)을 현대 언어학, 특히 생성문법적 관점에서 조명하고 재해석함으로써, 현대 통사론의 논의 가운데 허웅(1999) 업적의 의의를 자리매김하고, 후학으로서 앞으로의 계승 방향을 탐색하는 데에 있다.

허웅(1999)은 크게 네 묶음으로 이루어져 있다. 그 구성을 제시하면 다음 (1)과 같다.

(1) 가. 첫째 묶음: 통어론의 기본 이론　　　　　　(pp.23~242)

　　나. 둘째 묶음: 홑월의 짜임새　　　　　　　　(pp.243~532)

　　다. 셋째 묶음: 안은 겹월의 짜임새　　　　　　(pp.533~858)

　　라. 넷째 묶음: 이은 겹월의 짜임새와 안음과 이음의 소용돌이

　　　　　　　　　　　　　　　　　　　　　　(pp.859~1050)

　첫째 묶음은 허웅(1999)의 기본 골격을 구성하는 통사론의 범위와 통사론의 기초 개념들을 다룬다. 둘째 묶음에서는 문장을 구성하는 각 문장성분들의 짜임새와 특징을 논의한다. 셋째와 넷째 묶음에서는 겹월, 즉 복합문 구성에 대하여 논의하는데, 셋째 묶음은 안은 겹월, 즉 내포문 구성을 다루고, 넷째 묶음에서는 이은 겹월, 즉 접속문 구성과 내포문과 접속문 구성이 중첩되는 구성들에 대하여 논의한다.

　허웅(1999)은 앞서 최기용(2005)에 의하여 현대 통사론적 관점에서 조명된 바 있다. 그러한 점에서 이 논문은 최기용(2005)에 대한 보완적 성격을 지닌다. 허웅(1999)에 대한 비교적 자세한 소개는 최기용(2005)에서 이미 다루어진 바가 있으므로, 이 논문은 허웅(1999)의 전반적인 개관은 생략한다. 이에 관심 있는 독자는 최기용(2005)을 참조하기 바란다.

　그 대신에 이 논문은 현대 언어학적 관점에서 허웅(1999)의 개관적인 통사 이론적인 뼈대를 특정 구문과 연계시켜 보다 집중적으로 논의하고자 한다. 이 논문은 허웅(1999)의 근간이 되는, (1가)의 첫째 묶음에 제시된 통어론의 기본 이론[1])에 대한 현대 통사론적 재검토를 그 논의의 중심으로 한다. 구체적으로 첫째, 형태론과 통사론의 경계 문제, 둘째, 줄임(생략) 분석의 문제를 집중적으로 논의하고 평가한다. 전자의 논의를

---

1) 허웅 선생은 통어론의 기본 이론으로 형태론과 통사론의 경계 문제, 줄임(생략), 옮김(이동), 갈음(대치)의 네 가지 주제를 제시하고 있다. 이 네 가지 모두 깊은 검토의 가치가 있으나, 지면 관계로 이 논문에서는 첫 두 가지 문제를 집중적으로 다루기로 한다.

위해서는 특히 연쇄동사 구문과 관련하여, 후자의 논의를 위해서는 분열문과 관련하여 검토한다.

이 논문의 구성은 다음과 같다. 제2장에서는 허웅(1999)이 제시한 형태론과 통사론의 접면(interface) 문제를 검토한다. 허웅(1999)은 단어와 어절까지 형태론의 대상으로 삼았다는 점에서, 이른바 강어휘론자적 관점에 속한다. 허웅(1999)이 통사론의 한 단위로 제시한 '이은말'의 개념은 사실 구절(phrase)과 정확하게 일치하는 개념이 아니다. 이 논문에서는 연쇄동사 구문과 경계가 불확실한 합성동사 처리와 관련하여 통사론과 형태론의 접면 문제에 대하여 자세히 논의한다.

제3장에서는 허웅(1999)의 '줄임' 분석을 검토한다. 허웅(1999)의 '줄임'은 '월조각을 줄여 없애는 것'으로, 허웅(1999)은 '해당 구조가 없는 것이 아니라 숨어있는 것'이라고 하였다. 이러한 '줄임'은 허웅(1999)에서 언급했듯이, 주시경의 '속뜻' 개념을 계승한 것이다. 허웅(1999)은 명사구 논항뿐만 아니라 명사구 이외 서술어 성분이 비가시적으로 실현된 경우에도 모두 '줄임'의 한 가지로 취급하였다. 이는 모든 공범주의 유형을 음성형식 층위 삭제, 즉 생략의 결과로 최소화시키려는 최근 최소주의 논의의 흐름과 상통한다. 이 논문은 분열문과 상이한 통사론적 특질을 보이는 조각문(fragments)의 생략 성분과 관련하여, 모든 비가시적 성분이 음성형식 층위 삭제의 결과로 간주되기에는 문제가 있음을 논의한다. 마지막 제4장은 결론이다.

이 논문은 해당 구문에 대한 현대 언어학적 논의를 가능한 한 폭넓게 소개하고자 노력하였다. 그리하여 현대 언어학적 논의 안에서 허웅 선생의 통사론 연구를 가능한 한 정확하게 파악하여, 그 계승과 발전을 도모하고자 노력하였다. 그러나 동시에 해당 주제에 대하여 도출된 결론과 분석은 필자 자신의 관점이 반영되어 있음을 밝힌다.

2. 형태론과 통사론의 접면 문제

2.1. 형태론과 통사론의 경계에 대한 허웅(1999)의 견해

허웅(1999)은 통사론의 범위를 정의하기 위하여, 형태론과 통사론의 경계 문제에 대하여 논의한다. 형태론적 구성과 통사론적 구성의 구분에 대하여, 형태론적 구성은 두 직접성분의 적어도 하나 이상이 구속형태로 이루어져 있으나, 통사론적 구성은 두 직접성분이 모두 자립형태로 분석될 수 있는 것이라고 하였다. 허웅(1999)은 직접성분 분석에 있어서 양분적 분지 개념을 수용하고 있다.

> (2) 하나는 그것을 짜이루고 있는 직접성분의 둘 다가, 또는 그 중 하나라도 구속형태로 되어 있는 것이니, 이것을 '형태적 짜임새'라 하고, 다른 하나는 그것을 짜이루고 있는 직접성분의 둘 다가 자립형태로 되어 있는 것이니, 이것을 '통어적 짜임새'라 한다.
> (허웅 1999:27)

이러한 정의를 기반으로 형태론적 구성과 통사론적 구성의 예를 들면, 각각 다음 (3)과 (4)와 같다.

> (3) <형태론적 구성>
> 가을-이, 나-는; 긁-어, 모-아야; 매-일, 낙-엽　(허웅 1999:27)

> (4) <통사론적 구성>
> 뜰의-낙엽을; 이-세상의, 또다시-쌓이는　(허웅 1999:27)

허웅(1999)의 구분 방식에 따르면, 형태론적 구성과 통사론적 구성의 경계는 이른바 말도막, 즉 어절이 된다. 다시 말하면, 형태론은 형태소와 단어, 어절까지의 구성을 다루고, 통사론은 두 개 이상의 어절로 구성된 이른바 이은말과 마디(절에 해당), 월(문장에 해당)의 구성을 다루는 것이다.

그러나 이러한 구분 방식이 모든 경우에 명확한 것은 아니다. 허웅 (1999)은 통사론과 형태론의 경계에 문제를 제기하는 다음 (5)와 같은 구성들을 소개한다.

(5) 가. 합친말(합성어): 앞뒤, 논밭
　　 나. 매인이름씨(의존명사): 귀여운 것은, 까닭일 것이다, 사랑스러운 것이다
　　 다. 매인풀이씨(의존동사): 가 보다, 해 버리다, 하고 싶다, 가지 아니한다
　　 라. 한덩이 되는 쓰임(합성동사, 연쇄동사): 몰아 가다, 잡아 먹다, 꿇어 앉다

먼저 (5가)의 합성어는 하나의 형태론적 구성인 단어를 이루고 있으나, 그 직접성분이 모두 자립형태로 위 (2)의 구분 방식에 따르면 통사론적 구성이 되어야 할 것이다. 다음 (5나)는 의존명사 '것'의 예로서, 직접성분 분석에 따르면 모두 자립형태로서 통사론적 구성이 되어야 할 것이다. 그러나 허웅(1999)은 '것'이 어떤 실체를 나타내는 것이 아니므로, '-는/은 것'을 이름법의 씨끝과 같이 형태적인 짜임으로 처리할 수 있다고 하였다. (5다)는 의존동사의 예로서, 이들은 직관적으로 겹월의 짜임새가 아니니, 이들 전체를 묶어 하나의 풀이 이은말로 본다고 하였다. 마지막으로 (5라)는 합성동사와 연쇄동사의 예로서, 녹아 붙은 정도가 심한 것은 합성동사의 형태론적 구성으로, 정도가 약한 것은 이은말 구성의 통사론적 구성으로 본다고 하였다.

허웅(1999)은 이렇게 형태론과 통사론의 경계가 명확하지 않은 경우, 분석의 어려움을 인정하고 있으나, 그럼에도 불구하고 이 두 문법 부문은 분명히 구분되어야 한다고 결론을 내리고 있다. 관련 부분을 인용하면 다음 (6), (7)과 같다.

(6) 대개의 경우에는 통어적 짜임새와 형태적 짜임새의 한계가 분명하나, 어떠한 짜임새는 그 어느 쪽에 속할 것인지 분명하지 않은 일이 더러 있다. 이리하여 통어론과 형태론의 두 분야를 과연 나누어야 할 것인가, 아니면 두 분야를 하나로 묶어야 할 것인가 하는 의문마저 일으키는 일이 있다. … 이 두 분야가 겹치는 일도 있어서(이음법, 두자격법, 하임(사역)과 입음(피동), 임자(주체)높임법, 토씨), 이 의문을 더욱 깊게 한다(허웅 1999:42).

(7) 이 두 짜임새의 구별은 … 대체로 확고하다. … 말본 풀이의 합리성 유지를 위해서 형태론과 통어론은 두 분야를 따로 세워서 풀이하는 것이 가장 좋은 방법으로 생각된다(허웅 1999:53~54).

2.2. '어절'이 형태론적 구성인가?

앞 2.1.에서 논의했던 것처럼, 허웅(1999)은 형태론과 통사론은 서로 구분되어야 한다고 주장하고, 형태론과 통사론의 경계는 말도막, 즉 어절이라고 하였다. 그리하여 형태론은 형태소와 단어, 어절까지의 구성을 다루고, 통사론은 이은말과 마디, 월의 구성을 다룬다고 정의하였다. 이렇게 형태론이 다루는 범위를 어절까지 한정하는 견해는 남기심·고영근(1985), 권재일(1992, 2012), 고영근·구본관(2008) 등 국어학 전통의 다수의 문법서에 계승되어 있다. 다시 말하면, 허웅(1999)은 형태론이 파생이나 합성 과정을 거치는 단어형성, 그리고 조사와 어미가 결합되는 굴절의 문제를 모두 포함한다고 본 것이다. 단어형성뿐만 아니라 굴절까지 형태론의 소관으로 보았다는 점에서 허웅(1999)은 이른바 '강어휘론자(strong lexicalist)'적인 관점에 속한다고 볼 수 있다.

그러나 조사나 어미와의 결합은 단어형성과는 달리, 상대적으로 생산적이고 규칙적인 양상을 띠며 통사론적 관계를 반영한다. 따라서 비생산적이고 불규칙적으로, 그 산출형이 어휘부에 등재되어야 하는 일회성 성격의 단어형성과는 다른 식으로 취급되어야 한다는 관점이 지배적이다. 조사에 대하여, 현대 통사론적인 논의는 적어도 구조격조사의 경우는 그것이 음성형식부의 현상임이 지적되고 있다(Fukui & Sakai 2003, 최기용 2009). 즉, 통사부의 특정 통사위치에서 특정 명사구가 가진 격자질이 음성형식 층위에서 해당 음성형으로 실현되는 것이다. 또한 어미에 대해서는, 그것이 TP, AspP, AgrP 등과 같은 해당 통사적 기능범주 자질의 실현으로 보는 것이 일반적이다. 이러한 관점에서 본다면, 조사나 어미와의 결합에 의한 어절의 형성은 어휘부가 아니라 통사부의 연산과정에 의하여 이루어지는 것으로 간주해야 할 것이다.

이렇게 단어형성은 형태론의 소관이지만, 굴절과 관련한 어절 형성은 통사부 연산에 의하여 이루어진다고 보는 입장은 이른바 '약어휘론자(weak lexicalist)'적 관점이다. 즉, 약어휘론자의 관점에서는 조사나 어미 결합에 의한 어절의 형성은 통사론의 소관이며 파생이나 합성과 같은 단어의 형성은 형태론의 소관으로, 통사론과 형태론이 서로 구분된다. 요컨대 약어휘론자적 관점에 따르면, 형태론과 통사론의 경계는 단어이며, 어절 이상의 언어 단위는 통사론의 단위가 된다.

그러나 최근 최소이론(Minimalist theory, Chomsky 1995, 2001)의 대두와 함께 그 논의가 진행되고 있는 분산형태론적 관점에 의하면 (Distributed Morphology,[2] Halle & Marantz 1993, Marantz 1997, 2001,

---

2) 분산형태론에서 '분산'이라는 용어를 사용하는 이유는, 분산형태론의 문법 모형에서는

2008, Harley & Noyer 1999, Embick 2004, Harley 2005, 2008, Borer 2005, 2013 등), 통사론에 의한 어절의 형성과 형태론에 의한 단어형성의 구분이 소멸된다. 이 관점에 따르면, 모든 비원자적인 복합 구조는 그것의 문법적 크기에 상관없이 통사부의 연산에 의하여 형성되는 것으로 간주된다. 다시 말해, 어휘부 연산과 통사부 연산을 명확히 구분했던 기존의 어휘론자적 관점과는 대조적으로, 모든 연산을 담당하는 부문은 통사부로 일원화된 것이다. 기존의 어휘론자 관점에서의 어휘부는 저장과 연산의 두 기능을 담당하는 것으로 간주되었다. 그러나 분산형태론은 어휘부의 연산 기능을 부정한다. 다시 말해, 기존에 어휘부의 소관으로 여겨졌던 단어형성의 연산 과정이, 분산형태론에 따르면 통사부의 소관으로 이전된 것이다.

만약 최소이론이 가정하는 연산의 유형인 병합(merge)과 이동에 의하여 복합 구조가 산출된다고 한다면, 그 산출형이 단어냐 구절이냐의 문제는 그 연산에 참여하는 구성성분이 무엇이냐의 문제이지 병합 연산 자체의 문제는 아니라는 것이다(Marantz 1997). 분산형태론의 통사부 기초 운용 단위는 단어가 아니라, 어근과 형태·문법적 자질인 형태소로 간주된다. 이러한 관점에 따르면, 단일 형태소 이상의 언어 단위는 통사론의 단위가 되는 것이다.

문법의 여러 군데에 분산된 어휘부를 가정하기 때문이다. 기존의 어휘론자적 관점에서는 어휘부는 통사부 연산 이전에 통사부 입력형을 제공하는 기능을 담당한다. 분산형태론에서는 이러한 어휘부가 해체되어, 어휘부는 다음 (i)에 제시된 것처럼, 분산된 세 가지 목록을 포함한다.

(i) 가. 목록 1(좁은 의미의 어휘부):
　　통사부 연산 요소를 제공한다. 어근과 문법적 자질을 포함한다.
　나. 목록 2(어휘항목, Vocabulary Items):
　　통사부 종단 절점에 명세된 자질에 합당한 음성적 형태를 제공한다.
　다. 목록 3(백과사전, Encyclopedia):
　　통사 문맥과 관련하여 특정 표현의 관용적 의미를 명세한다.

물론 단어 형성은 일반적으로 대조적인 두 가지의 부류를 포함한다. 한 부류는 대단히 비생산적이고 불규칙적이며 비합성적인 특질을 가지는 것이고, 또 한 부류는 상대적으로 생산적이고 규칙적이며 합성적인 특질을 가지는 것이다. 한국어에서 전자 부류는 대략적으로 파생이나 합성에 의한 단어 형성, 후자 부류는 조사나 어미와 같은 굴절접사 결합에 의한 어절 형성에 상응한다. 기존에 이 두 가지의 단어 형성을 처리하는 방식은 그것을 관장하는 문법 부문을 나누어 각각 어휘부와 통사부의 형성으로 구분하는 것이 일반적이었다.

　모든 연산 과정이 통사부로 일원화된 분산형태론에서도 대조적인 이 두 단어 형성의 특질을 설명하기 위한 장치는 필요하다. 분산형태론에서는 이 대조를 순환적이고 국지적인 국면(Chomsky 2001)의 개념으로 해결한다. 순환성, 혹은 국지성의 개념은 통사론적으로 가장 원리적이고 기초적인 개념이다. 따라서 분산형태론의 국면에 입각한 설명 방식은 여타의 가정을 더 이상 필요로 하지 않는다는 점에서 보다 경제적이라는 것이다. Marantz(2001)는 어근에 직접 결합하는, 범주를 결정하는 첫 번째의 기능 핵(기능 핵 v, n, a에 해당)은 일종의 국면을 이루어 음성적 실현과 의미 해석의 단위를 이룬다고 하였다.[3] 어근과 첫 번째 기능 핵의 결합은 독립적인 국면을 이루기 때문에, 불규칙적이고 비합성적인 단어 형성의 특질을 띤다. 반면, 첫 번째 기능 핵 이후에 결합하여 이루어지는 단어 형성은 상대적으로 규칙적이고 합성적인 성격을 갖는다. 다시 말하면, 통사부의 연산 과정의 병합 위치에 따라 기존 어휘부와 통사부 단어 형성의 특질을 구분하는 것이다.

---

3) 분산형태론에 따르면, 예를 들어 단어로서의 동사 *kick*은 어근 $\sqrt{kick}$과 동사 기능 핵 v와의 통사적 결합으로 간주된다. 이들 결합은 국면을 이루어, 단일한 음형 실현과 의미 검색의 단위가 된다. 단어가 가질 수 있는 음운론적 실현과 의미 해석의 특이성을 국면의 개념으로 설명하는 것이다. 평행적으로, 명사 *cat*은 어근 $\sqrt{cat}$과 명사 기능 핵 n과의 결합으로 간주된다.

지금까지, 우리는 어절까지 형태론의 단위로 간주하는 강어휘론자적 관점, 어절 이상의 단위는 통사론의 단위로 간주하는 약어휘론자적 관점, 형태소 이상의 단위를 통사론의 단위로 간주하는 분산형태론적 관점의 세 가지 입장을 논의하였다. 허웅(1999)은 이 중, 첫 번째 강어휘론자적 관점에 속한다고 하였다. 허웅 선생은 어휘론적 접근 방식을 견지한다는 점에서, 기존 전통적인 문법론의 접근 방식과 그 맥을 같이 하는 것이다.

그렇다면 '젊은이 세대'의 언어학사적 관점에서 제기되는 질문이 있다. 즉, 허웅(1999)을 비롯한 기존의 국어 문법에서 취해진 어휘론적 관점이 언어 사실을 설명하는 데 있어서 경험적으로, 그리고 이론 내적으로 과연 가장 합당한지, 이 세 가지 입장 중에서 어떠한 관점이 언어사실을 설명하는 데 있어서 가장 설득력이 있는지에 대하여 의문이 제기된다고 하겠다. 이 논문에서는 어휘론자적 관점과 분산형태론적 관점을 비교하고, 각각의 관점에 따른 특정 구문에 대한 설명력을 제시함으로써 분산형태론적 접근 방식의 타당성을 증명해 보이고자 한다. 다음 2.3.에서는 연쇄동사와 합성동사 구문의 분석과 관련하여, 형태론과 통사론의 접면 문제를 더욱 구체적으로 논의해 보고자 한다.

2.3. 연쇄동사와 합성동사, 그리고 형태론과 통사론의 경계

2.3.1. '이은말'로서의 연쇄동사: 허웅(1999)의 '이은말'과 구절

앞 2.1.에서 논의했던 것처럼, 허웅(1999)은 형태론은 형태소와 단어, 어절 단위의 구성을, 통사론은 이은말과 마디, 월의 구성을 다룬다고 정의하였다. 이 때, 마디는 절의 개념에 상응하며, 월은 문장의 개념에 대체로 상응한다. 한편 '이은말'의 개념에 대하여는 허웅(1999:82)은 다음 (8)과 같이 밝히고 있다.

(8) 말도막이 모여서 이루어졌으나 '임자-풀이'의 관계가 성립되지 못한 것, 이러한 점에서 월이나 마디와 구별된다. 여러 개의 말도막이 모여 있기 때문에, 합친말이 될 수도 없다. 월을 짜이룰 때는 하나의 월성분으로 일하게 된다.

위 (8)에 따르면 '이은말'은 말도막(어절)과 마디(절)의 중간 단위에 해당하는 개념으로, 현대 통사론의 구절에 상응하는 것으로 기대할 수 있다. 그러나 사실, 허웅(1999)의 '이은말'의 개념은 단순히 두 개 이상의 어절이 모인 통사론적인 단위로, 구성성분성의 통사구조적 단위인 구절의 개념에 정확하게 부합하지는 않아 보인다.

허웅(1999:264)은 이은말의 한 예로 다음 (9)와 같은 'V1-어 V2' 구성의, 이른바 연쇄동사 구문을 들고 있다. 허웅(1999)은 이은말의 단위를 중괄호 { }로 표시하고 있다. 허웅(1999)은 이들 동사의 연쇄로 이루어진 이은말이 전체로서 하나의 서술어로 기능한다고 하였다.

(9) 가. 범이 강아지를 {물어 가네.}
    나. 그들은 산에서 {내려 오오.}
    다. 아이가 참새를 {쏘아 죽이는구나.}
    라. 구름이 둥둥 {떠 간다.}

위 (9)에서 이은말 단위로 표시된 동사의 연쇄는 목적어 명사구를 포함하지 않는다. 단순히 하나 이상의 어절이 결합된 것이다. 만약 이은말이 구절에 정확하게 상응한다면 위 (9)의 예는 동사 서술어를 예시하므로, 동사구로서는 목적어 내부논항을 포함하여야 할 터인데 그렇지 않은 것이다. 이러한 점에서, 허웅(1999)의 이은말의 개념은 현대 통사론의 구절 개념과 정확하게 합치되지 않는다.

또한 허웅(1999)은 위 (9)와 같은 이은말은 한 합친말(합성동사)로 굳어져서 형태론적 구성이 되기 쉽다고 하였다. 하지만, 굳어짐 정도의 차이가 있는 이은말 구성과 합성동사 구성을 분명하게 구별하는 것은 어렵다고 하였다. 다음 (10)은 허웅(1999)이 제시한 합성동사들의 예이다(허웅 1999:265).

(10) 가. 죄명을 둘러쓴다.
　　　나. 울타리를 둘러쳤다.
　　　다. 모두 책상 가에 둘러앉았다.

이와 같이, 허웅(1999)는 문법 체계에 있어서 형태론과 통사론을 구분해야 한다고 하고 있지만, 경험적으로 그 두 부문 간의 불확정성과 연속성을 인정하고 있다. 허웅(1999)의 주장처럼 원론적으로 연쇄동사는 통사론의 대상인 반면 합성동사는 형태론의 대상이라면, 그 둘을 구분 짓는 명확한 문법적 판별 기준이 제시되어야 할 터이나, 허웅(1999)은 '굳어짐의 정도'라고 하여 대체로 직관에 의존하는 입장을 보인다. 그러나 연쇄동사와 합성동사 간의 연속성을 지적한 점은 주목할 만한 가치가 있으며, 이는 해당 구문에 대한 최근의 연구에도 잘 반영되어 있다(함희진 2000).

2.3.2. 연쇄동사와 합성동사 처리에 대한 대조적인 관점들

위 2.3.1.의 논의에서, 연쇄동사는 이은말 단위로서 통사론의 단위이지만, 합성동사는 합친말로서 형태론의 단위라고 한 허웅(1999)의 주장을 살펴보았다. '연쇄동사 구문(serial verb constructions)'이란 동사의 연쇄체가 하나의 단일절에 나타나 시제와 상을 공유하면서 하나의 사건을 지시하는 구문을 지칭하는 것으로(Sebba 1987, Baker 1989), 현대 언어학에서 중심적인 논의 대상의 하나가 되어왔다.4) 전형적인 연쇄동사 구문은 적어도 하나 이상의 논항을 공유하는 현상을 보인다. 이러한 연쇄동사 구문은 단어 이상의 단위로, 어휘론적 관점에서나 분산형태론적 관점에서나 통사부의 연산 작용에 의하여 도출되는 통사론적 단위라는 것은 별로 의문의 여지가 없을 것이다.

현 논의 주제와 관련하여 문제의 초점은, 한 단어 구성으로 취급되는 합성동사의 형성이 과연 문법의 어느 부문에서 이루어질 것인가이다. 허웅(1999)은 단어 구성과 이은말 구성을 관장하는 문법 부문을 각각 구분할 것을 가정하고 있다. 그렇다면, 일반적인 생성문법 모형 안에서 합성동사에 대한 가능한 처리 방식은 크게 두 가지로 요약될 수 있을 것이다. 첫 번째는 통사부와 대조적으로 어휘부의 단어형성을 통한 방법이고(김창섭 1996), 두 번째 가능성은 통사부에서 도출된 다음 어느 정도의 어휘화 과정을 거쳐 어휘부에 저장되는 방법일 것이다. 허웅(1999)이 위 두 가지 처리 가능성 중 구체적으로 어느 것을 염두에 두었는지는 분명하지 않다.

그렇다고 하더라도, 단어 형성과 구절 형성을 엄격하게 분리하는 가정 내에서 가능한 위 두 가지 처리 방법은 그들 모두 문제를 안고 있다. 첫 번째 처리 방식을 풀어쓰면, 가령 '-어'형 합성동사는 어휘부의 단어 형성 규칙에 의하여 형성되는 반면, 동형의 연쇄동사는 통사부 연산에 의하여 형성된다는 것이 될 것이다. 그러나 이러한 처리 방식은 동형의 동사 연쇄 구성에 대하여, 동일한 연산 규칙, 즉 'V-어 V' 규칙이 하나는 어휘부에, 다른 하나는 통사부에 존재한다고 설정함으로써, 문법 전체적인 관점에서 볼 때 비경제적이라는 문제를 피할 수 없게 된다.

---

4) 한국어 연쇄동사 구문에 대한 기존 연구로는 대표적으로 Lee(1992), Chung(1993), 남미혜(1996), 함희진(2000), Sohn(2008) 등이 있다.

한편 두 번째 처리 방식은 통사부 연산을 통한 통사론적 구성이 거꾸로 어휘부에 입력된다는 것을 함의한다. 어휘론자의 기본적인 가정에 입각하면 통사부의 연산은 어휘부의 연산에 반드시 후행하기 때문에,[5] 이들 통사론적 구성이 어휘부에 다시 입력형으로 회귀된다고 보는 입장은 이론 내적으로 모순적이다. 요컨대, 단어 구성을 관장하는 부문과 구절을 형성하는 통사론적 부문을 엄격히 분리하는 어휘론자적 관점에서의 논리적으로 가능한 방법 모두 문제를 내포하고 있는 것이다.

어휘론자적 접근 방식과는 대조적으로, 분산형태론적 관점은 연쇄동사와 합성동사의 형성 모두 통사부에서 일어난다고 가정한다. 다시 말하면 단어로서의 합성동사 형성에 대하여 부문을 따로 설정하는 것과 같은 특수한 처리 방식을 인정하지 않는다. 그 두 구문 모두 통사부의 연산 방식, 즉 병합과 이동에 의하여 형성된다. 다만 결합 층위와 관련한 국면 형성에 있어서 차이를 보이는 것이다. 단어로서의 합성동사는 단일한 하나의 국면을 형성하여, 의미 해석 과정에 있어서 독립적인 단위로 입력된다. 합성동사가 가질 수도 있는 관용적인 특수한 의미 해석은 통사부 연산 이후 적용되는, 개념접합부의 백과사전적 지식 검색에 따르는 것으로 간주된다.

해당 구문에 대한 분산형태론적 분석을 살펴보기 위해, 박소영(2012a)의 분석을 간략히 소개하기로 한다. 박소영(ibid.)에서는 연쇄동사와 합성동사 구문의 통사부 도출 과정을 제시하고 있다.[6] 먼저 연쇄동사 구문의 통사구조를 제시하면 다음 (11)과 같다.

---

5) 어휘론적 접근 방식은 어휘부와 통사부의 일방향적 관계를 기본 전제로 한다. 어휘부의 출력형은 통사부의 입력형이 되지만, 통사부의 출력형은 어휘부의 입력형이 될 수 없는 것이다. 어휘부에서 형성된 단어는 통사부의 입력형으로 통사 원자로 기능한다. 따라서 통사부의 어떠한 연산도 어휘부 내에서 형성된 단어의 내부 구조를 볼 수 없으며, 단어를 분리시킬 수도 없다(이른바 '어휘 충실성 가설').

6) 이에 대한 구체적이고 자세한 논증 과정은 논문 지면의 한계 상 생략한다. 관심 있는 독자는 해당 문헌을 참고하기 바란다.

(11) 가. 철수가 빵을 떼어먹었다.

나.

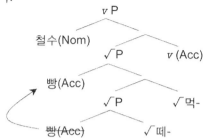

다. ∃e [detaching_eating(e) & Agent(e, Chelswu) & Theme(e, bread)]

위 (11)의 구조에서, 연쇄동사 구문은 선행 동사 어근구가 후행 동사 어근에 보충어적 관계로 결합되어, 상위 𝜈의 기능 핵에 내포되어 있는 형상을 이룬다. 기능 핵 𝜈는 문법적인 사건구조의 존재를 나타낸다 (Harley 1995, Borer 2005). 연쇄동사 구문이 단 하나의 𝜈 투사를 결부한다는 것은, 그것이 하나의 단일한 사건을 지시한다는 의미론적 특성에 부합한다. '떼다'의 내부논항 '빵'은 해당 어근과 병합하여 '떼는 대상'의 의미역을 받는다. 명사구 '빵'은 후행 어근 '먹다'의 의미역 자질을 점검하기 위하여 '먹다'의 내부논항 위치로 이동(Horstein 1999, 2001), '먹는 대상'의 의미역을 받게 된다. 외부논항 '철수'는 𝜈P의 지정어 위치에 병합된다. 위 (11)의 통사 연산은 음운형식부에서 연쇄동사 음성형 '떼어먹다'로 실현된다. '-어'는 선행 동사의 형태론적 닫힘을 위해 음운론적으로 PF에서 삽입되는 일종의 허사적 요소로(Lee 1992) 가정된다.

한편 합성동사는 연쇄동사와 그 기저구조를 공유한다. 그러나 연쇄동사와는 달리, 포합(incorporation, Baker 1988)을 통한 두 어휘범주의 형태론적 병합 과정을 결부한다.7) 이렇게 형성된 합성동사는 백과사전적

7) 합성동사와 연쇄동사와의 형태-통사론적인 대조적 특질에 관한 자세한 논의는 해당 논문

의미 검색 과정에 있어서 의무적으로 하나의 단일한 입력 단위로 기능하여, 합성성 원리를 준수하지 않는 관용적 해석을 부여받을 수 있게 된다. 합성동사의 도출 과정을 나타내면 다음 (12)와 같다.

(12) 가. 철수가 공금을 떼어먹었다.
　　　나.

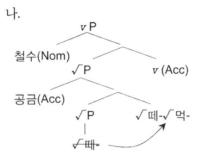

위 (12)의 구조에서, 어근 '떼다'는 '먹다'로 핵 이동을 경험하여 '먹다'에 핵-부가된다. 목적어 논항 '공금'은 포합을 통하여 형성된 어근 핵과 병합한다. 포합을 통하여 도출된 형태론적 단위로서의 합성동사는 상위 기능 핵 v와 병합하여 '[v [√ 떼-√ 먹]]'의 구성을 형성한다. 이는 하나의 국면을 이루어 음성 실현과 의미 해석의 한 단위를 이룬다. PF에

을 참조하기 바란다. 합성동사와 연쇄동사는 대조적인 통사적 특질을 보이기도 하지만, 그와 동시에 공통적인 특질을 보이기도 한다. 이는 그 두 구문의 통사 도출 상의 공통점과 차이점을 시사하는 것이다. 그 두 구문의 특질을 요약하여 표로 나타내면 아래 (i)와 같다. (11)과 (12)에서 제시된 분석이 아래의 특질을 어떻게 설명할 수 있는가에 대한 자세한 논의는 해당 논문을 참조하기 바란다.

(i) < 연쇄동사와 합성동사의 형태-통사론적 특질 >

	연쇄동사 구문	합성동사 구문
1. '-서'에 의한 분리	O	X
2. 공백화(gapping) 현상	O	X
3. 접속에 의한 선행 동사의 확장	O	X
4. 후행 동사 피동화에 의한 전체 피동	O	O
5. 단형 부정 '안'에 의한 전체 부정	O	O
6. '그렇게 하다'에 의한 후행 동사 대치	X	X

서의 형태-음운론적 실현 이후 개념접합부의 백과사전적 지식 검색 과정을 통하여 특수한 관용적 해석이 덧붙여진다(i.e. 떼어먹다→횡령하다). 요컨대, 포합 과정을 통한 합성동사는 하나의 어휘범주를 구성하여 반드시 단일한 의미 검색 단위를 이루어, 합성성 원리를 지키지 않는 특수한 관용적인 의미를 부여받을 수 있는 가능성이 생기게 되는 것이다. 이러한 설명에 의하면, 합성동사의 형성은 두 개의 어근 병합을 통한 단일한 백과사전적 의미 검색 단위 형성과 연관된다.

지금까지 분산형태론적 입장에서의 합성동사와 연쇄동사의 분석 방법을 예시하였다. 이 분석에 따르면, 그 두 구문의 형성 층위를 구분하지 않고 모두 통사부 연산을 통하여 도출되는 것으로 간주한다. 합성동사와 연쇄동사의 차이는 도출 과정의 차이, 즉 어근 병합에 이은 국면의 형성 양상과 연관된다. 즉, 합성동사는 핵 이동에 의한 두 어근의 병합 이후, 상위 기능 핵 v와 결합됨으로써 단어를 이룬다. 이는 단일 국면을 이루어 반드시 하나의 의미 검색 단위를 이룬다. 반면 연쇄동사는 어근의 병합 과정이 없다. 따라서 선행 어근과 후행 어근이 반드시 하나의 의미 검색 단위로 묶여질 필요는 없다.

이러한 분산형태론적 처리 방식은 어휘론적 접근 방식과 비교할 때 강점을 갖는다. 첫째, 위 설명 방식은 모든 연산 부문을 통사부로 일원화 시킴으로써, 선행 동사와 후행 동사가 병합하는 동일한 연산 과정을 각각 분리시켜 두 개의 문법 부문에 따로 두지 않는다. 따라서 전체 문법 모형적인 측면에서 볼 때 경제적이다. 둘째, 이 방식은 합성동사가 한 단어로서 가질 수 있는 관용적 해석을 통사부 이후 백과사전적 지식 검색 과정으로 설명함으로써, 통사 구성이 다시 어휘부로 회귀되어 입력 되는 것과 같은 이론 내적인 모순을 발생시키지 않고서도 그것의 특수한 해석을 설명할 수 있다. 또한 합성동사와 같은 단어가 통사부에서 분리 될 수 있는 가능성에 대하여도 자연스럽게 설명할 수 있다.[8] 셋째, 위 합성동사의 예에서처럼 '-어'와 같은 굴절형태소가 개입되어 있는 단어

형성의 문제에 대하여도 새로운 통찰력을 제공한다. 어휘부의 단어형성과 통사부의 굴절을 엄격하게 분리하게 되면, 단어 내에 나타나는 굴절접사를 처리하는 데에 어려움이 생긴다. 분산형태론적 관점에서는 이러한 층위 혼합의 모순 없이 단어형성 과정을 설명할 수 있다.

이상 2장의 논의에서는 허웅(1999)의 형태론과 통사론의 경계에 대한 견해를 검토하였다. 단어형성을 관장하는 부문과 통사적 구성의 형성을 관장하는 부문을 엄격히 구분하는 입장에서는 이론내적인 모순이 발생함을 보았다. 이 논문은 합성동사와 연쇄동사 구문의 분석과 관련하여 분산형태론적 접근 방식을 소개함으로써, 통사부 연산으로 일원화하는 이러한 방식이 기존 어휘론적 접근 방식의 문제를 해결함을 제시하였다. 이러한 논의는 통사부 연산의 기초 운용 단위가 단어나 어절이 아니라 형태소임을 논증하는 것이다.

---

8) 예를 들어, 김진해(2010)는 의성·의태어에 의한 관용표현의 부분 수식을 예로 들어, 합성동사와 같은 관용어가 분리될 수 있음을 지적하였다.
  (i) 가. 그 이익은 재벌기업들이 **쪽쪽** 빨아먹는다.   (쪽쪽 빨다/*쪽쪽 먹다)
     나. 그는 전 재산을 **탈탈** 털어먹었다.   (탈탈 털다/*탈탈 먹다)
                                                         (김진해 2010: 52)
  '-어'형 합성동사에 대한 어휘론자적 접근 방식은 위 (i)에 예시된 선행 동사에 대한 의성, 의태 부사 수식의 양상을 설명할 수 없다는 문제점이 있다. 예문 (i)에서 밑줄 친 의성·의태어는 직설적 의미의 그 용언만을 부분 수식한다. 이는 이들 부사가 후행 동사를 수식하는 해석이 부자연스럽다는 사실에서 확인된다. 이러한 사실에 기초하여, 김진해(ibid.)는 관용어가 어휘론적 접근 방식에서처럼 어휘부 등재 요소로서 하나의 단위를 이룬다면 통사부에서 어떻게 자유결합적 성격의 표현으로 전환되는가에 대하여 의문을 제기하였다. 이와 같은 모순은 분산형태론적 접근 방식에서는 일어나지 않는다. 관용적 해석은 통사부 연산 이후 개념접합부의 지식 검색의 문제이기 때문에, 관용어 해석에 대한 통사부 연산의 영향이나 그것의 분리가능성이 직접적으로 설명될 수 있다. 이와 관련하여 자세한 논의는 박소영(2012b)를 참조하기 바란다.

3. 줄임(생략)의 문제

3.1. '줄임(생략)'에 대한 허웅(1999)의 견해

허웅(1999)은 기본 규칙에 따라 문장을 만든 다음에 그 문장에 손질을 가하는 방법의 종류로서 줄임(생략), 옮김(이동),9) 갈음(대치)10)의 경우를 제시하고 있다. 이 논문은 이 중, 지면의 한계 상 줄임의 경우만을 자세히 검토하기로 한다. 줄임(생략)은 '월조각을 줄여 없애는 방법'을 말한다. 먼저 복합문을 이루는 과정에서, 접속문이나 내포문을 만드는 경우에 중복되는 내용이 줄어지는 다음 (13)과 같은 경우의 예를 들고 있다.

(13) 가. 그들은 노래하면서 (그들은) 즐겼다.

　　　 나. 나는 갔다가 (나는) 왔다.

　　　 다. 물이 (물이) 맑게 흐른다.

(13가)와 (13나)는 접속문에서 중복되는 후행절의 주어가 줄여지는

---

9) 허웅(1999)은 별 이유 없이, 혹은 경우에 따라 시적인 표현과 같은 특별한 효과를 노리기 위해 문장성분의 자리를 옮긴다(허웅 1999: 217)고 하고 다음 (i)과 같은 예를 제시하고 있다.
　(i) 가. 그는 책상을 나무로 만들었다.
　　　 나. 그는 나무로 책상을 만들었다.
10) 갈음(대치)란 어떠한 월조각을 다른 월조각으로 갈음하는 것을 말한다. 허웅(1999)은 매김토(관형격 조사) '의'로 대치되는 예, 동사/형용사 반복 구문에 나타나는 '하다' 등을 갈음 구문으로 분석하고 있다.
　(i) 가. 낯선 타국에서의(← 살아가는) 생활은 고달프다.　　　　　　(허웅 1999:229)
　　　 나. 행복에의(← 이르는) 초대
　　　 다. 그와의(← 나눈) 대화
　(ii) 가. 내 얼굴에 무엇이 묻기라도 했나? (← 묻었나?)　　　　　　(허웅 1999:236)
　　　 나. 그놈이 모질기는 하군. (← 모질군)
　　　 다. 간혹 사상이 경시된 시가 있기는 하지만(← 있지만) 그것은 예외다.

과정을 예시한다. (13다)는 부사절의 예를 보여 준다.

다음으로 허웅(1999)이 제시한, 환경의 힘으로 줄어지는 경우의 예를 인용하면 다음 (14)와 같다. 이는 문맥적으로 충분히 복구가능한 내용이 줄어지는 경우를 말한다.

(14) 가. 어디 가니?　　　　　　- 집에. (나는 집에 가.)

　　　나. 너 어디 사니?　　　　- 계동. (저는 계동에 삽니다.)

위 예문 (14)는 이른바 '조각문' 구성에 해당한다.[11] 즉, (14가), (14나)와 같이 질문에 대한 대답의 해당 성분만 남아있고 다른 성분들은 생략된 예를 줄임의 경우로 다루고 있다. 허웅(1999)은 이는 '없는 것이 아니라 머릿속에 숨어 있는 것'이라고 하였다. 이는 화자와 청자가 그 발화체로부터 충분히 그 전체 내용을 복구가능한, 혹은 해석가능한 경우로 이해될 수 있다.

또한 기능이 서로 다른 조사가 어울려 쓰이는 경우도 괄호 친 해당 내용이 줄여진 경우의 예로 보고 있다.

(15) 가. 부산에서(온 것)이/가 아니라, 광주에서 왔소.

　　　나. 너하고 (노는 것)이/가 아니면, 놀 사람이 없을까?

　　　다. 그것은 말로써 (표현하는 것)보다는 글로써 표현하는 것이 낫다.

위 (15)의 조사가 중첩된 예문은 서술어가 생략된 것으로 분석하고 있다. 명사 성분이 아닌 성분과 결합한 '이다'도 해당 성분이 줄여진

---

11) 한국어 조각문의 분석에 대하여는 Park(2005), Ahn & Cho(2012), Park(2012)을 참조할 수 있다.

경우로 처리하고 있다. 이 경우는 분열문 구성의 예에 해당한다.[12]

(16) 가. 돈을 모으는 것은 학급 문고를 마련하기 위해서 (돈을 모으는 것)이다.

　　나. 내가 머무른 것은 그와 인사라도 나눈 다음에 돌아가고 싶어서 (머무른 것)이었다.

위 (16)은 '-것은 -이다'의 구조를 이루고 있다. 허웅(1999)은 위 (16)에서 괄호 친 부분이 생략된 것으로 분석하고 있다.[13]

3.2. '줄임'과 공범주

앞 3.1.에서는 허웅(1999)이 '줄임'의 경우로 제시한 예문들을 살펴보았다. 허웅(1999)은 명사구 논항 성분이 비가시적으로 실현된 경우(예문 (13)), 그 이외 서술어 성분이 비가시적으로 실현된 경우(예문 (14), (15),

---

12) 허웅(1999)은 (16)의 경우에 줄임이 아니라, '이다'가 해당 서술어를 대치하는 다음 (i)과 같은 갈음으로도 풀이할 수 있다고 하였다.
　　(i) 가. 돈을 모으는 것은 학급 문고를 마련하기 위해서다. (← 돈을 모은다)
　　　　나. 내가 머무른 것은 그와 인사라도 나눈 다음에 돌아가고 싶어서였다.(← 머물렀다)
　　즉, '돈을 모은다', '머물렀다'와 같은 서술어가 '이다'로 대치되었다는 것이다. 허웅 (1999:235)은 위 구문을 대치 구문으로 분석하는 것이 위 (16)에서의 논의에서처럼 줄임으로 분석하는 것보다, '이다'의 풀이씨 자격을 인정해 준다는 점에서 더 나은 분석 방법이라고 하였다. 허웅(1999) 논의의 핵심은 분열문의 '이다'를 동사구를 대치하는 대용적 서술어로 분석한 것이다. 그러나, 통상적으로 한국어의 동사구 대용어는 '이다'가 아니라 '그러하다(do-so)'라는 점에서 '갈음'에 의거한 위의 분석은 기본적으로 타당하지 않다고 본다.
13) 생략으로 처리했을 때, 위 분열문에 나타나는 '이다'의 정체성에 대하여는 분명히 밝히고 있지 않다. '이다'의 정체성에 대하여는 의견이 분분하다. 안명철(1995), 양정석(1996)의 (파생)접사설, 시정곤(2006)의 통사적 접사설, 홍재성(1997), 목정수(2007)의 기능동사설, 김의수(2006)의 형식동사설, 최기용(2001)의 주격조사설, 박소영(2012c)의 음성형식부 삽입 허사설 등을 들 수 있다.

(16)), 모두를 '줄임'의 한 가지로 다루고 있다. 아래 3.2.에서는 먼저 전자의 경우, 즉 명사구 논항 성분이 비가시적으로 실현된 경우에 대하여 간략하게 논의하고, 다음 3.2.에서는 후자, 즉 서술어 성분이 줄여진 경우에 대하여 보다 상세하게 논의하기로 한다.

전통적인 생성문법 논의에 따르면, 명사구 공범주로는 흔적(trace, NP-흔적, wh-흔적), PRO, pro 등이 존재한다. 허웅(1999)은 이들 비가시적인 성분들에 대하여 모두 '줄임'의 경우로 처리함으로써, 각각의 통사 문맥에 나타나는 다양한 공범주의 정체에 대하여는 구분하지 않고 동일한 성격의 것으로 취급하고 있다.

사실 공범주의 정체 규명에 대한 논의는 현대 언어학에서도 아직 완전한 일치를 보지 못하고 논란이 분분한 주제이다. 생성문법의 지배-결속 이론(Chomsky 1982)에 따르면, 공범주의 유형은 두 가지의 자질, 즉 '[+/-조응적(anaphoric)]', '[+/-대용적(pronominal)]'의 조합에 의하여 그 정체를 확인할 수 있는 것으로 간주되어 왔다. 그러나 최소주의 (Chomsky 1995)의 복사(copy) 이론 등장 이후, 이들의 구분 방식에 있어서 균열이 가기 시작하였다. 공범주 중의 하나의 유형인 흔적은 PF 층위에서 삭제된 일종의 복사체에 불과한 것으로 간주되었다. 즉, 통사이동은 일종의 연쇄(chain)를 구성하는데, 이 연쇄의 구성체 중 머리(head)를 제외한 다른 구성체가 PF 층위에서 삭제된 것으로 보는 것이다. PRO 또한 통사이동에 따른 복사체가 PF 층위에서 삭제된 것으로 보는 관점이 유력하게 제시되고 있다(Hornstein 1999, 2001). 더욱이 pro에 대하여도 PF 삭제, 즉 명사구 생략에 의한 분석이 제기되고 있다(Kim 1999, Holmberg 2005, Takahashi 2008, Roberts 2009 등). 이렇게 공범주의 유형을 최소화시키려는 논의가 앞으로 성공적인 것으로 판명된다면, 모든 공범주는 생략의 결과로서 단일화될 수 있는 가능성이 있다. 그리고 이러한 최소주의 논의의 방향은 모든 공범주에 대하여 '줄임'의 한 가지로 본 허웅(1999)의 태도와 상통하는 면이 있다.

예를 들어 위 (13)에 나타나는 동일 주어 현상은 해당 구문에 대한 일반적인 생성문법적 분석에 따르면 다음 (17)의 공범주 PRO를 포함하는 문장 구조로 분석될 수 있다.

(17) 가. 그들은ᵢ [PROᵢ(→ 그들) 노래하면서] 즐겼다.

　　 나. 나는ᵢ [PROᵢ(→ 나) 갔다가] 왔다.

　　 다. 물이ᵢ [PROᵢ(→ 물) 맑게] 흐른다.

위 (17)의 구조는 모문 주어와 동지표적인 PRO를 결부하는 것으로 분석된다. 그러나 PRO의 불필요성을 주장하는 Hornstein(1999, 2001)에 따르면, PF 층위에서 삭제된 측면 이동(sideward movement)의 결과에 의한 복사체를 결부하는 것으로 분석될 수 있는 것이다.

3.3. 한국어 분열문과 생략

3.3.1. 생략에 대한 대조적인 관점들

앞 3.2.에서는 명사구 논항이 비가시적으로 실현되는 경우를 논의하였다. 다음 3.3.에서는 명사구 이외의 서술어 성분이 비가시적으로 실현되는 경우를 검토하기로 한다. 허웅(1999)은 후자의 경우를 전자의 경우와 구분하지 않고, 동일하게 한 가지로 '월조각이 줄여 없애진 것'으로 간주하고 있다. 이 논문은 구체적으로 예문 (16)의 분열문과 관련하여 허웅 선생의 '줄임' 분석을 검토하고자 한다. 허웅(1999)은 (16)의 분열문에 대하여, 아래 (18)과 같이 분석하였다.

(18) 가. 돈을 모으는 것은 학급 문고를 마련하기 위해서 (돈을 모으는 것)이다.

나. 내가 머무른 것은 그와 인사라도 나눈 다음에 돌아가고 싶어
　서 (머무른 것)이었다.

　허웅(1999)은 위 (18)에서 괄호 친 해당 서술어가 줄여진 것으로 분석
하고 있다. 이들 서술어는 '없는 것이 아니라 머릿속에 숨어 있는 것'이
라고 하였다. 허웅(1999)은 이는 주시경의 '속뜻'의 분석을 계승하는
것이라고 설명하고 있다. 이 논문은 현대 통사론적 논의의 문맥 안에서
허웅(1999)의 '줄임'에 대한 이러한 견해가 구체적으로 어떻게 해석될
수 있는지 검토해 보기로 한다.
　허웅(1999)의 '머릿속에 숨어있다'라는 표현을 현대 통사론적 관점에
서 풀어쓰면, 위 (17)의 괄호 친 부분이 음형적으로 가시적으로는 실현
되지 않았지만 문법 층위의 어딘가에는 실재한다는 것으로 이해될 수
있다. 생성문법 모형 안에서, 위 생략된 부분이 실재하는 가능한 문법
층위로는 두 가지가 존재할 것이다. 첫째, 통사부 층위, 아니면 둘째,
논리형식 층위가 그 가능한 층위이다.
　현대 통사론 논의에서 생략에 대한 접근 방식은 이 문제와 관련하여
크게 두 가지로 구분된다. 첫째는 음성형식 층위 삭제(PF-deletion)의
접근 방식(Merchant 2001, 2008, Fox & Lasnik 2003)이고, 둘째는 논리
형식 층위 복사(LF-copying)의 접근 방식(Fiengo & May 1994, Fukaya
& Hoji 1999)이다.
　전자의 PF-삭제 접근 방식은 분열문 (18)의 괄호 친 부분이 통사부에
실재하지만, PF 층위에서 음형적으로 실현되지 않고 삭제되었다는 설명
방식이다. 이를 도식적으로 나타내면, 아래 분열문 (19)의 '이다' 선행
성분 구조는 (20)과 같이 나타낼 수 있다. 이 논문에서는 분열문의 구조
로 허웅(1999)이 제시한 (18)의 구조를 가정한다.[14] 분열문의 '것'은 C

---

14) 분열문의 통사구조에 대한 기존의 접근 방식은 크게 기저생성 접근 방식과 이동의 접근

로 가정한다.[15)

(19) 영희를 좋아하는 것은 철수이다.

(20) < PF-삭제 분석 >

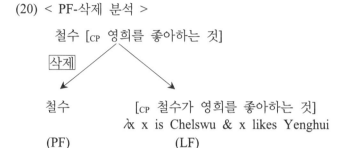

철수 [cp 영희를 좋아하는 것]

삭제

철수   [cp 철수가 영희를 좋아하는 것]
              $λx$ x is Chelswu & x likes Yenghui

(PF)   (LF)

방식의 두 가지로 나뉠 수 있다. 전자의 기저생성 접근 방식(Hoji 1990, Saito 2004, Sohn 2001, Kizu 2005, Kang 2006 등)은 '것'에 의하여 이끌리는 화제 부분의 성분이 '이다'에 선행하는 초점 성분과 독립적으로 기저 생성되었다는 입장으로, 화제 성분의 '것'절은 초점과 동지표적인 영운용자 이동을 결부한다는 입장이다. 후자의 이동·접근 방식(Hiraiwa & Ishihara 2002, Kim & Lee 2008, 최기용 2011 등)은 화제와 초점 성분이 기저에서 한 성분을 이루다가, 화제 성분이 초점 성분을 남기고 표면 위치로 이동하였다는 입장이다. 허웅(1999)이 제시한 (18)의 구조는 화제의 '것'절을 초점 성분과 독립적인 것으로 본다는 점에서 기저생성 접근 방식과 상통하면서도, '이다'에 선행하는 초점 성분이 '것'절과 하나의 성분을 이룬다는 점에서 이동의 접근 방식과도 상통한다. 즉, 허웅 (1999)의 분석은 위 두 접근 방식의 절충적 견해인 것이다.

15) 위에서 '(-는)것'은 보문소로 가정되고 있다. 이것은 복수표지 '들'의 결합 불가능성에 의해 지지될 수 있다(Kang 2006). 일반적으로 한국어 '것'의 분석에는 크게 두 가지 가능성이 있다. 의존명사로서의 '것'과 보문소로서의 '것'이다. 만약, '것'이 의존명사라 면 '들'의 결합에 있어서 제약이 없어야 할 것이다(예) 파란 것들, 빨간 것들). 그러나 아래 예문 (i)에서와 같이, 분열문에 쓰인 '것'이 '들'과 결합될 수 없는 사실은 '것'이 의존명사로는 분석될 수 없음을 보여준다.
(i) 가. 철수가 만난 것은 선생님이다.
　　나. *철수가 만난 것들은 선생님이다.
다음으로 아래 예문 (ii)이 보여주듯이, '것'의 명사로의 대치에 따른 후치사의 생략 가능 성 여부도(Jhang 1994, Kang 2006) 보문소로서의 '것' 분석을 지지한다.
(ii) 가. 철수가 영희를 만난 것은 이 공원(에서)이다.
　　나. 철수가 영희를 만난 장소는 이 공원(*에서)이다.
예문 (ii나)는 분열문의 '것'을 의미적으로 상응하는 명사 '장소'로 대치한 것이다. 만약

PF-삭제 분석에 따르면, 통사부에서 '이다'의 선행 성분은 완전한 CP 의 절적 구조를 이룬다. 통사부에 실재하는 괄호 친 CP의 구조는 PF 층위에서 삭제되어 '철수'로 실현된다. LF 층위에서는 완전한 문장 해석 을 갖는다.

한편 후자의 논리형식 층위 복사 이론은 해당 부분이 통사부에서 비 가시적인 대용형식으로 존재하다가, 논리형식 층위에서 그 내용이 선행 하는 해당 부분의 복사를 통해 복원된다는 설명 방식이다. 즉, 위 괄호 친 부분이 논리형식 층위에 실재한다는 입장이다. 이 입장에 따르면 예문 (19)의 '이다' 선행 성분의 구조는 다음 (21)과 같이 나타낼 수 있다.

(21) < LF-복사 분석 >

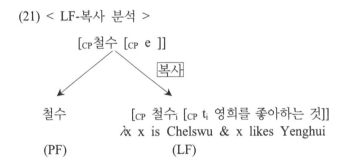

LF-복사 분석에 따르면, 통사부에서 '이다' 선행 성분인 '철수'는 CP 의 대용형식과 결합한다. 이러한 CP는 LF에서 선행하는 '것'절의 CP를 복사함으로써 그 의미내용이 복원된다.

허웅(1999)이 '줄임'으로 위 (20)의 PF-삭제와 (21)의 LF-복사 중, 정 확하게 어떠한 접근 방식을 염두에 두었는지는 분명하지 않다. 만약

___

'것'이 의존명사라면 (ii가)와 (ii나) 사이의 문법성 판단에 별다른 차이가 없어야 할 것이 다. 그러나 (ii가)에서는 '이다'의 선행 성분에 후치사의 유무에 따른 문법성 차이가 없으 나, (ii나)는 후치사가 출현할 수 없다. 이것은 분열문의 '것'이 의존명사가 아니라, 보문 소임을 보여준다.

허웅(1999)의 줄임이 전자의 방식에 해당한다면, '월조각이 줄여 없애진 것'은 '통사부에서는 온전한 의미론적, 통사론적 정보를 가져 완전한 구조로 실현되지만, PF 층위에서 단순히 음형적으로 실현이 되지 않은 것'으로 해석된다. 만약 후자의 방식에 해당한다면, 그것은 '통사부에서 빈(empty) 구조로 실현되지만, LF 층위에서 온전한 구조로 복원되는 것'으로 해석된다. 이 두 방식 중, 어느 쪽이 정확하게 허웅(1999)의 줄임에 해당하는가는 확실하지 않지만, 여기에서 주목해야 할 점은 허웅(1999)은 모든 비가시적인 성분을 그 성격에 있어 단일한 생략의 결과로서 파악했다는 점이다.

그렇다면 경험적으로 한국어 분열문은 위 두 가지의 대조적인 접근 방식 가운데, 과연 어떠한 접근 방식을 선호하는가가 연구 질문으로 제기된다. 위 (20)에 제시된 PF-삭제 분석 방식은 명사구 이외의 성분에 대하여도, 명사구 성분과 마찬가지로 PF 층위에서 음성 실현이 이루어지지 않은 것으로 봄으로써, 모든 비가시적인 성분을 PF-삭제의 결과로, 그 유형을 최소화시킬 수 있는 가능성이 있다는 점에서 이론적 경제성의 장점이 있다. 반면 (21)의 LF-복사 분석은 명사구 이외의 다른 범주적 자질을 갖는 공범주 실체를 인정해야 한다는 점에서 이론적인 부담을 가지고 있다. 그럼에도 불구하고, 여기에서 중요한 것은 언어 실제의 경험적 사실이 이 두 접근 방식 중 어느 것을 선호하는가의 문제일 것이다. 다음 3.2.2.의 논의에서는 한국어 분열문이 갖는 통사적 특질이 이 둘 중에, 어떠한 접근 방식에서 타당하게 설명될 수 있는가를 검토하고자 한다.

3.3.2. 한국어 분열문의 LF-복사 이론에 의한 접근

한국어 분열문에 대하여는 다른 분야에 비해 그다지 많은 논의가 이루어진 것은 아니다.[16] 이 논문에서는 한국어 분열문의 통사적 특질

중, 특히 '이다' 앞에 구조격 조사나 부정극어의 출현이 배제되는 사실과 관련하여, PF-삭제 분석과 LF-복사 분석을 서로 비교하여 검토하고자 한다. 이 논문은 이러한 한국어 분열문의 통사적 특질은 PF-삭제 접근 방식보다 LF-복사 접근 방식을 더 선호함을 보인다.

3.3.2.1. 구조격 조사의 출현 불가능성과 후치사의 실현 가능성

한국어 분열문에서 주격, 목적격과 같은 구조격 조사는 '이다'에 선행할 수 없으나, 후치사들은 '이다'에 선행할 수 있다(Jhang 1994, 김영희 2000).[17]

(22) 가. 영희를 좋아하는 것은 철수(*가)이다.

나. 철수가 좋아하는 것은 영희(*를)이다.

(23) 가. 철수가 영희를 만난 것은 도서관(에서)이다.

나. 철수가 돈을 보낸 것은 영희(에게)이다.

---

16) 분열문에 대한 대표적인 논의는 임규홍(1986), Jhang(1994), 김영희(2000), Sohn(2001), Kang(2006), 박철우(2008), Kim & Lee(2008), 김선웅(2010), 최기용(2011) 등을 들 수 있다.

17) Jhang(1994)에서는 분열가능성을 관계화 과정과 비교하여 관찰하고 있다. 분열문에서 주어, 목적어, 대부분의 부사어는 분열 가능한 성분이나, 관형격(아래 예문 (i사))이나 비교격조사(예문 (i아))가 결합된 부사어나 이차술어 성분(예문 (i자))은 분열될 수 없다. 또한 각각의 성분에 따라 격조사의 생략 가능 여부가 달라진다(김영희 2000).

(i) 가. 영희를 좋아하는 것은 철수(*가)이다.

나. 철수가 좋아하는 것은 영희(*를)이다.

다. 철수가 돈을 보낸 것은 영희(에게)이다.

라. 철수가 영희를 만난 것은 도서관(에서)이다.

마. 철수가 회의에 참석한 것은 의장*(으로서)이다.

바. 철수가 사과를 깎은 것은 칼*(로)이다.

사. *철수가 엄마를 만난 것은 영희이다.

아. *철수가 큰 것은 영희보다이다.

자. *철수가 보인 것은 천재로이다.

위 (22)에서 주격, 목적격 조사의 출현은 분열문 '이다' 앞에서 허용되지 않는다. 반면 (23)에서처럼 처소격이나 여격과 같은 부사격 조사들은 '이다' 앞에서 출현 가능하다.

최기용(2009)에 따르면, 한국어 구조격 조사는 통사부에서는 격 자질의 상태로 있다가, PF 층위에서 그 음성적 내용이 실현된다. 반면 후치사는 통사부에서 독자적인 핵의 위치를 차지하는 것으로 분석된다. 이러한 분석을 기반으로 하면, PF-삭제 분석과 LF-복사 분석은 각각 상이한 예측을 도출한다.

먼저 PF-삭제 분석에 따라서 분열문 (22가)의 '이다' 선행 성분의 구조를 나타내면 아래 (24)와 같다.

(24) < PF-삭제 분석 >

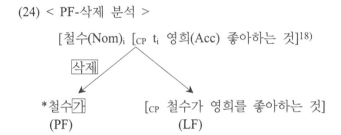

[철수(Nom)$_i$ [$_{CP}$ t$_i$ 영희(Acc) 좋아하는 것][18]

삭제

*철수가   [$_{CP}$ 철수가 영희를 좋아하는 것]
(PF)   (LF)

PF-삭제 분석에 따르면, 통사부에서 '이다'의 선행 성분은 완전한 CP의 절적 구조를 이루어, 주어 '철수'는 통사적 위치에 의하여 주격의 구조격 자질을 점검받게 된다. '철수'가 가진 주격 자질은 여타 CP의 삭제 여부에 관계없이, PF 층위에서 구체적인 음형으로 실현될 것이다. 다시 말하면, PF-삭제 분석은 '이다' 앞에 구조격 조사의 출현이 가능할 것으로 예측하는 것이다. 그러나 이는 사실에 부합되지 않는다. 요컨대

---

18) 주어 '철수'가 초점 등의 원인으로 이동하고 CP의 구성성분이 남는다. 구성성분만이 생략될 수 있다는 조건에(Merchant 2001) 따르면, 남은 CP가 PF에서 삭제의 대상이 된다.

PF-삭제 분석은 분열문의 '이다' 앞에서 구조격 조사가 배제되는 현상을 설명할 수 없다.

반면 LF-복사 분석은 동일한 현상에 대하여 올바른 예측을 도출한다. 동일한 (22가)의 문장에 대하여 LF-복사 분석에 따른 '이다' 선행 성분의 구조를 나타내면 다음 (25)와 같다.

(25) < LF-복사 분석 >

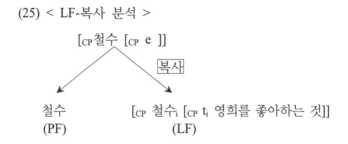

철수   [CP 철수i [CP ti 영희를 좋아하는 것]]
(PF)   (LF)

LF-복사 분석에 따르면, 통사부에서 '이다'의 선행 성분인 '철수'는 CP의 대용형식과 결합한다. 이러한 CP는 LF에서 선행하는 '것'절의 CP를 복사함으로써 그 의미내용이 복원된다. 이와 같은 LF-복사 분석은 PF 층위에서 구조격 조사가 실현될 수 없음을 올바르게 예측한다. 위 (25)에서 '철수'는 비가시적인 대용형식 CP에 부가된 구조를 이루므로, 어떠한 구조격 자질도 가지지 않는다. 따라서 PF 층위에서 '철수'로 실현되며, 이는 사실에 부합한다. 요컨대, LF-복사 분석은 구조격 조사의 실현 배제에 대하여 체계적인 설명을 제공하는 것이다.

한편 LF-복사 분석은 구조격 조사에 상반적인 후치사의 출현 가능성에 대하여도 직접적인 설명을 제공한다.[19]

---

19) 다음 (26)의 문장에서 '이다' 앞 후치사 '에서'의 출현은 수의적이다. 후치사가 출현하는 경우와 출현하지 않는 경우는 원거리 해석 가능성에 있어서 다음 (i)에서와 같은 대조를 보인다(Kang 2006).
  (i) 가. 철수가 [영희가 ei 일했다고] 말한 것은 의 회사i이다.
      나. *철수가 [영희가 ei 일했다고] 말한 것은 의 회사에서i이다.

(26) 철수가 영희를 만난 것은 도서관에서이다.

(27) < LF-복사 분석 >

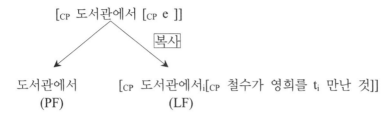

[CP 도서관에서 [CP e]]

복사

도서관에서   [CP 도서관에서ᵢ [CP 철수가 영희를 tᵢ 만난 것]]
(PF)   (LF)

즉, 후치사는 통사부에서 독자적인 위치를 차지함으로 PF에서 그대로
실현된다.

3.2.2.2. 부정극어 인허 불가능성

한국어 분열문에서 '이다'에 선행하는 부정극어는 '것'절에 포함되어
있는 부정어에 의해 인허 받을 수 없다(Sohn 2001).

즉, (i가)와 같이 후치사가 실현되지 않는 경우는 초점 성분 '이 회사'가 '것'절의 내포문
서술어 '일하다'의 처소를 나타내는 것으로 해석 가능하지만, (i나)와 같이 후치사가
실현되면 이러한 해석이 불가능해진다. 후치사가 출현하는 (i나)의 구조는 본문 (27)에서
와 같이, CP 복사를 통한 LF 복원을 필요로 하는 구조로 분석한다. 반면 '이다' 앞에
후치사가 출현하지 않는 (i가)의 분열문은 LF 층위의 CP 복사가 요구되지 않는 단순한
명사구 구조로 분석될 수 있다. (i가)와 (i나)의 통사구조를 나타내면 각각 (ii가), (ii나)와
같다.
(ii) 가. [CP 철수가 [영희가 eᵢ 일했다고] 말한 것]은 [DP 이 회사]ᵢ이다.
    나. [CP 철수가 [영희가 eᵢ 일했다고] 말한] 것은
        *[CP 이 회사에서ᵢ [CP 철수가 [영희가 eᵢ 일했다고] 말했다]이다.
(ii가)에서 후치사가 실현되지 않는 '이다'의 선행 성분은 단순한 명사구 구조를 이룬다.
이는 일반적인 지정의 '이다' 구성의 특성에 의하여 '이다'의 선행 성분 '이 회사'와
동일한 대상을 지시한다. 반면 후치사가 실현되는 (ii나)는 CP의 복원을 필요로 하는
구성을 이룬다. CP의 복원 하에서, 부사어 '이 회사에서'는 부가어로서 '말하다'의 내포
문을 수식하는 해석으로는 불가능하다. 이것은 부가어는 논항과는 달리 원거리 자리바꾸
기가 불가능한 것과 연관된다. 따라서 문장 (ii나)와 같은 형상은 비문법성을 초래하는
것이다.

(28) *철수가 좋아하지 않는 것은 <u>아무도</u>이다.

  cf. 철수가 아무도 좋아하지 않는다.

만약 '이다' 앞에 생략된 선행절의 해당 부분이 존재한다면, '것'절에 포함되어 있는 부정어에 의해 '아무도'가 인허 받을 수 있어야 할 것이다. 그러나 '이다'에 선행하는 부정극어는 그 기대와는 달리 인허될 수 없어 문장의 비문법성을 초래한다.[20]

Sohn(1995)은 한국어의 부정극어 인허는 LF 층위가 아니라 통사부에서 일어나야 한다고 주장한다. 한국어의 부정극어 인허는 엄밀 국지성 조건에 의하여, 통사부에서 부정극어를 인허하는 부정요소가 동일 절 내에 나타나야 한다.

(29) 가. *나는 [철수가 <u>아무도</u> 때렸다고] 믿지 <u>않</u>는다.

  나. 나는 [철수가 <u>아무도</u> 때리지 <u>않</u>았다고] 믿는다.

Sohn(ibid.)은 부정극어가 해당 기능범주 NegP의 지정어 위치로의 이동에 의하여 인허된다고 분석하였다. 한국어에서 부정극어 인허가 동일

---

20) 이와는 대조적으로, '이다'의 선행 명사구는 결속 재구효과를 보인다. '것' 선행절에 포함되어 있는 것과 같은 효과를 보여, 결속원리들을 충족시킨다(김선웅 2010).

  (i) 가. 철수$_i$가 좋아하는 것은 <u>자기자신$_i$</u>이다.   cf) 철수$_i$가 자기자신$_i$을 좋아한다.

   나. *철수$_i$가 좋아하는 것은 <u>그$_i$</u>이다.   cf) *철수$_i$가 그$_i$를 좋아한다.

  위 예문 (i가)에서 '이다'의 선행 성분인 '자기자신'은 '것'절의 주어인 '철수'에 결속되어 결속원리 A를 만족시킨다. 한편 (i나)의 대명사 '그'는 '철수'와 동지시적일 수 없다. 따라서 결속원리 B를 만족시킨다. LF-복사 이론은 위 (i)에 예시된 결속 재구효과를 직접적으로 설명한다. 최소주의에서 결속 현상은 LF 층위에서 이루어지는 것으로 간주되고 있다(Fox 1999). LF-복사 이론은 LF 층위에서의 의미 복원을 가정하고 있기 때문에, 결속 조건이 LF 층위에서 지켜질 것임을 예측한다. 예를 들어 (i가)의 '이다' 선행 성분의 LF 구조는 다음 (ii)처럼 나타낼 수 있다.

  (ii) [$_{CP}$ 자기자신 [$_{CP}$ 철수가 t_i 좋아하는 것]]

  즉, LF 층위에서 '자기자신'은 '철수'에 의하여 결속되어 결속원리 A를 만족시킨다.

절 내의 조건으로 국한되는 것은 그것이 가시적인 통사부에서 이루어진 다는 것을 증명한다고 주장하였다.

Sohn(ibid.)의 분석을 토대로 하면, PF-삭제 분석과 LF-복사 분석은 '이다'에 선행하는 부정극어에 대해 각각 상반된 예측을 도출한다. 먼저 PF-삭제 분석에 따른, 부정극어가 출현하는 '이다'의 선행 성분의 통사 부 구조는 다음 (30나)와 같다.

(30) 가. *철수가 좋아하지 않는 것은 아무도이다
　　　나. [아무도 철수가 좋아하지 않는 것]

즉, PF-삭제 분석은 (30나)와 같은 완전한 문장 구성이 통사부 내에 실재할 것을 말한다. 따라서 통사부에서 인허되는 '이다' 선행의 부정극어 가 인허되어 출현 가능할 것임을 예측한다. 그러나 이는 사실과 다르다.

반면 LF-복사 분석에 따르면, (30가)의 '이다' 선행 성분은 아래 (31) 과 같은 통사부 구조로 나타내어질 것이다. 즉, 부정극어 '아무도'가 CP에 부가 구조를 이룬 것으로 분석된다.

(31) *[아무도 [$_{CP}$ e]]

위의 구조는 통사부에서 명시적인 부정요소가 없기 때문에 부정극어 가 인허될 수 없다. 따라서 LF-복사 분석은 부정극어가 분열문의 '이다' 에 선행될 수 없음을 직접적으로 설명한다. 요컨대, LF-복사 분석은 PF-삭제 분석과는 달리, 부정극어가 '이다'에 선행할 수 없음을 옳게 예측한다.

이상, 한국어 분열문의 통사적 특질은 PF-삭제 관점이 아니라, LF-복 사 이론의 관점에 의하여 설명될 수 있음을 논의하였다. 구체적으로 '이다' 선행 성분에서의 구조격 조사 출현 불가능성과 부정극어 인허 불가능성은 LF-복사 이론의 관점에서만 올바르게 예측될 수 있음을 살펴보았다. 이러한 결론은 모든 비가시적인 성분을 PF-삭제의 결과로 볼 수 없다는 것을 함의한다. 최소한 한국어 분열문 분석의 경우에 명사구 이외의 다른 범주적인 자질을 갖는 공범주의 존재를 전제하여야 함을 함의한다(Li 2007,[21]) Park 2009).

3.3.3. 조각문과 PF-삭제 분석

앞 3.3.2.의 논의에서 한국어 분열문은 PF-삭제 분석이 아니라 LF-복사 접근 방식에 의해 타당하게 분석될 수 있음을 살펴보았다. 그러나 이것이 한국어의 모든 생략 구문에서 PF-삭제 분석이 유효하지 않음을 함의하는 것은 아니다. 예를 들어 위 (13)에 예시된 한국어 조각문에 대해서는 적어도 PF-삭제 분석을 적용하는 것(Park 2005, Ahn & Cho 2012, Park 2012 등)이 타당한 것으로 보인다.

조각문은 위에서 논의한 분열문과는 달리, 다음 (32)에서와 같은 대조적인 통사론적 특성을 갖는다.

(32)   < 분열문과 조각문의 통사론적 특질 >

	분열문	조각문
가. 섬 제약 현상	O	X
나. 구조격 조사 출현	X	O
다. 부정극어 출현	X	O

위 (32가), (32나), (32다)의 특질과 관련하여 분열문과 조각문의 예문을 보이면 아래와 같다. 먼저 분열문의 예이다.

---

21) Li(2007)는 범주적인 자질만을 갖는, 통사·의미론적으로 빈(empty) 요소를 가정하였다. Li(ibid.)는 이를 TEC(True Empty Category)로 명명하였다.

(33) *철수가 [복합명사구 eᵢ 쓴 사람]을 비판한 것은 그 논문ᵢ이다.

(34) *영희를 좋아하는 것은 <u>철수가</u>이다.

(35) *철수가 좋아하지 않는 것은 <u>아무도</u>이다.

(33)은 분열문이 섬 제약을 준수함을,[22] (34)는 구조격 조사가 출현 불가능함을, (35)는 부정극어가 배제됨을 보여준다.

다음으로 조각문의 예이다.

(36) A: 철수는 [복합명사구 영희에게 무엇을 준 학생]을 만났니?

　　B: 공책을.

　　B': *공책을ᵢ [철수는 영희에게 tᵢ 준 학생을 만났어].

(37) A: 철수가 누구를 만났니?

　　B: <u>영희를</u>.

(38) A: 철수가 누구를 만났니?

　　B: <u>아무도</u>.

(36)은 조각문에 섬 효과가 나타나지 않음을, (37)은 구조격 조사 출현이 가능함을, (38)은 부정극어가 출현 가능함을 예시한다.

위 (36), (37), (38)에 예시된 분열문과 대조적인 조각문의 통사론적 특질은 LF-복사 분석이 아니라, PF-삭제 분석에 의하여 옳게 분석된다. PF-삭제 분석 관점에 따르면, 괄호 친 부분의 PF 층위의 삭제가 일어나기 전, (36B), (37B), (38B)의 통사부 구조는 각각 다음 (39가), (39나),

---

22) 예문 (33)이 예시하는 것처럼 분열문이 섬 제약을 준수하는 사실은 이 논문에서 제안된 LF 복사 분석에 의하여 설명될 수 있다. 예문 (33)의 '이다' 선행 성분의 LF 구조는 아래 (i)와 같이 나타낼 수 있다.
(i) 그 논문을ᵢ [철수가 [복합명사구 tᵢ 쓴 사람]을 비판한 것]이다
위 LF 구조는 섬 제약을 위반한다. 이러한 분석에 따르면, 분열문에 나타나는 섬 제약 준수 현상은 LF 표상에 의한 것으로 해석된다.

(39다)와 같다. 이 논문은 조각문의 구조에 대하여, 질문에 대한 답변의 성분이 문두로 초점 이동을 경험하고, 이에 남은 성분이 삭제되는 것으로 가정한다(Merchant 2004, Park 2005).

(39) 가. 공책을$_i$ [철수는 영희에게 준 t$_i$ 학생을 만났어].
　　나. 영희를$_i$ [철수가 t$_i$ 만났어].
　　다. 아무도$_i$ [철수가 t$_i$ 만나지 않았어].

섬 효과가 PF 층위의 문제로, PF-삭제가 제약을 위반하는 흔적들을 삭제함으로써 섬 효과를 복구하는 효력이 있다고 한다면(Merchant 2001, 2008, Fox & Lasnik 2003), 조각문에 대한 PF-삭제 분석은 (39가)의 섬 효과가 나타나지 않는 사실을 직접적으로 포착한다. 또한 (39나)와 같이 생략된 통사부 구조에 의하여 구조격 조사가 인가되어 나타날 수 있음을, (39다)와 같이 부정표현의 통사부 실재에 의하여 부정극어가 출현함을 직접적으로 설명할 수 있다.[23] 요컨대 조각문의 생략 현상은 PF-삭제의 결과로 일어나는 것이 분명하다.

이상 4.3.의 논의를 통하여, 한국어에서 생략 구문은 각각 LF-복사와 PF-삭제의 적용을 받는, 성격이 다른 구문이 존재함을 논의하였다. 분열문의 생략은 LF-복사 접근 방식에 의하여 설명될 수 있으나, 조각문의 생략은 PF-삭제의 적용을 받는 것임이 드러났다. 필자가 가진 현재의 지식으로서는, 모든 비가시적인 성분에 대하여 어떠한 하나의 유형으로 단일화시키는 것은 무리가 있다는 결론이다.

앞서 언급한 것처럼, 공범주 유형이나 생략 현상에 대하여는 최근 최소주의 이론 안에서 그 논의가 한창 진행 중이다. 과연 허웅(1999)이

---

23) 부정극어가 조각문으로 나타나는 현상에 대한 자세한 이론적 검토는 Park (2013)을 참조하기 바란다.

의도했던 것처럼 모든 비가시적인 성분을 줄임(생략)의 결과로 최소화시킬 수 있을는지의 문제에 대하여는 앞으로 현대 언어학이 풀어야 할 과제로 남아있다.

4. 맺음말

이 논문은 허웅(1999)의 통어론에 대한 기본 이론에 대하여 현대 통사론적으로 재검토하였다. 특히 형태론과 통사론의 경계 문제에 대하여, 그리고 줄임(생략)의 문제에 대하여 집중적으로 논의하였다. 먼저 전자에 대하여는 연쇄동사와 합성동사 구문의 처리와 관련하여 논의하였다. 이 논문은 어절까지 형태론의 대상으로 삼은 허웅(1999)의 어휘론자적 접근 방식의 문제점을 밝히고, 분산형태론적 관점에서의 그에 대한 대안을 제시하였다. 또한 후자의 문제에 대하여는 구체적으로 분열문과 관련하여 논의하였다. 허웅(1999)은 명사구 논항 성분이나 서술어 성분이 비가시적으로 실현되는 경우를 모두 '줄임'의 한 가지로 다루고 있다. 그러나 이 논문은 한국어의 생략 구문을 검토하고, 모든 비가시적으로 실현되는 줄여진 성분을 하나의 유형으로 단일화하여 파악하기에는 문제가 있음을 논의하였다.

허웅(1999)은 현대 언어학적인 관점에서 볼 때, 경험적이고 이론적인 중요한 쟁점과 연루된, 방대한 예문을 담고 있다. 허웅 선생은 상당히 많은 경우, 이들 자료에 대한 명확한 이론적인 설명은 공백으로 남겨 놓고 있다. 이는 우리 '젊은이 세대' 언어학자들이 채워 나가야 할 몫이라고 생각한다.

참고 문헌

권재일 (1992), ≪한국어 통사론≫, 민음사.

권재일 (2012), ≪한국어 문법론≫, 태학사.

고영근·구본관 (2008), ≪우리말문법론≫, 집문당.

김선웅 (2010), 특정성과 서술성의 통사론, ≪언어학≫ 18-3, 대한언어학
　　회. pp.167~185.

김영희 (2000), 쪼갬문의 기능과 통사, ≪어문학≫ 69, 한국어문학회.
　　pp.65~90.

김의수 (2006), ≪한국어의 격과 의미역≫, 태학사.

김진해 (2010), 관용표현 연구의 새로운 쟁점, ≪한국어학≫ 49, 한국어학
　　회. pp.37~64.

김창섭 (1996), ≪국어의 단어형성과 단어구조 연구≫, 태학사.

남기심·고영근 (1985), ≪표준국어문법론≫, 탑출판사.

남미혜 (1996), 국어의 연속동사 구성 연구, 서울대학교 박사학위논문.

목정수 (2007), '이다'를 기능동사로 분석해야 하는 이유 몇 가지, ≪어문
　　연구≫ 35, 한국어문교육연구회. pp.7~26.

박소영 (2012a), 한국어 동사 연쇄 구성과 형태-통사론의 접면, 미발표논문.

박소영 (2012b), 태의 교체와 관용어 해석 원리, ≪현대문법연구≫ 69,
　　현대문법학회. pp.1~20.

박소영 (2012c), '행위성 명사+이다' 구문의 통사론적 분석, ≪생성문법연
　　구≫ 22-2, 한국생성문법학회. pp.391~416.

박소영 (2013), 형태-통사부의 접면 이론과 실제: 통사부 중심적 접근 방
　　식, ≪우리말학회 전국학술대회 발표논문≫, 우리말학회.

박철우 (2008), 국어 분열문의 통사구조, ≪한말연구≫ 22, 한말연구학회.
　　pp.77~96.

시정곤 (2006), ≪현대국어통사론의 탐구≫, 월인.

안명철 (1995), '이'의 문법적 성격 재고찰, ≪국어학≫ 25, 국어학회.
　　pp.29~49.

양정석 (1996), '이다' 구문과 재구조화, ≪한글≫ 232, 한글학회. pp.99~122.

임규홍 (1986), 국어 분열문에 관한 연구, ≪어문학≫ 48, 한국어문학회. pp.155~175.

최기용 (2001), '-이다'의 '-이'는 주격조사이다, ≪형태론≫ 3, 형태론편집 위원회. pp.101~112.

최기용 (2005), 현대국어 통어론 연구, ≪허웅 선생의 우리말 연구≫, 태학사.

최기용 (2009), ≪한국어 격과 조사의 생성통사론≫, 한국문화사.

최기용 (2011), 한국어 균열 구문의 '것': 빈 NP 채우기로서의 '것', ≪생성 문법연구≫ 21, 한국생성문법학회. pp.21~47.

함희진 (2000), 국어 합성동사의 형성과 발달, 고려대학교 박사학위논문.

허웅 (1999), ≪20세기 우리말의 통어론≫, 샘문화사.

홍재성 (1997), 술어 명사 사전과 '-이다' 술어명사 구문의 기술, ≪제6회 국제 한국어 학술 대회 논문집≫.

Ahn, Hee-Don & Cho, Sung-Eun (2012), Fragments vs. Null Arguments in Korean, *Proceedings of the 19th International Conference on Head-Driven Phrase Structure Grammar*. pp.369~387.

Baker, M. (1988), *Incorporation*, The University of Chicago Press.

Baker, M. (1989), Object Sharing and Projection in Serial Verb Construction, *Linguistic Inquiry* 20. pp.513~553.

Borer, H. (2005), *Structuring Sense* II, Oxford University Press.

Borer, H. (2013), *Structuring Sense* III, Oxford University Press.

Chomsky, N. (1982), *Some Concepts and Consequences of the Theory of Government and Binding*, MIT Press.

Chomsky, N. (1995), *The Minimalist Program*, MIT Press.

Chomsky, N. (2001), Derivation by Phase, in Michael Kenstowicz (ed.), *Ken Hale: A Life in Language*, MIT Press. pp.1~52.

Chung, Tae-Goo (1993), Argument Structure and Serial Verbs in Korean, Ph. D. dissertation, University of Texas at Austin.

Embick, D. (2004), On the Structure of Resultative Participles in English, *Linguistic Inquiry* 35. pp.355~392.

Fiengo, R. & R. May (1994), *Indices Identity*, MIT Press.

Fox, D. (1999), Reconstruction, Binding Theory, and the Interpretation of Chains, *Linguistic Inquiry* 30, pp.157~196.

Fox, D. & H. Lasnik (2003), Successive Cyclic Movement and Island Repair, *Linguistic Inquiry* 34. pp.143~154.

Fukaya, T. (2012), Island-sensitivity in Japanese Sluicing and Some Implications, in J. Merchant & A. Simpson (eds.), *Sluicing: Cross-Linguistic Perspectives*, Oxford: Oxford University Press. pp.123~163.

Fukaya, T, & H. Hoji (1999), Stripping and Sluicing in Japanese and its Implications, *WCCFL* 18. pp.145~158.

Fukui, N. & H. Sakai (2003), The Visibility Guideline for Functional Categories, *Lingua* 113. pp.321~375.

Halle, M. & Marantz, A. (1993), Distributed Morphology and the Pieces of Inflection, In K. Hale & S.J. Keyser (eds.), *The View from Building 20*, MIT Press. pp.111~176.

Harley, H. (2005), How do Verbs Get their Names?, in Nomi Erteschik-Shir & Tova Rapoport (eds.), *The Syntax of Aspect*, Oxford University Press. pp.42~64.

Harley, H. (2008), On the Causative Construction, in Miyagawa, Shigeru & Saito Mamoru (eds.), *The Oxford Handbook of Japanese Linguistics*, Oxford University Press. pp.20~53.

Harley, H. & R. Noyer (1999), State-of-the-Article: Distributed Morphology, Glot International 4.4. pp.3~9.

Hiraiwa, K., & S. Ishihara (2002), Missing Links: Clefts, Sluicing and "no da" Construction in Japanese, *MITWPL* 43. pp.35~54.

Hoji, H. (1990), Theories of Anaphora and Aspects of Japanese Syntax, ms., University of Southern California.

Holmberg, A. (2005), Is There a Little Pro? Evidence from Finnish, *Linguistic Inquiry* 36. pp.533~564.

Hornstein, N. (1999), Movement and Control, *Linguistic Inquiry* 30. pp. 69~96.

Hornstein, N. (2001), *Move! A Minimalist Theory of Construal*, Blackwell Publishers.

Jhang, Sea-Eun (1994), Headed Nominalizations in Korean, Ph. D. thesis, Simon Fraser University.

Kang, Bo-Sook (2006), Some Peculiarities of Korean kes Cleft Constructions, *Studia Linguistica* 60. pp.251~281.

Kim & Lee (2008), Why Multiple Clefts are Disallowed, *WCCFL* 26.

Kim, Soo-Won (1999), Sloppy/strict Identity, Empty Objects, and NP ellipsis, *Journal of East Asian Linguistics* 8. pp.255~284.

Kizu, M. (2005), *Cleft Constructions in Japanese Syntax*, New York: Palgrave Macmillan.

Lee, Sook-Hee (1992), The Syntax and Semantics of Serial Verb Construction, Ph. D. Dissertation, University of Washington.

Li, A. (2007), Beyond Empty Categories, *Bulletin of the Chinese Linguistic Society of Japan* 254. pp.74~106.

Marantz, A. (1997), No Escape from Syntax, *University of Pennsylvania Working Papers in Linguistics* 4.2. pp.201~225.

Marantz, A. (2001), Objects out of the Lexicon: Argument-structure in the Syntax, ms. NYU.

Marantz, A. (2008), Phases and Words, ms. NYU.

Merchant, J. (2001), *The Syntax of Silence*, Oxford: Oxford University Press.

Merchant, J. (2004), Fragment and Ellipsis, *Linguistics and Philosophy* 27. pp.661~738.

Merchant, J. (2008), Variable Island Repair under Ellipsis, in K. Johnson (ed.), *Topics in Ellipsis*, Cambridge: Cambridge University Press. pp. 132~153.

Park, Bum-Sik (2005), Island-insensitive Fragment Answers in Korean, *WCCFL* 24. pp.317~325.

Park, Myung-Kwan (2012), Left Branch Extraction in Fragment and Truncated Cleft Constructions in Korean, *Studies on Generative Grammar* 22. pp.219~233.

Park, So-Young (2009), Three Types of Korean Comparatives, *Japanese/Korean Linguistics* 16. pp.407~421.

Park, So-Young (2013), Polarity Mismatches in Korean Fragments, *Studies in Generative Grammar* 23-4.

Roberts, I. (2009), A Deletion Analysis of Null Subjects, in Biberauer, T., A. Holmberg, I. Roberts, and M. Sheehan (eds.), *Parametric Variation: Null Subjects in Minimalist Theory*, Cambridge University Press.

Saito, M. (2004), Ellipsis and Pronominal Reference in Japanese Clefts, *Nanzan Linguistics* 1. pp.21~50.

Saito, M. (2007), Notes on East Asian Argument Ellipsis, *Language Research* 43. pp.203~227.

Sebba, M. (1987), *The Syntax of Serial Verbs*, John Benjamins Publishing Company.

Sohn, Dae-Young (2008), Conditions on Verbal Serialization, M.A. thesis, Seoul National University.

Sohn, Keun-Won (1995), Negative Polarity Items, Scope and Economy, Ph. D. dissertation, UConn.

Sohn, Keun-Won (2001), *Kes*-clefts, Connectedness Effects, and the Implications thereof, *Studies in Generative Grammar* 14. pp.561~571.

Takahashi, D. (2008), Quantificational Null Objects and Argument Ellipsis, *Linguistic Inquiry* 39. pp.307~326.

허웅 선생의 ≪우리 옛말본≫ 다시 읽기
- 문법 논의의 혜안과 화두 제시 -

김 건 희

1. 머리말

이 글의 목적은 허웅 선생 ≪우리 옛말본 -15세기 국어 형태론-≫ (이하, 허웅(1975) 또는 ≪우리 옛말본≫으로 줄여 표기한다)의 전체 내용을 요약하여 소개하고 15세기 국어와 현대 국어 문법을 아우르는 ≪우리 옛말본≫의 문법 기술을 고찰하여 그 국어학적인 성과를 제시하는 것이다.

허웅 선생의 ≪우리 옛말본≫에 대한 국어학사적인 위치 곧 거시적인 관점에서의 논평을 감히 요약하여 제시하면 다음과 같다. 첫째, 주시경 선생을 이은 최현배 선생의 ≪우리말본≫의 학문 정신을 이어 받으면서도 ≪우리말본≫과 차별화된 문법 기술을 제시했다. 차별화된 문법 기술은 이전의 안맺음씨끝 형태소를 문법 범주로 설정하였고 시제 중심이 아닌 시제, 상, 양태가 혼합된 때매김법을 제시하였다는 점을 대표적으로 들 수 있다. 둘째 언어 기능적 관점의 유럽의 기능 구조주의, 미국의 기술 구조주의, Chomsky의 초기 변형생성문법 이론과 같은 당시 국외의 새로운 언어 이론을 수용하여 현대 국어의 언어직관으로는 접근할 수 없는 중세 국어에 대해 철저하게 자료를 중심으로 해서 실증적이고 귀납적인 방법으로 논의하였다(허웅 외 1975 참조). 곧 구조주의적이고 실증적인 관점에서 '분포, 형태, 의미'에 근거하여 형태소를 체계적으로 분류하였고 초기 변형생성문법이론의 속구조와 겉구조의 개념을 받아들여 안맺음씨끝의 '한기능법, 두기능법', '주체-대상법'을 설명하였다.

본 논의에서는 이러한 국어학사적인 위치의 ≪우리 옛말본≫에 대해 미시적인 틀에서 철저히 다시 읽고 분석하였다. 이는 까마득한 후학이 가져야 할 당연한 자세이며 의무라고 생각되었기 때문이다. 따라서 먼저 제2장에서는 원고의 많은 분량을 할애하여 ≪우리 옛말본≫ 목차 그대로 전체 내용을 살펴보았다. 이러한 제2장을 토대로 제3장과 제4장에서 더 나아간 논의를 하게 되는데, 제3장에서는 제2장에서 소개한 내용 중에서 특히 주목할 부분을 '문법 기술에 관한 혜안: 15세기 국어에 대한 체계적인 논의'란 제목으로 형태론, 형태·통어론, 의미·화용론의 세 분야로 나누어 15세기 국어 자료를 체계적이고 철저하게 분석한 문법 기술을 살펴본다. 다음으로 제4장에서는 '문법 기술의 화두 제시: 15세기 국어에서 현대 국어로'란 제목으로 15세기 국어는 물론이고 현대 국어 문법 논의와 관련되는 빼어난 문법 기술을 살펴본다. 허웅 선생의 ≪우리 옛말본≫에서는 문법 논의에 대해 항상 열린 가능성으로 다각적인 분석을 제시하였는데 이러한 다양한 분석 관점은 최근의 현대 국어 문법에서도 쟁점이 되는 논의로 이어졌다. 곧 허웅 선생의 혜안은 후학들에게 문법 논의에 대한 화두를 제시한 것이다.

2. ≪우리 옛말본≫ 개관

2.1. 총론

≪우리 옛말본≫은 'I. 앞머리, II. 조어론, III. 준굴곡론, IV. 굴곡론, V. 그밖의 품사들'의 다섯 부분으로 이루어져 있다. ≪우리 옛말본≫의 부제는 '15세기 국어 형태론'으로 이러한 형태론은 굴곡론과 조어론의 두 부류로 이루어지며 굴곡론은 '뿌리+씨끝'의 순수굴곡법과 '뿌리+토씨'의 준굴곡법으로 나눠지며 조어법은 '파생법'과 '합성법'으로 나눠진다. 분량상으로 굴곡론은 794쪽, 조어론은 186쪽으로 굴곡론이 조어론의 4배의 분량을 차지하며 전체 책 분량(984쪽)의 대부분이 '씨끝과 토씨'1)를 주로 다루는 굴곡론에 할애되고 있다.

'V. 그밖의 품사들'은 6쪽에 걸쳐 매우 간략하게 다루고 있는데 이 간략한 부분에서 특히 주목할 점은 그 서문에서 ≪우리 옛말본≫의 논의 주안점 및 논의 대상을 명시한다는 점이다. 곧 허웅(1975:979)에서는 준굴곡법과 순수굴곡법의 설명으로 조어법과 더불어 형태론의 중요한

---

1) 일반적으로 형태론은 '조어론', '품사론' 등이 위주가 되었지만 ≪우리 옛말본≫은 이처럼 철저하게 '씨끝과 토씨' 위주의 논의이다. 단적으로 허웅(1975:32)에서는 굴곡론의 '씨끝 (-은), 토씨(-애)'와 조어론의 '파생의 가지(-음)'의 차이점을 3가지로 제시하고 있는데 여기에서도 굴곡론의 '씨끝, 토씨'의 문법적 의의를 동일하게 보아 조어론의 '가지'와 대비시키는 것을 알 수 있다. 그러나 '씨끝과 토씨' 중심의 허웅(1975)의 논의는 형태론의 본류인 조어론과 품사론이 경시되는 '통어론' 위주의 고찰이라는 비판도 있을 수 있겠다. 먼저 '안맺음씨끝'은 앞서 언급한 것처럼 허웅(1975:484)에서 다양한 통어적 기능을 하는 문법범주로 보고 있다. 이러한 허웅(1975)의 기술에서 씨끝은 형태론의 범위를 벗어나는 것이다. 다음으로 '체언+토씨(조사)'의 경우 허웅(1975)에서는 굴곡이라고는 볼 수 없어서 준굴곡론이란 새로운 문법 범주를 세운 것인데(허웅 외 1975:210) '토씨(조사)'는 단어인 임자씨와만 결합하는 것이 아니라 다양한 단위와 결합하기 때문에 형태론에만 한정되는 것은 아니다. 단어에 조사나 어미가 결합된 '어절'을 통사론적 구성으로 보느냐, 아니면 형태론적 구성으로 보느냐 하는 것은 알다시피 형태론, 통사론의 경계와 관련된 중요한 논의 대상으로 다양한 논쟁이 있는 논의이다. 이에 대한 논의는 물론 여기서 자세히 진행하기는 어렵지만 '씨끝과 토씨' 위주의 형태론 논의는 허웅(1975)의 전체 문법 기술의 토대 위에서도 통어론에 무게가 더 쏠린 논의로 생각된다.

문제는 다 설명되었다고 하며 여기 빠진 품사들로 '매김씨(관형사), 어찌씨(부사), 이음씨(접속사), 느낌씨(감탄사)'를 제시했다. 덧붙여 이러한 품사들은 그 자체가 어형변화를 일으키지 않을 뿐 아니라 어찌씨의 특별한 경우를 제외하고는 토씨의 의지를 입는 일도 없기 때문에 형태론의 설명 대상에서 제외해도 무방한 것이나 통어론에 대한 예비적인 지식으로서는 역시 필요한 것이기 때문에 간단하게 설명해 두기로 한다고 하였다. 이러한 설명에서 ≪우리 옛말본≫의 논의가 형태론을 염두에 둔 논의이며, 형태론의 대상으로는 굴곡법과 조어법만을 다루는 것을 확인할 수 있다.

2.2. 내용 개관

'2.2 내용 개관'은 ≪우리 옛말본≫의 전체 내용을 살펴보기 위한 것으로 꺽쇠 괄호로 표시되는 소주제는 ≪우리 옛말본≫ 각 단원의 소제목(1.2.3.⋯)을 그대로 보인 것들이 대부분이다. ≪우리 옛말본≫의 전체 내용 및 그 핵심을 볼 수 있게 간추리면서도 필자의 미진한 논평도 제시하고 특히 연계되는 현대 국어 문법 기술에 대해서도 언급하였다.

2.2.1. 앞머리

< 1 > 형태론과 통어론의 정의 및 이에 관련된 논의

허웅(1975:25)에서는 형태론이란 형태소의 됨됨이, 그 종류, 그리고 그것이 모여서 낱말을 만드는 방법, 또는 낱말을 형태소로 분석하는 방법을 연구하는 문법학의 한 부문이라고 정의하며 통어론은 낱말이 다시 모여서 이은말이나 월을 만드는 것이고 낱말이 모여서 이러한 말들을 만드는 방법 또는 거꾸로 이러한 말들을 낱말로 쪼개는 방법을 연구하는 부문으로 정의하고 있다. 이러한 정의는 상하위 문법 단위를 상호

적으로 고찰하는 이른바 상향식 및 하향식 접근을 하는 정의이다. 형태론의 경우 형태론의 기본 단위를 '형태소'로 보아 낱말을 이루는 형태소의 분석, 곧 '형태소'에서 '낱말'로 나아가는 상향식 정의를 하기 쉽지만 허웅(1975:25)의 정의에서는 '낱말을 이루는 형태소 분석', '형태소들이 모인 낱말 분석'의 양방향적 접근으로 균형을 이루고 있다. 또한 제4장에서 좀 더 살펴보겠지만 현대 국어에서 깊이 있는 형태소 분석의 출발점이 된 가상 형태소와 불구 형태소에 대해서도 논의하였다. 다음으로 통어적 구성과 형태적 구성의 구별 어려움에 대해 허웅(1975:42)에서는 '합성어, 매김말+매인이름씨, 으뜸풀이씨+도움풀이씨'를 대상으로 설명하였다. 곧 이들은 자립형식끼리 통합되어 통어론에서 다루어야 하는 구성이지만 두 자립형식이 한 낱말처럼 녹아 붙어 형태론에서 다루어야 함을 제시했다. 이는 형태론과 통어론의 경계를 보여 주는 대표적인 논제로 허웅(1975:42)에서 제시한 것처럼 현대 국어에서도 더 많은 논의가 필요한 중요한 논제이다.

< 2 > 월성분(문장성분)

문장성분을 풀이말을 중심으로 나누었다는 점이 주목되며 특히 허웅 외(1975:211)에서는 풀이말을 중심으로 월성분의 기능을 1, 2, 3차 기능으로 본 것은, 프랑스의 마르띠네에서 힌트를 얻은 것이라고 하였다. 이러한 구분은 문장을 이루는 단위에 대한 평면적인 구분이 아니라 층위화한 체계적인 구분을 한 것이다. 또한 '우리말본'의 '어찌말(부사어)'도 '위치말, 견줌말, 방편말, 어찌말'로 세분화하고 어찌말은 풀이씨의 뜻을 꾸미는 성분으로 '어찌씨'로 된 성분에 국한시켰다.

< 3 > 씨의 분류(품사 분류)

허웅(1975:46)에서는 씨를 분류함에 있어서는 뜻도 어느 정도 고려되지 않을 수 없지만 낱말을 분류(품사 분류)하는 데는 뜻이 아니라 구실(기능)과 굴곡 방식(형태 변화)에 따라 구분해야 함을 주장하였다. 이러한 주장은 품사 구분에 있어서 '기능, 형태, 의미'의 구분 기제의 비중을 달리 해야 하는 것을 제시한 것이다. 또한 허웅(1975:51)에서는 ≪우리말본≫과의 분류 방법의 차이점을 제시하였는데 이음씨를 어찌씨에 포함시키지 않고 독립시키고 느낌씨를 꾸밈씨와 분리한 점이 그것이다. 곧 굴곡을 하지 않는 말의 씨가름에 있어서 가장 중요한 기준이 되는 것은 그 통어론 상의 기능이라고 설명하면서 이러한 분류를 한 근거를 제시하였다.

<4> 15세기의 음성 · 음운 · 표기[2)]

허웅(1975:51~69)에서는 15세기 표기법에 대해 '음성, 음운'을 기반으로 하여 음절 경계 및 현대 국어 한글맞춤법과도 연계될 수 있는 명쾌한 설명을 제시하였다. 곧 표기법을 연철, 분철, 혼철로 나누어 설명하는 것이 아니라 받침(표기)과 종성(소리)을 구별하여 현대 국어 맞춤법과 연계하여 설명하였다. '소리대로 적되 어법에 맞게'라는 기본 형태(표기형)를 밝혀 쓰려는 것과 소리대로 적으려는 것 사이의 균형 관계를 유지하려는 노력 및 음절 경계 등을 그 당시의 대표적인 문헌인 '석보상절, 용비어천가, 월인천강지곡'으로 자세히 설명하고 있다.

---

2) ≪우리 옛말본≫ 곳곳에서는 현대 국어와 당연히 다른 표기 형태를 취하는 옛말의 문법에 대한 음운론적 설명이 자세히 되어 있다. '바뀜', '줄임'과 같은 끝음소 변동 및 첫음소 변동, 운소 변동과 같은 형태음소적 변동에 대한 체계적인 설명이 제시된다. 조어법 뿐만 아니라 굴곡법(뿌리+토씨, 뿌리+씨끝)에도 나타나는 꼴바꿈에 대해 세밀하게 설명을 하고 있는데 항상 변동을 일으키지 않는 예를 먼저 제시하고 그 다음에 변동을 일으키는 다양한 예를 제시하고 있어 한눈에 그 변동 양상을 명확히 알게 한다.
/ㅈ/은 같은 잇소리(치음)인 /ㅅ/으로 바뀐다.
맞→맛-: 사룰마자 (용 109장), 매 마자 (석보 9:8) / 모미 맛거늘(용 40장), 채를 맛더라(두언 20:16). (허웅 1975:446)

2.2.2. 조어론 -낱말 만들기-

<1> 조어론과 인접 부문과의 관계

허웅(1975:74~75)에서는 굴곡과 파생의 차이점을 제시하고 있다. 이러한 굴곡과 파생의 차이점은 주지하다시피 현대 국어에서도 아직 논의해야 할 부분이 많은 형태론의 핵심이다. 이처럼 기본적인 굴곡과 파생의 차이점을 제시하고 '입음(피동)과 하임(사역)'이라는 가장 논란이 될 수 있는 구체적인 문법 범주를 예를 들어 '입음(피동)과 하임(사역)'의 가지는 파생으로 보아야 하지만 굴곡으로도 볼 수 있는 가능성을 다양하게 설명하였다. 또한 허웅(1975:82~83)에서는 파생어찌씨 '-이'가 부림말을 취하고 있는 예를 들면서 굴곡으로도 볼 수 있지만 파생으로 보아야 함을 제시하였다.

<2> 합성법과 파생법의 관계

합성법과 파생법의 구별이 모호하게 되는 경우를 4 가지로 나누어 설명하고 있다. 매김씨와 앞가지의 구별, 가지와 뿌리의 구별, 뿌리와 가지의 구별, 뿌리로서의 'ㅎ다'와 가지로서의 'ㅎ다'의 구별이다. 곧 관형사와 접두사의 구별, 어근과 접사의 구별과 관련된 이러한 논의는 현대 국어에서도 쟁점이 되는 논의로 허웅(1975)에서는 두 부류의 경계선 상에 놓여 판단하기 애매한 예시도 빠짐없이 제시하며 치우침 없이 열린 가능성의 자세로 분석하였다.

<3> 합성어: 통어적 합성어와 비통어적 합성어

합성어를 통어적 합성어와 비통어적 합성어로 나눈 것은 조어론의 문법적 위상을 높인 것이며 또한 ≪우리 옛말본≫의 독창성을 보여주는 대표적인 논의 중 하나이다. 이러한 '통어적 합성어'와 '비통어적 합성어'는 현대 국어에서는 흔히 '통사적/비통사적 합성어'로 명명되는데 당연히 '통사적/비통사적'이라는 개념을 잘 이해해야 '통사적/비통사적 합성어'를 이해하게 된다. 그러나 '통사론'의 개념은 불분명하며 '통어론'과는 실질적인 차이가 있다.[3] 다시 본류로 돌아가 처음 이 합성어를 구별한 ≪우리 옛말본≫에서 규정한 통어론 개념을 되짚어 봐야 비로소 '통사적/비통사적' 합성어에 대한 이해가 명확해진다. 곧 ≪우리 옛말본≫에서 규정한 통어론은 자립형식끼리 통합된 것인데 두 요소가 통어론에서 다루는 두 자립형식의 통합과 같은 방법으로 결합된 합성어가 바로 통어적 합성어이며 그렇지 않은 것은 비통어적 합성어이다.

통어적 합성어를 '임자씨, 풀이씨, 매김씨, 어찌씨'로 나누어 설명하고 있고 특히 '이름씨+풀이씨' 구성에서는 '임자씨'가 '임자말, 부림말, 위치말, 방편말'로 다양하게 쓰이거나 이름씨와 풀이씨의 관계가 분명하지 않거나 한 성분이 불구적이거나 통어적 구성으로도 처리될 수 있거나 하는 다양한 예외적인 합성어를 제시하였다. 비통어적 합성어는 풀이씨에만 나타난다고 하면서 이를 '대등적, 수식적, 파생적인 합성어'로 나누어 설명하고 있다. 이와 같은 통어적 합성어와 비통어적 합성어는 방대한 15세기 자료로 예시되는데 단 이러한 기술에서 일관되지 못하여 아쉬운 점은 비통어적 합성어 기술에 비해 통어적 합성어 기술에서는 '대등적, 수식적, 파생적인 합성어'를 '이름씨+이름씨' 구성에서만 분류했다는 점이다.

<4> 파생어: 접두 파생어와 접미 파생어

허웅(1975:136)에서는 국어의 앞가지는 뒷가지에 비해 그 수가 적을 뿐 아니라, 모두가 품사를 안 바꾸는 가지인데, 뒷가지는 그 수가 많고, 이에는 품사 바꾸는 것과 품사 안 바꾸는 것이 다 나타난다고 설명하였

---

3) 허웅(1975:26)에서도 '통사론' 대신 '통어론'을 쓰는 이유가 제시되어 있다.

다. 따라서 설명 및 예시도 앞가지는 그 수가 적고 뒷가지는 상당히 방대한 양을 다루었다. 또한 앞서 언급한 것처럼 논란이 있지만 파생의 가지로 보는 '하임과 입음'도 허웅(1975:168~170)에서 자세히 설명하고 있다.

허웅(1975:261)에서는 잡음씨에서 파생된 토씨와 잡음씨의 활용형과는 구별하기 어려운 경우가 있으나, 잡음씨는 어디까지나 풀이말로 기능하면서, 임자말을 겉구조로나 속구조로 취할 수 있는데 토씨가 붙은 말은 그러하지 않다는 데 다름이 있다고 설명하고 있다. 이는 '이다'에 결합한 조사와 어미에 대해 '기능'의 차이로 구분한 것인데 이러한 '이다'의 활용형(어미 결합)과 조사 결합형의 구분과 관련된 논의는 국어의 품사 통용과 관련해서도 핵심적인 논의이다.[4]

2.2.3. 준굴곡론 -임자씨와 토씨-

< 1 > 임자씨

임자씨가 여러 가지 월성분으로 다양하게 쓰일 수 있다는 점을 다루고 특히 불완전명사인 매인이름씨에 대해 자세히 논의하고 있다. 또한 임자씨의 형태음소적 변동을 끝음소 변동(바뀜, 줄임), 첫음소 변동, 운소 변동의 세 가지 변동으로 나누어 체계적으로 논의하고 있다.

'ㅎ' 종성 체언에 대해서도 허웅(1975:311~312)에서는 이 /ㅎ/을 그 앞 임자씨의 끝소리로 보았으며 다른 관점의 설명 방법도 제시하였다. 하나는 /ㅎ/을 뒤에 오는 토씨의 한 부분으로 'ㅎ 토씨'라는 것을 인정하는 방법이고 다른 방법은 /ㅎ/을 앞뒤 어느 형태소에도 붙이지 않고 따로 떨어진 한 소리로 보는 방법이다. 이승희(2012:162)에서도 지적한 것처

---

4) 이정훈(2005)의 '조사와 활용형의 범주 통용-'이'계 형식을 대상으로-'란 논문은 제목 그대로 허웅(1975:261)의 논제를 다루고 있다. 이정훈(2005)에 대한 논평은 '품사 통용'을 다룬 서태룡(2006), 구본관(2010) 논의 참조.

럼 현재 고등학교 교과서에서는 ㅎ종성 체언이 아니라 격조사의 변화가
특이한 것으로 처리하는데 이와 관련하여 허웅(1975:311~ 312)처럼 /ㅎ/
을 임자씨의 끝소리로 보는 네 가지 근거의 명쾌한 설명을 참조할 필요
가 있다.

또 다른 특이한 곡용인 '나모'에 대해 허웅(1975:325)에서는 '가상적
기본 형태'를 설정하였다. 곧 '나모/남ㄱ'에 대해 실지로 쓰이는 일이
없는 가상적 형태인 '*나목'을 기본 형태로 설정하였는데 그 설정 이유
는 소리의 줄임으로 일관되게 설명되는 간결함이 있기 때문이라고 하였
다. 이러한 가상적 기본 형태는 마치 비교언어학적 방법에서 내적 재구
의 '재구형'을 설정하는 것을 상기시키며 실제로 이기문·이호권
(2008:6)에서는 '나모/남ㄱ'와 같은 특수한 교체를 보여주는 명사들에
대하여 내적 재구의 방법을 적용하여 '*나ᇧ'으로 그 옛모습을 추정해
볼 수 있다고 하였다.

< 2 > 토씨

허웅(1975:331)에서는 토씨를 자리토씨, 연결토씨, 물음토씨, 도움토
씨로 나누어 기술하고 있다.

(1) 토씨의 분류
     말 사이의 관계를 나타냄
          일정한 기능을 표시함 ················· 자리토씨
          기능과 관계 없음 ························· 연결토씨
     뜻을 덧보태어 줌
          월을 끝맺음 ································· 물음토씨
          월을 끝맺지 않음 ························· 도움토씨

다만 위 분류에서 '물음토씨'를 뜻을 덧보태어주는 것으로 보았으나 월을 끝맺는 기능과 물음의 기능이 있으므로 '자리토씨'와 같이 일정한 기능을 표시하는 것으로 보아야 할 것으로 생각된다.

구체적으로 토씨의 분류에 대해 허웅(1975:332)에서는 풀이말을 중심으로 하여 다른 월성분들이 이에 종속되어 월을 꾸며내며 다른 월성분들의 풀이말에 대한 관계(기능)은 직접적인 것(제일차 기능-첫째 자리법)과 간접적인 것(제이차 기능-둘째 자리법, 제삼차 기능-세째 자리법)의 두 가지가 있다고 하였다.[5]

<3> 토씨의 겹침

토씨의 겹침에서는 '연결토씨와 다른 토씨와의 겹침', '자리 토씨와 다른 토씨와의 겹침', '도움 토씨와 다른 토씨와의 겹침', '물음 토씨와 연결 토씨의 겹침'으로 크게 4 부류로 나누어 제시하고 있다. 허웅(1975:395)에서 토씨는 둘 또는 셋이 겹쳐지는 일이 흔히 있는데 원칙적으로는 연결토씨-자리토씨-도움토씨의 순서로 이어나게 되며 자리토씨와 자리토씨가 겹쳐지는 일은 없다고 주장하였다. 그러나 3장에서 살펴보겠지만 이러한 겹침의 기본 원칙과는 다른 예외에 대한 설명력이 주목된다.

2.2.4. 굴곡론 -풀이씨와 그 활용-

<1> 풀이씨(용언)의 특색과 갈래

허웅(1975:411~413)에서도 현대 국어와 같이 풀이씨(용언)를 '움직씨(동사), 그림씨(형용사), 잡음씨(지정사)'의 3가지로 나누었다. 먼저 허

---

5) 허웅(1975)에서는 토씨를 모두 '기능'으로 보았지만 허웅(1999:1239)에서는 자리토씨의 중요성에 따라 1차 기능의 자리토씨만 '기능'으로 보고 나머지는 '자격'이라고 하였다.

웅(1975:413)에서는 움직씨와 그림씨 구별의 어려움에 대해 설명하고 있다. 곧 풀이씨(용언)에서 움직씨(동사)와 그림씨(형용사) 구별의 으뜸되는 분류 원칙은 그 끝바꿈(활용)으로 보았다. 그러나 옛말에 대해서는 끝바꿈꼴을 만들어 낼 수 있는 언어능력을 가지지 않았으므로[6] 뜻에 의지해서 구별하는 방법도 생각할 수 있다고 하였지만 이에도 역시 예외가 있어 풀이씨를 다시 하위분류하기란 옛말에서는 사실상 어렵다고 하였다.

이처럼 동사와 형용사는 구별하기가 어렵지만[7] 잡음씨(지정사)만은 그 수효가 극히 국한되어 있는데다가 몇 가지 씨끝의 경우 잡음씨에서는, 다른 풀이씨의 경우와 다른 변이형태를 취하는 일이 있기 때문에, 이것만은 다른 풀이씨(움직씨, 그림씨)와 구별할 수 있고 또 구별해 두는 것이 편리하다고 설명하면서 '잡음씨'에 대해 자세히 설명하고 있다.

---

[6] 이와 관련하여 '허웅(1975:412)'에서는 옛말 연구의 특수성과 한계를 명확히 하였다. 이를 그대로 인용하면 다음과 같다.

'옛말에 대해서는 우리는 모든 끝바꿈꼴을 만들어 낼 수 있는 언어능력을 가지지 않았다. 옛말을 연구함에 있어서는 우리는 오직 귀납적인 방법에 의지할 수 밖에 없다. 우리가 가지고 있는 모든 문헌을 분석하여 여기에서 말본 규칙을 귀납적으로 발견해 나가는 수 밖에 없는 것이다. 그러나 아무리 많은 문헌을 죄다 검토해 보았다고 했자 그에 쓰인 말은 무한한 '언어수행'의 한 부분에 지나지 않는 것이다. 문헌에는 모든 풀이씨가 죄다 나타날 것임을 기대할 수도 없으며 각 풀이씨의 끝바꿈꼴이 죄다 나타나리라고 기대할 수도 없는 것이다. 따라서 어떠한 풀이씨의 어떠한 끝바꿈꼴이 문헌에 나타나지 않았다고 해서 그러한 꼴이 없었다는 증거는 되지 않는다. 문헌은 긍정적인 자료는 제공해 줄지언정 부정적인 자료는 제공해 주지 않는다.'

이러한 논의에서 옛말 연구는 귀납적인 방법을 기본으로 해야 하지만 문헌 자료가 보여 주는 논리의 함정에는 빠지지 말아야 한다는 것을 제시하였다. 이는 곧 옛말 연구의 한계를 분명히 제시한 것이며 이러한 통찰력은 옛말 연구를 하는 후학들이 가져야 할 기본 자세이다.

[7] 이처럼 허웅(1975)에서는 동사와 형용사에 대한 구별 논의는 자세히 하지 않고 있지만 활용을 기준으로 형용사에 '-느-'(현재 시제 선어말 어미)가 결합된 것은 예외적인 표현으로 보고 있다. 반면에 이영경(2003)의 '중세 국어 형용사의 동사적 용법에 대하여', 고영근(2010)에서는 형용사에 '-느-'가 결합된 것은 형용사와 동사의 구분이 없는 것이거나 형용사의 동사로의 쓰임을 보여 준다고 하여 중세 국어의 형용사와 동사 구별에 대한 다른 관점을 제시하였다.

이러한 으뜸풀이씨(동사, 형용사, 지정사) 외에 허웅(1975:417)에서는 매인풀이씨도 자세히 설명하였는데 어떤 말은 그 끝바꿈의 모습이 으뜸풀이씨와 같으면서 으뜸풀이씨가 가진 뜻을 가지지 않고 반드시 다른 말에 붙어서 쓰이는 것이 있으니 이러한 풀이씨를 '도움풀이씨(보조용언), 매인풀이씨'라고 하였다. 이 매인풀이씨는 연결되는 '으뜸풀이씨의 활용형'에 따라 아래와 같이 분류되었다.

(2) 매임풀이씨 일람표

-아/어 : 보다, 브리다, 디다, 잇다, 겨시다, 가다, 두다, 내다, 나다

-게 : ᄃ외다

-아/어, -거, -가 : 지라

-아/어, -게, -디 : 말다

여러 가지 말에 접속됨 : ᄒ다, 아니ᄒ다, 몯ᄒ다

'지라' 이외의 모든 매인풀이씨는 모두 같은 꼴의 으뜸풀이씨가 공존하고 있다. 허웅(1975:439)

현대 국어 문법에서 '매인풀이씨'를 하위 분류하는 방법은 2 가지 분류 경향을 보인다. 허웅(1975:439)처럼 선행하는 보조적 연결어미의 종류에 따라 분류하는 것(이관규 2005, 권재일 2012)과 '강세, 반복, 부정' 등과 같은 '의미·통사 기능'으로 분류하는 것이다(남기심·고영근 2006,[8] 고영근·구본관 2008). 후자의 분류도 물론 장점이 있지만 예를 들어 다음과 같이 동일한 '가다'가 쓰인 예문에서 선행하는 씨끝이 '-어'인 경우만 '가다'를 매인풀이씨로 구별할 수 있다.

---

8) 남기심·고영근(2006:123)에서는 1차적으로는 의미·통사기능으로 분류하고 2차적으로 이렇게 분류된 보조용언들에 어떤 씨끝이 선행하고 있는지 제시하고 있다.

　진행: (어) 가다, (어) 오다, (고) 있다, (고) 계시다

　종결: (고) 나다, (어) 내다, (어) 버리다, (고야) 말다

(3) 가. 시간이 다 되-어 간다.

　　나. 어머니께서 가방을 들-고 가셨다.

　매인풀이씨와 으뜸풀이씨의 형태가 동일한 것이 대부분이기 때문에
이렇게 형태론적 기준에 따라 매인풀이씨를 구별해 내고 그 다음에 의
미·통사 기능을 살펴보는 것이 올바른 순서일 것이다. 분류 기준으로
서의 의미·통사 기능의 중요성도 물론 인정하지만 허웅(1975)의 분류
는 1차적인 형태론적 분류 기준으로서 그리고 통시적 관점에서도 그
의의가 인정된다. 현대 국어에서는 크게는 '-어/아'가 선행하는 것과
'-고'가 선행하는 것의 두 부류로 나눠지는데 이를 명시하여 형태론적
분류로 매인풀이씨를 구별해 내고 그 다음에 2차적으로 일반적으로 사
용되는 의미·통사 기능에 의한 분류를 하여 매인풀이씨에 대한 층위적
인 분류가 이루어지면 좋을 것이다.

<2> 맺음씨끝의 분류

　허웅(1975:477)에서는 기능에 의해 맺음씨끝을 분류하였는데 두기능
법은 속구조의 풀이말을 겉구조에서는 다른 성분으로 기능하게 하는
문법적 방법이고 한기능법은 속구조의 풀이말을 겉구조에서도 그 기능
을 바꾸지 않는 방법이라고 하였다. 특히 '우리말본'의 체계에서는 두기
능법을 껌목법(자격법)이라고 하였는데 두 구조(속구조와 겉구조)에서
다른 자격이 있음을 분명히 해 두어야 하므로 두기능법이라고 하였다고
설명하였다. 이러한 허웅(1975)의 기능에 의한 맺음씨끝의 분류를 살펴
보면, 한기능법에는 마침법(종지법), 이음법(접속법)이 있고 두기능법에
는 이름법(명사법), 매김법(관형법)이 있다.

　다음으로 허웅(1975:485)에서는 맺음씨끝과 안맺음씨끝의 문법 범주
를 분류하고 특히 맺음씨끝의 문법범주가 안맺음씨끝으로 표시되는 일

도 있고 그 반대의 경우도 있으나 이러한 일은 매우 드물다는 설명을 제시하였다. 반말체 종결어미가 연결어미에서 형성되었음을 논의한 이현희(1982), 박재연(1998), 고광모(2001)를 비롯하여 접속어미가 전용되어 서술문을 실현하는 것을 논의한 권재일(2003), 연결어미가 종결어미로 쓰이는 환경, 기능, 특징을 연구한 유현경(2003)에서도 일찍이 주목한 이러한 논의는 현대 국어의 다양한 담화 상황에서 종결어미가 연결어미적으로 쓰이는 이유를 찾아보려는 후속 논의9)도 활발하게 이루어지고 있다.

〈2-1〉 마침법(종지법) -의향법-

마침법은 서술법, 물음법(의문법), 시킴법(명령법), 꾀임법(청유법)의 4가지로 분류되었다. 특히 인칭물음법의 경우 허웅(1975:496)에서는 안맺음씨끝 '-오/우-'로 말할이(화자)가 임자말(주어)로 등장하는지 하지 않는지를 문법적으로 표시하게 되는데 인칭물음법에 있어서는 들을이(청자)가 임자말(주어)로 등장하는지 하지 않는지에 따라 씨끝이 달리 쓰여 매우 흥미롭다고 주장하였다. 이는 서술문에서는 화자의 중요성, 의문문에서는 청자의 중요성을 대비시키는 문법 기술이면서10) 또한 다른 문법서에서는 '-오/우-'에 대해 의도의 선어말어미로 설정하기도 해서 이러한 인칭의 안맺음씨끝 '-오/우-' 설정의 타당성을 확인할 수 있다.

〈2-2〉 이음법(접속법)

허웅(1975:521~522)에서는 이음법의 맺음씨끝은 앞뒤 말의 관계를

---

9) 장경현(2012) 연결어미에서 기원한 종결어미의 의미 연구 - '-고/-는데'의 담화 의미 기능을 중심으로 - 참조.

10) 허웅(1975:750)에서도 물을 때는 그 물음이 들을이에 관한 일이냐, 아니냐가 관심의 초점이 되는 것인데, 풀이의 경우에는 그것이 말할이 자신에 관한 일이냐 아니냐가 관심의 초점이 되기 때문이라고 설명하였다.

나타내는데 그 관계는 매우 복잡하기 때문에 엄격히 분류하기는 곤란하여 그 중심적 의의에 따라 개괄적으로 하위 유형을 세워 보기는 하나 아직 가설의 경지를 벗어나지 못한다고 하였다. 하위 유형은 다음과 같이 16개로 나눠진다.

> (4) 이음법 맺음씨끝의 하위 유형
>   제약법(구속법), 동시법, 불구법, 설명법, 나열법, 비례법, 가림법, 흡사법, 의도법, 힘줌법, 미침법, 가치법, 전환법, 되풀이법, 비교법, 연결법

이러한 이음법 맺음씨끝의 자세한 쓰임은 방대한 예문으로 설명하는데 모든 이음법 맺음씨끝의 설명에는 선행하는 안맺음씨끝, 줄기 등 선행 요소가 기술되며 토씨가 후행할 경우 이에 대해서도 설명하고 있다. 이러한 이음법 씨끝뿐만 아니라 허웅(1975:956)에서는 복잡한 씨끝 형태소의 연결에 대해 그 활용형을 모두 일람표로 만들어 제시하였다.

〈2-3〉 이름법(명사법)

이름법(명사법)은 두기능법에 속하는 것으로 특히 허웅(1975:636~637)에서는 '-기'와 '-ㅁ'의 차이점을 제시하며 '-기'를 우선 활용의 씨끝으로 보는 두 가지 이유를 제시하고 이에 대한 뒷날의 연구를 기다리기로 한다고 하였다. 실제로 현대 국어에서 '-기'와 '-ㅁ'에 대한 공시적, 통시적 연구는 의미·기능 차이, 형성 과정, 문법화 등 많은 논의가 이루어졌다.

〈2-4〉 매김법(관형법)

이름법(명사법)과 함께 두기능법에 속하는 매김법(관형법)은 매김말의 구실을 하면서 시제를 아울러 나타내는 것이 특색이라고 하였다.

특히 임자씨에 대한 매김말의 구실을 하는 '-을' 활용형 중에 임자씨를 가지지 않는 몇몇 용례도 제시하면서 허웅(1975:643)에서는 이러한 '-을' 활용형을 이름법으로 처리하지 않고 매김법의 한 특별한 용법으로 처리하였다. '-은' 활용형에 대해서도 이러한 일관된 기술을 보이는데 곧 허웅(1975:654)에서는 그 뒤에 임자씨가 '속뜻'으로 있는 것으로 풀이하였다. 다른 문법서에서는 이를 관형어의 명사적 용법으로 보고 있는데 일관되게 매김법으로 보고 후행하는 임자씨가 생략된 것으로 보았다.

< 3 > 안맺음씨끝

머리말에서 언급한 것처럼 허웅(1975)의 이전 연구와 차별화된 점은 안맺음씨끝의 문법 범주화인데 이에 대한 허웅(1975:484)의 설명을 그대로 인용하면 다음과 같다. '여기에서 말한 안맺음씨끝이란 '우리말본'의 체계로는 도움줄기(보조어간)의 한 부분이다. 일반적으로 말하는 도움줄기는 여기에서는 그 한 부분(하임, 입음)은 파생의 가지로 보아 줄기의 한 부분으로 넣고 다른 한 부분은 씨끝으로 보게 되는데, 그 이유는 이러한 형태소는 문법적인 범주를 형성하고 있기 때문이다.'11) 이러한 안맺음씨끝(도움줄기, 보조어간)의 굴곡범주는 '높임법, 인칭법, 주체-대상법, 때매김법, 강조-영탄법'의 5가지로 제시하였다.

〈3-1〉 높임법

허웅(1975)에서 높임법은 들을이를 높이는 '상대 높임법'과 말에 등장한 사람인 주체, 객체를 높이는 '주체 높임법'과 '객체 높임법'으로 나누었고 이러한 체계는 현재까지도 국어학계에서 그대로 수용하고 있

---

11) 이익섭(2002:139)에서는 종래 보조어간(도움줄기)을 선어말어미(안맺음씨끝)로 보는 것에 대해 '-겠-'이나 '-았-'이나 '-시-'나 모두 거의 모든 어간에 자유롭게 나타나 활용의 일부를 담당하고 파생접미사들처럼 일부 어간에만 결합되어 새 어간, 즉 새 단어를 만들어내는 일은 하지 못하므로 보조어간으로 볼 수 없다고 설명하였다.

다. 다만 고영근(2011)에서는 이러한 허웅(1975)의 높임법에 대해 특히 '객체, 상대높임법'을 비판하고 있는데 짧은 소견의 필자가 더 덧붙일 내용은 없고 정제문(2005:332~335), 이기갑(2005:312~314)에서 허웅 (1975)의 '객체'의 설정의 배경과 그 타당성을 자세히 설명하고 있어 이를 참조하기 바란다. '상대높임법'에 대해서는 3장에서 더 살펴보겠지 만 특히 ≪우리 옛말본≫에서는 다른 높임법과는 달리 선어말어미로 실현되지 않고 어말어미로 실현되며 청자, 화자 모두를 고려해야 하는 의미화용적 특징을 갖는 상대높임법의 특수성을 역시 청자, 화자를 고려 해야 하는 문법 범주인 마침법과 연계시켜 설명하였다.

〈3-2〉 인칭법

안맺음씨끝 '-오/우-'에 의해 인칭법이 실현되는 것으로 설명하였는 데 같은 맺음씨끝이 한 낱말 안에 '-오/우-'를 취하는 경우와 그렇지 않은 두 어형의 문법적 뜻의 대립을 파악하여 그 실현 양상을 밝혔다. 또한 인칭법은 허웅(1975:788)에 의하면 '-오/우-'의 유무에 의해서만 표 시되었던 것이 아니라 또 다른 안맺음씨끝의 대립으로써도 표시되었다. 따라서 ≪우리 옛말본≫에서는 '인칭법'과 같은 중세 국어에만 나타나 는 문법범주가 다양한 형태소의 대립('-다-' : '-더-', '-과-': '-으니-', '-가-': '-거-')에 의해 실현됨을 체계적으로 보여주었다. 특히 '-가/거-' 를 인칭법으로 파악한 것은 4장에서 살펴볼 특이한 형태소인 불구적 맺음씨끝의 분석과 그 일관된 기술 체계를 보여준다. 곧 허웅(1975:482) 에서는 '-거든, -어든:-거늘, -여늘'을 단순한 한 형태소로 된 맺음씨끝으 로 볼 수도 있지만 '-거-, -아/어-'는 특별한 문법적 의의를 가지고서 다른 여러 맺음씨끝에 앞설 수 있고 그 사이에 높임의 '-으시-'가 들어가 서 두 부분을 분리시키는 수도 있어 이를 독립된 형태소로 보아야 한다 고 주장하였다.

〈3-3〉 주체-대상법

허웅(1975:809)에서는 아래와 같은 예시를 제시하면서 이러한 기본 월에 있어서 통어론적 차이는 현대 국어의 매김꼴에서는 전혀 구별이 없게 되어 있으나 서기 15세기 국어에 있어서는 그것이 '-오/우-'의 있고 없음으로써 표시된다고 설명하였다.

(5) 가. 붉은 꽃 ← 꽃이 붉다.
　　나. 먹은 밥 ← 밥을 먹었다.
　　다. (네가) 준 돈 ← (네가) 돈을 주었다.
　　라. (돈을) 준 너 ← 네가 (돈을) 주었다.

(5가), (5라)의 경우 '임자말+풀이말'의 한정변형으로 된 말에 있어서는 매김꼴이 '-오/우-'를 가지지 않으며 이를 주체법이라고 하였고 (5나), (5다)의 경우 '부림말+풀이말'의 한정변형으로 된 말에 있어서는 매김꼴이 '-오/우-'를 갖게 되며 이를 대상법이라고 하였다. 15세기 국어에 대한 탁월한 문법 기술인 이러한 '주체-대상법'은 제3장에서 다시 논의 하겠다.

〈3-4〉 때매김법

허웅(1975:877~878)에서는 15세기 국어의 때매김법은 크게 두 가지로 나뉘며 하나는 말하고 있는 현재를 토대로 하여 시간관념을 표시하는 것이고 다른 하나는 그러하지 않고 지난 어떤 때를 기준으로 하여 말할 이가 그 때를 지금으로 생각하고서 시간관념을 표시하거나 경험한 일을 기술하는 방법이라고 하였다.

(6) 현재를 기준으로

　　가. 현실법

　　나. 확정법(기정법)

　　다. 추정법(미정법)

　과거를 기준으로

　　라. 회상법(경험법)

특히 이러한 때매김법은 과거-현재-미래의 삼분법적인 시제 구분이 아닌 시제, 상, 양태가 혼재된 국어의 시간 표현을 잘 설명한 것으로 주목받고 있다.12) 또한 허웅(1975:906)에서는 때매김 씨끝들의 겹침에 대하여 다음과 같이 설명하였다. 곧 '그 어느 한쪽의 씨끝이 그 본디의 뜻을 잃어 버리거나 한 씨끝이 본디의 뜻에서 번져 나가거나, 두 씨끝이 다 본디의 뜻을 그대로 지니거나 한다.' 이와 같이 씨끝들이 겹칠 때 상정할 수 있는 3가지 경우의 수를 명시적으로 보여 주었는데 이러한 설명은 때매김 씨끝뿐만 아니라 다른 씨끝들이 겹칠 때에도 적용할 수 있는 분석 기준을 마련해 준 것으로 생각된다.

〈3-5〉 강조-영탄법

허웅(1975:923)에서는 말의 표현을 힘주어 하려거나 말의 어조를 다채롭게 하려거나 또는 말에 어떠한 정서를 부여하려 할 때에 쓰이는

---

12) 이기갑(2005:317~318)에서는 ≪우리 옛말본≫의 때매김법은 시제, 상과 함께 양태가 뒤섞인 개념이라 할 수 있지만 '우리말본'은 순전한 시제로서의 '현재, 과거, 미래'를 인정하는 것이므로 결국 '우리말본'과 ≪우리 옛말본≫은 우리말의 때매김을 시제만으로 보느냐 아니면 시제 외의 상과 양태적 속성을 인정하느냐의 차이로 갈려 있다고 논평하고 있다. 김건희(2011)에서도 시제로 대표되는 시간 관련 범주를 교육할 때 가장 문제가 되는 점은 동일한 형태가 '시제, 상, 양태'를 모두 나타낸다는 점을 지적하고 특히 '시제, 상, 양태'를 모두 나타내는 선어말 어미인 '-았/었-'을 중심으로 실제 문법 기술 시안을 제시하였다.

여러 가지의 안맺음씨끝들이 있는데 이 씨끝들이 나타내는 문법적인 뜻은 꽤 다채로워서 한 말로 그 뜻을 표현하기 어려우나 여기에서는 '강조-영탄법'이란 이름으로 뭉쳐두기로 한다고 설명하였다. 이 범주는 허웅(1975)의 다른 범주에 비해 크게 주목받지는 못하였는데 '명제에 대한 화자의 태도'를 나타내는 양태가 활발히 논의되고 있는 현대 국어 문법 논의에서 이러한 화자의 내면세계를 표현하는 '강조-영탄법' 범주는 '양태' 범주와 관련하여 후속 연구로 체계화될 필요가 있다.

2.2.5. 그밖의 품사들

앞서 제시한 것처럼 '그 밖의 품사들'은 아주 소략하게 다루고 있으며 그 이유는 앞에서 다루었다. 여기서 그 품사들에 대한 실제 설명만 제시하면 다음과 같다.

(7) 가. 매김씨(관형사) : 월의 매김말(관형어)로만 기능하는 낱말
　　나. 어찌씨(부사) : 어찌말(부사어)로 기능하는 말
　　다. 이음씨(접속사) : 말을 시작하거나 앞의 말의 내용을 이어받아서 뒤의 말을 비롯하는 구실을 하여 홀로말이 되는 낱말을 이음씨라 하는 데 그 수는 그리 많지 못하다.
　　라. 느낌씨(감탄사) : 토씨의 의지 없이 홀로말로만 쓰이는, 느낌을 나타내는 말을 느낌씨라 한다.

3. 문법 기술에 관한 혜안: 15세기 국어에 대한 체계적인 논의

3.1. 형태론

3.1.1. 품사 분류와 통어론적 상보적 분포(임자씨의 분류)

허웅(1975:263)에서는 다음과 같은 설명을 제시하였다. '임자씨는 토씨의 의지를 입어 여러 가지 월성분으로 기능할 수 있고, 경우에 따라서는 토씨가 붙지 않고도 문맥의 도움을 입어 여러 가지 월성분으로 기능한다.' 이처럼 임자씨(체언)가 다양한 월성분(문장성분)으로 기능할 수 있다는 점을 설명하면서 덧붙여 이는 주시경 선생의 이론과 변형생성문법을 관련시켰다고 제시하였다. 특정한 품사류(체언)가 다양한 문장성분으로 기능한다는 이러한 논의는 현대 국어 문법 논의의 이른바 품사 통용 문제에서 중요한 함의를 가진다. 품사의 분류 기준 '기능'에 대해 기존 논의에서는 '한 단어가 문장 가운데서 다른 단어와 맺는 관계 및 문장 내에서 하는 역할이 무엇이냐에 따라 나눈 것'으로 설명하고 이러한 관계 및 역할을 모두 문장성분으로 설명하고 있다(남기심·고영근 2006, 고영근·구본관 2008 참조). 곧 '기능'에 따라 분류했다고 하는 체언은 주어, 용언은 서술, 수식언은 수식, 독립언은 독립, 관계언은 관계 표시의 관계 및 기능을 가져 체언은 주어, 용언은 서술어, 수식언은 수식어, 독립언은 독립어에 대응된다. 이처럼 품사의 '기능'은 문장에서의 실제 쓰임인 문장성분에 대응된다. 따라서 품사 통용은 기본적으로 여러 기능을 가질 수 있는 체언류에 국한되며[13] 이러한 품사의 '기능'은

---

13) 허웅(1975)에서 임자씨가 여러 기능을 가진다고 해도 그 여러 기능을 다 인정하는 것은 아니다. 명관류(명사-관형사) 통용은 인정하지만 아래 허웅(1975:273)과 같이 명부류(명사-부사) 통용은 인정하지 않는다.
'임자씨가 매김말로 쓰이는 것은 임자씨의 떳떳한 기능이라 할 수 있으나 임자씨가 다시

문장성분의 문법 기능과 같으므로 품사 통용은 문장에서의 실제 쓰임 및 분포인 문장성분의 논제인 것으로 판단된다.

허웅(1975:269~271)에서는 '이, 그, 뎌'가 매김말로 쓰이는 것에 대해 세 가지 기술 방법을 제시하고 이 중에서 '이, 그, 뎌' 모두를 임자씨로 보는 방법을 채택했다. 그 근거로 우리말에 있어서는 예나 지금이나 임자씨가 토씨의 의지를 입지 않고 뒤의 임자씨를 꾸미는 매김말로 쓰이는 일이 많으므로, 이것은 우리 본의 일반 특색을 깨뜨리지 않는 좋은 방법이며 또 이 말들이 매김말로 쓰일 때는 토씨 '-의'를 가지든지, 사잇소리를 개입시키는 일이 있는데 이것은 이 말들이 매김씨에 보다 임자씨에 더 기울어져 있었기 때문이라고 하였다. 반면에 이러한 옛말의 기술과는 달리 특히 현대 국어에서는 '이, 그, 저'를 임자씨, 매김씨로 나눠 보아야 한다고 주장하며 두 가지 근거를 제시하였다.[14] 이러한 일련의 논의는 15세기 국어와 현대 국어의 문법 기술을 다르게 보아야 하는 명시적인 근거를 제시한 것이며 동일한 문법 현상에 대해 시대에 따라 다른 기술이 이루어져야 한다는 것으로 공시태 중심의 논의를 확인할 수 있다.

셈씨가 임자씨처럼 쓰이는 것에 대해서도 허웅(1975:269~271)에서는 같은 한 낱말로 생각되는 것을 두 씨로 나눠 본다는 것이 좋은 방법이 아니라는 품사 통용의 문제점을 지적하면서 역시 임자씨로 처리하였다.

어찌말로 쓰인다고 설명하는 것은 임자씨의 용법을 너무나 다양하게 확대하는 결과가 된다. '아니 뭘씩'의 '아니'까지를 임자씨라고는 도저히 설명할 수는 없는 일이다. 그러므로 '새, 어느, 언마, 아니' 따위 말이 어찌말로 쓰인 것은 어찌씨로 처리할 수밖에 없을 것이다.'

14) '현대 말본에서는 이 둘을 각각 다른 씨에 나눠 넣는 방법으로 처리하는 것이 일반적인데 필자도 그것이 옳다고 생각한다. 그 이유는 첫째 현대말에서는 옛말과는 달리 매김씨로서의 용법이 정상적이고, 둘째 임자씨로 쓰였을 경우는 매인이름씨가 속뜻으로 있는 것으로 이해되기 때문이다. 곧 임자씨로 쓰인 현대말의 '이, 그, 저'는 '이것/이이, 그것/그이, 저것/저이'의 생략변형으로 된 말로 이해하는 것이 보통이나 옛말에서는 그렇지 않다.'

특히 '흐나ㅎ/흔'도 모두 임자씨로 보고 이처럼 형태가 변형되는 것은 형태적 변이형태로 보았다. 이에 대해 허웅(1983) ≪국어학≫의 서평 논문인 남기심(1987:381~382)에서는 '상보적 분포'의 개념은 원칙적으로 형태론적 구성 안에서 적용되는 개념인데 허웅(1983)에서는 통어론적 분포의 상보성에 입각하여 하나의 형태소로 묶어 이는 '상보적 분포'의 개념에 수정을 가한 것이라고 지적하였다. 허웅(1975, 1983), 남기심(1987)로 이어지는 이러한 일련의 논의는 후학들에게 형태소 교체, 이형태(상보적 분포)와 관련한 형태소 분석, 품사 통용의 복합적인 논제를 제시하였다.

3.1.2. 조사 연구의 전환점(토씨의 겹침)

허웅(1975:395~406)에서는 토씨끼리의 겹침 현상에 대해 그 일반적인 순서 규칙을 제시하고 예외에 대해서도 설명하였다. 특히 자리토씨끼리 겹쳐지는 경우에 대해 원래 자리토씨는 일정한 월성분으로 기능하게 하는 것이므로, 다른 종류의 자리토씨가 겹쳐질 수는 없다고 하였다. 그러나 '-의'의 경우 원래는 매인이름씨였기 때문에 '-과'(연결토씨)와 겹쳐질 때 이러한 '-의'가 앞선다고 설명하였다. 또한 연결토씨와 도움토씨가 연결될 때는 연결토씨가 앞서는 것이나 그 순서가 달라지는 일도 있는데 이것은 '-브터'가 아직 풀이씨의 성격을 띠고 있다는 데 그 이유가 있다고 설명하였다. 이는 허웅(1975)의 논의가 기본적으로는 철저한 공시태 중심의 서술이지만 통시적인 접근인 어휘화, 문법화도 접목시키는 것을 알 수 있다. 이러한 예외에 대한 탁월한 설명력은 뒤에 가서 살펴보겠지만 허웅(1975) 문법 기술의 또 다른 특질이다. 무엇보다도 기존 연구처럼 조사의 개별적인 의미나 기능을 연구하는 것이 아니라 조사끼리의 겹침에 대한 경향을 연구하고 그 예외를 설명하면서 조사 단독 연구로는 밝힐 수 없는, 조사의 의미나 기능에 대한 새로운 특징을 밝히는 차별화된 연구로 조사 연구의 전환점을 마련했다고 할 수 있다. 곧 같은 성격의 자리 토씨끼리의 겹침에 대한 논의는 현대 국어 조사 연구의 핵심적인 논의로 이어진다. 먼저 황화상(2003)에서는 국어 조사의 중첩 현상을 작용역을 중심으로 설명했는데 작용역이 같고 서로 문법적 기능이 충돌하거나 모순되는 두 조사는 중첩되지 않고 작용역이 서로 다른 두 조사가 결합할 때에는 작용역이 좁은 조사가 선행한다는 기본 조건을 제시하였다. 이러한 황화상(2003)의 논의는 임동훈(2004)에서 더 구체화된다. 임동훈(2004)에서는 조사 전체를 대상으로 분포와 의미가 상관적이라는 전제 아래 그 하위 부류를 나누고 각 하위 부류 간에 존재하는 결합상의 제약과 결합 순서를 밝혔다. 우선 격조사는 문법격조사와 의미격조사로 나누고 특수조사는 후치사와 첨사로 나누었다. 이러한 조사들의 결합에 대해 먼저 명사 어기에 의미격 조사가 가장 가까이 오고 문법격 조사와 첨사가 가장 뒤에 오며 그 사이에 후치사가 끼어들 수 있으며 의미격 조사끼리는 서로 결합될 수 있지만 후치사끼리는 서로 결합되지 않고 문법격 조사와 문법격 조사, 첨사와 첨사, 문법격 조사와 첨사는 서로 결합하지 못한다고 제시하였다.

3.1.3. 일반화, 개별화의 균형과 공시태, 통시태의 접목(굴곡과 파생)

허웅(1975:74~83)에서는 굴곡과 파생의 기본적인 차이점을 제시하고 구체적인 범주인 '입음(피동)과 하임(사역)'의 범주에 대해 굴곡과 파생 중 어떤 것으로 보아야 하는지 제시하며 범위를 더 좁혀 실제 형태소인 파생 가지를 굴곡으로 볼 수 있는 특이한 예에 대해 논의하고 있다. 문법 개념을 큰 틀에서 설명하고 논란이 될 수 있는 실제적인 예시도 다각도에서 분석하는 이러한 문법 기술은 큰 틀에서의 개념 설명이 지나치게 일반화될 수 있는 약점을 보완한 것이며 또한 개별적인 형태소의 설명이 큰 틀을 벗어나 지나치게 개별화될 수 있음을 경계한 균형잡힌

논의이다. 여기서 허웅(1975:83)에서 제시한 실제 형태소 예시에 대해
살펴보자.

(8) 龍을 조초 잇도다 (두시언해 16:31)

'조초'는 어찌씨로 부림말을 취하고 있지만 이 한 예로써 '-오'를 굴곡
(씨끝)으로 다룰 수는 없다고 주장하면서 이러한 특이한 통어적 특례가
존재하는, 파생어찌씨의 풀이말다운 용법의 특례는 그것이 풀이씨에서
파생되었다는 데 그 원인이 있다고 설명하였다. 이러한 설명은 앞서
언급한 것처럼 허웅(1975)의 형태소 분석이 철저한 공시태 중심의 일관
성과 동형성을 중요시하면서도 풀이씨가 어찌씨로 된 어휘화, 문법화와
관련시키는 통시태도 고려한 설명으로 생각된다. 이러한 기술은 허웅
(1975:241)에서 파생어찌씨로 본 '니르리'와 '업시'에서도 일관되게 나
타난다.

(9) 가. 니르리(← 니를-): 처섬 듫적브터 百千劫에 니르리 (월인석보
21:46)
나. 업시(← 없-): 돈 업시 (두시언해 20:37)

또한 파생과 굴곡이 겹쳐질 때는 파생이 굴곡에 비해서 뿌리에 가까
운 자리에 놓인다는 점을 기본적으로 제시하면서 이에 대한 예외로는
객체높임의 굴곡 형태소를 들었다. 곧 허웅(1975:77)에서 '마쯔비'는 뿌
리 '맞-'에 객체높임의 굴곡의 가지 '-즙-'이 먼저 붙고 그 뒤에 이름씨
만드는 파생가지 '-이'가 붙어서 된 파생어인데, 굴곡가지가 파생가지보
다 뿌리에 더 가깝게 놓여 있다고 하였다. 허웅(1975)에서 제시된 이
객체 높임 형태소의 자리와 관련한 특이성은 안병희(1967), 최근 고광모
(2013)에서 논의된 '-습-'의 문법화와도 연계된다. 안병희(1967:206~207),

고광모(2013:55)에서는 동사 '숣-'으로부터 객체 높임의 선어말어미 '-습-'이 발달한 문법화 과정에 대해 설명했는데 허웅(1975)과 안병희(1967), 고광모(2013)를 토대로 하면 객체 높임의 선어말어미 '-습-'이 본래는 뿌리였기 때문에 그 자리가 굴곡가지임에도 불구하고 뿌리에 더 가깝게 놓이는 것으로 해석할 수 있다.

3.2. 형태 · 통어론

3.2.1. 단어, 품사, 문장성분의 연관성과 변별성(주체-대상법)

허웅(1975:810)에서 '-은'은 그 한정을 받는 임자씨가 속뜻으로는 이 풀이씨의 임자말이 됨을 나타내고(주체법) '-오/우+ㄴ-'은 그 한정을 받는 임자씨가 속뜻으로는 이 풀이씨의 부림말이 됨을 나타낸다고(대상법) 설명하였다. 이에 대한 예시를 허웅(1975:809)을 토대로 현대 국어와 대비시켜 다음과 같이 제시할 수 있다.

(10) 중세 국어

　　가. 블근 곳 (-은)　　　　꽃이 붉다 (주어:주체)
　　나. 머군 밥 (-오/우+은-)　밥을 먹다 (목적어:대상)

(11) 현대 국어

　　가. 붉은 꽃 (-은)　　　　꽃이 붉다 (주어:주체)
　　나. 먹은 밥 (-은)　　　　밥을 먹다 (목적어:대상)

현대 국어에서는 수식하는 명사의 문장성분에 관계없이 동일한 관형사형 어미를 사용하지만 중세 국어에서는 명사의 문장성분에 따라 어미가 구별되어 쓰인다. 곧 문장성분이 목적어인 경우는 주어인 경우와 구별하여 (10나)처럼 특정한 어미 '-오/우-'가 추가된다. 이러한 '어미'의 사용은 품사와 문장성분을 엄격하게 구분한 선인들의 품사와 문장성분에 대한 차별화된 관계 인식을 보여주며 이는 단어(어미), 품사, 문장성분의 연관성과 변별성을 보여주는 일례이기도 하다. 이러한 일련의 문법 단위들의 연관성과 변별성을 포착한 허웅(1975)의 논의는 변형생성문법이론의 겉구조와 속구조의 개념을 받아들여 15세기 옛말에 대한 정확한 문법 기술을 이루어낸 것이다.

3.2.2. 예외의 설명력(인칭법과 주체-대상법)

허웅(1975:755~756)에서는 인칭법의 '-오/우-'가 들어가야 할 자리에 들어가지 않은 예외가 그 반대의 경우보다 많은 사실은 다음 시기로의 변화의 방향을 암시해 주는 것이라고 하여 15세기 후반에 쇠퇴하는 인칭법의 특징을 단적으로 설명했다. 이는 예외로 문법의 변화 방향을 설명하는 것인데 주체-대상법에서도 역시 이러한 설명이 보인다. 곧 허웅(1975:875~876)에서는 '주체법 활용을 쓸 자리에 대상법 활용을 쓴 예외는 보이지 않고 대상법 활용을 쓸 자리에 주체법 활용을 쓴 예외만이 보이니 이것은 다음 시기로의 변화의 경향을 보여주는 것이다.'라고 하였다. 이처럼 허웅(1975:861)에서는 동일하게 15세기에서만 사용되는 인칭법, 대상법에 대해 예외로 그 문법 변화의 향방을 설명하였다. 나아가 인칭활용법의 예외에 비하면 대상법의 예외가 더 많으며 그 이유를 4가지로 명쾌하게 설명하고 있다.[15]

---

15) 첫째 '은'과 '오/우+ㄴ'형은 그 혼용의 예가 많으므로 이에 끌려 규칙적인 것마저 혼란이 일어난다.

둘째 인칭활용에 있어서 '오/우'의 개입을 결정하는 임자말은 풀이말의 앞에 놓이는 데 대해서 대상법에 있어서는 '오/우'의 개입을 결정하는 말은 그 뒤에 온다. 이것은 뒤의 말을 미리 예측해야 하기 때문에 불규칙형이 나타날 가능성이 크다.

셋째 대상법은 그 속구조가 이를 규정하는데, 속구조는 겉구조에 비하면 잠재적이오 특히 대상법과 주체법을 구별하려면 '매김꼴+임자씨'에서 속구조 '임자씨'의 문법적 역할을 밝혀내야 하는데 허웅(1975:848)에서는 '임자씨'의 역할을 속구조로 밝힐 수 있는 것만이 아닌 다음과 같은 예외도 제시하였다.

(12) 가. 네가 어제 거기에 간 일은 잘한 짓이다.
　　　나. 잘난척 한다. 한 듯 하다.

위 허웅(1975:848)에서 제시한 첫 번째 문장은 이른바 '보문절(동격 관형사절)'이며 이러한 구조에서 '임자씨'는 '매김꼴'의 내용과 동격을 이루며 현대 국어에서 많이 논의되는 관형사절 유형이다. 두 번째 예시는 4장에서도 더 살펴보겠지만 '의존명사+하다' 구조로 '관형사형 어미, 의존명사, 기능동사, 보조용언'의 복합적인 논제를 제시하는 역시 중요한 용례이다. 이와 같이 '주체-대상법'의 기술 범위를 벗어나는 예외도 정말 물샐틈없이 제시되며 이러한 논의는 현대 국어의 훌륭한 논의 주제가 되어 후속 연구들이 뒤따른다.

3.2.3. 화자 중심의 문법 범주의 연계(상대높임법과 마침법)

허웅(1975:656)에서는 상대높임법이 마침법에만 나타나고 이음법이나 두기능법(이름법, 매김법)에는 나타나지 않는다고 설명하였다. 곧 상대높임법은 들을이에 대한 말할이의 의향을 나타내기 때문에 이를 나타내는 문법범주가 마침법이어서 상대높임법이 마침법에만 나타난다고

간접적이다.
넷째, '습'과 '으시'의 경우에 상당한 예외가 나타나는데 이것은 이 경우에는 앞과 뒤의 말이 다 고려되어야 바른 말을 쓸 수 있기 때문에 정신적인 부담이 다른 경우보다 더 크다.

하였다. 이러한 '상대높임법'에 대해 고영근(2011:149)에서는 존비법 (상대높임법)은 존비(높임과 낮춤)의 등분이 각각 그 나름의 유표성을 띠고 있기 때문에 상대높임법에 포괄시키는 것은 옳지 않고 '높임'의 등급인 하오체와 합쇼체를 존경의 '-시-'와 중세어의 겸손의 '-습-'과 같이 다루어야 한다고 주장하였다. 그러나 상대높임법의 등급을 '높임, 낮춤'으로 보고 '높임'만을 다른 '높임법'에 포괄시키는 것은 문제가 있다. 먼저 '높임법'은 화자, 주체, 객체, 청자(상대)가 참여하는 실제 언어생활의 다양한 맥락에서 실현되며 주체높임법은 '화자-주체', 객체 높임법은 '화자-주체-객체', 상대높임법은 '화자-주체-객체-청자'를 고 려하여 '높임의 대상'을 기준으로 각각 '주체, 객체, 청자(상대)' 높임법 으로 체계화한 것으로 높임의 참여자가 엄연히 서로 다르다. 따라서 상대높임법을 주체, 객체높임법에 포함시켜서는 안 되며 독립적인 높임 법 자리매김을 하도록 해야 할 것이다. 또한 높임법은 높이는 경우와 높이지 않는 경우를 대비시켜 논의해야 하는데 주체높임법, 객체높임법 논의에서도 당연히 대비시키고 있다. 따라서 상대높임법도 높이는 경우 와 높이지 않는 경우를 대비시켜 그 전체 양상을 보여 주어야 하므로 모든 등급을 상대높임법의 자리에서 함께 다루는 것은 당연하다. 특히 기본적으로 담화 상황에서 이루어지는 '상대(들을이)높임법'은 '하십시 오체, 하오체, 해요체(높임), 하게체, 해라체, 해체(낮춤)' 등급이 대화에 서 뒤섞여 나타나 그 화용적 맥락에서 대화 참여자들의 높임법 전략을 살펴보아야 하므로 등급 체계 전체를 고려해야 하는 특수성이 있다.16) 물론 이와 같은 필자의 주장은 더 많은 자료를 토대로 다른 지면을 통해 더 보충될 필요가 있지만 무엇보다도 허웅(1975:656)에서는 위와 같이 상대높임법이 선어말 어미 '-시-', '-습-'으로 실현되는 다른 높임법과는

---

16) 여보, 입은 가로 찢어졌어두 말은 똑바루 하고 댕겨요.(해요체) 어디서 그 따위 본때 없는 수작을 해요.(해요체) 그래 당신네는 이런 하꼬방이나 있소.(하오체), 이래 뵈두 이층집이야.(해체) 고영근·구본관(2008:454) 참조.

달리 어말어미에 의해 실현되는 형태론적인 특징을 가지며 또한 말할이 뿐만 아니라 들을이(청자)를 고려하는 마침법(의향법)을 동시에 나타내는 특수성을 가지는 점을 명시했으므로 상대높임법이 원래 자리에서 그대로 유지되어야 한다고 본다.

3.3. 의미·화용론

3.3.1. 사동에 대한 유형론적 접근(하임의 분류와 정의)

허웅(1975:168~170)에서는 '하임'에 대해 하임의 주체와 시킴 받는 사람과의 행동에 관여하는 정도로 3가지 유형(구속적 하임말, 허용적 하임말, 그밖의 하임말)으로 나누어 분류하였다. 언어유형론적으로 사동의 형태에 영향을 미치는 중요한 의미적인 요인은 사동자에 의해 유지되는 통제 정도(구속, 허용)로 이러한 통제 정도는 이에 대응하는 형태, 구조적 특징으로 나타난다는 점이다. 국어에서도 직접 사동, 간접 사동으로 그 의미가 나뉘는데 이러한 사동은 형태적 구성(직접 사동), 통사적 구성(간접 사동)에 일반적으로 대응된다.

다음으로 허웅(1975:168~170)에서는 하임의 정의에 있어서도 가장 많이 쓰이는 유형에 근거하여 하임을 '타동성이 첨가된 말'로 정의하였다. '타동성'과 '결합가'는 물론 다르지만 '타동성이 첨가된다'는 것으로는 동사와 결합할 수 있는 논항의 수를 변화시키는 것을 의미한다. 곧 이러한 정의는 사동이 '결합가'를 변화시키는 기제라는 언어유형론적 관점과 일치하는데 구체적으로 Whaley(1997:250)에서는 언어들이 동사의 결합가를 증가시키는 두 가지 방법으로 비필수 논항을 목적어의 지위로 승격하는 것과 사동을 들었다.

3.3.2. 화자, 문맥을 고려한 높임법(높임법)

허웅(1975:721~722)에서는 다음과 같은 설명이 제시된다. '높임법의 사용은 위에서 설명한 규칙에 의해서 규정되는 것이나 경우에 따라서는 그 사용이 생략되는 일도 있고 또 경우에 따라서는 마땅히 객체높임법이 쓰이어야 할 자리인데도 그것이 사용되지 않는 일도 있다. 이것은 객체높임법(일반적으로 높임법)의 사용이란 물샐 틈 없이 짜여진 규칙에 의해서 규정되는 것이 아니라 말할이의 주관적인 판단, 그때 그때의 마음가짐에 따라 좌우되는 일이 많기 때문이다. 즉, 높임법의 사용을 결정하는 것은 어떠한 대상의 객관적 성격(지위)보다는 말할이의 이 대상에 대한 높임의 의향이 더 중요한 제일차적인 요인이 되는 것이다.' 이렇게 명시한 높임법에 대한 기본 입장에서 허웅(1975)은 높임을 실현하는 주체를 '말할이'로 봄으로써 '말할이'의 의향에 좌우되면서도 문맥도 고려해야 하는 '화용적 조건'이라는 높임법 실현의 본질을 꿰뚫어 보는 것을 알 수 있다. 최근의 높임법 연구들도 이러한 화자들의 태도를 중심으로 담화와 맥락을 고려한 높임 표현 양상에 주목하고 있다(이정복 2010, 신호철 2012 참조).

3.3.3. 연결어미 분석의 새로운 관점(이음법의 '의미내용' 유무)

허웅(1975:521~522)에서 제시한 16개의 이음법의 하위 유형 중 '연결법'이 주목되는데 허웅(1975:621)에서는 다른 이음법과는 달리 이 이음법은 일정한 의미 내용을 가지지 않는 점이 특징적이라고 하였다. 곧 이음법 맺음씨끝 자체에 의미 내용이 있는지 없는지로 '이음법'의 하위 부류들을 다시 한번 구별하고 있다. 이러한 관점은 이음법 맺음씨끝의 의미 내용과 앞 뒤 절의 상관관계에 관한 중요한 시사점을 말해 준다. 곧 맺음씨끝 자체의 의미 내용 유무에 따라 이음법 맺음씨끝이 앞 뒤 절의 상관성을 결정하는지 아니면 앞 뒤 절의 상관성이 선택적으로 이음법 맺음씨끝을 선택하는지를 구별할 수 있기 때문이다. 의미 내용이 없는 연결법 맺음씨끝은 단순히 이어주는 역할을 하기 때문에 앞 뒤 절의 상관성이 중요하지만 다른 이음법 맺음씨끝은 씨끝에 의미 내용이 있기 때문에 연결법 맺음씨끝과는 다른 양상을 보일 수 있다.

4. 문법 기술의 화두 제시: 15세기 국어에서 현대 국어로

4.1. 월성분

허웅(1975)에서는 월성분 처리에서 풀이말을 중심으로 일차기능, 이차기능, 삼차기능으로 갈라, 풀이말에 직접 관련을 갖는 일차 기능에서 임자말, 부림말, 어찌말, 위치말, 견줌말, 인용말로 나누고 이차 기능에서는 풀이말과 간접적인 관련을 갖는 매김말, 삼차기능으로는 다른 말과 거의 관계가 없는 홀로말로 나누었다. 허웅(1975:43)에서는 '중요도'를 중심으로 나눈 현대 국어 문법의 일반적인 문장성분 분류(주성분, 부속성분, 독립성분)과는 달리 풀이말을 중심으로 문장성분들을 하위 부류로 나누었는데 이러한 혜안은 후속 연구로 그대로 이어진다. 곧 문장성분 분류를 새롭게 하자고 주장한 이정택(2002)의 논의나 매김말(관형어)와 홀로말(독립어) 개념을 폐기하자고 주장하는 송원용(2007)의 논의와 관련하여 이러한 허웅(1975)의 논의에서 시사점을 얻을 수 있다.

먼저 이정택(2002:387~388)에서는 문장성분의 분류에 대해 주성분과 부속성분을 필수성 유무에 따라 나누는 것은 근본적인 문제를 안고 있고 이들을 구분하는 '필수'의 개념 자체가 불분명하기 때문에 서술어와의 관계를 잣대로 삼아 문장의 성분을 분류한다고 하였다. 즉, 서술어 및 이와 일차적 관계로 연결되는 성분들을 '일차 성분'으로 분류하고, 서술어 외의 일차 성분에 딸리는 성분들을 '이차 성분'으로 구분하는 분류 체계를 채택하며 독립성분은 일, 이차 성분으로 짜여진 구성 전체와 관련되므로 '삼차 성분'으로 분류하였다.[17] 이러한 논의는 허웅(1975)에서 논의된 문장성분의 분류 방향을 그대로 보여주고 있다.

송원용(2007)[18]에서도 서술어 중심 규약을 기반으로 문장성분이 문장 안에서 다른 성분과 맺는 관계를 표상하기 위한 것이라면 관형어가 다른 성분과 맺는 관계는 주어, 목적어, 보어, 부사어가 서술어와 맺는 관계와는 다른 차원의 것으로 관형어라는 문장성분을 폐기해야 한다고 주장하였다.[19] 그러나 국어 문법에서 공고한 위치에 있는 '관형어'의 중요성을 생각할 때 서술어와 맺는 관계가 다른 성분과 다르기 때문에 관형어의 문장성분을 폐기하는 것보다는 서술어와 맺는 관계가 다른

---

17) 일차성분: 주어, 목적어, 보어 및 일차 부사어 등 서술어와 일차적 관계를 갖는 모든 성분과 서술어
   이차성분: 관형어, 이차 부사어
   삼차성분: 독립어(문장 수식 기능을 하는 모든 성분 및 대등 접속 기능의 접속절과 접속 부사)

18) 또한 송원용(2007:7)에서는 최현배(1937/1971)로 대표되는 학교문법은 문법의 중심을 품사론으로 삼았기 때문에 문장론에 대한 논의는 매우 소략할 뿐만 아니라 문장 분석의 원리나 절차와 관련된 깊이 있는 이론적 성찰이 뒷받침되지 못한 채 진행된 면이 없지 않다고 비판하였다. 이러한 비판에 대하여 대비적으로 허웅(1975), 허웅 외(1975)에 대해 살펴보면, 허웅(1975)에 대한 서평의 토론 형식 논문인 허웅 외(1975:210~211)에서는 다음과 같이 품사 및 문장성분에 대한 기본 입장을 밝히었다. '월성분 처리에서 풀이말을 중심으로 우리말의 풀이말에 대한 관계가 직접적이냐 간접적이냐에 따라서 세 가지 기능으로 나누어 일차기능, 이차기능, 삼차기능으로 가르고 그렇게 함으로써 자리토에 대한 것도 거기에 맞게 되어 있고 또 씨가름(품사 분류)의 문제도 이런 관점에 서 있기 때문에 이음어찌씨 같은 것도 역시 어찌씨로 처리되지 아니하고 이음씨로 규정하였다.' 따라서 최현배(1937/1971)에서는 문법의 중심을 품사론으로 삼았다면 허웅(1975)에서는 문장성분을 서술어를 중심으로 분류하고 이를 품사 분류 및 격과 연관시켰다. 곧 최현배(1937/1971)이 품사 중심의 문법 기술이라면 허웅(1975)은 주로 낱말에 토씨나 씨끝이 결합된 문장성분에 기반한 품사 기술(분류)로 해석된다.

19) 이러한 '관형어'에 대해 허웅(1999:48)에서는 '기능'과 '자격'이라는 말로 분리하여 사용한다. 허웅(1999)의 '기능'은 서술어와 바로 맺는 관계를 말하고 '자격'은 문장 속에서의 위치를 말한다. 관형어의 경우 특히 명사를 통해서만 서술어와 관계를 맺기 때문에 '기능'은 없고 관형어가 되는 '자격'만 있다고 주장하였다.

성분과 다른 것을 층위적으로 보여주는 1차, 2차, 3차 기능으로 문장성분을 계층적으로 구분한 허웅(1975)의 논의가 더 합리적이라고 생각된다. 이와 같이 이정택(2002), 송원용(2007)에서 제시한 문장성분 분류 기준의 문제점은 문장성분의 정의와 문장성분의 분류를 혼동했기 때문에 나타난 것이다. 문장성분의 정의인 '다른 문장성분과 맺는 문법적 관계'는 허웅(1975)에서 제시한 다른 문장성분 곧 풀이말을 중심으로 하여 문장성분들이 맺는 관계로 실은 문장성분의 하위 분류를 나타내므로 문장성분의 분류에 적용되는 것이다.

4.2. 불구적 맺음씨끝과 가상 형태소

허웅(1975:481)에서는 줄기와의 연결 방식에 의해 맺음씨끝을 분류하는데 특히 안맺음씨끝을 앞세우지 않고서 줄기에 연결될 수 없는 '불구적 맺음씨끝'이 주목된다. 이 불구적 맺음씨끝은 그 앞에 필연적으로 요구되는 안맺음씨끝과 융합되어, 녹아 붙으려는 경향이 있기 때문에 곧 안맺음씨끝과 맺음씨끝으로 분리하기가 어렵지만 분리해야 한다는 분리주의 원칙을 보이고 있다. 이는 허웅(1975:36)에서 동형성에 근거하여 완전한 뿌리로서의 자격이 모자라지마는 다른 여러 말과의 관련 상세운 '가상 형태소'의 분석 기술과 연계된다. 이러한 허웅(1975)의 형태소 분석의 동형성, 일관성, 체계성을 보여주는 기술은 현대 국어의 '공형태소' 논의로 이어지는데 '공형태소' 논의는 '최소의 유의미적 단위'라는 형태소의 정의, 형태 분석의 기준 원칙(일원적 접근/다원적 접근, 공시성/통시성)과 같은 형태론의 주요 논제를 제시한다. '공형태'란 용어를 처음 쓴 논의는 김영욱(1990)으로 이 논의는 허웅(1975:877~878)에서 제시한 선어말어미 '-니-' 등을 위시해서 중세 국어 선어말어미 '-니-'에 대한 합리적인 설명을 위해 '공형태'와 '비문법화'를 설정하였다. 이후 김영욱(1990, 1997), 장윤희(1999)의 공형태소 논의를 이어받아 공형태소 개념을 어느 정도 인정한 이선웅(2009), 공형태소 개념을 인정할 수 없다고 주장한 시정곤(2000, 2010:8)에서도 모두 공통적으로 공형태소 논의의 시발점으로 허웅(1975:482, 612)을 제시하고 있다.[20] 공형태소에 대한 자세한 논의는 필자의 짧은 소견으로 이 지면에서 다 다룰 수 없지만 주목할 점은 앞서 언급한 것처럼 형태론의 핵심 논제인 '공형태소' 논의가 허웅(1975)에서 제시한 '불구적 맺음씨끝', '가상 형태소' 논의에서 시작된다는 것이다.

4.3. 도움토씨

허웅(1975)에서 제시한 도움 토씨 중에서 현대 국어의 논의에 직접적으로 연관되는 대표적인 2 가지를 소개하면 허웅(1975:371) 'ㄴ/ᄂᆞᆫ/는/은/은'과 허웅(1975:376) '-셔'이다. 먼저 'ㄴ/ᄂᆞᆫ/는/은/은'에 대해 살펴보면 이는 현대말의 '는/은'과 같이 '설명의 대상'으로 앞에 내세우기 위하여 또는 대조(다름)의 뜻을 나타내기 위하여 쓰이는데 대조를 나타낼 때는 그와 대조되는 다른 말이 나타나거나 그렇지 않으면 속뜻으로 그것을 가지게 된다고 설명하였다. 이러한 논의는 '는/은'에 대해 현대 국어 문법에서 말하는 이른바 주제어 기능을 일찍이 제시한 것으로 주목된다.

또한 허웅(1975:376)에서는 '셔'를 '도움 토씨'의 하나로 정립하고 '자리, 출발점, 비교'를 나타내는 위치말에 붙어 그 뜻을 강조하고 '풀이씨, 어찌씨(말)'에 붙어 상태의 유지를 나타낸다고 하였다.[21] 이에 대해

---

20) '-오/우-'는 여러 가지 일반적 맺음씨끝에 앞설 수 있고 그 경우에는 뚜렷한 문법적 의의를 가지고 분명히 독립된 형태소의 자격을 가지기 때문에 불구적 맺음씨끝에 앞서는 경우에도 따로 떨어진 형태소로 보아야 한다(허웅 1975:482).
'-딕'는 줄기에 바로 붙지는 않고 반드시 '-오/우-'를 앞세우는데 이 경우의 '-오/우-'는 아무런 문법적인 기능을 가지지 못하고 기계적으로 쓰일 뿐이다(허웅 1975:612).
21) 가. 東녘 그올셔 時로 ᄇᆞᄅᆞ매 글 스고 (두언 20:7)

서정목(1984:162~163)에서는 체언 뒤의 '-셔'(-에서, -으로서 등)가 '강조'인 반면, 용언 뒤의 '-셔'(-고서, -아서, -면서)가 '상태의 유지'라는 설명은 그 의미 파악이 통일적 원리에 입각하고 있지 않다는 비판을 받을 가능성이 있다고 주장하였고 체언 뒤의 '-셔'도 '상태의 유지'나 '존재의 요구'와 같은 의미 기능을 동일하게 가진다고 보고 그 의미를 찾아내어 '-에서'의 '서'의 기능을 부여하고자 하였다. '서'에 관한 기존의 선행 연구가 '-에서'에 나타나는 '서'에만 주목하였다면 서정목(1984)의 견해는 물론 '-고서, -아서/어서, -(으)면서'의 '서'에 대해 자세한 고찰은 하지 않았으나 허웅(1975)의 용언 뒤의 '서'가 '상태의 유지'라는 특성을 부각시켜 이를 체언 뒤의 '서'에 적용시키고자 한 점이 흥미롭다. 김건희(2012)에서도 이러한 허웅(1975), 서정목(1984)의 견해를 수용하여 연결어미 '-고서, -아서/어서, -면서'에 나타나는 '서'의 의미기능을 제시한 바 있다.

4.4. 시제 관념이 없는 중화된 '-을'

허웅(1975:898)에서는 '-을' 활용형에 대해 이 활용형은 추정법을 나타낼 뿐 아니라, 때의 관념과 상관없는(중화된) 사실-즉 결정적인 것도 아니고, 방금 눈앞에서 일어나고 있는 일도 아니고, 방금 일어날 일, 장차 일어날 일도 아닌 사실-을 나타내는 일도 있다고 하였다. 덧붙여 엄격하게 따지면 이러한 것은 추정법에 들 수 없을 뿐 아니라, 때매김법이라고도 할 수 없겠으나 '-을'을 설명함에는 빠뜨릴 수 없는 사실이라

나. 이거시 고아 長常 면 되셔 날시니라 (두언 15:21)

다. 머리셔 제 아비 보딘 (법화 2:196)

라. 孤ᄂᆞᆫ 겨며셔 어버시 업슨 사ᄅᆞ미오 (석보 6:13)

마. 本元由處ᄅᆞᆯ 得고셔 그 本性이 恒常 훌씬 (능엄 10:14)

바. 말ᄒᆞ며 우ᅀᅮᆷ우스며셔 주규믈 行ᄒᆞ니 (두언 6:39)

고도 설명하였다. 이러한 시제 관념이 없는 중화된 '-을'은 현대 국어 문법 논의의 '양태, 서법'과 관련되는데 선행 연구 가운데 양태 의미와 관련하여 관형형 어미 '-을/은'에 대해 논의한 최근의 연구로는 문숙영(2005), 임동훈(2009), 박재연(2009), 유현경(2009) 등을 들 수 있다. 이를 살펴보면, 먼저 문숙영(2005:206~210)에서 '-은'과 '-을'의 의미는 '현실'과 '비현실'의 대립으로 파악하였다.22) 그리고 '-을'과 관련해서는 '예정, 미발생, 의지 미래, 발생 가능성, 추측' 등의 다섯 가지로 분류하였다.23)

(13) 가. 이 사람이 바로 나와 결혼할 사람이야. [예정]

　　나. 큰비가 내려 줄 날만을 기다려. [미발생]

　　다. 내가 갈 학교야. 꼭 입학허가서를 받고야 말겠어. [의지 미래]

　　라. 그런 소식을 전하면 그 사람은 돌아올 사람이야. [발생 가능성]

　　마. 애를 잘 돌봐 줄 사람이더라. [추측]

임동훈(2009:77~78)에서는 '-을'의 의미와 제약에 대해 살펴보았다.

---

22) 이러한 견해는 심재기(1979)에서 '은'과 '을'을 [+결정성]과 [-결정성]으로 구분한 것과 서태룡(1980)에서 [+확실성]과 [-확실성] 등으로 의미를 제시한 것과 일맥상통한다.

23) 그러나 이러한 분류가 얼마나 타당한 것인가는 검토될 필요가 있다. 특히 문숙영(2005)에서 제시한 의미가 과연 '-을'의 고유한 의미인가 하는 점은 여전히 의문이 아닐 수 없다. 위에서 제시한 다섯 가지 의미는 '-을'의 고유한 의미라기보다는 대부분 문맥에 의해 결정된 것으로 보이기 때문이다. 예를 들어 (13가)의 경우 예정된 미래 상황을 나타낸다고 하지만, 이때 '-을'이 그것을 담보해 주기보다는 전체 문맥에서 그러한 의미를 추출해 낼 수 있을 뿐이다. 더욱이 '~ 결혼할 사람이야.'를 '~ 결혼할 사람일까.'로 조금만 어미를 바꾸어도 '-을'은 [예정]보다는 [추측]의 의미라고 보아야 한다. 또한 임동훈(2009:66~67)에서도 지적했듯이 (13다)의 경우도 '-을'이 [의지 미래]를 나타낸다고 보기보다는 후행하는 문장이 이를 결정하고 있다. 후행절에서 의지의 문맥이 등장하기 때문이다. (13다)가 "내가 갈 학교인데, 입학허가서가 나올지 모르겠어."로 바꿔본다면 [의지 미래]는 [추측] 정도의 의미로 바뀌어야 할 것이다. 따라서 위에서 제시한 의미들이 과연 '-을'의 고유한 의미인지는 여전히 문제인 것이다.

이 논의에서는 '-을'의 범주를 서법으로 보고 서법의 한 갈래인 서상법 (irrealis) 표지로 규정하였다. 서상법에 대립되는 것이 서실법(realis)인 데 서실법은 상황을 실현된 것으로 그리하여 직접 지각하여 알 수 있는 것으로 기술하는 방식이며, 서상법은 상황을 순전히 사고의 영역에 있는 것으로, 그리하여 상상을 통해서만 알 수 있는 것으로 기술하는 방식이 라고 설명하였다. 박재연(2009:173~174)에서는 '-은/-을'을 '현실/비현 실'로 파악한 기존 논의의 정당성을 확인하고 '현실'과 '비현실'의 대립 은 '현실성 양태'로서 한국어 양태 범주에 포함되어 기존의 인식 양태와 행위 양태 중 어디에도 속하지 않는 독자적인 가치를 가지는 것으로 보았다. 따라서 관형사형 어미의 의미가 양태 범주에 포함되는 것으로 보았으나 관형사형 어미의 의미가 과연 '명제에 대한 화자의 태도'라는 가장 일반적인 양태의 정의에 부합되는가에 대해서는 더 논의할 여지가 있다고 보았다. 유현경(2009:76~77)에서는 시제 의미가 없는 관형사형 어미 '-을'을 '을+시간명사', '을+의존명사', '을+일반명사' 구성의 세 유형으로 나누었으며 시제 의미 없이 단순 관형사형으로 쓰이는 것을 관형사형 어미 '-을'의 기본 의미와 관련지었다. 즉, 관형사형 어미 '-을' 은 '미실현 사태에 대한 화자의 판단'을 나타내는 양태적 의미를 지닌다 고 볼 수 있으며 '미래'나 '추측'의 의미 등도 이러한 기본 의미가 구체적 으로 실현된 것으로 볼 수 있다고 하였다.

이러한 기존 논의들은 특히 '-을'의 의미에 대해 공통적으로 '비현실' 로 파악하였다. 다만 차이가 있는 것은 '-을'의 범주에 관한 것으로 문숙 영(2005)에서는 '-을'의 범주에 대해서는 견해를 유보하였고 임동훈 (2009)에서는 '서법'으로 보았으며, 박재연(2009)에서는 '양태'로 보았 고 유현경(2009)에서는 '시제'라기 보다는 '양태적 의미'를 지닌다고 보았지만 그 범주에 대해서는 특별한 언급이 없다. 이처럼 기존 논의를 요약하면 '-을'의 의미는 '비현실'로 '-을'의 범주는 '서법, 양태'로 규정 하였다. 이와 같이 허웅(1975:898)에서 제시한 시제 관념이 없는 중화된

'-을'은 현대 국어 논의로 활발하게 이어졌다.[24]

4.5. 매인이름씨 -후학들이 보충해야 할 점-

≪우리 옛말본≫에서 '매인이름씨'는 초반부 기술에서는 이름씨에
가까운 것으로 보고 있다. 허웅(1975:90)에서는 국어의 매인이름씨는
그 형태론 상의 특질로 보나 통어론 상의 기능으로 보나, 완전한 이름씨
와 거의 같다고 주장하였다. 곧 형태론 상의 특질로 보면 토씨를 취할
수 있다는 점이 완전한 이름씨와 같으며 통어론 상의 기능으로 보면,
완전한 이름씨가 차지할 수 있는 월의 성분이 될 수 있고, 매김씨나
풀이씨의 매김꼴의 꾸밈을 받을 수 있는 점도 완전한 이름씨와 같다고
하였다. 따라서 '늘그니'와 같은 매인이름씨('-이')를 가진 합성어의 예
시를 제시하면서 이는 통어적 합성어가 된다고 하였다. 그러나 현대
국어에서 이러한 '-이'는 접사로 보며 무엇보다도 공시태에 충실한 허웅
(1975)의 기술 체계 내에서도 일관되지 못한 관점이 보인다. 먼저 허웅
(1975:287)에서는 매인이름씨가 원래 그 뜻이 추상적인 것이기 때문에
이것이 임자씨에 바로 붙게 되면 토씨와 가까운 성격을 띠게 된다고
설명하였다. 또한 허웅(1975:300)에서는 매인이름씨를 '전체 구성을 임
자씨처럼 기능하게 함', '전체 구성을 어떤 한 가지 월성분으로만 기능하
게 함'의 두 부류로 나누었는데 이러한 논의들에서는 허웅(1975:90)과
는 달리 매인이름씨의 기능적 문법적 측면을 강조하고 있어서 이름씨와
같다는 허웅(1975:90)과는 다른 견해로 생각된다. 또한 이러한 논의는
허웅(1975:436)에서 '매인이름씨+ᄒ다'의 '매인이름씨'를 독립적으로
본 견해와도 대치된다. 허웅(1975:436)에 의하면 '우리말본'에서는 'ᄃ

---

24) 다만 시정곤·김건희(2011)에서는 '의존명사+이다' 구문에 선행하는 관형형 어미는 여전
히 '시상+보문소(COMP)'로 보고 '의존명사'가 양태 의미의 핵심임을 보였다.

ᄒ다, 양ᄒ다' 따위는 분석하지 않고 그대로 매인풀이씨로 보는 일이
있으나 허웅(1975)에서는 같은 한 형태소는 가능하다면 같은 자격으로
처리하려는 의도에서 이러한 설명 방법을 취하지 않는다고 하면서 '닷,
듯'은 줄기에 바로 붙으면 씨끝, 그렇지 않으면 매인이름씨라고 주장하
였다.[25] 지금까지 살펴본 것처럼 허웅(1975)에서 '매인이름씨'에 관한
문법 기술은 초반부 기술과 이후의 기술이 다른 점을 보이는데 후반부
의 기술처럼 '매인이름씨'는 그 문법소성이 더 두드러지는 것으로 생각
된다.

5. 맺음말

지금까지의 논의에서는 허웅 선생 ≪우리 옛말본≫에 대해 그 전체적
인 내용을 살펴보고 이에서 더 나아가 15세기 국어에 대해 체계적으로
논의한 탁월한 문법 기술을 조망하고 현대 국어 문법 논의로 이어지는
문법 기술에 대해서도 살펴보았다.

허웅 선생의 문법 기술의 혜안은 문법 논의에 대한 일반화와 개별화
의 균형을 유지하였으며 공시태 중심의 논의이면서도 이에 통시태를
접목시켰다. 예외에 대한 탁월한 설명으로 문법 변화의 방향을 제시하고
문법 기술의 전환점을 마련하는 새로운 안목을 제시했으며, 항상 다양한
관점의 분석과 예시로 후학들에게 훌륭한 화두를 제시했다. 예를 들어
다른 중세 국어 문법서에서는 '어리미혹ᄒ다'는 합성어로 형태론적 구
성으로 단정하지만 허웅(1975:89~90)에서는 '통어적 구성-형태론적 구

---

25) 김건희(2010)에서도 "'의존명사+하다'에서 '의존명사'의 자리 찾기"라는 제목의 논문에
서 '의존명사'도 '양태, 상' 등의 다른 문법적 기능을 나타내는 보조용언, 어미와 대등한
문법 범주임을 확인하고 '의존명사+하다'를 단순히 매인풀이씨(보조용언)으로 보면 '의
존명사'의 의미기능에 대한 역할비중이 낮아짐을 보였다.

성 : 통어적 합성어-형태론적 구성 : 비통어적 합성어'의 세 가지로 볼 수 있는 분석 관점을 제시하면서 '이러한 문제에 대한 처리에 있어서는 좀처럼 합리적인 방법이 결정되지 않으므로 주관적 판단이 개재될 여지가 있고 자료가 국한되어 있는 옛말의 연구에 있어서는, 이 점을 철저히 밝혀내기는 여간 어려운 일이 아니다'라는 의견이 덧붙였다. 이는 어떻게 보면 15세기 국어에 관한 분석의 어려움을 제시한 것이지만 한편으로는 조어론에서도 통어론에 관한 통찰력을 제시한 것이고 항상 더 나아간 논의가 될 수 있는 다양한 가능성을 예상하여 후학들에게 문법 연구의 깊이를 보여준 것이다. 물론 이러한 다양한 논의 가능성을 지침 삼아 후학들은 더 나아간 논의를 해야 하는 의무를 짊어진 것이기도 하다. 《우리 옛말본》을 읽으면서 1,000여 쪽에 이르는 방대한 분량 곳곳에 나타나는 선생의 탁월한 문법 기술에 감탄을 넘어서 숙연해지기까지 했다. 허웅 선생이 후학들에게 남긴 일감을 되짚어 보면서 필자는 더 겸허하게 연구에 매진하겠다는 다짐으로 글을 맺음한다.

참고 문헌

고광모 (2001), 반말체의 등급과 반말체 어미의 발달에 대하여, 《언어학》 30, 한국언어학회. pp.3~27.

고광모 (2013), 중세국어의 선어말어미 '-습-'의 발달에 대하여, 《언어학》 65, 한국언어학회. pp.39~60.

고영근 (2010), 개정판 《표준중세국어문법론》, 집문당.

고영근 (2011), 현행 학교 문법의 '높임법'에 대한 비판과 그 대안, 《형태론》 13-1, 형태론편집위원회. pp.147~154.

고영근・구본관 (2008), 《우리말 문법론》, 집문당.

구본관 (2010), 국어 품사 분류와 관련한 몇 가지 문제, 《형태론》 12-2, 형태론편집위원회. pp.179~199.

권재일 (1987), 강조법과 그 실현방법, ≪인문과학논총≫ 19, 건국대학교 인문과학연구소. pp.57~73.

권재일 (1998), ≪한국어 문법사≫, 박이정.

권재일 (2003), 구어 한국어에서 서술문 실현방법의 공시태와 통시태, ≪언어학≫ 3, 한국언어학회. pp.25~46.

권재일 (2012), ≪한국어 문법론≫, 태학사.

김건희 (2010), '의존명사+하다'에서 '의존명사'의 자리 찾기, ≪형태론≫ 12-1, 형태론편집위원회. pp.50~74.

김건희 (2011), 시간 관련 범주(시제, 상, 양태)의 문법 교육, ≪한글≫ 294, 한글학회. pp.161~198.

김건희 (2012), 연결 어미 '-고서, -아서/어서, -(으)면서'에 나타나는 '서'의 의미기능, ≪국어학≫ 65, 국어학회. pp.109~155.

김건희 (2013), 품사의 분류 기준과 분류 체계 -언어유형론적 고찰을 중심으로-, ≪한글≫ 300, 한글학회. pp.75~118.

김영욱 (1990), 중세국어 원칙법 '-니-'와 둘째 설명법 어미 '-니라'의 설정에 따른 문제점 해결을 위하여 -공형태 설정과 비문법화-, ≪관악어문연구≫ 14, 서울대학교 국어국문학과. pp.27~36.

김영욱 (1997), ≪문법형태의 연구 방법-중세국어를 중심으로≫, 박이정.

김차균 외 (2005), ≪허웅 선생의 우리말 연구≫, 태학사.

남기심 (1987), 국어학의 눈뫼 문법, ≪한글≫ 196, 한글학회. pp.377~384.

남기심·고영근 (2006), ≪표준국어문법론≫ 개정판, 탑출판사.

문숙영 (2005), ≪한국어 시제 범주 연구≫, 서울대학교 박사학위논문.

박재연 (1998), ≪현대국어 반말체 종결어미 연구≫, 서울대학교 석사학위논문.

박재연 (2009), 한국어 관형사형 어미의 의미 기능과 그 문법 범주, ≪한국어학≫ 43, 한국어학회. pp.151~177.

박진호 (1994), 통사적 결합관계와 논항구조, ≪국어연구≫ 123, 서울대학교 대학원 국어연구회.

서정목 (1984), 후치사 '-서'의 의미에 대하여 -'명사구 구성의 경우'-, ≪언어≫ 9-1, 한국언어학회. pp.155~186.

서정수 (1995), 최 현배 문법의 품사 분류론에 대하여, ≪한 힌샘 주시경 연구≫ 7・8, 한글학회. pp.111~133.

서태룡 (1980), 동명사와 후치사 {은}, {을}의 기저의미, ≪진단학보≫ 50, 진단학회. pp.97~120.

서태룡 (2006), 국어 품사 통용은 이제 그만, ≪국어학논총≫, 태학사. pp.359~389.

송경안・이기갑 외 (2008), ≪언어유형론≫ I,II,III 월인.

송원용 (2007), 국어 문장성분 분석의 원리와 절차, ≪개신어문연구≫ 25, 개신어문학회. pp.5~31.

시정곤 (2000), 공형태소를 다시 생각함, ≪한국어학≫ 12, 한국어학회. pp.147~165.

시정곤 (2010), 공형태소와 형태 분석에 대하여, ≪국어학≫ 57, 국어학회. pp.3~30.

시정곤・김건희 (2011), '의존명사+이다' 구문에 대한 양태적 고찰, ≪어문 연구≫ 68, 어문연구학회. pp.79~102.

신호철 (2012), 맥락 중심의 문법 교육 내용 기술 방안 연구 -높임 표현을 중심으로-, ≪국어교육학연구≫ 43, 국어교육학회. pp.323~348.

심재기 (1979), 관형화의 의미 기능, ≪어학연구≫ 15-2,서울대학교 어학연구소. pp.109~121.

안병희 (1967), ≪한국어발달사(문법사)≫, 고려대 민족문화연구소.

안병희・이광호 (1990), ≪중세국어문법론≫, 학연사.

우순조 (1997), 국어 어미의 통사적 지위, ≪국어학≫ 30, 국어학회. pp.225~256.

유현경 (2003), 연결어미의 종결어미적 쓰임에 대하여, ≪한글≫ 261, 한글학회. pp.123~148.

유현경 (2009), 관형사형 어미 '-을'에 대한 연구:시제 의미가 없는 경우를 중심으로, ≪어문학≫ 104, 한국어문학회. pp.57~81.

이관규 (2005), ≪학교 문법론≫, 월인.

이기갑 (2005), 15세기 국어 문법의 기술 방법론, ≪허웅 선생의 우리말 연구≫, 태학사. pp.295~319.

이기문 (1961), ≪국어사개설≫, 민중서관.

이기문·이호권 (2008), ≪국어사≫, 한국방송통신대학교 출판부.

이선웅 (2009), 공형태소를 또다시 생각함, ≪국어학≫ 55, 국어학회. pp.3~26.

이선웅 (2012), ≪한국어 문법론의 개념어 연구≫, 월인.

이승희 (2012), 고등학교 국어 교과서의 국어사 단원 내용 연구, ≪국어교육≫ 138, 한국어교육학회. pp.147~168.

이영경 (2003), 중세국어 형용사의 동사적 용법에 관하여, ≪형태론≫ 5-2, 형태론편집위원회. pp.273~295.

이익섭 (2002), ≪국어학개설≫, 학연사.

이정복 (2010), '상황 주체 높임 '-시-'의 확산과 배경, ≪언어과학연구≫ 55, 언어과학회. pp.217~246.

이정택 (2002), 문장성분 분류 시론-그 체계 정립을 위하여-, ≪한국어학≫ 16, 한국어학회. pp.375~389.

이정훈 (2005), 조사와 활용형의 범주 통용 - '이'계 형식을 대상으로 -, ≪국어학≫ 45, 국어학회. pp.145~175.

이현희 (1982), 국어 종결어미의 발달에 대한 관견, ≪국어학≫ 11, 국어학회. pp.143~163.

이홍식 (2003), 문장의 주요 성분, ≪새국어생활≫ 13-4, 국립국어연구원. pp.151~170.

임동훈 (2004), 한국어 조사의 하위 부류와 결합 유형, ≪국어학≫ 43, 국어학회. pp.119~154.

임동훈 (2009), '-을'의 문법 범주, ≪한국어학≫ 44, 한국어학회. pp.55~81.

장경현 (2012), 연결어미에서 기원한 종결어미의 의미 연구 -'-고/-는데'의 담화 의미 기능을 중심으로-, ≪한국어 의미학≫ 38, 한국어의미학회.
pp.109~134.

장윤희 (1999), 공형태 분석의 타당성 검토, ≪형태론≫ 1-2, 형태론편집
위원회. pp.227~244.

정제문 (2005), 15세기 국어 문법범주 연구, ≪허웅 선생의 우리말 연구≫,
태학사.

최동주 (1996), 중세국어 문법, ≪국어의 시대별 변천·실태 연구 1-중세
국어-≫, 국립국어원.

최웅환 (2010), 국어 품사론 연구의 전개와 전망, ≪한국어학≫ 37, 한국어
학회. pp.33~60.

최현배 (1937/1971), ≪우리말본≫, 정음사.

최형용 (2012), 유형론적 관점에서 본 한국어의 품사 분류 기준에 대하여
-분류 기준으로서의 '형식'을 중심으로-, ≪형태론≫ 14-2, 형태론
편집위원회. pp.233~263.

한정한 (2011), 통사 단위 단어, ≪국어학≫ 60, 국어학회. pp.211~232.

허웅 (1975), ≪우리 옛말본 -15세기 국어 형태론-≫, 샘문화사.

허웅 (1983), ≪국어학 -우리말의 오늘·어제-≫, 샘문화사.

허웅 (1999), ≪20세기 우리말의 통어론≫, 샘문화사.

허웅·김계곤·김차균 (1975), [저자와의 토론] 우리 옛 말본에 대하여,
≪한국학보≫ 1-1, 일지사. pp.199~225.

홍기문 (1927), ≪조선문전요령≫, 역대한국문법대계 1부 15책, 탑출판사.

황화상 (2003), 조사의 작용역과 조사 중첩, ≪국어학≫ 42, 국어학회.
pp.115~140.

Baker, C. Mark. (2003), *Lexical Categories: Verbs, Nouns and Adjectives*,
Cambridge: Cambridge University Press.

Bisang, W. (2011), Word classes. In Jae Jong Song (eds.), *The Oxford
Handbook of Linguistic Typology*, Oxford: Oxford University Press.
pp.280~302.

Bybee, J. L. (1985), *Morphology: A Study of the Relation between Meaning and Form*, Amsterdam/Philadelphia: John Benjamins Publishing Company.

Comrie, B. (1985), *Tense*, Cambridge: Cambridge University Press.

Palmer, F. R. (1986/2001), *Mood and Modality*, Cambridge: Cambridge University Press.

Croft, W. A. (1991), *Syntactic Categories and Grammatical Relations: The Cognitive Organization of Information*, Chicago: Chicago University Press.

Whaley, L. J. (1997), *Introduction to Typology*, Thousand Oaks: Sage Publications. (김기혁 옮김 (2008), ≪언어 유형론≫, 소통.)

허웅 선생의 현대 한국어 음운 연구
- ≪국어 음운학≫의 분석과 평가 -

강 희 조

1. 머리말 - 무엇을 어떻게 평가할 것인가

    필자는 이 글을 통해 허웅 선생의 현대 한국어 음운 분석을 '분석'하고 이론의 관점에서 '평가'하고자 한다. 바로 스승이 아닌, 스승의 스승이신 분의 업적을 분석하고 평가하는 일은 이만저만 부담이 되는 일이 아니다. 단지 허웅 선생이 뛰어난 학자이자 스승이었기 때문만은 아니다. 허웅 선생의 국어 음운학 이전과 이후로 음운론에는 많은 변화들이 있었고, 덧붙여 비교적 서구의 이론을 중심으로 음운론을 공부해 왔다고 생각하는 필자에게는 어떤 심리적 거리감이 있었기 때문이다. 그리하여 허웅 선생의 업적을 계승하고 발전시키기 위해 시도하는 일이 오히려 그 업적을 왜곡하거나 잘못된 시선으로 바라보는 것으로 끝나지 않을까 하는 걱정도 있다. 이러한 오류를 범하지 않기 위해 필자는 그 대상과 방법을 결정함에 있어서 가장 기본적인 것을 택하였다.

우선 허웅 선생의 많은 현대 음운론 저작들 중에서 ≪국어 음운학－우리말 소리의 오늘·어제－≫(1985년, 샘문화사 발행. 이하, ≪국어 음운학≫ 또는 허웅(1985)로 줄여 표기한다)을 그 분석과 평가의 대상으로 삼았다. 무엇보다 이 책에 허웅 선생의 현대 한국어 음운 분석이 총집결되어 있기 때문이다. 허웅 선생의 음운 분석이 빛나는 것은 그 기술의 엄밀성에 있다는 것에 이의를 제기하기 어려울 것이다. 그리고 그 엄밀성은, 모국어 화자로서의 직관과 관찰을 바탕으로 한국어의 음운과 관련된 현상들을 개별적이 아닌, 종합적으로 기술하고 분석하는 데에서 나온다. 이러한 점은 비슷한 시기에 출간된 ≪국어음운론≫[1]과 비교하면 잘 드러난다. ≪국어음운론≫은 구성부터 기술음운론과 생성음운론을 구별하여 이론의 흐름에 따르고 있으며 이론에서 제기하는 문제의 예로 한국어 음운 현상을 예로 들고 있다. 따라서 현대 한국어 음운 현상의 일부만을 다룬다. 반면에 ≪국어 음운학≫은 음소, 음소의 체계, 운소론, 음운의 변동의 순서로 현대 국어의 음운을 다루고 있어 철저히 자료를 중심으로 한 구성임을 알 수 있다. 이 외에도, 현대 한국어의 음운에 관하여 허웅 선생의 가장 마지막 견해가 반영되어 있다는 것 역시 이 책을 분석의 대상으로 삼은 이유이다.[2]

분석과 평가의 방법을 말하기 전에, 왜 국어 음운'학'인가에 대해 생각해 보았으면 한다. 1958년에 출간된 초판은 ≪국어 음운론≫이라는 제목을 갖고 있었으나 그 이후 1965년에 새로 펴낼 때는 ≪국어 음운학≫으로 변경이 되었다. 필자가 알기로 '음운론'이 '음운학'보다는 더 보편적으로 사용되는 용어이다. 그럼에도 '음운학'이라는 용어로 변경한 이유가 무엇인지에 대한 호기심이 생겼다. 이 글을 쓰면서 내린 결론은 (이는 온전히 필자의 추정이다), 허웅 선생이 추구했던 것은 '학문'으

---

1) 이기문·김진우·이상억 (1984), ≪국어음운론≫, 학연사.
2) 예를 들어, 된소리를 겹자음으로 보던 견해가 이 책에서는 하나의 음소로 보는 견해로 바뀐다.

로서의 현대 한국어 음운 연구이지 '이론'으로서의 그것이 아니었기 때문이라는 결론에 도달했다. 이는 이 글 전반에서 강조될 내용으로, 음운론을 공부하는 필자에게 어떠한 자세로 연구에 임해야 하는지를 돌아보게 해 주었다.

다음의 문제는 어떤 시각에서 허웅 선생의 연구를 분석하고 평가하는가이다. 주지하는 바와 같이 허웅 선생은 구조주의를 바탕으로 현대 국어의 음운 현상들을 기술 및 분석하였다. 따라서 현 세대의 음운론자들이 가지고 있는 주요한 이론적 바탕인 표준생성음운론(Chomsky and Halle 1968)이나 최적성이론(Prince and Smolensky 1993/2004)과는 거리가 있으며, 따라서 현재의 이론적 관점에서 허웅 선생의 연구를 바라보는 것이 합리적인가에 대한 의문이 제기될 수 있겠다. 이러한 의문에도 이론, 특히 형식주의 이론을 기준으로 하여 허웅 선생의 연구를 평가하려는 데에는 분명한 이유가 있다. 첫째, 하나의 개별 이론이 아니라, 음운 이론이 추구해야 하는 가치들을 가지고 평가함으로써 객관적인 시각을 유지할 수 있다고 판단하였다. 둘째, 비록 방식이 다를 수는 있으나 허웅 선생이 현대 한국어 분석을 통해 보이려고 했던 것과 현재의 음운 이론들이 추구하는 목표가 크게 다르지 않음을 보일 수 있을 것이라 생각하였다. 그리고 필자의 결론으로는, 역시 그러하였다. 마지막으로, 그 공통점을 기반으로 하여 허웅 선생의 연구를 어떻게 계승하고 발전할 것인지를 건설적으로 고려해 보고자 하였다. 한국어의 음운 분석을 보다 정밀하게 시도하고 그 결과를 가지고 일반 음운론의 발전에도 기여할 수 있도록 하는 것이 학문 후속 세대들에게 주어진 과제라 생각하기에 이러한 논의들이 앞으로의 연구를 계획하는 데 있어서 조금이나마 도움이 되기를 기대해 본다.

제2장에서는 허웅 선생의 현대 한국어 음운 연구의 특징들을 Lass (1984)의 질문들에 비추어 분석한다. 가급적 객관적으로 허웅 선생의 연구를 분석하고, 그 장단점을 기술하였다. 음운 분석의 단위가 무엇이

며 어떠한 방법으로 그 단위들을 결정하는지 살펴보고 음운 및 변동 규칙들의 특징은 무엇인가 파악한다. 더불어 음운학의 경계를 어떻게 설정하였는지도 본다. 제3장에서는 현대의 음운 이론이 추구하는 목표들에 비추어 허웅 선생의 연구를 분석 및 평가한다. 특히, 분석의 예측력이라는 측면과, 규칙 기반의 생성음운론과 제약 기반의 최적성이론 사이에서 제기된 논제들에 비추어 허웅 선생의 연구를 평가해 본다. 제4장에서는 허웅 선생의 연구를 통해 배울 수 있는 점들을 정리하고, 후속 세대가 이를 계승 및 발전시키기 위해 할 수 있는 연구가 어떤 것들일지 생각해 보기로 한다.

2. 음운론의 목표와 허웅 선생의 현대 한국어 음운 분석

Lass (1984)는 음운론의 핵심을 '보편적 언어 혹은 개별 언어의 핵심적인 소리들이 어떻게 표상되고 실현되는가'를 탐험하는 것이라고 밝혔다. 그리고 보다 구체적으로 아래와 같은 질문에 대답하는 것이 음운론자들의 일이라 기술하였다.

(1) 음운론에서 제기되는 질문들 (Lass 1984:5,6)
　　가. 음운론의 단위는 무엇인가? 단지 소리(혹은 분절음)인가 아니면 그것보다 더 작거나 큰 단위들을 포함하는가?
　　나. 그러한 단위들을 조직하는 데 관여하는 원리는 무엇인가?
　　다. 적합한 기술을 위해 어느 정도의 추상화 내지 이상화(idealization)가 필요한가?
　　라. 음운론과 형태론, 혹은 음운론과 통사론의 경계는 어디인가?
　　마. 이러한 질문들에 대한 논의를 정당화하는 방법(혹은 논증)은 무엇인가?

바. 음운 이론이 어느 선까지 심리 이론과 결부되어야 하는가?

사. 외부적인 근거들 (언어 변화, 언어 습득, 언어 병리학 등)이 어느 선까지 음운 이론과 관련이 있는가?

이 장에서는 위의 질문들 가운데 첫 네 가지에 대해서 허웅 선생의 답은 무엇인지를 자세히 살펴보고 다음 장에서는 허웅 선생이 제시한 답들을 현대의 음운 이론들에 비추어 평가해 보도록 하겠다.

2.1. 음운론의 단위

어느 학문이든 그 연구의 대상이 무엇인지를 규정하는 것에서 출발한다. 허웅 선생의 현대 국어 분석 역시 그 대상이 무엇인지를 정의하는 것에서 시작한다. 특히 구조주의의 전통을 따라 음소를 규정하는 데 현대 한국어 분석의 많은 부분을 할애하고 있다. 변이음의 집합에서 출발하여, 음소의 개념을 여러 학자(쿠르트네이, 비이크, 사피어, 존즈, 트루베츠코이, 블룸필드, 마르티네, 야콥슨 등)들의 관점에 따라 그 문제점들과 함께 소개하고, 구조주의 시각을 따라 관련성과 체계를 고려하여 한국어의 음소 목록을 제시하였다. 더불어 그러한 음소들을 더 세분화된 소리바탕(자질)으로 기술하고 있다. 소리바탕 체계를 보면, 우선 [막음] 과 [고정자리]로 모음, 활음, /ㅎ/, 자음을 구별하고 모음은 [높은], [낮은], [뒤], [둥근]의 네 자질로, 자음은 [입술], [뒤혀], [터짐], [갈이], [된], [거센], 그리고 [코로]로 구별하였다.

(2) 네 부류의 소리들을 분화하는 변별바탕 (허웅 1985:210)

	홑홀소리	반홀소리	/ㅎ/	그 밖의 닿소리
막음	-	-	+	+
고정자리	+	-	-	+

(3) 홑홀소리를 분화하는 변별바탕 (허웅 1985:210)

	ㅣ	ㅔ	ㅐ	ㅟ	ㅚ	ㅡ	ㅓ	ㅏ	ㅜ	ㅗ
높은	+	-		+	-	+	-		+	-
낮은		-	+			-		+		-
뒤	-	-	-	-	-	+	+	+	+	+
둥근	-	-		+	+	-	-		+	+

(4) 장애음을 분화하는 변별바탕 (허웅 1985:212)

	ㅂ	ㅃ	ㅍ	ㄷ	ㄸ	ㅌ	ㄱ	ㄲ	ㅋ	ㅈ	ㅉ	ㅊ	ㅅ	ㅆ
입술	+	+	+	-	-	-								
뒤혀				-	-	-	+	+	+					
터짐	+	+	+	+	+	+	+	+	+	+	+	+	-	-
갈이	-	-	-	-	-	-	-	-	-	+	+	+	+	+
된	-	+		-	+		-	+		-	+		-	+
거센	-		+	-		+	-		+	-		+		

(5) 향음을 분화하는 변별바탕 (허웅 1985:212)

	ㅁ	ㄴ	ㅇ	ㄹ
입술	+	-		
뒤혀		-	+	
코로	+	+	+	-

이 자질체계는 기본적으로 Jakobson, Fant & Halle (1952)를 참고한 것으로 보이나 한국어의 체계에 맞게 수정 보완한 것이다. 그리하여 현재의 자질 체계와도 다른 모습을 많이 보이는데, 그 차이점 중 몇 가지를 언급하고 그 장단점에 대해 간략히 논하고자 한다. 허웅 선생이 도입한 변별바탕의 특징은 모두 조음과 관련된 자질들이라는 점이다. 현대 음운론이 일부 비조음성 자질(예를 들면 음향자질이라 할 수 있는 [strident] 또는 조음적으로 정의하기 어려운 [sonorant] 등, Jakobson,

Fant & Halle 1952, Chomsky & Halle 1968)을 도입한 데 반해, 허웅 선생은 오직 조음 자질만을 사용하였다. 이는 자질의 수를 최소화한 것과 무관하지 않은데, 예를 들어 혀끝자리를 따로 두지 않고 [-입술, -뒤혀]이면 혀끝자리가 되도록 한다든지, 향음을 장애음으로부터 구별하기 위한 자질을 따로 두지 않는 점 등은 최소의 자질로 한국어 음소를 구별하도록 했던 허웅 선생의 노력의 결과로 볼 수 있다. 이는 허웅 선생이 이러한 변별바탕을 왜 도입했는가 하는 문제와 관련이 있는 것으로 보인다. '변별바탕'이라는 용어 자체가 말해 주듯이, 대립되는 음소들이 어떻게 변별되는가를 보여 주기 위한 것이 첫 번째 목적이다. 그리고 더 나아가 음소들 사이의 구조적인 체계를 보이는 것이 가능해진다는 장점이 있다.

그러나 자질의 수를 최소화함으로써 발생하는 문제도 있다. 허웅 선생이 선택하고 있는 자질 체계는 개별 자질에 [+] 또는 [-]를 부여하는 이분적 자질체계이고 이와 더불어 제침바탕(잉여자질) 역시 사용하고 있다. 예를 들어 갈음소리(마찰음)와 붙갈음소리(파찰음)들은 위치 자질에 있어 아무런 표기를 갖지 않는데, 이는 현대 한국어의 모든 갈음/붙갈음 소리들이 음운론적으로는 하나의 위치에서 실현되기 때문에 굳이 표기를 해 주지 않아도 된다는 것으로 풀이된다. 다른 예로는 장애음이 [+된]을 가지면 [거센]은 가질 수 없는 것이 당연하기 때문에 무표로 표시되는 경우이다. 홀소리의 [높은]과 [낮은]의 관계도 마찬가지이다. 따라서 범언어적으로 하나의 자질에 의해 다른 자질이 예측이 되는 경우나 한국어의 특수성으로 인해 자질의 부여가 필요치 않은 경우에 무표를 사용하고 있으며 이 두 가지 경우에는 (비록 허웅 선생은 이러한 규칙들을 설정하고 있지 않으나) 결국 잉여 규칙에 의해 표기되어 있지 않은 자질들도 모두 표기가 될 것이라고 예상할 수 있다. 그런데 장애음과 향음의 구별은 이런 방식으로 해결되지 않는다. 장애음의 구별에 관여하는 [터짐] 혹은 [갈이]를 향음들에 무표화하거나, 아니면 향음의 구별에 관여하는 [코로]를 장애음들에 무표화함으로써 그 목록상에서 두 무리의 소리들을 구별할 수 있을지 모르나, 이는 앞에서 언급한 잉여자질이 아니다. 즉, [+], [-], 그리고 무표 이 세 가지로 구별해야 하는 경우가 된다. 따라서 완전한 기술을 위해서는 [obstruent] 혹은 [sonorant]같이 일반 음운론에서 사용되는 자질이 도입되어야 할 것으로 보인다.[3] 또 다른 문제는 /ㅎ/을 [-고정자리]로 봄으로써 /ㅎ/이 주변 음운 환경에 따라 여러 다른 자리를 가질 수 있는 것을 설명하도록 하였는데, 이는 [-고정자리]를 갖는 반홀소리들도 마찬가지의 변화를 겪을 것이라는 예상을 하게 한다. 그러나 이는 사실과 다르다. 또 한 가지 생각해 볼 점은, [고정자리]를 갖지 않는다는 것과 위치자질에 있어 아무런 표기를 갖지 않는다는 것(예를 들면 갈음 또는 붙갈음 소리들)이 가지는 차이가 무엇인가 하는 점이다. 이론적이기는 하나, 이 차이를 분명하게 보여주기 위해서는 앞에서 언급했던 잉여 규칙이 명시되어야 한다. 마지막으로, 후에 기술될 변동 규칙에서도 최소의 자질 도입에 따른 문제, 혹은 아쉬운 점이 발견된다. 홀소리 어울림 (모음조화) 규칙의 경우 모음 /ㅏ/와 /ㅗ/를 '밝은 홀소리'로 규정하고 있는데 이 '밝은'으로 표현되는 것 역시 자질 체계에 포함되지 않는다. 모음을 변별하는 데 꼭 필요한 자질이 아니기 때문이다. 그러나 모음조화의 기술 및 분석을 위해 이 자질을 설정하고 규정하는 일은 꼭 필요한 일이라 생각한다.

그렇다면 허웅 선생이 이렇듯 최소한의 자질만을 사용한 이유는 무엇일까? 즉, [장애음] 또는 [향음] 자질 등을 도입하지 않은 이유는 무엇일까? 조음을 직접적으로 표현하는 자질이 아니기 때문이었을 것으로 추측한다. 이는 허웅 선생이 이 자질들을 어떻게 사용하는가를 보면 더욱 분명하게 드러난다. 주로 자질로 기술되는 생성음운론의 규칙들과는

---

3) ≪국어 음운학≫의 'I. 말소리의 일반적 성격'에서는 이러한 자질들이 소개되었으나 'II. 현대 국어의 음운학'에서는 배제되었다.

달리, 허웅 선생의 음운 규칙과 변동 규칙은 음소 및 변이음으로 기술이 되어 있다. 즉, 허웅 선생은 분절음(음소)을 음운론 분석의 최소 단위로 보고 있는 것으로 저자는 판단한다.[4] 그리고 자질은 음소간의 대립을 설명하기 위해, 그리고 음운 규칙 혹은 변동 규칙이 여러 음소에 적용될 때, 그 음소들이 가지고 있는 공통된 특징을 제시하기 위해 조음에 기반을 둔 자질을 사용하고 있다. 다시 말하면, 자질을 음운론의 최소 단위보다는 설명 방식으로 사용하고 있는 것이다. 요약하자면, 허웅 선생의 자질체계는 조음을 기반으로 음소들의 대립과 변화를 설명하기 위해 도입한 것으로, 따라서 음운론의 단위 및 분석 대상으로서의 체계라고 보기 힘들다.

지금까지 음소에 초점을 맞추어 허웅 선생이 생각한 음운론의 단위에 대해 살펴보았다. 물론 허웅 선생이 음소만을 음운론의 대상으로 간주했던 것은 아니다. 음소와 더불어 뜨내기 소리바탕(운율 자질: 소리의 길이, 높이, 세기 등) 역시 어감을 표현하거나 어휘적 혹은 통어적 대립을 이룰 때에는 음운론의 연구 대상임을 분명히 하였고, 이러한 자질들이 나머지바탕(잉여자질)으로 작용할 때에는 비변별적이므로 음운론의 연구 대상이 아니라고 명시하였다.[5] 이렇게 음소와 운소를 음운론의 분석 대상으로 규정하고, 분석을 시작하였다.

덧붙여, 따로 분류하여 명시하지 않았지만, 음절 역시 음운 분석의 한 단위로 보았다. 음절을 중심으로 한국어 음소들의 결합관계를 설명하고 있으며 모음충돌 회피를 후두 켕김(긴장)의 강약에서 오는 리듬을 유지하려는 노력으로 본다는 점도 흥미롭다. 첫소리-가운뎃소리,

---

4) 뒤에서 기술하겠지만, 허웅 선생 역시 음소를 '변이음들의 묶음'뿐 아니라 '변별적 바탕의 묶음'이라고 하였다. 이는 음성 자체가 자질들의 묶음이라고 가정했던 생성음운론의 견해와는 약간 다르다.

5) 월가락(억양)은 '내림', '수평', '오름'으로, 성조는 '높은', '가운데', '낮은'으로, 길이는 '긴', '짧은'으로 그 요소들을 규정하였다.

가운뎃소리-끝소리, 그리고 끝소리-첫소리의 이음에 대한 제한을 제약들로 정리해 두고, 그 제약들이 일부 변동 규칙의 원인으로 작용한다고 보았다.

정리하자면, 허웅 선생은 현대 한국어에서 나타나는 음성들로부터 음소의 목록을 작성하고 이를 음운 분석의 가장 중요한 단위로 삼아 음운 현상을 기술하는 데 사용하였다. 자질은 음소의 변별성을 드러내기 위한 수단으로 사용되었고, 오로지 음소의 변별을 위한 최소한의 자질들만이 도입되었다. 음소 외의 운소들 역시 음소와 마찬가지로 현대 한국어에서 의미의 변별을 가져오는 것들만을 그 단위로 지정하였다. 이러한 기술이 어떤 이론적 함의를 가져오는지는 제3장에서 논의될 것이다.

2.2. 음운론의 단위들을 조직하는 데 관여하는 원리

음소들을 더 큰 단위로 조직하는 데 관여하는 원리로는 일반적인 것으로 공명도를 제시하였다. 그리고 단어의 처음과 끝, 그리고 음절의 처음과 끝에 나타날 수 있는 자음의 개수와 종류는 언어에 따라 다른 제약을 갖는다고 기술하였다. 한국어의 제약을 기술하기 위해 한국어에 나타나는 '자음+(활음)+모음' 연쇄 및 '(활음)+모음+자음' 그리고 '음절말 자음 + 음절초 자음' 연쇄의 목록을 제시하였다. 나타나지 않는 연쇄에 대해서는 청취상의 이유를 제시했는데, 예를 들어 '볘, 폐, 메'같은 결합이 존재하지 않는 것은 각각 '베, 페, 메'와의 구별이 어렵기 때문이라고 하였다.

2.3. 추상화의 범위

허웅 선생의 현대 한국어 음운론에서는 추상화의 과정이 다음과 같이 상세히 나타나 있다. 현대 한국어에서 나타나는 모든 음성에서 출발하여 그 음성들 사이의 변이음적 관계를 설정하고 각각의 변이음 집단에서 대표 변이음을 설정하였다. 이 과정에서 두 가지의 기준을 설정하여 적용하였다.6) 생성음운론과 비교할 때 두드러지는 것은 음소를 넘어선 추상화를 시도하지 않는다는 점이다. 이 문제를 논의하기 위해서는 다시 자질의 문제로 돌아가야 하는데, 앞에서 언급했듯이 현대 한국어 기술 및 분석을 위한 자질은 최소로 도입되었기에 변이음들의 구별을 위해 자질을 도입하지 않았다. 예를 들어 /ㄷ/은 /ㅈ/과 (방법 자질로 구별되기 때문에) 위치 자질로 구별되지 않는다. 혀끝과 센입천장은 비변별적인 것으로 간주되므로 둘 다 [-입술, -뒤혀]로 표기될 뿐이다. 다른 예로는, 여린입천장 소리도 목젖 소리 등과 [+뒤혀]로 묶인다는 것을 들 수 있다. 이렇듯 한 음소가 여러 변이음으로 실현되는 음운 규칙은 자질의 도입 없이 음소와 음성들 간의 관계로 기술되어 있다. 이러한 사실은 생리적, 심리적, 그리고 기능적 실체로서의 음소와 비교해 볼 때, 자질은 허웅 선생의 음운론 연구에서 그 위치가 분명하지 않은 것으로 파악하게 한 다. 비록 음소를 '변별적 바탕의 묶음'으로 보는 점은 생성음운론과 같이 하고 있으나, 그 바탕(자질)을 바라보는 시각에는 상당한 차이가 있다.

　음운 규칙이 언급되었으니, 허웅 선생의 음운 규칙들이 보이는 특징 들에 대해 좀 더 언급하고 넘어가려 한다. 앞서 말했듯이, 음소의 변이는 음운 규칙으로 나타내는데, 그 음운 규칙들은 '약한 소리가 변이를 입는 다'는 원칙 아래 여러 특징들에 의해 분류된다. 예를 들면, 필연과 임의, 한정과 보편, 닮음과 그렇지 않음7) 등으로 분류된다. 그리고 음운 규칙 들은 그 변화의 양상에 따라 자리 옮김, 방법의 변화, 울림 바꾸기, 길이 바꾸기 등으로 분류된다. 그리고 감정적 색채를 띠게 하는 몇 가지 변이

---

6) 대표적으로, 으뜸변이음을 정하는 기준으로, 1) 배치의 제한을 되도록이면 적게 받은 소리 2) 음성적 환경의 영향을 안 입었거나 되도록이면 적게 입은 편을 예로 들 수 있다.
7) 이는 대부분의 음운 규칙들이 기본적으로는 닮음에서 온다는 것을 강조한 것으로 보인다.

를 제시한 것은 흥미롭다(예, 연구개음이 과정된 말에 있어서 목젖음이 된다). 그리고 이러한 규칙들은 서술식으로 제시되어 있으며 생성음운론 방식의 표기 규약이 사용되지 않았다. 따라서 여러 음소에 하나의 규칙이 적용이 되는 것도 묶음 표시 같은 표기 규약으로 나타나지 않는다.8) 다만 그렇게 보편적인 변이가 발생하는 것은 그 음소들이 공통된 특성을 가지고 있음에 기인한다고 보았다. 예를 들어 입천장소리 되기(구개음화)에 관여하는 음소들은 혀끝소리(치조음)들인데, 특이한 것은 치조 파열음(ㄷ, ㄸ, ㅌ)은 음소가 바뀌는 경우로 의식에 떠오르기 때문에 같은 원리로 이루어지는 변화라 하더라도 다른 사실로 다루고 있다. 덧붙여, /ㅎ/의 경우 고정된 자리가 없는 떠돌이로 분류하는 것이나 /ㄷ/과 /ㅈ/의 대립을 자리의 대립이 아닌 방법만의 대립으로 보고 있다는 점도 주목할 만하다. 이러한 기술 또는 분석의 특징 역시 이론편에서 좀 더 자세하게 다루어질 것이다.

추상성의 문제를 잘 보여주는 것은 변동 규칙에서 그 대표형태를 어떻게 결정하는지에 관련된 논의이다. 예를 들어 반치음(△)과 순경음(ㅸ)을 현대 한국어의 대표형태로 인정해야 하는가? 이에 대해 허웅 선생은 이 소리들의 변이형태가 무형(영)이기 때문에 변이음들에 공통적으로 나타나는 변별바탕을 파악할 수 없고, 음소는 비록 추상적인 존재이기는 하지만 반치음과 순경음의 도입은 '언어표기와 기술을 지나치게 가공적인 것으로 만들어 머리 속에 갈무리된 참된 있음으로서의 언어가 아닌 가공적인 언어를 잡고 희롱하는 유희'에 빠질 염려가 있음을 경고하였다.

---

8) 이는 단순히 기술상의 차이로 치부할 수도 있으나, 이론적으로는 다른 함의를 낳는다. 제3장에서 논의될 것이다.

2.4. 음운론과 형태론의 경계

허웅 선생은 구조주의의 전통을 따라 음운 규칙과 변동 규칙을 구별
하였다. 하나의 형태소가 음운환경에 따라 여러 다른 형태로 실현되는
것을 변이형태라 규정하고, 변이형태들 가운데 기본형태를 간결성, 일반
성, 합리성을 기준으로 포착하였다. 다른 계통의 변이형태(예를 들면
-이/-가)와 같은 계통의 변이형태(예를 들면 값~갑)를 구별하였고 음성
적 변이형태와 형태적 변이형태 역시 구별하였다. 그리하여 음성적 변이
형태만이 음운론의 분야임을 명시하였다. 이로서 음운론과 형태론의
경계는 명확하게 제시하였다. 이에 반해 음운론과 통사론의 관계에 대해
서는 직접적인 언급은 없다. 다만, 어휘적 대립 뿐 아니라 통어적 대립을
이루는 뜨내기 바탕(운소) 역시 음운론의 대상임을 분명히 하여, 생성음
운론 초기에 비교적 도외시되던 운율적인 요소들까지 음운론에서 연구
해야 함을 밝혀 두었다.

이렇듯 형태음소를 설정하여 형태음소-음소-음성 세 단계를 설정하고
각 단계의 사이를 변동 규칙과 음운 규칙으로 연결하는 방식은 Carr
(1993:85, 86)가 지적하듯이 중복성의 문제를 야기한다. 허웅 선생은
언어기술의 복잡성 문제라 표현하고 있다. 그럼에도 이 구별을 유지하는
이유에 대해, 1) 이중 적용되는 규칙은 일부분 뿐임, 2) 음소의 실체성을
부정할 수 없음 (형태음소에서 음성으로 바로 갈 수 없음), 3) 때로 형태
음소는 음소 목록에 나타나지 않는 것도 있음, 4) 변동 규칙은 형태소의
경계에서 적용되나 음운 규칙은 그러한 제한이 없음 등을 거론하였다.
이 역시 음소 중심의 구조주의 음운론의 특징을 잘 드러낸다.

변동 규칙은 음운 규칙과 달리 규칙의 순서가 중요하며 (외재적 규칙
순을 적용해야 함), 음운 규칙과 마찬가지로 필연과 임의, 한정과 보편을
기준으로 나뉠 수 있다. 그리고 변동의 종류는 그 '원인'에 따라 세 가지
로 분류된다.

(6) 변동 규칙의 분류 (허웅 1985:264)

　　가. 음소의 가로의 체계의 제약성에 의한 것

　　나. 발음의 편이를 위한 자연적인 경향에 말미암은 것

　　다. 말의 청취 효과를 똑똑히 하려는 데서 일어나는 것

이상의 정리에서 볼 수 있듯이 허웅 선생의 현대 국어 분석은 음운학이 설명해야 하는 것들을 모두 포함하고 있다. 음소의 목록에서 시작하여 음소의 변이와 형태소의 변이, 그리고 그 소리들의 분포와 운율 (혹은 운소) 요소들까지를 포함한다. 이리하여 현대 한국어의 음운에 관한 완전한 기술이라고 할 수 있으며, 다른 연구자들과 분명하게 차별되는 부분이다.

위에서 Lass가 제기했던 문제들 가운데 (1e), (1f), (1g), 이 세 가지는 이론적인 관점과 관계가 있으므로 이 이후에서 다루도록 하겠다.

3. 음운 이론으로서의 허웅 선생의 현대 한국어 음운 연구

학문을 하면서 어떤 이론을 받아들이는가는 순수하게 학문을 하는 사람이 결정할 일이다. 정확한 기술을 학문의 가장 중요한 목표로 삼는 이들도 있을 것이고, 이론의 발전을 목표로 삼는 이들도 있을 것이다. 다시 강조하건대, 이 글에서 이론을 기반으로 허웅 선생의 연구를 평가하고자 하는 것은 이론을 우선시하기 때문이 아니다. 보다 객관적으로 허웅 선생의 연구를 바라보기 위한 방법으로 이론을 택한 것이다. 이 장에서는 형식주의 이론이 기본적으로 갖추고 있는 요소에 비추어 허웅 선생의 연구를 평가하고, 그 다음에 규칙 및 제약 기반의 이론들을 비교하면서 제기된 이론적 문제들을 가지고 허웅 선생의 연구를 살펴보겠다.

현대의 음운 이론이 추구하는 바는 모든 언어에서 나타나는 보편성을 발견하고, 음운 현상의 범위를 제한하여 가능한 음운 현상과 그렇지 않은 음운 현상을 구별하며, 가능한 현상들 가운데에서도 어떤 것이 더 자연스러운 것인가를 말하는 것이다. 이러한 목표를 위하여 이론, 특히 형식 이론은 두 가지의 요소를 갖춰야 하는데 그것은 바로 원소와 연산이다 (Rennison 2000). 이는 수학에 빗대어 생각하면 쉽게 이해할 수 있는데, 가장 기초적인 수학에서 배우는 자연수와 사칙연산이 바로 원소와 연산을 대표한다.

3.1. 원소

원소는 앞 장에서 다룬 음소 혹은 자질이라 할 수 있다. 그 외에도 음절이나 그 이상의 단위가 포함될 수 있고, 허웅 선생이 뜨내기 바탕으로 제시한 길이, 강세, 억양 등도 포함된다. 비록 허웅 선생이 형식적인 이론을 추구한 것은 아니지만 이론적 관점에서 보아도 그 원소를 매우 다각적인 방법으로 규정했다는 점은 부정할 수 없다. 앞에서 보였듯이 실체적, 심리적, 분포적, 기능적 관점들을 동원하여 음소를 규정하고 이를 음운 분석의 가장 중요한 단위로 삼았다. 그리고 그 이외의 운소적인 요소들도 음운론의 '원소'로 포함시켰다.

생성음운론에서는 가장 기본적인 원소로 변별자질을 설정하였다. Chomsky & Halle (1968)에서 변별자질은 기본 원소 이상의 기능을 담당한다. 무엇보다도 개별 자질의 값 (+ 또는 -) 중에서 유표적인 것과 무표적인 것을 지정하고 유표적인 자질의 수를 통해 그 분절음의 유표성을 평가할 수 있도록 하였다. 이는 앞에서 제시한 음운 이론의 목표 가운데, 어떤 것이 더 자연스러운 것인가를 가려내려는 목표를 이행할 수 있는 수단으로 간주되었다. 그리고 생성음운론의 발전은 원소 집합의 확대로 이어졌다. Goldsmith (1979) 이후 발달한 자립분절음운론에서는 기존의 분절음 이외에 운율적인 요소들을 음운이론이 가지는 원소들의 집합에 포함시켜 분석하였다. 최적성이론은 기존에 생성음운론에서 제시했던 원소들을 그대로 받아들여 '원소'를 정의하지 않는 형식주의 이론이라는 비판을 받기도 했다 (Rennison 2000).

생성음운론과 허웅 선생의 연구를 비교하면, 이 원소를 정의하는 데에서부터 그 목적의 차이가 분명히 드러난다. 생성음운론은 언어 보편성과 다양성을 포착하려는 목표를 위해, 그리고 허웅 선생은 현대 한국어의 음운 현상의 포괄적 기술을 위해 원소를 설정하였음을 볼 수 있다.

생성음운론의 원소와 관계된 다른 하나의 문제는 추상성이었다. 초기 생성음운론에서 추상적인 기저형은 교체형 사이의 형태론적인 관계를 보여주려는 목적으로 혹은 음소 체계의 경제성을 추구하려는 목적으로 선호되었으나, 그 실존성 및 습득 가능성에 대한 의문이 제기되면서 비판의 대상이 되었다. 이를 극복하려는 방안으로 자연음운론 (Natural Phonology: Stampe 1973)에서는 '기저형은 원칙적으로 발성가능한 소리여야 한다' 혹은 '기저형은 발성 가능한 표면형을 도출하기 위해 요구되는 만큼만 추상적이어야 한다' 등의 조건을 제시하였고 자연생성음운론 (Natural Generative Phonology: Hooper 1976)에서도 역시 '교체하지 않는 형태소의 어휘형은 표면형과 일치한다' 및 '어근의 어휘형은 그 어근의 이형태들 중 하나와 일치한다'는 조건을 제시하여 표면형이 필요 이상으로 추상화되는 것을 막으려 하였다. 기저형의 추상성 문제는 후에 논의할 '습득가능성' 문제와도 직결된다.

그러나 허웅 선생의 경우, 구조주의 이론을 기반으로 하여 음소와 변이음의 목록을 작성하고 그 목록을 출발점으로 하여 음운 및 변동현상을 기술하였으므로 생성음운론이 보여주었던 기저형의 추상성 문제를 보이지 않는다. 그러나 도출 과정에서 발생하는 중간 형태의 경우 그 실체성에 의문을 제기할 수 있다. 물론 허웅 선생의 분석에서 보이는 중간 형태들은 한국어에서 기저형 또는 표면형으로 허용되는 형태들로서, 추상성의 문제를 보이지 않으나, 그 실체성은 여전히 증명해야 할 과제로 남게 된다.

3.2. 연산 I - 음운 규칙

다음으로는 '연산'에 해당하는 것들을 살펴보고자 한다. 허웅 선생의 현대 한국어 음운 분석은 주로 규칙들로 기술되어 있다. 그리고 그 규칙들은 앞에서 언급했듯이 대표 음소가 각 음운 환경에서 변이음들로 실현되는 음운 규칙과 대표형태소가 역시 각 음운 환경에서 변이 형태들로 실현되는 변동 규칙으로 나뉘며 음소를 표기하는 기호 / /와 음성을 표기하는 기호 [ ], 변화를 나타내는 기호 →, 그리고 형태소 경계를 나타내는 기호 + 등을 제외하면 기호의 쓰임은 사실상 없으며 기호보다는 말을 풀어쓰는 방식으로 규칙을 기술하고 있다. 따라서 규칙의 형식이 가지는 제한 혹은 예측이 없다고 할 수 있다. 다만 규칙들의 성격에 대해서는 어느 정도 규정하고 있는데 가장 큰 원칙으로는 '약한 소리들이 맞닿아 있는 소리들을 닮는다'는 것이다. 보편적인 규칙들은 모두 이 원칙에 준하여 일어나는 것들이고 한정적인 규칙들만이 이 원칙에서 벗어나는 것들이다.[9] 정리하면, 한정적인 몇 개의 규칙을 제외하면, 하나의 음소가 여러 변이음들로 실현되는 것은 약한 소리가 그 음운 환경에 동화되는 것으로 파악하는 것이다. 이는 형태소의 변동 규칙과는 대비되는 것으로, 변동 규칙의 요인으로는 발음의 편이 뿐 아니라 청취의 명료함도 포함되기 때문이다.

---

9) 한정적인 음운 규칙으로는 / ㄹ /가 홀소리 사이에서 단독으로 나타날 때 [r]로 실현되는 것과 / ㅓ /가 길게 나타날 때 [ə]로 실현되는 것이 있다.

음운 규칙은 자리 옮김, 방법 바꾸기, 울림 바꾸기, 세기 바꾸기 등으로 나뉜다. 이 네 부류의 음운 규칙들을 그 자질과 관련하여 자세히 살펴보자.

1) 자리 옮김의 경우 혀끝소리들의 입천장소리 되기, 입천장소리의 혀끝소리 되기, 여린입천장소리들의 앞- 또는 뒤-여린입천장소리 되기 등이 있으며 이러한 변화들은 위치 자질의 변화를 가져오지 않는다. 허웅 선생의 체계에서는 위치가 [입술]과 [뒤혀], 두 자질로만 기술되기 때문이다. /ㅎ/의 경우 고정자리가 없기 때문에 위치와 관계된 어떠한 변화도 역시 그 변별성에 영향을 주지 않는다.

2) 방법 바꾸기의 경우 /ㄱ, ㄷ, ㅂ/의 닫음소리 되기는 이 소리들이 가지고 있는 자질이 [+터짐, -갈이]인데 이를 [-터짐, -갈이]로 바꾼다고 할 수 있다. 비록 자질의 값에 변화를 주기는 하지만 [-터짐, -갈이]에 해당하는 음소가 존재하지 않기 때문에 음소의 변화를 가져오지는 않는다고 할 수 있다. /ㄱ, ㅂ/이 홀소리 환경에서 변하는 갈이소리 되기 역시 이들의 자질 [+터짐, -갈이]를 [-터짐, +갈이]로 바꾼다고 볼 수 있는데 이들 위치에 해당하는 갈이소리가 음소로 존재하지 않기 때문에 음소의 변화를 초래하지 않는다. /ㄹ/의 두들김소리 되기 역시 마찬가지이다.

3) 울림소리 되기의 경우 울림에 관한 자질 자체가 존재하지 않기 때문에 역시 음소의 변화를 초래하지 않는다.

4) 된소리와 거센소리가 홀소리 사이에서 긴 소리가 되는 것 역시 음소적 차이를 발생시키지 않는다. 한국어에서 길이는 홀소리에만 음소적으로 작용한다고 규정하였기 때문이다.

이상의 사실들로부터 알 수 있듯이, 허웅 선생의 자질체계는 철저히 음소의 구별에 맞추어져 있다. 비록 음운 규칙이 형식을 갖추지는 않았지만, 음소의 변화를 가져오는 자질의 변화를 일으키지 않는 한에서 음운 규칙이 적용되리라는 것을 예상할 수 있게 해 주는 체계인 것이다. 물론 모든 자질이 음운 규칙과 관련되지는 않기에 이 예상이 완전히 들어맞는 것은 아니다. 허웅 선생이 명시하지는 않았으나, 현대 한국어의 변이음과 관련된 음운 규칙과 관련된 자질은 조음 방법과 관련된 자질들뿐이며 그 이외의 음운 규칙들은 허웅 선생이 제시한 자질들과는 관련이 없다.[10] 여기서 배울 수 있는 것은 이론 혹은 이론적 예측은 엄밀한 기술에서만이 나올 수 있다는 사실이다.

지금까지 살펴 본 허웅 선생의 연구에서 드러난 연산체계는 형식주의 이론이라 할 수 있는 생성음운론의 연산 체계와는 다르다. 초기의 생성 음운론이 택한 연산체계는 'A→B/C___D'와 같은 형식으로 대표되는 규칙이었고, 이러한 형식으로 변화, 삭제, 삽입, 도치, 축약 등의 변화를 표기할 수 있었다. 그리고 { }, ( ), $\alpha\beta\gamma$ 등의 표기 규약을 통해 유사한 규칙들을 묶어서 나타낼 수 있도록 하였다.[11]

그렇다면 형식주의 이론이 이렇듯 원소와 연산을 가짐으로써 얻는 장점은 무엇인가? 그것은 바로 그러한 형식들을 통해 객관적으로 확인이 가능한 유한한 진술을 만들어 냄으로써 자료를 통해 옳고 그름을 판단할 수 있다는 것이다. 이는 앞서 밝힌 음운이론의 목표 중 하나인 가능한 음운현상과 불가능한 음운현상의 구별을 이루기에 매우 적합하다고 할 수 있다. 기술 위주의 음운론이 가지는 가장 큰 문제인 과다문법 혹은 과소문법의 문제를 피할 수 있는 가능성을 제시해 준다. 이론이

---

10) 왜 조음방법과 관련된 자질만이 변화를 입는가라는 질문이 당연히 따라올 수 있다. 이 논문의 주제에서 벗어나므로 여기서는 다루지 않으나, 연구할 만한 질문임에는 틀림이 없다.

11) 묶음표 같은 표기 규약들은 단순히 여러 규칙들을 묶는 것보다 더 중요한 의미를 지닌다. 생성음운론 틀 안에서는 언어 습득이라는 것이 주어지는 자료와 일관된, 형식적으로 가장 단순화된 문법을 선택하는 과정으로 간주되기 때문에 아이들이 습득 과정에서 어떤 규칙을 갖게 되는가를 결정하는 데 작용할 수 있다.

현상에 대한 예측 혹은 배제를 할 수 있게 되는 것이다. Prince (2007)는 이론이란 무엇인가라는 질문에 이론은 그 이론이 내놓는 결과의 총합이라고 대답했다. 그 총합이 실제의 자료와 일치한다면 가장 좋은 이론이라 할 수 있을 것이다. 그러나 초기의 생성음운론은 형식주의 이론이기는 하지만 그러한 장점을 누릴 수 없었다. 생성음운론의 기본은 일련의 다시쓰기 규칙이며 이 규칙들은 여러 표기 규약들로 인해 한층 풍부해졌으나 문제는 규칙의 실제 가능성은 포착하지 못한다는 것이었다. 여러 규약으로 표현되는, 이미 이런 저런 언어에서 검증된 규칙들은 이 이론 안에서 예측되는 규칙들의 아주 작은 부분에 불과하다. 이는 심각한 문제인데 이론은 실재하는 (혹은 가능한) 언어와 실재하지 않는 (혹은 불가능한) 언어를 구별할 책임이 있기 때문이다. 따라서 이러한 문제들을 해결하기 위해 생성음운론은 규칙들이 수행하는 것들에 대한 전국적인 제약들을 제시해 왔으며 이러한 제약들은 형태를 보수하거나 규칙의 적용을 막는 식으로 작용하였다. 이러한 제약들은 형식적으로 진술되지 않았으며, 따라서 이론의 일부가 아니었고, 이는 형식 이론에 또 다른 문제를 제기한다(Odden 2011).

앞서 필자는 허웅 선생의 음운 규칙이 생성음운론의 규칙과 다르다고 서술했다. 분명 '형식'의 측면을 보자면 다르다고 할 수 있다. 그러나 규칙들을 나열하고 그 규칙들을 지배하거나 제한하는 원칙(혹은 조건이나 제약)을 설정한다는 측면은 허웅 선생이 국어음운학을 출판할 당시의 생성음운론과 크게 다르지 않다는 것을 확인할 수 있다. 그리고 비록 아직 변동 규칙에 대해서 상세히 다루지 않았지만, 음운 규칙만을 놓고 보았을 때, 음소의 변화를 초래하지 않는다는 조건으로, 그리고 약한 소리가 주변소리에 동화되기 쉽다는 경향으로 예측 혹은 제약이 어느 정도 가능하다. 따라서 뒤에서 기술할 제약 기반의 이론이 출현하기 전이었던 점을 고려하면, 형식적 이론의 장점이라고 할 수 있는 예측성에서도 허웅 선생의 분석이 결코 뒤지지 않았음을, 아니 오히려 앞섰음을 확인할 수 있다. 물론 그 예측이 완벽했다고 말하는 것은 아니다. 그 시대에 많은 음운론자들이 추구했던 형식 이론에서도 매우 미진했던 점이 오히려 기술을 중시했던 허웅 선생의 연구에서 발견된다는 점이 놀라울 뿐이다.

3.3. 연산 II - 변동 규칙

이제는 연산의 두 번째 편이라고 할 수 있는 변동 규칙에 대해 자세히 들여다보겠다. 변동 규칙 역시 형식은 다르지만, 그 전체적인 틀은 규칙 기반의 생성음운론과 크게 다르지 않음을 보게 될 것이다. 변동 규칙이 음운 규칙과 다른 점은 여러 규칙이 순서를 가지고 작용한다는 점이다. 이는 아래 기술된 규칙 기반의 생성음운론과 동일하다고 할 수 있다. 규칙 기반의 생성음운론에서 이 규칙순은 매우 중요한 문제로 거론되었다. 역시 이론이 가지는 예측성과 관련된 문제이기 때문이다.

하나의 기저형에 둘 혹은 그 이상의 규칙이 적용될 때, 규칙의 순서를 올바르게 적용하여야 원하는 표면형을 이끌어 낼 수 있다. 이러한 의미에서 규칙의 순서는 규칙 기반 음운 이론의 핵심적인 문제들 가운데 하나라고 할 수 있다.[12] Kiparsky (1971, 1976)는 각 규칙의 입력형과 출력형이 다른 규칙의 입력형 및 출력형과 어떤 관계를 가지는지에 따라 규칙의 순서를 feeding, bleeding, counter-feeding, 그리고 counter-bleeding 네 가지로 분류하고, 이 중에서 counter-feeding과 bleeding의 규칙 순서에 의해 불투명한 표면형이 생성된다고 하였다. 이러한 규칙 순서에 대해 이론적으로 제기되는 문제는 규칙의 순서가 아무런 제한을

---

12) Bromberger와 Halle (1989:58, 59)는 규칙 순서를 다음과 같이 정의하였다: 음운 규칙들은 다른 규칙들과 관련하여 순서가 정해진다. 하나의 음운 규칙이 반드시 기저형에 실현되어야 하는 것은 아니고, 그 순서가 이른 다른 규칙의 적용 결과로 생겨난 도출 형태에 적용된다.

받지 않는다면, 후에 논의할 규칙의 자의성 문제와 더불어 자연 언어에서 불가능해 보이는 표면형의 도출도 제한할 근거가 없다는 것이다. 이에 대해 Kiparsky (1968, 1971)는 'maximal utilization'과 'maximal transparency' 가설을 내세워 역사적으로 규칙의 순서는 '규칙을 최대한으로 적용하는 순서' 또는 '최대한 투명한 표면형을 도출하는 순서'로 변해간다고 주장하였다. 그러나 이러한 노력에도 외재적인 규칙순은 여전히 존재해야 하고, 이는 규칙 기반의 생성음운론이 가지는 약점으로 지적될 수밖에 없었다.

허웅 선생의 현대 음운론 분석에는 31개의 변동 규칙이 제시되고 그중 적지 않은 규칙들이 상대적인 순서에 의해 관계를 가진다. 모든 규칙 순서들을 검토해 본 결과 특이한 점이 발견되는데, 첫째는 규칙 순서들 간에 충돌이 발생하지 않는다는 점이다. 즉, A→B, 그리고 B→A와 같은 모순되는 규칙순은 발견되지 않는다. 둘째는 Kiparsky가 제시했던 네 가지의 규칙 순서 중에서 오직 feeding과 counter-bleeding만이 발견된다. 즉, 불투명한 표면형을 생산해 내는 counter-feeding과 bleeding 순서는 발견되지 않는데 이는 의도적으로 회피한 것으로 보인다. 불투명한 표면형을 생산해 내는 '/ㅅ/ 없애기' 규칙의 경우 /ㅡ/ 없애기를 먼저 적용하고 '/ㅅ/없애기'를 나중에 적용하면 잘못된 표면형이 도출되는 것을 막을 수 있다.

(7) counter-feeding에 의한 올바른 표면형의 도출

기저형	긋-으니		긋-으니
/ㅅ/ 없애기	그으니	/ㅡ/없애기	ㅡ
/ㅡ/ 없애기	그니	/ㅅ/없애기	그으니
표면형	*그니		그으니

하지만 허웅 선생은 이런 counter-feeding 규칙 순서를 적용하지 않고,

/ㅅ/없애기 이후에 /ㅡ/없애기 규칙이 적용되지 않는다고 기술하고 있다. 다시 말하면, 외재적인 규칙 순서를 의도적으로 피하고 불투명한 표면형의 경우 일종의 규칙 적용 제한 (혹은 제약)으로 해결하고 있는 것이다. 하나의 규칙만을 제한하는 것 역시 자의적임을 부정할 수는 없지만, 규칙 순서를 두 가지로만 제시함으로써 더 많은 불가능한, 또는 존재하지 않는 규칙의 결합을 피한 것은 이론적으로 높은 가치를 지니는 것으로 평가한다.

변동 규칙의 또 다른 특징은, 변동의 원인을 크게 세 가지로 분류해서 제시한 점이다. 발음의 편이, 즉 조음상의 이유로 일어나는 변동은 닮음, 줄임, 없앰 등으로 다시 나뉘어 있다. 여기에는 입천장소리 되기(구개음화)처럼 범언어적으로 매우 보편적인 규칙부터 /ㅅ/ 없애기와 같이 한국어의 일부 형태소에만 적용되는 매우 제한적인 규칙들까지 존재한다. 음운 규칙과는 달리 음소의 변화를 일으키기도 하고 음소 자체가 탈락하기도 한다. /ㅂ/의 공깃길 닮기나 /ㄷ/의 공깃길 닮기, /ㅅ/ 없애기 등과 같은 불규칙 용언들의 경우, 음소 목록에 없는 소리를 도입하고 규칙을 보편적인 것으로 만들기보다는 이러한 변동을 경험하는 용언들을 어휘부 상에서 구별하는 방법을 택하였는데, 이는 Kiparsky (1968)가 '음운 자질의 구별적 사용'보다는 '구별 자질의 음운적 사용'을 선호했던 것과 일치한다.[13] 이러한 규칙들은 그 형식만 다를 뿐, 규칙 기반의 생성음운론의 그것들과 그 이론적인 함의에 있어서 크게 다르지 않다.

이에 반해, 표현을 똑똑하게 하려는 데서 일어나는 변동과 가로의 체계의 제약성으로 일어나는 변동은 주목할 만하다. 먼저 표현을 똑똑하게 하려는 데서 일어나는 변동들 세 가지는 모두 '덧나기'로 제한되어 있다.[14] 이는 변동 규칙이 음소가 아닌 형태소에 작용하는 규칙들이기

---

13) 이 문제는 현재도 계속 논의되고 있는데, 대표적인 두 입장은 Cophonology (Anttila 1997, 2002; Inkelas 1998; Inkelas and Zoll 2005)와 Morpheme-specific Constraint 또는 Indexed-Constraint Theory (Pater 2010; Smith 1997)이다.

때문에 일어나는 것으로, 하나의 형태소를 다른 형태소들과 분명하게 구별하기 위해 소리를 첨가하는 것으로 해석할 수 있다. 그리고 가로의 체계의 제약성으로 일어나는 변동들은, 먼저 한국어 어휘부에서 소리들의 결합 양상을 면밀히 관찰하여 (거의) 나타나지 않는 소리의 결합들을 제약으로 두고, 형태소들을 결합할 때 그러한 제약에 해당하는 소리의 연쇄들을 수정하는 것으로 보고 있다. 이는 다음과 같은 두 가지 면에서 중요한 의미를 지닌다.

첫째, 규칙 기반의 생성음운론에는 기저형이라 할 수 있는 형태소의 구조에 관여하는 제약과 그 기저형을 표면형으로 이끌어내는 규칙이 동시에 존재하는데, 이는 설명의 이중성 내지 중복성의 문제를 야기할 수 있다 (Kager 1999:56). 허웅 선생은 형태소의 구조에 관여하는 정적인 제약들이 형태소들의 실현과 관련된 규칙들과 어떻게 관련이 되는가를 보임으로써 이 중복성의 문제에 적절한 답을 해 주고 있는 것으로 판단한다.15)

둘째, 규칙들의 포괄성과 관계된 문제이다. 일반적으로 규칙은 특정한 형태의 기저형 내지는 도출형에 국한되어 적용되는 반면, 제약은 특정 형태에 얽매이지 않고 적용된다. 이러한 점은 규칙 기반 이론의 약점으로, 반대로는 제약 기반 이론의 강점으로 여겨져 왔다.16) 이러한 국지성 또는 전국성에 의하여 제기된 문제는 '공모성'이었다 (Kisseberth

---

14) /ㄴ/ 덧나기와 /ㄷ/ 덧나기 외 /ㄹ/ 겹치기가 있으나 /ㄹ/ 겹치기는 실질적으로 /ㄹ/ 덧나기로 볼 수 있다.

15) 이는 현재의 이론에서도 매우 중요하게 다뤄지는 부분으로 예를 들어 분절음들의 의무굴곡원리 (Obligatory Contour Principle: OCP)의 경우 어휘부 상에서 한 음절 안에 두 개의 동일한 자음, 혹은 동일한 위치자질을 갖는 자음이 초성과 종성에 나타나는 일이 상대적으로 드물게 나타나는 현상을 말하는데, 이는 형태론적 음운 과정에는 거의 관여하지 않는다. 따라서 초기 생성음운론이 주장한 것처럼 형태소 구조 제약을 음운 규칙들과 별개로 설정할 근거가 될 수 있다.

16) 그러나 Odden (2011:33)은 모든 규칙이 국지적인 것도, 모든 제약이 전국적인 것도 사실이 아님을 지적하였다.

1970). 국지적으로 작용하는 규칙들은 그 규칙들이 공통적으로 지향하는 결과를 명시적으로 보여주지 못한다는 것이다. 공모성을 명시적으로 보여주는 것이 뛰어난 이론의 조건인지에 대해서는 이론이 있을 수 있지만, 공모성을 기준으로 했을 때 규칙 기반의 분석이 가지는 한계는 비교적 분명하다고 할 수 있다. 이 논의를 더 발전시키면 '유표성'의 문제로 확대되는데, 제약들은 유표형/무표형의 구분을 제약 자체를 통해서 밝혀 줄 수 있는데 반해 규칙은 직접적으로 보여주는 데 한계를 지닌다 (McCarthy and Prince 1993:19).[17] 앞에서 언급했던 바와 같이, 규칙 기반의 생성음운론도 이러한 문제를 극복하기 위해 제약이나 조건 등을 도입하였다.[18] 다시 허웅 선생의 변동 규칙으로 돌아가면, 규칙들을 세 가지 범주로 나누어 (가로의 체계의 제약성으로 일어나는 변동, 발음의 편이로 일어나는 변동, 그리고 표현을 똑똑하게 하려는 데서 일어나는 변동) 각각의 범주에 속한 규칙들이 목표로 하는 바가 무엇인지를 보여주고 있다. 규칙들은 개별적이지만, 한 묶음의 규칙들이 공통적인 목표를 가진다는 것을 보임으로써 포괄성 및 공모성을 어느 정도 확보할 수 있음을 알 수 있다. 이는 후에 다룰 기능적 설명 방식과도 관련이 된다.

3.4. 이론의 평가

여기서는 제2장에서 다루지 않은 질문들에 대해 우선 논의하고, 최근에 제약 기반의 이론(최적성이론)의 관점에서 허웅 선생의 연구를 검토해 보도록 하겠다. 우선 (1)에서 제시되었던 다섯 번째 질문을 보자.

---

17) Bromberger and Halle (1989)는 "음운론은 개별 언어마다 조작된 규칙 순서가 가능하기 때문에 보편적인 원리들의 상호작용으로 이해하기 어려우며, 이것이 음운론이 언어학의 다른 분야들과 차별되는 점이다."라며 음운론 자체가 포괄성을 가지기 어려운 분야라고 주장하였다.

18) 대표적인 것이 Goldsmith (1976)가 제시한 적형성조건 (Well-formedness Condition)이다.

(1e) 이러한 질문들에 대한 논의를 정당화하는 방법(혹은 논증)은 무엇인가?

하나의 표면형을 이끌어 내는 규칙이 여러 가지가 가능할 때, 어떤 규칙이 더 적합한 것인가를 평가하는 것도 이론 내적으로 중요한 문제이다. Chomsky and Halle (1968) 및 그 이전 (예를 들면, Harms 1966)에도 경제성이 하나의 평가 기준으로 제시되었으나, 경제성만으로 설명적 적합성을 확보했다고 말하는 데에는 무리가 따른다. 이와 관련된 것이 규칙의 심리적 실체성으로, 음운적 조건이 맞으면 무조건 실현되는 규칙이 있다면 그 심리적 실체성을 인정하기 쉽지만, 그렇지 않다면 문제가 될 수 있다. 이런 문제에 대해, Stampe (1973)은 음운 과정을 'natural processes'와 'acquired rules'로 구분하였고 이와 비슷하게 Hooper (1975) 역시 'phonetically motivated rules'와 'morphophonemic rules'를 구별하였다. 허웅 선생 역시 규칙들을 '필연과 임의' 그리고 '한정과 보편' 등의 기준을 가지고 분류하였다. 그러나 이러한 분류들이 그 규칙의 심리적 실체성을 보장해 준다고 말하기에는 무리가 따른다.

보다 구체적인 논의를 위해, 현재의 제약 기반 이론을 통해 규칙 기반 이론의 장단점을 파악해 보자. 허웅 선생의 연구를 생성음운론의 범주로 묶는 것에는 무리가 있으나 규칙을 통해 음운 현상을 기술하려고 했다는 공통점이 있기에, 이러한 시도는 의미가 있다. 생성음운론 내에서 설명의 중심은 규칙으로부터 제약으로 지속적으로 옮겨져 왔다. 그리고 제약 기반 이론의 중심에 최적성이론(Prince and Smolensky 1993/2004)이 있다. 물론 최적성이론의 등장이 규칙 기반 이론의 폐기를 의미하는 것은 아니다. 그리고 설사 하나의 이론이 '폐기'되는 지경에 이른다고 해도 그것이 그 이론이 가지고 있던 모든 통찰을 버린다는 것을 의미하지 않는다. 새로운 이론은 무에서 창조되는 것이 아니며, 이론의 발전 혹은 급격한 재구성이 그 이전의 모든 것들을 거부하는 것은 아니기 때문이다. 그럼에도 최적성이론의 출현과 발전은 규칙 기반 이론에서 노출되었던 여러 문제들을 해결할 수 있는 가능성을 제시해 주었다는 것을 부정할 수 없다. Vaux (2008)는 규칙을 순차적으로 적용하는 이론을 옹호하면서도, 제약 기반의 이론이 가지는 장점이라고 여겨지는 것들을 아래와 같이 정리하였다.

(8) 최적성이론이 규칙 기반의 순차주의 이론보다 더 뛰어나다고 여겨지는 점들:

　가. 경제성: 최적성이론은 제약들의 상호작용만으로 자료를 설명하는 반면, 규칙 기반 이론들은 규칙들 사이의 상호작용 및 규칙들에 대한 제약 등을 포함해야 한다 (McCarthy 2002:243).

　나. 유표성을 직접적으로 표현한다.

　다. 유형론적 예측이 가능하다.

　라. 공모성 포착이 가능하다.

　마. 이중성의 문제를 겪지 않는다 (형태소 제약 조건).

　바. 다단계 설정이 필요하지 않다.

　사. 점진적인 문법성 판단이나 적형성을 설명하는 데 적당하지 않다.

　아. 개별언어의 기술과 언어 유형론의 설명이 동시에 가능하다.

　자. 학습가능성에서 월등하다.

이러한 점들에 대해, 이론적인 관점에서 허웅 선생의 음운 분석이 가지고 있던 문제들을 점검해 보기로 한다.

(8가) 경제성: 제약 기반의 이론이 경제적이다라고 하는 주장에는 규칙 기반의 이론이 제약 또는 조건을 동반해야 하기 때문에 제약들로만 기술 내지 설명이 가능한 이론이 더 낫다라는 논리가 전제되어 있다.

그러나 어떤 방식으로 경제성을 평가하느냐에 따라 다른 논리가 전개될 수 있다. 예를 들어, 하나의 현상을 설명하기 위해 단 하나의 규칙이 필요한 경우, 하나의 제약으로는 이를 설명하기 어렵다. 왜냐하면 최적성이론에서 표면형의 결정은 제약들의 위계에 의해 결정되기 때문이다. 예를 들어 허웅 선생의 변동 규칙 18번 거센소리되기는 /ㄱ+ㅎ→ㅋ/으로 표현되어 있다. 이를 최적성이론 방식으로 푼다면 '*ㄱㅎ'과 같은 유표성제약 뿐 아니라 합류를 금지하는 Uniformity[19]와 같은 충실성제약이 필요하고 이 둘 사이의 위계가 *ㄱㅎ >> Uniformity와 같이 결정되는 것이 최소의 조건이다. 이것을 최소 조건이라 부르는 이유는 *ㄱㅎ 제약을 피하기 위해 탈락이나 모음삽입 등을 하지 않는 것을 정당화하기 위해서는 다른 충실성 제약들이 상위에 있어야 하기 때문이다. 이 예에서 볼 수 있듯이, 최적성이론에서는 입력형과 표면형 사이의 일치를 요구하는 충실성 제약들이 도입되어야 하는데, 이는 규칙 기반의 이론에서는 필요하지 않은 것이다. 그리고 이 충실성 제약은 입력형과 표면형 사이 뿐 아니라 형태론적으로 관련이 있는 표면형들의 사이(예를 들면 Benua 1997, 2004)에도 확대되었다. 이는 경제성이란 측면에서 볼 때 이론의 규모를 크게 함으로써 비경제성을 초래한다고 볼 수 있다. 결론적으로, 경제성을 이유로 허웅 선생의 규칙 기반 분석을 평가하기에는 절대적인 기준이 부족하며, 규칙을 기반으로 한 분석이 제약을 기반으로 한 분석보다 경제성이 약하다고 보기도 힘들다.

(8나) 유표성: 최적성이론의 유표성 제약들은 어느 형태가 더 유표적인지 (혹은 덜 무표적인지) 직접적으로 표시함으로써 형태의 변화를 예측하는 힘을 갖는다. 그리고 그 제약들이 보편적이라고 가정하면, 그 제약들로 인해 범언어적인 분포가 형성된다고 볼 수 있다(McCarthy and

---

19) 이 제약은 다음과 같이 정의된다 (Kager 1999:251): 출력형의 어떤 분절음도 입력형의 둘 이상의 분절음과 대응되지 않는다.

Prince 1993:19). 유표성을 드러내는 것이 음운 이론의 목표 중 하나라고 한다면, 이는 최적성이론이 가지는 큰 장점임이 분명하다. 그렇다면 이 유표성의 관점에서 허웅 선생의 연구를 어떻게 볼 수 있을까? 허웅 선생 의 연구는 현대 한국어를 대상으로 하여 유형론적인 유표성을 추구하는 것과는 거리가 있다. 그러나 어떤 현상이 더 유표적 (혹은 덜 무표적)인 지 기술했는데, 대표적인 것이 음운 규칙의 원칙으로 '약한 소리가 더 잘 변화한다'든지 '대부분의 음운 규칙은 닮기이다'라는 것들이다. 이는 변동 규칙의 분류에서 더 분명하게 드러난다. 앞에서 보았듯이 '음소의 가로의 체계의 제약성에 의한 것'들은 현재 최적성이론에서 많이 사용 되는 제약들로 바로 치환이 가능할 정도이고[20] '발음의 편이로 일어나 는 변동'들은 Kirchner (1998)의 Lazy 제약들의 집합을 연상케 하며 (물 론 여기 속하는 변동 규칙들이 모두 이 제약으로 표현 가능하다는 것은 아니다), 말의 청취 효과를 똑똑히 하려는 데서 일어나는 변동들은 Steriade (2001) 이후 최적성이론에 도입된 청취 관련 제약들 혹은 Flemming (1995, 1996)의 Dispersion Theory of Constrast를 연상케 한 다. 세부적으로 표현되어 있지는 않지만, 어떠한 형태들이 무표적이며 변화의 방향은 어떠한지에 대한 큰 그림이, 허웅 선생의 현대 한국어 음운 분석에는 제시되어 있다.

(8다) 유형론: 바로 위에서 보았듯이 허웅 선생의 현대 한국어 음운 분석에는 유형론적 예측을 가능케 하는 큰 그림이 그려져 있다. 그러나 연구의 목표가 한 언어의 전반적인 기술에 있기 때문에 유형론적인 시각 에서의 한계는 명백하다고 할 수 있다. 이 부분에 있어서 최적성이론의 예측력은 매력적인 부분으로 다가온다. 최적성이론에서는 모든 제약이 선천적임을 가정하고[21] 개별 언어는 제약들의 순서에 의해 달라진다고

---

20) 예를 들어, 최적성이론에서 소리 이음 규칙은 Onset (그리고 NoCoda: Prince and Smolensky 1993:2004) 제약, 겹받침 줄이기 및 일곱 끝소리 되기는 CodaCondition 제약 (Ito and Mester 1994) 등으로 표현된다.

본다. 따라서 선천적인 제약들의 집합만 정의되면 가능한 제약순도 결정되고, 하나의 입력형에 대해 자연 언어에서 가능한 표면형도 결정할 수 있다.22) 다음 장에서 논의하겠지만, 허웅 선생의 연구를 유형론과 연결시키는 일은 필자와 같은 후학들이 보다 구체적인 연구로 발전시킬 수 있는 부분이다. 이에 관해서는 결론에서 다시 정리하기로 한다.

(8라) 공모성: 전국성 내지는 공모성에 관해서는 이미 3.3절에서 논의했으므로, 여기서는 생략하기로 한다.

(8마) 이중성: 이중성 문제 역시 이미 3.3절에서 논의했다.

(8바) 다단계: 초기의 최적성이론은 입력형에서 출력형으로 단 한 번에 연결되는 Parallelism을 추구하였다. 반면에 규칙 기반의 분석에서는 여러 규칙이 순차적으로 적용되어 표면형을 이끌어 내기 때문에 그 과정에서 중간형들이 양산될 수밖에 없다. 이 중간형들의 추상성 또는 실체성이 문제가 될 수 있는데, 앞서 밝혔듯이 허웅 선생의 현대 한국어 분석에서는 변동 규칙의 순차적 적용에서 발생하는 그 중간형들 역시 한국어 음소 체계에서 벗어나지 않으므로 추상성의 문제를 겪지 않는다. 다만 그 실체성에 대해서는 논의가 필요하다. 하지만 이러한 논의를 하기 이전에 과연 다단계를 거치는 도출이 잘못된 것인가를 생각할 필요가 있다. Vaux (2008)가 강조하듯이 인간의 언어에서 반드시 나타나며 따라서 음운론이 반드시 설명해야 할 현상 중 하나가 불투명 현상이다.23) 이 불투명 현상은 여러 단계의 도출 과정을 설정하지 않고는 설명

---

21) 물론 모든 음운론자들이 이에 동의하는 것은 아니다. 일례로, Hayes et al. (2009)에서는 보편문법으로 볼 수 없는 부자연스러운 제약들도 헝가리어 화자들이 습득하고 있음을 보였다.

22) Vaux (2008)가 지적하듯이, 최적성이론의 분석이 제시한 예측이 자연언어들로부터 얻어진 자료와 항상 일치하는 것은 아니다.

23) 불투명 현상에는 두 가지 유형이 있는데, 표면형을 보았을 때 적용이 되어야 할 규칙이 적용되지 않은 경우와, 적용이 되어야 할 이유가 없음에도 적용이 된 경우이다. 한국어에서 전자의 예를 찾자면, /ㅅ/ 없애기가 적용되고 난 후에 '고룸소리 없애기', '─없애기', 또는 '반홀소리 되기'가 적용되지 않아서 이러한 변동 규칙들이 적용되는 환경임에도

하기 어려운데, 이로 인해 결국은 최적성이론에서도 한 번에 한 가지만 수정함으로써 실질적으로 여러 단계를 거쳐 표면형을 이끌어 내는 Harmonic Serialism (McCarthy 2000)을 도입하기에 이르렀다. 이러한 사실에 비추어 볼 때, 여러 도출 단계를 설정하는 것 자체가 문제가 된다고 보기 어렵고, 오히려 이것이 음운 현상을 더 잘 반영하는 것임을 알 수 있다.[24] 다만 Goldsmith (1993:6)가 지적하듯이, 인저적 관점에서 볼 때 그 단계의 수가 제한되어야 하는 것은 사실이다.

(8사) 점진적 문법성 또는 적형성: 때로 모국어 화자의 문법성 또는 적형성 판단은 '옳다'와 '그르다' 만으로 표현되지 않고 '상대적으로 더 낫다'는 관계의 연속으로 이루어진다. 일부 규칙을 수의적인 것으로 표현하는 방법으로는 이러한 점진적 적형성을 표현하기 어렵다. 최적성 이론에서는 제약들의 위계를 절대적인 것에서 상대적인 것으로 (또는 확률적인 것으로) 표현함으로써 이 점진성의 문제를 해결하였다 (Stochastic OT: Boersma and Hayes 2001). 이는 허웅 선생만의 문제라기보다는 규칙을 기반으로 한 모든 음운 분석들이 가지는 한계라고 볼 수 있다.

(8아) 개별언어와 유형론: 허웅 선생이 유형론을 추구한 것은 아니기에 이 기준을 가지고 허웅 선생의 연구를 평가하는 것에는 무리가 있다. 그러나 음운론의 궁극적인 목표 중 하나가 유형론적 연구 내지는 설명이므로 이 역시 허웅 선생의 연구를 이어 받은 이들의 몫이라 할 수 있겠다. 한 가지 꼭 언급하고 싶은 것은 생성음운론, 더 나아가 생성문법의 정점에 서 있다고 할 수 있는 Chomsky가 한 다음의 말이다. "그 질문들에

적용되지 않고 실현되는 것들이 있다.
　　　굿으니 → 그으니 (*그니), 굿어 → 그어 (*거), 잇어 → 이어 (*여)

[24] Calabrese (2002:52)는 인간의 행위는 시간적인 연속선상에 배치되며 따라서 여러 지시들이 순서화된 집합을 습득하여 체내화하는 것을 요구한다고 하였고 Clements (2000) 역시 많은 고등 인지 과정들은 연속적임이 인정되며 음운에 관련된 인간의 능력 역시 그럴 것이라 추측했다.

진지하게 대답하려면, 실제 언어체계를 수십가지의 음운규칙과 함께 검토해야 하며, 경험주의적 근거들을 통해 그 규칙들의 복잡한 순서를 결정해야 한다. 단지 서너개의 규칙들만 가지고 하위체계를 연구하는 것은 의미가 없다." (Chomsky 1967:110) Chomsky 역시 개별 언어의 종합적인 기술로부터 음운론이 출발해야 함을 명시하고 있다.

(8자) 학습가능성: 모국어 화자의 음운 지식을 기술하거나 분석할 때에는 그러한 규칙 혹은 제약들이 자료를 통해 학습된다는 것을 가정하게 된다. 따라서 기술 및 분석은 학습 가능한 것이어야 한다는 결론에 이르게 되는데, 이 부분에 있어서 최적성이론은 규칙 기반의 이론에 비해 장점을 가진다. Tesar and Smolensky (1998, 2000)는 아이가 외부로부터의 언어 자극을 통해 어른들이 가지고 있는 제약순을 어떻게 습득해 나가는지를 '제약 강등'이라는 기제를 통해 설명한다. 그리고 이는 제약들이 하나의 척도 상에서 각각 정규분포로 실현된다고 가정하는 Stochastic OT에서 보다 설득력을 얻는다. 이 외에도 Boersma and Hayes (2001)의 'Gradual Leanring Algorithm'이나 Hayes and Wilson (2008)의 'Maximun Entrophy' 역시 학습가능성을 구체적으로 보여 준다. 물론 규칙의 학습가능성 역시 연구된 바가 있으나 (예를 들어, Albright and Hayes 2003), 최적성이론과 비교하면 매우 한정적이다. 따라서 한국어 자료들이 주어졌을 때 과연 학습자(아이)들이 허웅 선생이 제시한 규칙들을 습득할 수 있는가라는 문제 역시 매우 적절한 연구 과제로 남아 있다.

지금까지 이론의 형식적인 관점에서, 그리고 이론을 평가하는 기준을 통해서 허웅 선생의 연구를 살펴보았다. 허웅 선생의 연구가 규칙을 기반으로 한 음운 분석의 문제점들을 모두 극복한 것은 아니지만, 당시의 규칙 기반 생성음운론과 비교하여도 그 엄밀성과 일반성에 있어서 매우 뛰어난 분석임을 확인하였다. 이제 남은 일은, 허웅 선생의 연구를 어떻게 계승하고 발전시킬 수 있는지를 생각해 보는 것이다.

4. 맺음말 - 무엇을 배우고 무엇을 계승할 것인가

현대 음운론에서 기술과 이론은 전혀 다른 범주의 일처럼 받아들여지기도 한다.[25] 하지만 대부분의 음운론자들은 이 둘이 불가분의 관계인 것 또한 잘 알고 있다. 허웅 선생의 현대 음운론 연구는 굳이 구분하자면 '이론' 보다는 '기술'에 가깝다. 하지만 지금까지의 분석을 통해 엄밀한 기술이 어떤 이론적인 가치들을 낳을 수 있는지 보았다. 구체적으로, 한국어에서 나타나는 모든 소리들의 집합으로부터 분석을 시작하여 음소 및 각 음소에 해당하는 변이음을 설정하고 음소들을 변별하는 자질들을 설정하여 당시의 이론들이 가지고 있던 추상성 그리고 실체성의 문제들을 크게 겪지 않았으며 최소한의 원소(음소 및 자질)만을 설정함으로써 그 변화의 범위를 한정하는 효과를 낳았다. 그리고 음운 규칙과 변동 규칙의 기술에서는 각 규칙들을 나열함에서 그치지 않고 그 규칙들의 원칙 또는 원인을 제시함으로써 규칙 기반의 이론이 놓치기 쉬운 공모성이나 전국성 등을 확보하는 뛰어남도 보였다. 이는 개별 현상만을 연구하거나 이론에 이끌리는 연구를 했을 때 확보하기 힘든 엄밀성이라고 단언한다. 일반성과 예측성은 그 형식에서 나오는 것이 아니라 내용에서 나온다는 사실을 확인할 수 있었다.

이러한 판단을 전제로, 제4장에서는 허웅 선생의 연구를 이어받은 젊은 세대가 현대 한국어의 음운론 연구에 어떤 기여를 할 수 있을지 생각해 보기로 한다. 제2장에서 소개했던 음운론이 답해야 할 질문들 가운데, 다음의 두 질문에 대해서는 아직 답하지 않았다.

(1바) 음운 이론이 어느 선까지 심리 이론과 결부되어야 하는가?

---

25) 예를 들어, Hyman (2004)은 일반 언어학의 기본적인 도구들을 사용하여 복잡한 현상을 기술하는 것에 중요한 가치를 부과하면서, 이론들이 '기술 친화적(description-friendly)' 이지 않은 현실에 아쉬워했다.

(1사) 외부적인 근거들 (언어 변화, 언어 습득, 언어 병리학 등)이 어느
선까지 음운 이론과 관련이 있는가?

위의 두 질문은 허웅 선생의 ≪국어 음운학≫이 출간되던 당시보다
현재 더 활발하게 논의되고 있다. 그리고 이 두 질문에 대한 답은, 허웅
선생의 연구에서 찾기보다는 그 후속 세대가 할 수 있는, 그리고 해야
하는 것이라 필자는 생각한다. 그러한 연구들은 아래 기술한 바와 같이
진행할 수 있을 것이다.

먼저 허웅 선생이 강조한 심리적 실체에 대한 연구를 할 수 있다.
허웅 선생이 음소를 음운 분석의 중심에 두었던 것은 '참된 있음'을
강조하였기 때문이다. 이 참된 있음을 추구하기 위해 허웅 선생은 모국
어 화자로서의 지식과 직관, 그리고 관찰을 모두 동원하여 연구하였으리
라 생각한다. 그러나 그 이후 언어학에는 보다 다양한 방법론이 도입되
었고, 다른 학문 분야 (예를 들면 인지과학, 심리학, 음향학, 언어병리학
등)와의 연계를 통해 보다 실증적으로 인간의 언어 지식을 연구하는
것이 가능해졌다. 비교적 간단한 것으로 '가짜 단어'들을 이용하여 한국
어 화자들이 음운 규칙 또는 변동 규칙을 생산적으로 사용함을 보임으로
써 규칙들의 실제성을 보여 줄 수 있다 (wug test, Berko 1958). 한국어
화자들에게 새로운 단어들의 적형성을 평가하게 함으로써 허웅 선생이
밝힌 '음소의 가로 체계 상에 나타나는 제약성'들의 실체성을 밝힐 수
있으며 (Vitevitch et al. 1997, Lee 2006), 1과 0이 아닌, 점진적으로
적용되는 제약으로서의 실제성을 보일 수 있을 것이다.26) 더 나아가,
허웅 선생이 밝혔듯이 이러한 제약들이 변동 규칙의 원인으로 작용하는
지 밝힐 수도 있을 것으로 기대한다.

---

26) 심리언어학적 방법론 외에, 대용량 말뭉치와 컴퓨터를 이용하여 보다 세밀한 제약을
가려내는 것 역시 가능하다 (예를 들어, Hong 2010, Chiyuki 2007).

제2장에서도 언급했듯이 언어 현상의 올바른 기술은 그러한 규칙 (혹은 제약)을 언어사용자가 학습할 수 있다는 것을 전제한다. 따라서 언어 습득 과정에서 규칙의 증거를 찾는 일은 음운 분석이 올바로 되었는지 판단할 수 있는 하나의 근거가 된다. 음운론에서 습득의 문제는 최적성 이론의 출현과 더불어 매우 활발해졌는데[27] 이는 앞에서 밝힌 바와 같이 규칙 기반의 음운이론보다는 제약 기반의 음운 이론이 습득의 문제를 다루기 더 수월하기 때문이다. 무엇보다 아이들이 음소의 체계를 어떻게 갖추어 가는지 오랜 시간 관찰함으로써 밝힐 수 있을 것이다 (참고로, Kuhl et al. 2008). 앞에서 문제로 남겨 두었던, 도출 과정의 실체성을 보이는 것도 가능할 것이다. 그리고 음운 규칙 내지 변동 규칙을 허웅 선생의 기술과 같이 개별적으로 할 것인가 혹은 자질에 기초한 기술과 같이 통합적으로 할 것인가도 확인할 수 있을 것이다. 예를 들어, /ㄷ+ㅎ→ㅌ/의 습득이 /ㄱ+ㅎ→ㅋ/ 이나 /ㅂ+ㅎ→ㅍ/의 습득과 거의 동시에 일어나는 것인지 아니면 비교적 다른 시기에 일어나는 것인지 확인할 수 있다. 이러한 규칙들을 자질과 규약을 사용하여 하나의 규칙으로 기술하는 생성음운론의 예측은 습득 과정에서도 아이들이 가장 간결한 규칙을 습득한다는 것이기 때문에 검증 및 비교할 가치가 있는 것이다. 습득의 문제는 단지 모국어 습득에만 그치는 것이 아니다. 최근에는 제2언어 음운론이 활발히 연구되고 있고, 많은 사람들이 한국어를 제2언어로 습득하고 있다. 따라서 제2언어로서의 한국어 습득이 일어나는 과정을 연구하는 것 또한 한국어 음운론의 실체를 밝히는 데 많은 기여를 할 것으로 기대한다.

마지막으로, 허웅 선생의 현대 한국어 음운론 연구를 발전시킬 수 있는 방안으로 유형론적 연구와의 연계를 생각할 수 있다. 물론 개별 언어에서 발견되는 음운 규칙들은 범언어적으로 매우 보편적인 것일 수도 있

---

27) 이에 대한 자세한 내용은 Demuth (2011) 참조.

고, 극히 드문 것일 수도 있다. 하지만 다른 언어들에서도 비슷한 규칙들이 발견된다면, 이는 그 분석의 정당성을 확보하는 데 유리하게 작용한다는 것을 부인하기 어렵다.[28] 예를 들어, 허웅 선생의 변동 규칙 가운데 ㅎ끝소리 자리 바꾸기를 보면, 이는 일종의 도치로서 매우 부자연스럽고 자의적인 규칙이 아닌가 생각할 수 있다. 실제로 Webb (1974:127)은 도치현상을 음운론에서 제외시키기도 하였다.[29] 그러나 Blevins and Garrett (2004)은 기음의 경우 그 실현이 비교적 길게 나타나기 때문에 소리를 표상하는 과정에서 소리들의 순서를 잘못 정하게 될 가능성이 있으며 이것이 도치가 일어나는 이유라고 주장하였다. 이것이 사실이라면, 도치가 일어나는 원인을 청취 및 음운 표상에서 찾을 수 있으며 이는 일반적으로 음운론의 범주에 들어간다고 할 수 있다. 따라서 허웅 선생의 ㅎ끝소리 자리 바꾸기라는 규칙은 매우 드물고 부자연스러운 규칙이라 할 수 없다. 반대로, 허웅 선생의 분석을 바탕으로 유형론적 연구에 기여하는 일도 생각해 볼 수 있다. 예를 들어, 허웅 선생은 음운 규칙의 대부분을 '닮음'의 과정으로 보았는데, 다른 언어에서도 변이음과 관련된 규칙들이 그러한지, 그리고 그 예외적인 규칙들의 공통점은 무엇인지 연구하는 것은 필자에게 매우 흥미로운 주제이다.

---

28) 이는 Chomsky가 주장하는 태생적 보편문법을 가정하지 않더라도, Ohala (1993)나 Blevins (2004)가 주장하듯이 현재의 공시적인 문법이 인간의 보편적인 조음/청취 과정에 작용하는 기제가 원인이 되어 발생하는 통시적 변화의 결과라는 것을 받아들여도 수긍할 수 있는 주장이다.

29) 이에 대한 가장 중요한 이유는 모든 도치현상이 형태론적인 제약을 받기 때문이라고 하였는데, 이는 한국어에도 적용된다.

참고 문헌

Albright, A. and B. Hayes (2003), Rules vs. analogy in English past tenses: a computational/experimental study. *Cognition* 90. pp.119~161.

Anttila, A. (1997), Deriving variation from grammar. In Hinskens F., R. Van Hout, and W. Leo Wetzels (eds.), *Variation, change and phonological theory*, Amsterdam: John Benjamins. pp.35~68.

Anttila, A. (2002), Morphologically conditioned phonological alternations, *Natural Language and Linguistic Theory* 20. pp.1~42.

Benua, L. (1997), Transderivational Identity: Phonological relations between words. Doctoral dissertation, University of Massachusetts at Amherst.

Benua, L. (2004), Transderivational Identity: Phonological Relations between Words. In J. McCarthy (ed.), *Optimality Theory in Phonology*. Malden: Blackwell Publishing Ltd. pp.419~37.

Berko, J. (1958). The Child's Learning of English Morphology. *Word* 14. pp.150~77.

Bevins, J. (2004), *Evolutionary Phonology*. Cambridge: Cambridge University Press.

Blevins, J. and A. Garrett (2004), The evolution of metathesis. In Hayes, B., R. Kirchner, and D. Steriade (eds.), *Phonetically Based Phonology*. Cambridge: Cambridge University Press. pp.117~56.

Boersma, P. and B. Hayes (2001), Empirical tests of the Gradual Learning Algorithm. *Linguistic Inquiry* 32. pp,45~86.

Bromberger, S. and M. Halle (1989), Why phonology is different. *Linguistic Inquiry* 20. pp.51~70.

Calabrese, A. (2002), Dynamic Phonology. Ms, University of Connecticut.

Carr, P. (1993), *Phonology*. The MacMillan Press Ltd.

Chiyuki, I. (2007), Morpheme structure and co-occurrence restrictions in

Korean monosyllabic stems. *Studies in Phonetics, Phonology and Morphology* 13. pp.373~94.

Chomsky, N. (1967), The formal nature of language. In Cambridge University Press (ed.), *Language and Mind* (2006). pp.102~142.

Chomsky, N. and M. Halle (1968), *The Sound Pattern of English*. New York: Harper & Row.

Clements, G. N. (2000), In defense of serialism. *The Linguistic Review* 17. pp.81~97.

Demuth, K. (2011), The Acquisition of Phonology. In Goldsmith, J., J. Riggle, and A. C. L. Yu (eds.), *The Handbook of Phonological Theory*. Malden: Blackwell Publishing Ltd. pp.571~95.

Flemming, E. (1995), Auditory Representations in Phonology. PhD dissertation, UCLA.

Flemming, E. (1996), Evidence for constraints on contrast: The dispersion theory of contrast. In C. K. Hsu (ed.), *UCLA Working Papers in Phonology* 1. pp.86~106.

Goldsmith, J. (1979), *Autosegmental Phonology*. New York: Garland Press.

Goldsmith, J. (1993), Introduction. In Goldsmith J. (ed.), *The last phonological rule*. Chicago: University of Chicago Press. pp.1~20.

Harms, T. R. (1966), The Measurement of Phonological Economy. *Language* 42. pp.602~611.

Hayes, B. and Z. C. Londe (2006), Stochastic Phonological Knowledge: The Case of Hungarian Vowel Harmony. *Phonology* 23. pp.39~104.

Hayes, B., P. Siptár, and K. Zuraw (2009), Natural and Unnatural Constraints in Hungarian Vowel Harmony. *Language* 85. pp.822~63.

Hayes, B. and C. Wilson (2008), A maximum entropy model of phonotactics and phonotactic learning. *Linguistic Inquiry* 39. pp.379~440.

Hong, S.-H. (2010), Gradient Vowel Cooccurrence Restrictions in Monomorphemic Native Korean Roots. *Studies in Phonetics, Phonology, and Morphology* 16. pp.279~95.

Hooper, J. B. (1976), *An Introduction to Natural Generative Phonology.* New York: Academic Press.

Hyman, L. (2004), Why describe African languages? In A. Akinlabi and O. Adesola (eds.), *Proceedings of the 4th World Conference of African Linguistics.* pp.21~41.

Inkelas, S. (1998), The theoretical status of morphologically conditioned phonology: a case study from dominance, *Yearbook of Morphology.* pp.121~55.

Inkelas, S. and C. Zoll (2005), *Reduplication.* Cambridge: Cambridge University Press.

Ito, J and A. Mester (1994), Reflections on CodaCond and alignment. *Phonology at Santa Cruz* 3. pp.27~46.

Jakobson, R., G. Fant and M. Halle (1952), *Preliminaries to Speech Analysis: the Distinctive Features and their Correlates.* Cambridge: MIT Press.

Kager, R. (1999), *Optimality Theory.* Cambridge: Cambridge University Press.

Kiparsky, P. (1968), How abstract is phonology? Distributed by Indiana University Linguistics Club.

Kiparsky, P. (1971), Historical Linguistics, In Dingwall, W. O. (ed.), *A Survey of Linguistic Science.* pp.576~642.

Kiparsky, P. (1976), Abstractness, opacity, and global rules. In Koutsoudas (ed.), *The application and ordering of grammatical rules.* The Hague: Mouton. pp.160~84.

Kirchner, R. (1998), An Effort-based Approach to Consonant Lenition. Doctoral Dissertation. UCLA.

Kisseberth, C. W. (1970), On the functional unity of phonological rules.

Linguistic Inquiry 1. pp.291~306.

Kuhl, P. K., B.T. Conboy, S. Coffey-Corina, D. Padden, M. Rivera-Gaxiola, and T. Nelson (2008), Phonetic learning as a pathway to language: New data and native language magnet theory expanded (NLM-e). *Philosophic Transactions of the Royal Society* (B 369). pp.979~1000.

Lass, R. (1984), *Phonology: An introduction to basic concepts*. Cambridge: Cambridge University Press.

Lee, Y. (2006), Sub-Syllabic Constituency in Korean and English. Doctoral dissertation, Northwestern University.

McCarthy, J. (2000), Harmonic serialism and parallelism. In M. Hirotani (ed.), *Proceedings of the North East Linguistics Society* 30. Amherst, MA: GLSA Publications. pp.501~524.

McCarthy, J. (2002), *A Thematic Guide to Optimality Theory*. Cambridge: Cambridge University Press.

Odden, D. (2011), Rules v. Constraints. In Goldsmith, J., J. Riggle, and A. C. L. Yu (eds.), *The Handbook of Phonological Theory*. Malden: Blackwell Publishing Ltd. pp.1~39.

Ohala, J. (1993), The phonetics of sound change. In C. Jones (ed.), *Historical Linguistics: Problems and Perspectives*. London: Longman. pp. 237~78.

Pater, J. (2010), Morpheme-Specific Phonology: Constraint Indexation and Inconsistency Resolution. In S. Parker (ed.), *Phonological Argumentation: Essays on Evidence and Motivation*. London: Equinox. pp.123~54.

Prince, A. (2007), The Pursuit of Theory. In P. de Lacy (ed.), *The Cambridge Handbook of Phonology*. Cambridge: Cambridge University Press. pp.33~60.

Prince, A. and P. Smolensky (1993/2004), *Optimality Theory: Constraint Interaction on Generative Grammar*. Oxford: Blackwell.

Rennison, J. (2000), OT and TO: On the status of OT as a theory and a formalism. *The Linguistic Review* 17. pp.135~42.

Smith, J. (1997), Noun Faithfulness: on the privileged status of nouns in Phonology. ROA 242-1089.

Stampe, D. (1973), A dissertation on natural phonology. Doctoral dissertation, University of Chicago.

Steriade, D. (2001) The Phonology of Perceptibility Effects: the P-map and its consequences for constraint organization. Ms, MIT.

Tesar, B. and P. Smolensky (1998), Learnability in Optimality Theory. *Linguistic Inquiry* 29. pp.229~68.

Tesar, B. and P. Smolensky (2000), *Learnability in Optimality Theory*. Cambridge: MIT Press.

Vaux, B. (2008), Why the phonological component must be serial and rule-based. In Vaux B. and A. Nevins (eds.), *Rules, Constraints, and Phonological Phenomena*. Oxford: Oxford University Press. pp.20~61.

Vitevitch, M. S., P. A. Luce, J. Charles-Luce, and D. Kemmerer (1997), Phonotactics and syllable stress: Implications for the processing of spoken nonsense words. *Language and Speech* 40. pp.47~62.

Webb, C. (1974), Metathesis. Doctoral dissertation, University of Texas.

허웅 선생의 중세 국어 음운 연구와 현대 언어학

고 성 연

1. 머리말

이 글은 눈뫼 허웅 선생의 15세기 국어 음운 체계 연구를 소개하고 현대 음성·음운 이론의 관점에서 그 성과와 한계를 두루 살핌으로써 선생의 음운 연구를 계승·발전시킬 방안을 모색하기 위한 글이다.

먼저 허웅 선생이 남기신 15세기 국어 음운론 관련 논저들을 연대순으로 보이면 다음과 같다.

1952 「에, 애, 외, 익」의 音價, ≪國語國文學≫ 1, pp.5~8

1953 竝書의 音價에 對한 反省, ≪國語國文學≫ 7, pp.9~15

1954 경상도 방언의 성조, ≪최현배 선생 환갑기념논문집≫, pp.477~519

1955 방점 연구－경상도 방언 성조와의 비교－, ≪동방학지≫ 2, pp.37~194

1964 ≪國語音韻論≫ (正音社)

1964 齒音攷, ≪國語國文學≫ 27, pp.617~626

1965 ≪國語音韻學<改稿新版>≫ (正音社)

1968 국어의 상승적 이중모음 체계에 있어서의 「빈간」(case vide),
　　≪李崇寧博士頌壽紀念論叢≫, pp.611~617

1985 ≪국어음운학－우리말 소리의 오늘·어제－≫ (샘문화사)

1985 변동규칙과 음운규칙의 역사성, ≪말≫ 10, pp.5~17

각 논저의 내용과 그 국어학사적 의의에 대해서는 고동호(2005), 김주원(2005), 김차균(2005)에서 이미 자세하게 소개되었으므로 여기서는 별도로 다루지 않기로 하고, 대신 허웅 선생의 15세기 음운 연구의 집대성이라 할 수 있는 ≪국어음운학－우리말 소리의 오늘·어제－≫(샘문화사, 1985)의 제3장 "15세기 국어의 음운학"의 내용을 중심으로 하여 논의를 전개하고자 한다. 다만 허웅 선생이 역사언어학, 구조주의 음운론, 생성음운론 등의 서구의 음운 이론에 국어 자료를 실증적으로 접목하여 수립한 독창적인 음운 이론(제1장 말소리의 일반적 성격)과 현대 국어 음운 체계 분석(제2장 현대 국어의 음운학), 그리고 15세기 운소 체계 연구의 일부 내용(논문 "방점 연구")을 필요한 경우 함께 살피도록 한다.

흔히 15세기 국어에 대한 연구라고 하면 역사언어학적인 연구로 알기 쉬운데, 허웅 선생의 15세기 음운 연구는 통시적 연구가 아니라 철저하게 공시적인 연구 방법을 취하고 있다. 더욱이 허웅 선생의 공시 음운 연구는 개별 음운의 음가와 분포에 대한 기술에 머무르지 않고 음운들 간의 '대립'과 '상관'을 아우르는 '체계' 중심적 성격을 지녔다. 이를 좇아 이 논문에서도 15세기 국어 음운을 그 체계를 중심으로 다룬다. 이와 함께 비교를 위해서 때로 현대 국어의 음운을－역시 체계에 대한 허웅 선생의 분석을 중심으로－ 다루기도 한다는 점을 아울러 밝혀 둔다. 개별 음운의 음가와 그 변화에 대한 허웅 선생의 연구에 대해서는 고동호(2005), 김주원(2005)와 이 책의 통시 음운 연구 관련 글(신용권)에서, 그리고 음운 규칙에 대해서는 권경근(2005)와 이 책의 현대 음운 연구 관련 글(강희조)에서 자세히 다루고 있으므로 이 글에서는 다루지 않았다는 점도 함께 밝혀 둔다.

제1장 머리말 이후 이 글의 구성은 다음과 같다. 먼저 제2장에서는 ≪국어음운학−우리말 소리의 오늘·어제−≫의 "15세기 국어의 음운학"의 구성과 연구 방법론을 간략하게 소개한다. 이어서 제3장에서는 15세기 국어의 음소 체계를, 제1절 "자음 체계", 제2절 "모음 체계", 제3절 "허웅 선생의 자질 체계와 현대 음운 이론"으로 구분하여 살펴본다. 제4장에서는 15세기 운소, 즉 성조 체계에 대한 허웅 선생의 연구를 간략하게 살펴보고, 제5장에서 글을 맺기로 한다.

2. 15세기 국어 음운학의 구성과 연구 방법론

2.1. "15세기 국어 음운학"의 구성

≪국어음운학−우리말 소리의 오늘·어제−≫의 전체 구성을 보면, 허웅 선생은 먼저 말소리의 일반적 이론(음성학과 음운론)을 먼저 살핀 후에(제1장), 15세기 국어의 공시 음운론(제3장)과 현대 국어의 공시 음운론(제2장)을 개별적으로 기술하고, 다시 이를 바탕으로 그 두 시기 음운 체계 사이에 나타난 변천을 설명(제4장)하는 방식을 취하였다(김주원 2005:157).

이 때 현대 국어와 15세기 국어의 공시 음운론을 다루는 2장과 3장의 구성을 구체적으로 살펴보면 다음과 같다.

　　현대 국어와 15세기 국어의 음운에 대한 허웅 선생의 연구는, 그 구성에 있어서 다소간의 차이는 있지만, 가장 먼저 구체적인 말소리를 분석하여 이를 바탕으로 음소 체계를 세우고 다시 이 음소가 체계 내에서 어떤 변동 양상을 보이는지 설명하는 구성 방식을 취한다는 점에서 대체로 같다고 할 수 있다.

　　다만 "15세기 국어의 음운학"에서 특징적인 것은 문헌 자료에 의존할 수밖에 없는 과거 언어 상태에 대한 연구의 특성상 먼저 훈민정음 해례에 체계적으로 기술된 글자의 조직을 파악하고 이를 통해 당대의 발음을 과학적으로 추정하는 방법을 제시하였다는 점이다. 15세기 음운은 오직 당대의 문헌 자료, 즉 "글자의 기록에 의해서만"(306쪽) 알 수 있는 것이므로, 먼저 글자 조직을 기술하고 그 다음 각 글자의 발음을 추정함으로써 문자와 문자가 표상하는 소리에 대한 적확한 이해를 도모하였다는 점은 음미할 만한 것이다. 특히 15세기에 사용된 훈민정음의 운용을 순 우리말을 적은 것, 조선 한자음을 적은 것, 중국 한자음을 적은 것의 세 가지로 구분하였는데, 이는 동일한 문자가 그 문자로 적는 언어의 음운 조직의 차이에 따라 다르게 쓰일 수 있음을 인식하여 음운 분석을 하였음을 보여준다. 한 예로 글자 'ㅸ'의 음가를 중국어 표기에서는 무성의 [ɸ](중국 본토의 발음 [f]에 대응하는 조선식 발음으로 추정)로 본 반면, 우리말 표기에서는 여러 가지 내적 증거를 바탕으로 양순 유성 마찰음 [ß]로 추정하였다. 이는 국어학사를 되돌아 볼 때 외국어를 정음으로 전사한 자료를 해당 외국어의 음운 체계에 대한 면밀한 검토 없이 섣부르게 해석하는 일부 경향에 대한 반성을 촉구하는 지점으로 생각된다.

제1절 "훈민정음의 조직"에서 허웅 선생이 제시한 "옛 소리 추정 방법"은 다음과 같다(311쪽).

(ㄱ) 당대 어학자들의 음가 기술
(ㄴ) 외국어에 대한 한글 전사 자료 혹은 우리말에 대한 외국 문자 전사 자료
(ㄷ) 글자의 쓰임, 즉 그 분포 환경과 관련 음운 규칙
(ㄹ) 방언형 등에서 드러나는, 그 글자로 적힌 소리의 변화[1]

이를 바탕으로 하여 제2절 "옛 소리 추정"에서 허웅 선생은 'ㅸ', 'ㆆ', 'ㅿ', 'ㆍ' 등 "실음자"("소리 잃은 글자" – 따라서 더 이상 "쓰이지 않는 글자")로 표기되던 음소들과 'ㅇ/ㆁ', 'ㅒ, ㅖ, ㅚ' 등 중성의 합용병서, 'ㅅ, ㅈ, ㅊ' 등 "변음자"("소리 바뀐 글자")들의 15세기 당대의 소릿값을 추정하여 제시하고 있다. 이 외에도 합용병서, 각자병서, 음절말 위치에서 중화되지 않고 실현되는 /ㅅ/ 등에 대해서도 자세히 다루고 있다.

한 가지 예를 들면, 허웅 선생은 실음자 'ㅿ'의 음가를 [z]로 보았는데 그 근거는 다음과 같다.[2]

(ㄱ) 당대의 음가 기술: 훈민정음 해례에서 불청불탁으로 규정한 여섯

---

1) 이미 허웅 선생의 방법론에 암묵적으로 포함되어 있는 것으로 보이지만 따로 항목을 부여한다면 (ㅁ) 유형론적 고려와 (ㅂ) 음성학/음운론적 보편 원리에 대한 고려 등을 추가할 수 있겠다.
2) 이에 더해서 허웅 선생의 견해와 반대되는 의견과 이에 대한 반론을 함께 제시하였다. 스스로의 분석에 대한 자신감과 독자들의 균형 잡힌 판단을 위한 허웅 선생의 배려를 느낄 수 있는데, 책 쓰기의 귀감이 되는 대목이라고 생각한다.

소리 [ㆁ ㄴ ㅁ ㅇ ㄹ ㅿ] 중 'ㅿ' 이외의 다섯 소리가 모두 유성음이라는 점.

(ㄴ) 분포 환경: 유성음(울림소리) 사이에서 나타난다.

(ㄷ) 음운 규칙:

1. [ㅅ]이 유성음 사이에서 [ㅿ]로 변한 결과임을 보여주는 예들: 긋+어→그어, 둘+서→두어

2. ㅿ이 유성음으로서 뒤따르는 'ㅂ'을 유성음화시켰을 것임을 보여주는 예들: 웃ᄫ리

(ㄹ) 소리의 변화: 'ᄆᆞᅀᆞᆯ, ᄀᆞᅀᆞᆯ, 겨을, ᄀᆞᅀᆡ' 등의 'ㅿ'가 방언에 따라 'ㅿ'가 완전히 없어진 경우도 있고 'ㅅ'으로 남아 있는 경우도 있다.

다른 실음자와 변음자에 대해서도 이와 같은 치밀한 논증 과정을 통해 그 음가를 추정하여 제시하고 있음을 볼 수 있는데, 뒤에 나오는 자음과 모음 체계를 이해하는 데에 필요한 것만 간추리면 다음과 같다 (전체 목록은 390쪽 참조).

ᄫ: [β]

ㆆ: [ʔ]

ㅿ: [z]

ㆁ: [ŋ] (15세기의 'ㅇ'은 소리가 없는 글자)

ㄲ, ㄸ, ㅃ, ㅆ, ㅉ, ㆅ [ç']: 된소리

ᅇ: [j', i'] (후두의 켕김을 동반한 'ㅣ' 소리를 표기한 것)

ㄴㄴ: [nn](쌍서 표기이지만 독립된 음소가 아닌 /ㄴ/의 겹침 닿소리)

·: [ɣ] 또는 [ʌ]

ㅓ: [ə]

ㅚ, ㅟ, ㅐ, ㅔ 등: 모두 하향 이중모음

2.2. "15세기 국어 음운학"의 연구 방법론

허웅 선생의 15세기 국어 음운에 대한 연구의 방법론적 특징은 첫째로 공시적 체계로서의 음운 연구에 천착하였다는 점을 들 수 있다. 즉, 허웅 선생은 "지금 우리가 거슬러 올라갈 수 있는 가장 옛 언어 상태"(304쪽)로서의 15세기 음운 체계를 현대 국어의 음운 체계를 공시적으로 설명한 것과 동일한 방법으로 설명한다. 그리고 그보다 이전 시기의 음운 체계는 "아직까지 그 전반을 파악할 정도의 연구가 되어 있지 않은 것으로" 서술하는데(462쪽), 이것은 고대 음운 연구가 중요하지 않다는 뜻이 아니라 허웅 선생이 추구하는 공시적 체계로서의 기술이 아직은 불가능한 단계라는 뜻으로 이해해야 할 것으로 보인다.

둘째로 당대 여러 음운 이론을 적극적으로 수용하는 한편, 이를 주체적으로 변용하였다는 점을 꼽을 수 있을 것이다. 19세기 젊은이문법학파의 역사비교언어학 이론에서부터 런던 학파의 음성학, 소쉬르, 프라그 학파, 미국 기술언어학 등의 구조주의 음운론, 그리고 생성음운론에 이르기까지 여러 음운 이론을 폭넓게 수용하면서도 이를 무비판적으로 적용하기보다는 국어 자료에 대한 실증적 분석을 통하여 적극적으로 적절히 바꾸어 적용하였다. 이 글에서는 그 주체적 변용의 구체적 내용을 1980년대 중후반부터 주로 논의되어 온 미명세(underspecification) 또는 부분명세(partial specification)에 관한 이론(Archangeli 1984, 1988, Steriade 1987)과 역시 1980년대 중반 이후 SPE(Chomsky & Halle 1968, *The Sound Pattern of English*)식 변별 자질 이론에 대한 반성으로 등장한 조음자 이론(Articulator Theory: Halle 1983, Sagey 1986, Halle 1995, Halle, Vaux, & Wolfe 2000 등)의 문제의식과 연결 지어 뒤에 자세히 다루도록 하겠다.

셋째로 음성학과 음운론의 상호보완적인 성격에 대한 이해를 바탕으로 음운 체계 분석의 예비적 단계로서 음성학적 연구를 수행하고 있다는 점이다. 이는 음성학 또는 음운론의 어느 한 쪽에 극단적으로 치우친 "편파적" 입장 — 대표적으로 "음운학 자체가 음성학의 테두리 안에서 연구될 수 있다"는 존스의 음성학 중심의 견해와 "음성학은 자연과학이지 언어학이 아니"므로 "음성학은 언어학의 테두리 밖에 나가야 할 것" (허웅 1984:35, 1985:137~8 참조)이라는 트루베츠코이의 음운론 중심의 견해 — 에서 벗어나 말소리의 과학적 연구라는 본질적 목표를 위해 각 학과의 장점을 두루 취하는 균형 잡힌 태도를 보였다는 점에서 의의가 있다. 허웅 선생의 이러한 시각은 음성학을 다분히 도외시하던 1980년대의 국내 학계의 현실에서 언어학 내에서 음성학의 중요성을 환기시켰을 뿐만 아니라 더 나아가 음성학과 음운론 사이에 나타나는 대상과 연구 방법의 차이가 오히려 역설적이게도 말소리의 연구에서 그 둘을 함께 추구해야 하는 이유가 됨을 보여주는 것이라고 할 수 있다.

다음 장에서는 구체적으로 15세기의 국어의 음소 체계를 허웅 선생이 어떻게 분석하였는지 살펴보도록 하자.

3. 15세기 국어의 음소 체계

허웅 선생은 현대와 15세기를 불문하고 국어의 음소를 [막음], [고정자리]의 두 변별적 자질에 의해서 크게 다음과 같은 네 부류로 구분하였다(210쪽).

표 1. "네 가지 큰 부류의 분화" (허웅 1985:403, 210도 참조할 것)

	(단순)모음	반모음	/ㅎ, ㅎㅎ3)/	그 밖의 자음
막음	-	-	+	+
고정자리	+	-	-	+

---

3) /ㅎㅎ/는 15세기 음소 체계에만 존재하는 것인데, 허웅 선생에 따르면 "/ㅎㅎ/은 사실상 고정자리가 있으나, /ㅎ/와의 관련으로 [-고정자리]로 본다"고 하였다(404쪽).

허웅 선생의 이러한 "네 가지 큰 부류를 분화하는 변별바탕"은 SPE를 위시한 서구 음운 이론에서 모음, 반모음, 자음을 변별하는 데 주로 사용되어 온 [성절성(syllabic)]이나 [자음성(consonantal)]과 같은 주요 부류 자질(아래 표 참조)과 구분되는 매우 독특한 것이다(고동호 2005:127, 각주 32).

표 2. SPE의 주요 부류 자질 (Chomsk & Halle 1968:354 참조)

	vowels	glides	consonants
syllabic	+	-	-
consonantal	-	-	+

이때 [막음]은 그 기능과 개념이 SPE 류의 [자음성]과 크게 차이가 나는 것 같지 않으나 [고정자리]라는 자질은 다른 음운 이론에서는 찾아보기 힘든 자질의 설정이 아닌가 한다. 허웅 선생의 분석에서 이 [고정자리]는 모음과 반모음, /ㅎ, ㆅ/과 기타 자음류를 구분하는 변별 자질로 기능하고 있다. [고정자리]라는 자질은 다분히 조음음성학적 관찰을 통해 얻은 것으로 보이며, 따라서 화자 입장에서 나름 근거를 가지고 있는 자질인 듯하다. 한편, 이 새로운 자질은 음향음성학적 차원에서도 전혀 근거가 없는 것은 아니다. 예를 들어, 음절핵을 이루는 모음의 경우는 스펙트로그램 상에서 포먼트 구조가 안정되어 있는 데 반하여, 음절의 주변부를 구성하는 반모음의 경우는 주로 포먼트 안정 구간 사이의 전이 구간으로 나타난다는 사실(Hertz 1991)이 모음과 반모음의 구분을 위해 사용되는 [고정자리] 자질의 음향음성학적 타당성을 보여주는 듯하다.[4] /ㅎ/과 그 밖의 자음의 구분과 관련해서도 [고정자리] 자질은 어느 정도

---

4) 오늘날 모음(특히 고모음)과 반모음의 구분은 자질 명세의 차이보다도 음절 구조 내에서 해당 음소가 음절핵의 위치를 차지하는가(모음) 아니면 그 주변부의 위치를 차지하는가 (반모음)에 따라 결정되는 것으로 보는 것이 일반적이다(Zec 2007:172~3 참조).

음성학적 타당성을 갖추고 있다. 먼저 조음의 관점에서 허웅 선생은 /ㅎ/가 [h]뿐만 아니라 [ç], [ɸ]와 같은 여러 변이음을 가지고 있어 그 나는 자리가 일정하지 않을 뿐만 아니라, 이 중 대표 변이음이라 할 수 있는 [h]의 경우 "갈이가 나는 자리를 지적할 수 없는 스침"(210쪽) 소리이기 때문에 고정자리가 없는 것으로 보았다. 이를 음향음성학적으로 해석하면, 마찰음의 조음위치는 그 지각 단서를 마찰 소음 구간에서 에너지가 집중되는 주파수대의 위치에서 찾을 수 있는데 /ㅎ/의 변이음들([h], [ç], [ɸ], [ɦ])이 각기 다른 마찰 소음의 특성을 보이므로 이와 같은 /ㅎ/의 다양한 음향적 변이 역시 [고정자리] 없음과 관련지어 이해할 수 있다. 그러나 위의 변이음들이 각각 /i, j/의 앞([ç]), /u, ø, y, w/ 따위의 앞([ɸ]), 울림소리 사이([ɦ]) 등의 음성 환경에 의한 것이며 정도는 덜하나 다른 음소들도 유사한 변이음 규칙에 의한 분포를 보이기 때문에 ― 예컨대, /ㅅ/와 그 변이음 [s], [ʃ], [ɕ] 따위 ― [고정자리]라는 자질을 인정하더라도 /ㅎ/만이 [-고정자리] 명세를 갖고 나머지 자음들은 모두 [+고정자리] 명세를 갖는 것으로 보기는 어려울 듯하다. 더욱이 [고정자리]라는 새로운 주요 부류 자질이 여러 언어에서 보편타당한 자질로 사용될 수 있는 경험적 근거를 지니고 있는 것 같지 않고, [고정자리] 자질의 사용으로 /ㅎ, ㅎㅎ/을 자음의 한 하위 부류로 구분하지 않고 모음, 반모음, 기타 자음과 대등한 층위에서 구분함으로써 얻을 수 있는 음소 체계 분석상의 이점이 무엇인지도 분명하지 않은 것 같다. 허웅 선생의 체계에서 후행 모음의 위치에 따른 /ㅎ/의 변이음 규칙을 설명하려면 주요 부류 자질로 사용되는 [고정자리] 자질의 값이 그보다 하위 부류 자질인 모음의 위치 자질에 의해 바뀐다고 볼 수밖에 없는데 이는 자질의 위계를 고려할 때 별로 바람직한 결과가 아니다. 오히려 이보다는 뒤에 보게 될 자음 체계에서 허웅 선생이 [입술]과 [뒤혀] 등의 조음자 (articulator)들을 자질로 제안한 것과 같이 [후두]를 /ㅎ/의 위치 자질로 사용하거나 아니면 위치 자질이 명세되지 않는 자음으로 보는 것이 어떨까 한다. 실제로 허웅 선생은 허웅(1965)에서 [후두성]이라는 위치 자질을 사용하여 /ㅎ, ㆅ/를 분류한 바 있다(아래 표 5 참조).

[막음]과 [고정자리]라는 두 가지 주요 부류 자질에 의해 음운을 네 부류—단순모음, 반모음, /ㅎ, ㆅ/, 그 밖의 나머지 자음—로 나눈 후, 다시 이들을 각각 [켕김] 자질에 의해 켕긴 소리와 그렇지 않은 소리로 구분하였다(표 3).

표 3. 허웅(1985:403~4)의 자모음 공통 자질 [켕김]에 의한
음소 분류(고동호 2005:127)

	/ㅣ'/ 모음	나머지 모음	/j'/ 반모음	나머지 반모음	/ㆅ/	/ㅎ/
켕김	+	-	+	-	+	-

여기서 [켕김]이라는 자질은 음운 이론에서 [tense]나 [constricted glottis]에 대응하는 것인데, 우선 이 자질이 모음이나 반모음[+켕김]의 구분에 쓰일 수 있는 것인지에 대해서는 충분한 유형론적, 일반음운론적 검토가 필요한 듯하다. 그리고 그 이전에 15세기 국어의 음소 체계에서 과연 /ㅣ'/, /j'/, /ㆅ/를 독립된 음소로 봐야 하는지의 문제를 다각도로 검토할 필요가 있다. 허웅 선생의 견해는 기본적으로 "쌍서는 된소리 적은 것"이라는 대명제 아래에 <ㅇㅇ>[5])과 <ㆅ>의 쌍서 표기도 한 가지로 본 것인데, 이들이 나타나는 형태론적 구성이 대체로 사·피동 접사의 축약형이고[6]) 체언에서는 상대적으로 덜 나타난다는 점을 고려할 때 독립된 음소로 보기에는 그 분포가 지나치게 제한적인 것이 아닌가 한다. 만일 후학들에 의해 이들 쌍서 표기가 개별 음소를 표기한 것은 아니라

---

5) 문자면에서는 'ㅇ'의 겹침이지만 'ㅇ'은 소릿값이 없는 것이므로 /ㅣ/ 또는 /j/의 겹침으로 해석하였다.

6) <ㆅ>의 경우 '혀>켜'의 변화를 보이는 예들(도ᄅ혀>돌이켜, 내혀>내켜, 니르혀>일으켜) 도 사동의 의미를 가지고 있다.

는 결론이 내려진다면, [켕김]은 15세기 국어에서도 현대 국어에서와 같이 오직 'ㄲ, ㄸ, ㅃ, ㅆ, ㅉ' 등의 자음(장애음)의 구분만을 위해 이론적 부담 없이 사용할 수 있게 될 것이다.

이하에서는 자음 체계와 모음 체계에 대한 허웅 선생의 분석을 각각 살펴보도록 하자.

3.1. 자음 체계

허웅 선생이 제안한 15세기 국어 자음 체계는 다음과 같다(표 4). 단 여기에서 /ㅎ, ㆅ/는 전술한 바와 같이 [고정자리] 자질에 의해 먼저 여타 자음들과 구분되었으므로 제외되어 있다. 그 나머지는 /ㅸ, ㅿ/을 제외하면 현대 국어의 자음 체계(223~4쪽)와 다를 바가 없다.

표 4. 15세기 자음 체계(허웅 1985:412~413)

방법 \ 힘 \ 자리			[+입술]	[-입술, -뒤혀]	[+뒤혀]
[+장애, +터짐]	[-된, -거센]		ㅂ	ㄷ	ㄱ
	[+된]		ㅃ	ㄸ	ㄲ
	[+거센]		ㅍ	ㅌ	ㅋ
[+장애, +터짐, +갈이]	[-된, -거센]			ㅈ	
	[+된]			ㅉ	
	[+거센]			ㅊ	
[+장애, +갈이]	[-된, -거센]			ㅅ	
	[+된]			ㅆ	
[-장애]	[-갈이]	[+코로]	ㅁ	ㄴ	ㆁ
		[-코로]		ㄹ	
	[+갈이](가벼운)		ㅸ	ㅿ	

고동호(2005:129)에서 지적한 바와 같이 위 표 4를 들여다보면 "/ㅸ, △/이 [-장애], 즉 공명음의 범주에 속해 있는 것이 특이한데" 이들은 여러 가지 증거에 의해 각각 그 음가가 [β]와 [z]로 추정이 된 것들이다. 주로 모음 사이 환경에서 나타나는 'ㅂ~ㅸ'와 'ㅅ~△'의 교체 현상(예: 어듭~어드본, 닛~니서)을 고려할 때, /ㅂ/와 /ㅅ/는 무성 장애음으로, /ㅸ/과 /△/는 유성 장애음으로 보는 것이 일반적인 분석일 것이다. 실제로 허웅(1965) ≪(개고신판) 국어음운학≫(378쪽)에서는 /ㅸ, △/를 장애음으로 보았는데(아래 표 5 참조), 다만 /ㅂ/와 /ㅸ/의 대립은 [정지] 대 [마찰]에 의한 것으로 본 반면, /ㅅ/와 /△/의 대립은 [무성]과 [유성]에 의한 것으로 보았으며, 후에 스스로 이를 평가하기를 "매우 어색한 것이 되고 말았다"(허웅 1985:405, 각주 50)고 하였다.

표 5. 15세기 자음 체계(허웅 1965:378)

| 辨別的
資質 | | 兩脣性 | | 舌端性 | | | | 後舌性 | 喉頭性 |
| | | 停止 | 摩擦 | 停止 | 破擦 | 摩擦 | | | |
						無聲	有聲		
障碍性	軟	p	β	t	č	s	z	k	
	硬	p'		t'	č'	s'		k'	h'
	氣	pʰ		tʰ	čʰ			kʰ	h
響性	鼻	m		n				ŋ	
	流	l							

이와 달리 우리가 지금 살펴보고 있는 허웅(1985)에서는 /ㅸ/과 /△/를 유성 장애음으로 보지 않고 공명음의 한 특수한 부류로 보았다. 즉, 허웅 선생은 공명음(향음)을 장애성의 정도에 따라 장애성이 전혀 없는 "순수 향음"과 가벼운 장애성을 갖는 "갈이 향음"으로 구분하였는데, /ㅸ/과 /△/가 바로 "갈이 향음"에 속한다는 것이다. 그 이유에 대해서 허웅

선생은 다음과 같이 서술하고 있다(405쪽).

"현대 음성학의 이론으로 말하면, /ㅸ, △/와 같은 갈이소리는 응당 장애음에 든다. 그러나 여기에서 이 소리를 향음의 한 가지로 본 데는 다음과 같은 이유가 있다.

첫째, 우리말에는 울림이 변별바탕이 되지 못한다. 그것은 조선 초기에도 한가지로서 /ㅂ, ㄷ, ㄱ, ㅈ/ 따위가 울림소리와 안울림소리의 변이음을 가졌던 것으로 생각되기 때문이다. 둘째, /ㅂ/와 /ㅸ/는 터짐-갈이로 대립되고, /ㅅ/와 /△/는 울림의 없음-있음으로 대립되는 것으로 보고서 /ㅸ, △/를 장애음에 넣으면 장애음의 조직을 균형 있는 것으로 짜 볼 도리가 없게 된다. 셋째, 이 두 소리의 장애는 매우 약하고, 모두 전형적인 울림소리인 향음과 같이 울림소리이다. 그러므로 훈민정음의 '청탁' 분류에서 /△/는 향음인 /ㆁ, ㄴ, ㄹ, ㅁ/와 같이 '불청불탁'에 넣어 분류했고, /ㅸ/는 '목소리가 많다'(해례)는 이유로 불청불탁의 「ㅇ」을 「ㅂ」 밑에 이어 쓰도록 했다. 이로써 보면 /△/나 /ㅸ/가 모두 불청불탁(향음)에 가까운 소리였음을 그 때의 어학자들도 인식하고 있었던 것이다."

위에 든 세 가지 이유는 각기 나름의 합리성을 지니고 있지만, 다른 각도에서 생각해 볼 여지가 없지 않다. 첫째로 우리말에서 울림, 즉 유성과 무성의 대립이 변별바탕이 되지 못하는 것은 현대 국어의 경우에는 그러하나 15세기 국어에서도 그러해야만 할 필연적인 이유는 없다. 오히려 현대 국어에서 장애음이 공명음, 주로 모음 사이에서 유성음화되는 변이음 규칙이 뚜렷하게 존재한다는 점에서 유무성 대립이 대립적인 것에서 잉여적인 것으로, 또는 잉여적인 것에서 대립적인 것으로 그 성격이 변할 수 있는 조건이 충분히 마련되어 있다고 볼 수도 있는 것이다. 자질의 언어보편성 측면에서도 [갈이]라는 자질이 공명음들 사이의 변별바탕으로 존재하는 언어가 얼마나 있는지 의문인 것과는 달리, 유무성의 대립이란 장애음들 사이에서 여러 언어에 보편적으로 나타나는 것이라는 점도 고려할 필요가 있겠다. 만약 유무성의 대립이 15세기에 존재했다면 아마도 /ㅂ/와 /ㅸ/, /ㅅ/와 /ㅿ/ 간의 대립과 관련하여서만 변별바탕(대립 자질)으로 기능하였을 것이고 기타 장애음들의 경우는 제침바탕(잉여 자질)으로 기능하였을 것이라는 분석이 가능하다. 이는 다시 허웅 선생이 제시한 두 번째 이유와 연관되는데, /ㅂ/와 /ㅸ/ 간의 대립과 /ㅅ/와 /ㅿ/ 간의 대립을 터짐-갈이의 대립과 울림의 없음-있음으로 다르게 분석할 필요가 없는 것인지도 모른다. /ㅸ/가 음성학적으로 (유성)마찰음이라는 데에는 이견이 없겠지만 이를 음운 자질로 어떻게 표상할 지에 대해서는 서로 다른 분석이 얼마든지 있을 수 있기 때문이다. 허웅 선생의 분석은 잠재적으로 /ㅸ/의 유성성을 잉여적인 것으로, 마찰성을 대립적인 것으로 보는 것인데, 그 반대의 해석, 즉 유성성을 대립적인 것으로, 마찰성을 잉여적인 것으로 보는 것도 얼마든지 가능하다. 이렇게 되면, /ㅂ/와 /ㅸ/, /ㅅ/와 /ㅿ/ 간의 대립을 유무성에 의한 한 가지 대립으로 분석하는 것이 가능해지고 이들을 모두 장애음에 넣더라도 조직의 균형을 어느 정도는 맞출 수가 있게 된다. 이는 다시 허웅 선생의 셋째 이유와 이어져서, /ㅿ/나 /ㅸ/를 모두 유성 장애음으로 본다면 이들이 /ㆁ, ㄴ, ㄹ, ㅁ/과 같은 공명자음들과 함께 "불청불탁"으로 분류되는 것이 또한 어렵지 않게 이해가 된다. 다만 이 때 "불청불탁"의 개념을 향음, 즉 공명음이 아니라 유성 자음으로 받아들이면 무리가 없을 것이다.

허웅 선생의 분류를 따라 /ㅂ/와 /ㅅ/는 장애음으로, /ㅸ/과 /ㅿ/는 공명음으로 분류하는 것은 또한 관련 변동 규칙인 "/ㅂ/의 공깃길 닮기"(426쪽)와 "/ㅅ/의 울림 닮기"(427쪽)를 다소 복잡하고 부자연스럽게 만든다는 단점이 있다. 허웅 선생의 자질 체계로는 "/ㅂ/의 공깃길 닮기" 규칙은 [+장애, +터짐, -된, -거센, +입술] → [-장애, +갈이, +입술], "/ㅅ/의 울림 닮기" 규칙은 [+장애, +갈이, -된, -거센, -입술, -뒤혀] → [-장애,

+갈이, -입술, -뒤혀]로 표현되는데, 이는 일반적인 닮기 규칙, 즉 동화 규칙이 하나의 자질값의 변화로 표현되는 것과 달리 둘 이상의 자질값의 변화를 수반한다는 점이 그 한 가지 이유이고, 서로 다른 기제에 의한 별개의 규칙으로 둘을 구분함으로써 두 변동의 공통성을 규칙에 담아내지 못한다는 점이 다른 한 가지 이유이다.

3.2. 모음 체계

모름지기 15세기 국어의 모음 체계에 대한 분석은 훈민정음 해례 제자해에 나오는 다음과 같은 기술을 합리적으로 해석하는 데에서부터 출발해야 한다.

· 舌縮而聲深

一舌小縮而聲不深不淺

ㅣ舌不縮而聲淺

ㅗ與·同而口蹙

ㅏ與·同而口張

ㅜ與一同而口蹙

ㅓ與一同而口張

위 기술에 대한 허웅 선생의 번역은 다음과 같다(331쪽).

· 는 혀는 오그라지고 소리는 깊다.

一는 혀는 조금 오그라지고 소리는 깊지도 얕지도 않다.

ㅣ는 혀는 오그라지지 않고 소리는 얕다.

ㅗ는 ·와 같되 입이 오므라진다.

ㅏ는 · 와 같되 입이 벌어진다.

ㅜ는 ㅡ와 같되 입이 오므라진다.

ㅓ는 ㅡ와 같되 입이 벌어진다.

이들 훈민정음 모음 글자의 소릿값을 추정한 결과 음성학적 체계로서 허웅 선생이 제시한 15세기 모음의 사각도를 보이면 다음과 같다.7)

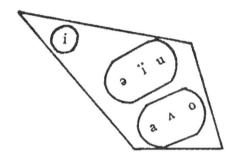

그림 1. 15세기 단순모음의 모음사각도 상의 위치(허웅 1985:391)

다른 모음들의 위치는 현대 국어의 모음 음가와 별 차이가 없으나, 현대어에서 장단에 따라 [ə:]와 [ʌ], 두 개의 변이음을 갖는 것과는 달리 (허웅 1985:161~2) 15세기 /ㅓ/는 장단 구분 없이 [ə] 또는 이보다 다소 전설에 다가가 실현되었던 것으로 보았다(허웅 1985:374). 또한 앞에서 살펴본 바와 같이 실음자 /·/는 여러 증거를 들어 [ɤ]~[ʌ](위 그림 1에서는 [ʌ]로 나타냄)로 실현되었던 것으로 보았다. 이러한 모음사각도는 김완진(1978), 김차균(1984), 김주원(1990) 등에서 제시한 것과 큰 차이가 없으며, 음성학적인 음가에 대한 추정으로서 대체로 타당한 것으로 판단된다.8)

---

7) 위 그림에 사용된 음성 기호들, 즉 [i, ə, ï, u, a, ʌ, o]는 순서대로 <ㅣ, ㅓ, ㅡ, ㅜ, ㅏ, ·, ㅗ> 모음 글자들의 음가를 각각 나타낸다.

한편, 위의 훈민정음 해례에서 모음 기술에 사용한 용어들을 바탕으로 모음의 조직을 구성해 보면 다음과 같이 된다.

표 6. 훈민정음 해례의 설명에 따른 15세기 모음 체계(409쪽)

혀 \ 입술	+벌림[=張]	-(벌림, 오므림)	+오므림[=蹙]
+폄 [=不縮]		ㅣ	
-(폄, 오그림) [=小縮]	ㅓ	ㅡ	ㅜ
+오그림 [=縮]	ㅏ	·	ㅗ

위 표는 훈민정음 해례의 "설축(舌縮)"과 "구축(口蹙)/구장(口張)"을 각각 "혀 오그림의 정도"와 "입술 오므림의 정도[강조 표시는 필자]"(408쪽)로 해석한 것인데, 허웅 선생은 특히 표 6에서와 같이 "입술의 둥굶이 세 단계로 대립하는 일"이 현대 음운론에서는 곤란한 것으로 보았다. /ㅜ/와 /ㅗ/는 명백하게 원순모음으로 볼 수밖에 없으므로 이들을 [+오므림]으로 보고, 이에 대비되는 /ㅡ/와 /·/를 [-오므림]으로 보면, 이들과 나머지 /ㅓ, ㅏ/를 어떤 자질에 의한 대립으로 볼 것인가가 문제가 된다. 허웅 선생은 이에 대해 "혀의 앞뒤와 높낮음 위치에 의해서 대립된 것으로"(409쪽) 보고 다음과 같이 재조정된 모음 체계를 제시하였다.

표 7. 당대 음성음운론을 바탕으로 재조정한 15세기 모음 체계
(/ㅣ/는 제외, 410쪽)

	-뒤 (+낮은)	+뒤 (-낮은)	
		-둥근	+둥근
-낮은 (-뒤)	ㅓ	ㅡ	ㅜ
+낮은 (+뒤)	ㅏ	·	ㅗ

---

8) /ㅚ, ㅟ, ㅐ, ㅔ/ 등은 모두 하향 이중모음으로 실현되었을 것으로 추정하였으므로 단순모음 체계에서 제외된다.

위 표 7에서 괄호 안에 병기된 것은 대립적인 자질에 수반되는 잉여적인 자질을 나타낸 것으로서 /ㅓ, ㅡ, ㅜ/와 /ㅏ, ㆍ, ㅗ/의 대립은 기본적으로 높낮이에 의한 대립이지만 혀의 앞뒤 위치의 차이가 이에 뒤따르고 /ㅓ, ㅏ/와 /ㅡ, ㅜ, ㆍ, ㅗ/의 대립은 기본적으로 혀의 앞뒤 위치에 의한 대립이지만 높낮이의 차이도 부수적으로 나타난다고 보는 것이다.[9]

그러나 높낮이와 앞뒤가 이처럼 대립 자질과 잉여 자질로 서로 뒤섞여 쓰이게 되면 그 분석이 다소 모호해지는 단점이 있는 것 같다. 음운론적인 음소 체계가 어느 정도 추상화의 과정을 거치는 것임을 감안하더라도, 표 7의 체계로부터 그림 1의 모음 음가를 거꾸로 추정해 내기란 여간 어려운 일이 아니다.[10]

표 7의 허웅 선생의 해석은 훈민정음 해례의 설명에 나오는 "縮"이라는 용어에 상응하는 현대적 의미의 자질이 당대에 잘 알려지지 않은 결과로 보이는데, 표 6의 체계가 모음조화 현상이나 구개음화와 같은 모음 관련 음운 현상, 그리고 모음의 자연 부류를 잘 설명하는 반면, 표 7의 체계는 다음과 같은 몇 가지 문제점을 가지고 있다.

먼저, 체계에서 제외된 /ㅣ/를 포함할 경우, /ㅣ/를 어떤 자질로 분석을 할지가 명확하지 않다. 다시 말하면, /ㅣ/가 왜 구개음화를 유발하는지 또는 왜 모음조화와 관련하여 중립모음으로 기능하는지에 대한 설명을 제공할 수 있는 자질 명세가 결여되어 있는 것이다. 또한 "혀의 높낮이에 의한 대립은 유무적이 될 수 없기 때문"이라고 하면서(411쪽) /ㅓ/ : /ㅏ/, /ㅡ/ : /ㆍ/, /ㅜ/ : /ㅗ/가 명백히 모음조화의 조화짝을 구성함에도 불구하고 상관을 형성하지 않는 것으로 보고 있다.

---

9) 이들 잉여 자질들은 최종적인 모음 체계(410쪽 아래)에서는 제외하여 나타내었다.

10) 허웅 선생은 표 7의 모음 체계에 대한 부연 설명에서 "여기에 말하는 높낮이나 앞뒤는, 이 여섯 홀소리에만 한한 상대적 의미로 취해져야 한다. 곧 [-낮음]은 [+낮음]보다 높다는 뜻이지, 닫힌 홀소리를 뜻함은 아니며, [-뒤]도 [+뒤]보다 앞쪽이란 뜻이지, 바로 앞홀소리를 뜻하는 것은 아니다."(411쪽)라고 하였다.

한편, 허웅 선생은 ≪국어음운학－우리말 소리의 오늘·어제－≫의
제2장 "현대 국어의 음운학"에서 현대국어의 모음 체계를 다음과 같이
제시하였다.

표 8. 현대국어의 모음 체계(220쪽)

공깃길 \ 자리 입술	[-뒤]		[+뒤]	
	[-둥근]	[+둥근]	[-둥근]	[+둥근]
[+높은]	ㅣ	ㅟ	ㅡ	ㅜ
[-높은, -낮은]	ㅔ	ㅚ	ㅓ	ㅗ
[+낮은]	ㅐ		ㅏ	

여기서 우리가 주목할 부분은 현대 국어에서 /ㅓ/와 /ㅏ/가 [+뒤]의
자질값을 갖는다는 점이다. 15세기 국어에서는 /ㅓ/와 /ㅏ/가 [-뒤] 자질
값을 가졌던 것으로 분석이 되었으므로 이러한 자질값의 변화를 설명하
기 위해서는 허웅 선생이 의도하지 않았다 하더라도 /ㅓ, ㅏ/의 후설모음
화를 비롯한 일련의 모음의 대이동, 즉 모음추이를 가정하지 않을 수
없는 듯 보인다.[11] 그러나 국어사에서 모음추이란 실재하였다 하더라도
14세기 무렵(이기문 1972)의 일이며,[12] 15세기 이후로는 모음의 음가에
커다란 변화가 일어나지 않았으리라는 것이 국어학계의 정설이라는 점
에서, 모음추이를 가정하기에는 무리가 따른다. 따라서 허웅 선생이 제
시한 15세기의 음운론적 모음 체계에 대한 변별 자질 분석은 재고할
필요가 있다. 그러나 이것은 어디까지나 당대 조음음성학과 음운 이론에

---

11) 허웅 선생의 음가 추정을 보아서는 모음추이를 굳이 가정하지 않아도 될 법하다. 그러나
이 경우에도 비슷한 소리가 어째서 현저히 다른 자질 명세를 부여받을 수 있는 것인지에
대한 경험적, 이론적 근거를 검토할 필요가 있다.
12) 실재하지 않았을 가능성이 더 높다. 국어 모음추이 가설에 대한 자세한 소개와 비판에
대해서는 김주원(1993)과 Ko (2013) 참조.

서 "설축"의 모음조화를 제대로 이해할 수 있는 틀을 제공하지 못하였다는 시대적 한계에서 비롯된 것으로 이해되어야 할 것이다. 이런 시대적 배경 아래에서는 '홀소리 네모꼴' 위에서 모음을 분류하는 관행을 벗어나기 어려웠을 것이기 때문이다.[13]

오늘날 훈민정음의 "설축"은 혀뿌리(설근)의 전진 또는 후축([Advanced Tongue Root(ATR)] 또는 [Retracted Tongue Root(RTR)])에 대응하는 것으로 받아들여지고 있다(박종희 1983, 김주원 1988, 1993, 1999, J-K Kim 2000 등).[14] 혀뿌리 자질을 도입하면 15세기 모음 체계는 아래와 같이 분석이 되는데,[15] 여기서는 모음조화의 짝을 이루는 /ㅓ/:/ㅏ/, /ㅡ/:/·/, /ㅜ/:/ㅗ/가 [RTR]에 의한 유무 대립을 바탕으로 상관을 형성하고 있음을 볼 수 있다.

---

13) 그럼에도 불구하고 최현배 선생이나 이숭녕 선생 등이 전설, 중설, 후설의 대립으로 이해한 방식을 극복하였다는 점은 높이 평가를 받을 만한 것이다(김영송 1977:158 참조). 특히 "소리의 인상", "'ㅏ, ㅗ'와의 비교", "음소의 변동", "음소의 변천, 변화", "중국말 소리와의 대비", "방언의 소리"(즉, 15세기 국어의 '·'에 대응하는 제주 방언의 모음 음가에 대한 검토) 등을 바탕으로 한 결론("/·/는 혀의 모양은 거의 /ㅗ/에 가까우나 다만 입술의 둥글음은 /ㅗ/보다 덜한 소리이다. 바꾸어 말하면, 안둥근 /ㅗ/ 소리...[이하 생략]")은 대단히 놀랍고 대체로 정확한 것이었다고 평가 받을 만하다.

14) 혀뿌리 자질은 1950년대 말부터 몽골어(Cenggeltei 1959)와 퉁구스어(Novikova 1960)의 모음조화와 관련하여 처음 논의되기 시작하였고, 1960년대 중후반에 서아프리카언어들의 모음조화에 대한 음성학적 연구(Ladefoged 1964, Stewart 1967 등)를 필두로 서구 언어학계에서 본격적으로 다루어지기 시작하였다. 오늘날에는 영어(Halle and Stevens 1969)를 비롯한 인구어, 아프리카어, 알타이어, 아메리카 원주민 언어 등 실로 다양한 언어에서 보편적으로 사용되는 자질로 널리 받아들여지고 있다. 국어학계에서 처음으로 혀뿌리 자질이 언급된 것이 1983년의 일이었으니(박종희 1983), 허웅 선생의 1985년 저술에 이러한 새로운 시각이 바로 반영되지 못한 것은, 한편으로는 아쉬운 일이나, 어찌 보면 당연한 일이기도 하다.

15) 이와 동일한 체계가 이미 김주원(1999:337), J-K Kim(2000:184)에서 제안된 바 있다.

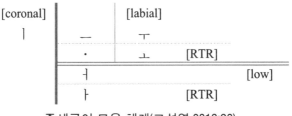

중세국어 모음 체계(고성연 2010:96)

혀뿌리 자질의 도입은 또한 현대 국어의 모음에 대한 청각 음성학적 관찰을 토대로 허웅 선생이 모음(특히, <ㆍ>)의 음가를 추정, 기술한 내용에 대해서도 타당한 해석을 제공한다. "소리의 인상"과 관련해서 허웅 선생은 매우 인상적인 관찰 결과를 남겼는데, 여기서 소리의 청각 인상이란 훈민정음 해례의 "ㆍ舌縮而聲深", "ㅡ舌小縮而聲不深不淺", "ㅣ舌不縮而聲淺"에 쓰인 "聲"에 대한 허웅 선생의 해석을 말하는 것으로서, 허웅 선생은 이른바 "뒤홀소리"[16]의 어둡고 깊음이 울대마개나 인두의 용적과 관련이 있음을 다음과 같이 언급하고 있다.

"(전략) 뒤홀소리를 낼 때는, 혀가 뒤쪽으로 물러남과 동시에 울대마개도 뒤쪽으로 넘어져서 후두에서 나오는 공기 흐름에 대해서 지장을 주게 된다. 그리하여 그 소리는 깊고 어두운 인상을 주게 되는데 (이하 생략)" (334쪽)

"(전략) 곧 뒤홀소리를 낼 때는 앞홀소리를 내는 데 비해 인두의 용적이 현저하게 작아지는데, 그렇기 때문에 울림을 수반한 공기의 흐름은 그만큼 장애를 입게 된다. 따라서 어두운 느낌이 여기에서 생겨나는 것이다." (334쪽, 각주 18)

---

16) 여기서 기술하는 내용을 앞, 뒤홀소리의 청각 인상의 차이로 보는 것 자체는 무리가 있다.

훈민정음 해례의 구분에 따르면 "설축" 모음은 "성심"(깊은 소리), "설소축" 모음은 "성불심불천"(깊지도 얕지도 않은 소리), "설불축" 모음은 "성천"(얕은 소리)으로 되어 있으므로, 위에 허웅 선생이 청각 인상의 차이로 서술한 내용 중에서 "앞홀소리"와 "뒤홀소리"는 각각 "설소축" 모음과 "설축" 모음의 차이에 대해 기술한 것으로 받아 들여야 할 것으로 보인다. 또한 "혀"를 "혀뿌리"로 대체하여 읽으면 더 정확하다.

홀소리의 청각 인상에 대한 이와 같은 조음음성학적 설명은 울대마개와 인두의 용적을 직접 확인할 방법이 갖추어져 있지 않았던 당시의 여건을 고려할 때 매우 놀라운 관찰이라 하지 않을 수 없다. 이러한 허웅 선생의 직관적인 관찰은 엑스레이 사진(Lindau 1978 등), 자기 공명 영상 장치(Tiede 1996), 후두내시경(Edmondson and Esling 2005) 등을 이용하여 서아프리카 언어 등에서 [+ATR] 모음과 [-ATR] 모음을 발음할 때의 후두 상태를 직간접적으로 비교, 확인한 일련의 연구에서 근래에 와서야 밝혀진 사실들과 상통하는 것이다.

이처럼 15세기 모음 체계 분석을 위해 혀뿌리 자질을 도입한 것은 후학들이 허웅 선생의 탁월한 음성학적 관찰과 음운론적 분석의 문제의식을 받아들임과 동시에 허웅 선생의 분석이 갖는 시대적 한계를 뛰어넘어 올바른 분석을 제시한 좋은 예가 된다고 할 것이다.

3.3. 허웅 선생의 자질 체계와 현대 음운 이론

허웅 선생의 국어 음운 체계 연구는 위에서 살펴본 바와 같이 시대적 한계 때문에 그 이상 나아가지 못한 측면도 있지만, 반대로 당대 음성, 음운 이론의 한계를 극복하려는 모습도 동시에 가지고 있다. 이제 허웅 선생의 연구가 당대를 뛰어넘어 현대의 음성, 음운 이론과 어떻게 조우할 수 있는지에 대해서 크게 조음자 이론과의 연관성과 미명세 이론과의 연관성을 중심으로 서술하고자 한다.

3.3.1. 조음자 이론

위에서 살펴본 15세기 자음 체계(표 4)를 다시 보면 허웅 선생의 음운론적 자질 체계 분석은 전통적인 조음음성학적 위치 분류나 SPE를 위시한 당대의 표준생성음운론의 자질 체계와 달리 [입술]과 [뒤혀]와 같은 조음자(articulator)를 조음 위치 자질로 사용하고 있음을 발견하게 된다.[17] 먼저, 허웅 선생이 ≪국어음운학 – 우리말 소리의 오늘 · 어제 – ≫의 제1장 "말소리의 일반적 성격"에서 제시한 조음 위치에 따른 자음 분류표를 살펴보자.

표 9. 조음 위치에 따른 자음의 분류(허웅 1985:39)

능동부	고정부	이름	
아랫입술	웃입술	두입술소리 (양순음, bilabial)	입술소리 (순음, labial)
	웃니 끝	이입술소리 (순치음, labiodental)	
혀끝	웃니 끝	잇사이소리 (치간음, interdental)	혀끝소리 (설단음, apical)
	웃니 뒤쪽	잇소리 (치리음, dental)	
	잇몸	잇몸소리 (치조음, alveolar)	
	센입천장	혀말이소리 (권설음, retroflex)	
앞혓바닥	센입천장	센입천장소리 (경구개음, palatal)	

---

17) [혀끝] 자질은 같은 위치를 [-입술, -뒤혀]로 표현할 수 있기 때문에 사용하지 않았다.

뒤혓바닥	여린입천장	여린입천장소리 (연구개음, velar)	
혀뿌리	인두벽	인두소리 (인두음, pharyngal)	인후소리 (인후음, faucal)
목청		목청소리 (성문음, glottal)	

조음 위치를 위와 같이 구분하는 것은 일견 조음음성학적 전통에 영향을 입은 것으로 보기 쉬우나, 국제음성학회에서 사용하는 국제음성문자표(International Phonetic Alphabet)가 주로 고정부의 위치를 바탕으로 자음을 분류하는 것과 달리, 허웅 선생의 분류는 능동부와 고정부를 함께 고려하되 몇몇 두드러진 예에서 능동부, 즉 조음자의 위치를 중심으로 소리를 나누고 있다는 점에서 차이가 있는 듯하다. 예를 들어, 위 표에서 웃니 끝에서 나는 소리 두 가지(이입술소리와 잇사이소리)가 각각 그 능동부에 따라 입술소리와 혀끝소리로 구분된다든지,[18] 똑같은 센입천장에서 나는 소리이지만 역시 그 능동부에 따라 혀말이소리는 혀끝소리로, 전형적인 경구개음은 센입천장소리로 구분된다는 점에서 그러하다.[19] 더불어, 이들 조음자 중심의 자질을 양분적인 변별 자질로 사용한 것 또한 당시로서는 파격적인 것이었을 것이다.

---

18) 영어의 예를 들면, 허웅 선생의 분류표에서 /f, v/는 입술소리(labial)로 분류되어 /p, b/와 한 부류로 묶이고, /θ, ð/는 혀끝소리로 분류되어 /t, d/ 등과 한 부류로 묶이게 되므로, 여러 언어에서 나타나는 음운 변동과 변화의 현실에 잘 부합한다. 인구어 역사비교언어학에서 익히 잘 알려진 그림의 법칙(Grimm's law)을 예로 들면, 원시인구어(Proto-Indo-European)의 무성폐쇄음 *p, *t, *k가 원시게르만어(Proto-Germanic)에서 각각 /ɸ/(영어에서는 결국 /f/가 됨), /θ/, /x/로 변한 사실을 들 수 있다. 이와 달리 고정부의 위치를 바탕으로 조음위치를 구분하는 IPA의 전통에서는 각각의 고정부가 하나의 부류를 이룰 뿐 {p, b, f, v} 대 {t, d, θ, ð}와 같은 자연 부류의 구분이 불가능하다(Kenstowicz 1994:137의 논의를 참조할 것).

19) 그러나 센입천장소리, 여린입천장소리, 인후소리 등 일부는 능동부보다 고정부의 이름을 소리 이름에 사용하고 있으므로 일관적이지는 않다.

한편, 허웅 선생의 자질 체계는 당대에 유행하던 SPE의 자질 체계와도 차이가 나는데, SPE를 따른다면 [labial], [dental-alveolar], [alveo-palatal], [velar] 등의 조음 위치가 [전방성(anterior)]과 [설정성(coronal)]의 두 자질에 의해 다음과 같이 구분되었을 것이기 때문이다.

표 10. SPE의 자질 체계에 따른 조음 위치 구분(Kenstowicz 1994:28)

	anterior	coronal
labial	+	-
dental-alveolar	+	+
alveopalatal	-	+
velar	-	-

이 중에서 [anterior] 자질은 그 경험적 타당성에 대한 증거가 부족하다는 이유로 끊임없이 비판을 받아 왔다. 위 표에 제시된 네 가지 조음 위치를 예로 들면, [±anterior]에 의해서 이론적으로 {labial, dental}(=[+anterior])과 {palatal, velar}(=[-anterior])의 자연 부류로 구분할 수가 있는데, 이러한 구분은 실제 자연 언어의 공시적, 통시적 음운 현상에서 거의 발견이 되지 않는 것이다. 이와 달리 [±coronal]에 의해 구분 가능한 {labial, velar}(=[-coronal])와 {dental, palatal}(=[+coronal])의 두 부류는 여러 언어의 음운 현상에서 흔히 발견되는 구분이다. 이러한 차이는 [coronal] 자질은 경험적 타당성을 지니고 있으나 [anterior] 자질은 그렇지 못함을 단적으로 보여주는 것이다(Kenstowicz 1994:29). 또한 위와 같은 SPE식 자질 체계에서는 자음의 위치 자질과 모음의 위치 자질이 별개로 설정이 되기 때문에 구개음화와 같이 모음의 위치 자질에 의해서 자음의 위치 자질이 영향을 받는 음운 변동 규칙을 자질의 전파에 의한 변동으로 쉽게 형식화하지 못하는 어려움이 있다(Clements and Hume 1995).

이를 극복하는 자질 이론으로서 Halle(1983) 이래로 조음자(articulator) 또는 협착(constriction)을 바탕으로 한 자질 이론들이 제안되었다(Halle 1983, Sagey 1986, Halle et al. 2000 등).[20] 여기서는 협착을 바탕으로 한 자질 이론은 다루지 않고, 조음자 이론의 자질 체계만 소개하기로 한다.[21]

조음자 기반의 모델은, 다음 쪽과 같이, 기본적으로 Labial, Coronal, Dorsal, Soft Palate, Radical, Glottal의 6개 조음부를 가정한다(Kenstowicz 1994:145).

허웅 선생이 제안한 [입술]과 [뒤혀]는 이 중 Labial과 Dorsal에 각각 대응하는 것으로서, 당시로서는 매우 혁신적인 자질 체계라 하지 않을 수 없다. 특히 이 점은 제1장 "말소리의 일반적 성격" <생성 이론의 짝대립>(78~80쪽)에서 SPE식 조음 위치 자질, 즉 [anterior]와 [coronal]을 소개하였음에도 불구하고, 실제 우리말 음운의 변별 자질 분석을 할 때에는 [입술]과 [뒤혀]와 같은 조음자 자질을 사용하였다는 점에서 분명히 드러난다고 하겠다.

---

20) 조음자 이론의 이론적 장점 중 중요한 한 가지는 자질의 기능을 크게 분류적 기능과 조음적 기능으로 구분하였다는 점에 있다. 분류적 기능이라 함은 자질이 화자의 기억 속에서 한 음소를 다른 음소로부터 구별하는 연상 장치(mnemonic device)로 기능하는 것을 말하고, 조음적 기능이라 함은 각각의 자질이 특정 조음자를 관장하는 근육들의 동작에 대한 명령으로 기능하는 것을 말한다. 특히 이 후자의 기능으로 말미암아 음성학적 실재에 더 잘 부합하는 음운 이론이 가능해지는 것이다. 이에 대한 자세한 논의는 Halle (1983)과 Halle et al. (2000)을 참조.

21) 협착 기반의 모델은 Clements and Hume (1995)로 대표되는데, 이에 대한 비판은 Halle et al. (2000)과 Calabrese(2005) 등을 참조하라.

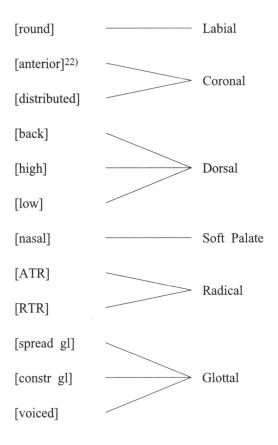

3.3.2. 미명세 이론

허웅 선생의 음운 체계 분석에서 드러나는, 시대를 뛰어넘는 또 하나의 독창적인 면모로서 1980년대 중반 이후 나타난 미명세 이론(Archangeli 1984, 1988, Steriade 1987, Dresher 2009 등 참조)과 유사한 자질 표기를 들 수 있다.

---

22) SPE에서와는 다르게 [anterior] 자질이 [coronal]에 해당하는 자음들의 하위 구분에 국한하여 사용된다. 예를 들어 영어의 [+coronal] 자음들을 [+anterior]인 /s, z, t, d/과 [-anterior]인 /ʃ, ʒ, ʧ, ʤ/로 구분하는 것과 같다.

아래에 제시한 표는 현대 국어 자음 중 장애음에 대한 허웅 선생의 변별 자질 분석인데, 15세기 국어 자음에 대한 유사한 자질표가 따로 제시되어 있지 않으므로 부득이 이를 바탕으로 설명을 하고자 한다. 15세기 자음 체계가 몇몇 실음자를 제외하면 현대 국어의 그것과 차이가 없다고 하였으므로(허웅 1985:413), 이렇게 해도 별 무리가 없으리라 판단한다.

표 11. 현대 국어 장애음의 변별바탕(허웅 1985:212)

	ㅂ	ㅃ	ㅍ	ㄷ	ㄸ	ㅌ	ㄱ	ㄲ	ㅋ	ㅈ	ㅉ	ㅊ	ㅅ	ㅆ
입술	+	+	+	-	-	-								
뒤혀				-	-	-	+	+	+					
터짐	+	+	+	+	+	+	+	+	+	+	+	+	-	-
갈이	-	-	-	-	-	-	-	-	-	+	+	+	+	+
된	-	+		-	+		-	+		-	+		-	+
거센	-		+	-		+	-		+	-		+	-	

제1장 "말소리의 일반적 성격"의 <변별바탕의 선택>에서 허웅 선생은 "짝대립에서 설명한 소리바탕들은 한 언어에 다 쓰이는 것은 아니고, 그 가운데 필요한 것만이 가려진다. (중략) 이를테면 국어의 음소를 풀이한다면, strident는, 갈이소리에 이런 대립이 없으므로 필요 없으며, 흐름소리는 한 음소뿐이므로 lateral도 필요 없다. (/ㄹ/는 [+consonantal, +sonorant, -nasal]로 나타내어진다.) (중략) 그러면 한 언어 ─ 이를테면 국어 ─ 에서는 이렇게 가려진 바탕이 각 음소를 설명하는 데 다 필요하냐 하면 그런 것도 아니다. 이를테면 국어의 /ㅁ/ 음소는 [+nasal]인데, 우리말의 콧소리는 셋뿐이므로 /ㅁ/를 /ㄴ/, /ㅇ/와 구별해 주는 자리바탕만 여기 덧붙이면 되며, 다른 모든 바탕은 필요 없게 된다. (중략) 한 음소의 변별적 바탕을 정함에 있어서 필요하지 않은 이러한 변별바탕을 '제침 바탕'이라 한다."(80~81쪽)고 하여 대립 자질과 잉여 자질

의 구분을 강조하고 잉여 자질은 자질 명세에 불필요함을 역설하였다.

또한 제2장 "현대 국어의 음운학"에 나오는 모음 체계에 대한 설명에서는 특히 "[+높은]은 응당 [-낮은]이 되기 때문에 낮은에 [-]를 표할 필요가 없고, [+낮은]도 응당 [-높은]이 되기 때문에 높은에 [-] 표를 적어 넣을 필요가 없다. [+낮은]에는 둥근 대립이 없으므로 이 자리도 비워 두게 된다. 곧 어느 다른 변별바탕에 응당 따라다니는 바탕은 설명의 경제 상 제쳐 놓아도 좋다. 이런 변별바탕을 '제침바탕'이라 한다."(210~211쪽)이라 하였는데, 자질 명세에 대한 최신 이론 중 하나인 Dresher(2009)의 대립 위계 이론에 따르면, [높은]과 [낮은] 사이에 나타나는 한 자질 명세의 다른 자질 명세에 대한 잉여성 – [+높은]이면 반드시 [-낮은]일 수밖에 없다 – 은 논리적 잉여성(logical redundancy), [+낮은]에 대한 둥근 대립의 잉여성은 논리적 귀결이라기보다는 한국어 모음 조직의 체계상의 특수성 – 저모음 영역에 원순모음이 존재하지 않는다 – 에 기인하는 것이기 때문에 체계적 잉여성(system redundancy)으로 구분된다. 위에서 [+낮은]이면 [둥근]의 자질값을 비워 둔다는 것은 바로 이러한 체계적 잉여성을 표현한 말인데, 이와 같은 체계적 잉여성의 포착 역시 허웅 선생의 음운 연구의 선구적인 면모를 잘 보여 준다고 하겠다.

4. 15세기 국어의 운소 체계

허웅 선생은 음소와 운소라는 두 용어를 구분하여 전자를 분절 음소(segmental phoneme), 후자를 초분절 음소(suprasegmental phoneme)의 뜻으로 사용하였다. 이 장에서는 허웅 선생의 15세기 운소 체계에 대한 연구 업적을 서술하도록 한다.

허웅 선생의 운소 체계 연구는 1955년에 ≪동방학지≫에 실린 논문 "방점 연구"로 대표되는데, 이 논문에서 허웅 선생은 중세 국어의 성조와 현대 국어(경상도 김해 방언)의 성조를 두루 살피고 서로 비교하여 정리하였다. "방점 연구"의 구성은 다음과 같다.

1. 방점 음장설에 대한 비판
2. 방점의 본질
3. 경상도 방언의 성조
4. 이조 초기의 성조와 방언 성조와의 비교 — 체언부
5. 이조 초기 성조와 방언 성조와의 비교 — 용언부
6. 맺음말
7. 부표

허웅 선생의 성조 연구에 대하여 김차균(2005:159)에서는 "한국 최초의 성조 논문"이며, "중세 국어가 성조 언어였음을 증명하는 그 곡진한 과정"을 아우르는 "구조주의 성조 이론의 완성"임을 지적하고, 자료의 방대함, 분류의 적절성, 기술의 정확성 등의 업적을 하나의 논문으로 다 기릴 수가 없을 정도라고 평하였는데, 성조에 대한 지식이 일천한 필자로서는 이러한 평가 위에 무엇을 더할 만한 재주가 없다고 고백하는 수밖에 없겠다.

다만, 김차균(2005)에서는 "방점 연구"의 내용 중에서 특히 방언과의 비교를 통한 성조 연구에 초점을 두어 "관찰 및 자료의 분석과 대조를 통해서 얻은 성조 체계를 가지고 실제로 허웅 선생이 성조를 어떻게 다루고 있으며, 대응 관계를 어떻게 처리하고 있는가에 대해서" 주로 논하였으므로, 여기서는 "방점 연구"의 I, II장의 내용을 좀더 자세하게 소개하고 거기에 드러나는 허웅 선생의 운소 체계 연구 방법론에 대한 평가를 해 보려 한다. "방점 연구"의 기본 골자는 허웅(1985)의 445~460

쪽에 간추려 제시되어 있으므로 이를 바탕으로 모자라는 부분은 "방점 연구"의 관련 내용을 참조하여 설명하도록 하겠다.

이조 초기의 문헌에는 음절마다 방점 또는 사성점으로 불리는 특수한 표기가 있었는데, 이에 대한 훈민정음 합자해의 설명을 허웅 선생은 다음과 같이 번역, 인용하였다.

"우리말의 평상거입은, <활>은 '활'인데 그 소리는 평성이오, <:돌>은 '돌'인데 그 소리는 상성이며, <·갈>은 '칼'인데 그 소리는 거성이오, <블>은 '붓'인데 그 소리는 입성인 것과 같다. 무릇 글자의 왼쪽에 한 점을 찍으면 거성이오, 두 점은 상성이오, 점 없음은 평성이다. 그런데 한문 글자의 입성은 거성과 비슷하나, 우리말의 입성은 일정하지 않다. 혹은 평성과 같으니, <긷>은 '기둥', <녑>은 '옆구리' ; 혹은 상성과 같으니 <:낟>은 '낟', <:깁>은 '깁' ; 혹은 거성과 같으니 <·몯>은 '못', <·입> 은 '입'과 같은 것이니, 그 점 찍는 방법은 평, 상, 거성과 같다."(허웅 1985:445~6)

허웅 선생의 "방점 연구" 논문이 나오기 이전 20세기 중반까지 국어 학계(주시경, 최현배 선생 등)에서는 이를 대체로 소리의 길이, 즉 음장 을 표시한 것으로 보아, 상성(2점)을 최장 또는 긴 소리, 거성(1점)을 초장 또는 약간 긴 소리, 평성(무점)을 평상음 또는 짧은 소리 등으로 설명하였다.[23] 허웅 선생은 방점을 음장 부호로 보는 이러한 견해가 현대 서울말을 중심으로 사고한 결과, 즉 상성의 2점을 가진 음절이 현대 서울말에서 대개 긴 소리로 나는 점 - 예를 들면, :말(語), :일(事), :새(鳥), :눈(雪), :돌(石) 따위 - 에 착안한 결과로 보았다. 그러나 허웅

---

[23] 예외적으로 고노 로쿠로(河野六郎)만이 훈민정음 언해의 설명대로 방점을 고저 표시로 받아 들였다고 한다(허웅 1955:44).

선생은 이러한 방점 음장설이 성립하기 어려운 것으로 비판하였는데, 그 주요 논점을 간추리면 다음과 같다.

(ㄱ) 현대 서울말에서 상성의 최장 길이를 제외하면 거성의 초장과 평성의 평상의 길이가 체계적으로 구분되지 않는다는 점.

(ㄴ) 범언어적으로 볼 때 음운론적으로 길이를 세 단계로 구분하는 언어는 드물다는 점.24)

(ㄷ) 장단에 대한 일반음성학적 예측과 맞지 않는다는 점: 이조 초기 한국어 화자들이 길이를 세 가지로 구분할 정도로 장단에 민감하였다면 상대적으로 짧은 무성 말음 앞의 모음과 상대적으로 긴 유성 말음 앞 또는 개음절의 모음을 구분하는 경향이 나타났을 법 한데 그렇지 않다는 점.

(ㄹ) 현대 방언형에서 길이의 삼중 대립이 전혀 나타나지 않는다는 점.

이에 덧붙여, 한국어와 밀접한 관계가 있는 것으로 믿어지는 이른바 알타이언어들에서도 길이의 음운론적 삼중 대립은 보고된 적이 없는 반면, 성조 내지 고저액센트의 경우는 유형론적으로도 흔히 발견될 뿐만 아니라 현대 방언형에 그 흔적이 있고 또 가까운 일본어에서 발견된다는 점도 고려할 만하다.

허웅 선생은 여기서 그치지 않고 앞서 옛 소리 추정의 원칙에서 살펴본 바와 같은 방법론적 다양함과 엄밀함을 바탕으로 하여 방점의 본질, 즉 방점이 성조를 표기하는 부호임을 입증하였는데, 허웅 선생이 제시한

---

24) ≪(研究社)英語學辭典≫(1940, 市河三喜 編)을 참고한 것으로 보이는데, 이러한 유형론적 관찰은 여전히 유효하다(Ladefoged & Maddieson 1996 참조). 아주 드물게 일부 언어(멕시코 원주민 언어인 미헤어[Mixe]라든지 애리조나의 야바파이어[Yavapai])에서 길이의 삼중 대립이 보고된 바가 없지 않으나, 미헤어의 경우 실험음성학적인 방법으로 분석해 본 결과 세 가지 길이가 뚜렷하게 변별되지 못하는 것으로 드러난 바 있다(Jany 2007).

방법은 다음의 네 가지이다(허웅 1955:45).

1. 그 당시 어학 문헌의 설명
2. 중국 사성과의 비교
3. 그 당시 문헌의 방점 사용법
4. 방언과의 비교

[그 당시 어학 문헌의 설명]

먼저, 허웅 선생은 그 당시의 문헌 중에서 훈민정음 언해[25]의 다음과 같은 설명을 들어, 거성(1점)을 "높은 소리", 상성(2점)을 "높아가는 소리", 평성(무점)을 "낮은 소리"로 보았고, 입성(점 찍기는 같으나 빠른 소리)은 한자어의 입성과는 달리 그 가락이 거성, 상성, 평성과 구분되는 별개의 성조소(toneme)가 아니라 무성 내파의 받침 자음(/ㄱ, ㄷ, ㅂ/)으로 끝나는 음절의 촉급함을 말하는 것으로 이해하였다.[26]

去·컹聲셩·은·뭇노·푼 소·리·라
上:쌍聲셩·은·처서·미 놋:갑·고 乃:내終즁·이 노·푼 소·리·라
平뼝聲셩·은·뭇놋가·본 소·리·라
入·십聲셩·은·샐·리 긋듣는 소·리·라

---

25) 허웅 선생은 또한 최세진의 훈몽자회(1957)에서도 비록 우리 한자음에 대한 것이긴 하나 유사한 설명이 있으며, 이 중 한 점으로 표시되는 한자음의 입성에 대한 설명을 제외하면 그대로 우리말 소리에 적용될 수 있는 것임을 지적하였다.

26) 허웅 선생은 이 "촉급"이란 표현을 종성의 촉급함에 국한하지 않고 중성, 즉 모음의 촉급함, 더 나아가 전체 음절의 촉급함을 뜻한 것으로 보고자 하였는데(허웅 1955:48), 무성 자음 앞에서 모음의 길이가 일반적으로 짧아진다는 일반 음성학적인 경향을 고려할 때 매우 타당한 견해였다고 생각된다.

[중국어 사성과의 대조]

허웅 선생은 당대 어학자들이 우리말 소리를 설명하면서 중국어 성조를 기술하는 용어를 그대로 차용하였다는 것만으로도 15세기 국어에 당대 중국어의 성조와 유사한 특질이 있었음을 보여준다고 하였다. 여기에서 더 나아가, 그 당시 중국어의 성조에 대한 기술과 우리말 성조에 대한 기술을 비교, 대조함으로써 이를 확증하고자 하였다.

먼저 허웅 선생이 주목한 것은 최세진이 사성통해(四聲通解, 1517) 하권 권말 부록 번역노걸대박통사범례(飜譯老乞大朴通事凡例)에서 중국어와 우리말 성조를 서로 비교하여 설명한 다음과 같은 내용이다.

"중국말의 거성의 발음은 우리말의 거성과 같다. (중략) 중국말의 평성은, 전청 차청은 (중략) 그 소리가 우리말의 거성과 서로 비슷하다. (중략) 중국말의 상성은 (중략) 그 내는 힘이 우리말의 평성의 발음과 같다. (중략) 중국말의 평성은 전탁과 불청불탁의 소리는 (중략) 그 소리가 우리말의 상성의 발음과 같다." (허웅 1985:447~8, 허웅 1955:50에 한문 전문이 생략 없이 인용되어 있다.)

허웅 선생은 몇 가지 합리적인 근거를 들어 당시의 중국어 성조가 현대 북경어의 그것과 크게 다르지 않음을 가정하였고(자세한 내용은 이 책에 실린 '신용권, 허웅 선생의 국어 음운사 연구 다시 보기'의 '5. 방점 연구' 참조), 이러한 바탕 위에 최세진의 중국어 성조 기술과 훈민정음 언해의 우리말 성조 기술을 비교하였다(아래 표 12 참조[27]).

---

27) 표 12는 최세진이 사성통해(四聲通解, 1517) 하권 권말 부록 번역노걸대박통사범례(飜譯老乞大朴通事凡例)에서 기술한 내용을 바탕으로 허웅 선생이 허웅(1955:50~59)에서 상세하게 논한 내용을 필자가 그 핵심만 다시 추린 것이다. 표에서 음평(陰平)과 양평(陽平)은 현대 북경어의 제1성과 제2성에, 상성과 거성은 제3성과 제4성에 각각 대응하므로 이름 왼쪽에 해당 숫자를 병기하여 알아보기 쉽도록 하였다.

표 12. 최세진에 의한 중국어와 우리말 성조의 비교

중국어		우리말	
이름	높낮이(북경어)	이름	높낮이
1 음평(평성청음)	55	거성	높은 소리
2 양평(평성탁음)	35	상성	높아가는 소리
3 상성	214	평성	낮은 소리
4 거성	51	거성	높은 소리

이 대응 관계를 보면, 오늘날과 같이 높은 수평 성조였을 것으로 추정되는 중국어의 음평과 훈민정음 언해에서 "높은 소리"로 기술된 우리말의 거성이 대응하고, 3에서 5의 상승조로 실현되었을 것으로 추정되는 중국어의 양평과 우리말의 "높아가는 소리" 상성이 대응하며, 처음이 낮게 실현되어 다른 성조들과 두드러진 차이를 보이는 중국어의 상성이 우리말에서는 역시 "낮은 소리"인 평성에 대응하고, 마지막으로 5에서 1로의 급하강조로 실현되었을 중국어의 거성이 우리말의 "높은 소리" 거성에 대응함을 알 수 있다. 이는 우리말 성조에 대한 훈민정음 언해의 설명을 그대로 받아들였을 때에는 쉽게 수긍이 가는 대응 관계라고 할 수 있으나, 당시의 방점을 소리의 길이를 표시한 것으로 본다든지 혹은 훈민정음 언해에서 높고 낮음을 기술한 내용을 곧이곧대로 받아들이지 않고 다른 뜻으로 해석하려고 할 경우에는 설명하기 어려운 것이다.

[그 당시 문헌의 방점 사용법]

그 당시 문헌에서 방점이 사용되는 방식은, 이 방점이란 것이 소리의 길이를 나타내든 혹은 소리의 높낮이를 나타내든, 방점이 나타내는 운율 요소와 관련한 음운 현상을 보여주는 것이라고 할 수 있다. 이 음운 현상을 이해하는 데에 과연 음장설이 더 합당한 지 아니면 성조설이 더 합당한 지 비교해 보도록 하자.

다음은 평성에 주격조사 <·이>가 더해져 축약이 될 때 상성으로 변동함을 보여주는 대표적인 예들이다.

평성	평성+거성=상성
그·를	:긔
몬뎌	몬:뎨·오
부텨·를	부:톄
비·눈	:빙

이와는 달리 상성 혹은 거성 다음에 같은 주격조사 <·이>가 올 때에는 변동이 없다.

거성	거성+거성=거성	상성	상성+거성=상성
·혀·에	·혜·라	:새	:새·라
·니	·니·라	:뉘·롤	:뉘·라
소·리·와	소·리·라	:녜·와	:녜·라

방점을 음장의 표시로 볼 경우에는 처음의 예, 즉 평성과 거성의 축약으로 상성이 되는 예를 평상음(짧은 소리)에 초장음(약간 긴 소리)이 더해져서 최장음(가장 긴 소리)이 되는 것으로 이해할 수 있지만, 나중의 두 가지의 예, 즉 거성이나 상성 다음에 거성의 조사가 붙는 경우에 아무런 변동이 없는 이유를 설명할 수가 없다. 그러나 방점을 훈민정음 언해에 설명된 것과 같은 성조의 표시로 볼 경우에는 성조의 자연스러운 축약으로 설명이 가능하다.

허웅 선생은 또한 통시적인 어휘의 축약에서도 음장설보다 성조설이 더 설명력이 있음을 확인할 수 있다고 하면서 다음과 같은 예를 들어 보였다.

막다·히 > 막:대   수을 > 술

  처음의 예는 위에서 주격조사와의 축약에서 본 바와 같이 평성과 거성의 연쇄가 두 음절의 축약과 함께 상성으로 변화한 예인데, 음장설이나 성조설 모두 이를 잘 설명할 수 있겠다. 그러나 둘째의 경우는 평성과 평성의 연쇄가 축약 후 그대로 평성으로 남은 것인데, 성조설은 이를 낮은 소리와 낮은 소리가 만나 그대로 낮은 소리가 유지되는 당연한 결과로 해석할 수 있는 반면, 음장설에서는 두 개의 평상음의 합이 어째서 평상음보다 길어지지 않는 것인지 설명이 곤란함을 알 수 있다.

  [경상도 방언의 성조와의 비교]
  "방점 연구"의 제3, 4, 5장은 경상도 김해 방언의 성조형에 대한 관찰을 바탕으로 이를 체언과 용언으로 나누어 15세기 국어의 성조와 비교하는 내용으로 이루어져 있다. 현실에서 관찰 가능한 방언 성조형들을 체계적으로 기술하고 이들과 중세 국어 문헌에서 나타나는 성조형들 사이에 일정한 대응 관계가 있음을 보임으로써 방점은 소리의 길이가 아니라 역시 고저의 성조를 나타낸 것이었음을 확증하기 위한 것이다. 이러한 방법은 역사비교언어학에서 언어 간의 유사성을 과학적으로 입증하는 유일한 방법으로서의 체계적인 음운 대응을 원용한 것으로서, 비단 성조설의 우위를 입증할 뿐만 아니라 과거와 현대의 성조 패턴의 전모를 치밀하게 기술함으로써 이후의 연구의 밑거름이 되는 방대한 자료를 남긴 것으로 이해된다.
  경상 방언과 중세 국어 성조의 구체적인 성조형의 모습과 그 대응 관계에 대한 자세한 설명은 "방점 연구"와 김차균(2005)으로 미루고, 그 대응의 일면을 소개한 허웅(1985:452~3)의 다음과 같은 설명을 인용하는 것으로 대신한다.

"한 음절 임자씨[체언]에는 거성, 평성, 상성의 세 가지가 있는데, 거성의 말은 다 방언의 '가운데(2)'이고, 평성의 말은 '높은(3)'이고, 상성은 '낮은(1)'이다. (중략) 두 음절 임자씨에서도 거의 완전히 대응의 관계가 성립되는데, (중략) 평거성은 대체로 방언의 '32'와 맞는다. (중략) 평평성은 방언의 '23'과 맞는다. (중략) 거평~거거성(한 말이 어떤 경우에는 거평으로, 어떤 경우에는 거거로 변동하는 것)은 대개 '33'이다. (중략) 상평~상거성은 대개 '12'와 맞는다."

　지금까지 "방점 연구"로 대표되는 허웅 선생의 15세기 성조 연구에 대해 개략적으로 살펴보았는데, 허웅 선생의 성조 연구는 우리말 성조에 대한 본격적인 연구로서는 최초의 것이면서도 기존에 유행하던 가설을 논리적으로 비판하고 새 주장의 옳음을 증명하는 논증 과정의 체계성이라든지 그 과정에서 사용한 다양한 이론과 방법론－일반음성학, 음운론, 역사비교언어학/방언학, 언어유형론, 외국어와의 대조 등－, 그리고 방대한 자료의 수집과 정리를 바탕으로 한 치밀한 검토 등 언어학 논문이 갖추어야 할 여러 가지 미덕을 두루 갖추었음을 알게 되었다. 이런 의미에서 언어학적, 혹은 더 일반적으로 학문적 글쓰기의 모범이 되는 것이며, 따라서 비단 성조에 관심있는 후학들뿐만 아니라, 국어학과 일반언어학을 전공하는 후학들이라면 반드시 읽어 보아야 할 어학 학술 논문의 고전으로 손색이 없다고 생각한다.

　허웅 선생의 성조 연구를 후학들이 어떻게 이어받을 것인지에 대한 논의는 김차균(2005)에서 자세히 다루어진 바 있으므로 여기서는 특별히 더할 것이 없다. 다만, 15세기 국어가 고저의 대립에 기반한 성조 언어였다면 이러한 대립이 언제 어떻게 현대 서울말 등의 길이 대립으로 변한 것인지 그 변화의 전모와 이 변화를 설명할 수 있는 성조와 다른 운율 요소와의 관계에 대한 이론을 제시해 보는 것도 후학들의 몫으로 남아 있다. 예컨대, 방점 음장설의 근거가 되었던 사실, 즉 15세기에 상성으로 표시된 낱말들이 현대 서울말에서 대체로 장모음과 대응한다는 사실은 음장설을 따르든 허웅 선생의 성조설을 따르든 하나의 사실로서 남는 것인데, 허웅 선생의 성조론을 받아들이는 입장에서는 이 사실을 어떻게 이해하고 설명할 것인가 하는 문제가 남는다. 피상적으로 볼 때 "높아가는 소리"인 상성을 실현하려면 해당 성조가 얹히는 모음 또는 음절이 충분히 길어야 할 것이므로 변별적인 성조소로서의 상성은 또한 잉여적인 자질로서 음장을 가지고 있었을 개연성이 높고, 이는 다시 어떤 이유에서든지 성조에 의한 구별이 사라지게 되었을 때 이 잉여적인 장단의 차이가 대립적인 것으로 음운화(phonologization, Hyman 1976)한 것으로 이해할 수 있을 것이다. 그러나 그 전모를 파악하기 위해서는 우리말 자료에 대한 치밀한 검토와 함께 여러 다른 언어에서 (굴곡 또는 복합) 성조와 음장 사이에 어떤 관계가 있는지 또 그 관계가 어떻게 실현되고 변하는지 살펴보는 작업이 필요할 것이다.

5. 맺음말

지금까지 허웅 선생의 15세기 국어 음운 연구의 성과와 한계를 그 연구 방법론과 제시된 음소와 운소 체계를 중심으로 현대 음성·음운 이론의 관점에서 살펴보았다. 먼저 선생의 15세기 음운 연구의 집대성이라고 할 수 있는 ≪국어음운학 – 우리말 소리의 오늘·어제 – ≫의 제3장 "15세기 국어의 음운학"의 구성과 연구 방법론을 간략하게 소개하였고, 이를 바탕으로 허웅 선생의 15세기 국어 음운 체계 분석을 자음, 모음, 그리고 운소 체계로 하위 구분하여 서술하고, 허웅 선생의 분석이 당대의 음성·음운 이론과 어떻게 같고 다른지, 또 최신의 음성·음운 이론과 어떻게 연결 지어 그 현대적 의미를 찾을 수 있을지에 대하여 상론하였다. 이 과정에서 부득이하게 15세기 음소들의 음가를 둘러싼 허웅 선생의 분석과 이와 관련한 국어사의 논쟁점들은 상대적으로 소홀히 취급할 수밖에 없었는데, 이것은 해당 논제들이 덜 중요하기 때문이 아니라, 필자의 무지와 한정된 지면이 결합된 결과이다.

따라서 우리 후학들이 해야 할 일 중 가장 기본적인 한 가지는, 15세기 말소리 음가에 대한 허웅 선생의 추정과 그 근거를 꼼꼼히 살피고, 이를 다른 견해를 취하는 이설들과 여러 가지 층위에서 비교 검토하며, 새로운 자료를 발굴하고 새로운 시각을 더하여서, 그 옳고 그름을 판별함으로써 허웅 선생이 세우고자 했던 15세기 음운 체계의 정확한 모습을 그려 내는 일일 것이다. 이렇게 되면 잘 확립된 15세기 음운 체계로부터 현대 음운 체계로의 이행 혹은 변화를 개별 음운 단위의 변화가 아니라 음운 체계 전체의 변화로서 이해하고 이에 대한 일반화와 형식화를 시도할 수 있을 것으로 기대한다.

인도유럽어를 제외하면 아직 이런 수준의 연구가 축적되어 있는 언어가 많지 않으므로, 국어 음운 체계의 '체계'로서의 변화에 대한 연구는 일반언어학적으로도 학계에 기여하는 바가 클 것이다. 이 과정에서 우리는 무엇보다도 항상 허웅 선생의 학문하는 태도를 거울삼아 우리의 학문하는 태도를 반성하고 언어 기술과 언어 이론의 균형 잡힌 조화에 힘쓰는 것 또한 잊지 말아야 할 것이다. 특히 허웅 선생이 그러했던 것처럼 특정 이론에 치우침이 없도록 엄밀한 방법론을 먼저 세우고 이를 바탕으로 자료를 대할 것이며, 특정 이론이나 접근법의 우위를 보이기 위해 자료를 입맛에 맞게 골라 쓰거나 자료의 일면만을 바탕으로 결론을 취하는 우를 범해서는 안 될 것이다.

참고 문헌

고동호 (2005), 15세기 국어 음운 체계 연구, ≪허웅 선생의 우리말 연구≫, 태학사. pp.110~135.

고성연 (2010), 중세국어 모음체계의 대립 위계와 그 변화, ≪언어학≫ 56, 한국언어학회. pp.87~118.

권경근 (2005), 현대 국어 음운 변동 연구, ≪허웅 선생의 우리말 연구≫, 태학사, pp.86~107.

김영송 (1977), 훈민정음의 「설축」자질, ≪언어학≫ 2, pp.157~166.

김완진 (1978), 모음체계와 모음조화에 대한 반성, ≪어학연구≫ 14-2, 서울대학교 어학연구소. pp.127~139.

김주원 (1988), 모음조화와 설축 - 훈민정음해례의 설축에 대하여 -, ≪언어학≫ 9·10, 한국언어학회. pp.29~43.

김주원 (1990), 국어사 연구의 방향 정립을 위한 제언, ≪민족문화논총≫ 11, 영남대학교. pp.17~35.

김주원 (1993), ≪모음조화의 연구≫, 영남대학교 출판부.

김주원 (1999), 설근후축(RTR)과 설근전진(ATR), ≪언어의 역사≫, 태학사 pp.311~341.

김주원 (2005), 국어 음운 변천사 연구, ≪허웅 선생의 우리말 연구≫, 태학사. pp.137~158.

김차균 (1984), 15세기 국어의 음운 체계(Ⅰ), ≪언어≫ 5, 충남대학교 어학연구소. pp.57~94.

김차균 (2005), 성조 연구, ≪허웅 선생의 우리말 연구≫, 태학사. pp.159~225.

박종희 (1983), ≪국어 음운론 연구≫, 원광대학교 출판부.

이기문 (1972), ≪개정판 국어사 개설≫, 민중서관.

허웅 (1955), 방점 연구 - 경상도 방언 성조와의 비교 -, ≪동방학지≫ 2, 연세대학교 동방학연구소. pp.37~194.

허웅 (1965), ≪국어음운학(개고신판)≫, 정음사.

허웅 (1984), 음성학과 음운학의 관련성, ≪말소리≫ 7-8, 대한음성학회. pp.23~39

허웅 (1985), ≪국어음운학 - 우리말 소리의 오늘 · 어제 - ≫, 샘문화사.

Archangeli, D. B. (1984), *Underspecification in Yawelmani phonology and morphology*, Ph.D. dissertation, Massachusetts Institute of Technology, Cambridge, MA.

Archangeli, D. B. (1988), Aspects of underspecification theory, *Phonology* 5. pp.183~208.

Calabrese, A. (2005), *Markedness and economy in a derivational model of phonology*, Studies in generative grammar, Walter de Gruyter.

Cenggeltei (1959), Mongγol kelen-ü baγarin ayalγun-u abiy-a-yin jüi ba üges-ün jüi [Phonology and morphology of the Baarin dialect of Mongolian], *Öbör Monggol-un Yeke Surgaguli-yin Erdem Sinjilegen-ü Sedgül: Gün Uqagan Neyigem Sinjileкü Uqagan [Journal of Inner Mongolia University: Philosophy and Social Sciences]* 1959/2. pp.1~96.

Chomsky, N., & Halle, M. (1968), *The sound pattern of English*, New York: Harper & Row.

Clements, G. N., & Hume, E. (1995), The internal organization of speech sounds. In John A. Goldsmith (ed.), *The handbook of phonological theory*, Oxford: Blackwell. pp.245~306.

Dresher, B. E. (2009), *The contrastive hierarchy in phonology*, Cambridge University Press.

Edmondson, J. A., & Esling, J. H. (2006), The valves of the throat and their functioning in tone, vocal register and stress: Laryngoscopic case studies, *Phonology* 23(2). pp.157~191.

Halle, M. (1983), On distinctive features and their articulatory implementation, *Natural Language & Linguistic Theory* 1. pp.91-105.

Halle, M. (1995), Feature geometry and feature spreading. *Linguistic*

Inquiry 26(1). pp.1~46.

Halle, M., & Stevens, K. N. (1969), On the feature "Advanced Tongue Root", *MIT Research Laboratory of Electronics Quarterly Progress Report* (No. 94), Cambridge, MA: MIT. pp.209~215.

Halle, M., Vaux, B., & Wolfe, A. (2000), On feature spreading and the representation of place of articulation, *Linguistic Inquiry* 31(3). pp. 387~444.

Hertz, S. R. (1991), Streams, phones and transitions: toward a new phonological and phonetic model of formant timing, *Journal of Phonetics* 19. pp.91~109.

Hyman, L. M. (1976), Phonologization. In A. G. Juilland (ed.), *Linguistic studies offered to Joseph Greenberg on the occasion of his sixtieth birthday*, Studia linguistica et philologica (Vols. 1-3, Vol. 2: Phonology), Saratoga, CA: Anma Libri & Co.

Jany, C. (2007), Phonemic versus phonetic correlates of vowel length in Chuxnabán Mixe, *Proceedings of the 33rd Annual Meeting of the Berkeley Linguistics Society: Languages of Mexico en Central America.*

Kenstowicz, M. J. (1994), *Phonology in generative grammar*, Blackwell.

Ko, S. (2013), The end of the Korean Vowel Shift controversy, *Korean Linguistics* 15:2.

Kim, J.-K. (2000), *Quantity-sensitivity and feature-sensitivity of vowels: a constraint-based approach to Korean vowel phonology*, Ph.D. dissertation, Indiana University.

Ladefoged, P. (1964), *A phonetic study of West African languages: an auditory-instrumental survey*, Cambridge University Press.

Ladefoged, P., & Maddieson, I. (1996), *The sounds of the world's languages*, Wiley-Blackwell.

Lindau, M. (1978), Vowel features, *Language* 54(3). pp.541~563.

Novikova, K. A. (1960), *Ocherki dialektov Evenskogo jazyka: ol'skij govor (Vol. 1)*, Leningrad: Nauka.

Sagey, E. C. (1986), *The representation of features and relations in non-linear phonology*, Ph.D. dissertation, Massachusetts Institute of Technology.

Steriade, D. (1987), Redundant values. In A. Bosch, B. Need, & E. Schiller (eds.), *Parasession on Autosegmental and Metrical Phonology*, Vol. 23(2), Presented at the 23rd Annual Meeting of the Chicago Linguistics Society (CLS 23), Chicago, IL: University of Chicago. pp.339~362

Stewart, J. M. (1967), Tongue root position in Akan vowel harmony, *Phonetica* 16. pp.185~204.

Tiede, M. K. (1996), An MRI-based study of pharyngeal volume contrasts in Akan and English, *Journal of Phonetics* 24. pp.399~421.

Zec, D. (2007), The syllable. In P. de Lacy (ed.), *The Cambridge Handbook of Phonology*, Cambridge University Press. pp.161~193.

허웅 선생의 국어 음운사 연구 다시 보기

신 용 권

1. 머리말

이 글은 허웅 선생의 국어 음운사 연구와 관련된 몇 가지 주목할 만한
문제를 고찰하는 것을 목적으로 한다.[1] 이 글에서는 허웅 선생의 국어
음운사 연구의 성과를 집대성하였다고 할 수 있는 ≪國語音韻學(改稿
新版)≫(1965년, 정음사 발간. 이하, 許雄(1965)로 줄여 표기한다)과
≪국어 음운학 － 우리말 소리의 오늘·어제－≫(1985년, 샘문화사 발
행. 이하, 허웅(1985)로 줄여 표기한다)와 함께 선생의 국어 음운사 관련
논문에 나타난 내용을 중심으로 허웅 선생이 국어 음운사 방면의 연구에
서 논의한 몇 가지 중요 문제를 골라서 그 학술적 가치를 보다 심도
있게 살펴본다.[2] 특히 허웅 선생과 다른 입장에 있는 학자들의 견해와

1) 이 글의 집필 과정에서 많은 조언을 주신 김주원, 고동호 두 분 선생님께 깊은 감사의
   말씀을 드린다. 다만 국어학과 국어 연구사에 대한 필자의 지식이 깊지 않기 때문에,
   이 글에서 나타나는 오류는 전적으로 필자의 책임이다.

비교하고 이와 관련된 학계의 평가를 살펴봄으로써 선생의 견해와 설명 방식이 가지는 가치와 의미를 더욱 선명하게 조명할 것이다.

2. 병서의 음가와 된소리의 발달에 대한 연구

許雄(1953)에서 훈민정음 창제 당시 병서의 음가에 대한 문제를 논의한 바 있으며, 許雄(1965), 허웅(1985)에서는 된소리의 발달 문제가 상당 부분 다루어지고 있다. 이 장에서는 병서의 음가와 된소리 음소가 생겨난 과정에 대한 허웅 선생의 견해를 살펴보고, 된소리의 형성과 관련된 다른 견해와 비교하면서 선생의 설명 방식이 어떤 의미를 가지는지 논의하도록 한다.

먼저 각자병서의 음가에 대하여 許雄(1953, 1965), 허웅(1985)에서는 ≪訓民正音≫ 解例의 기록, "ㆅ, ㆀ"의 존재, 당시의 표기 및 통시적 대응관계 등을 근거로 된소리로 추정하였다. 金敏洙(1953) 등에서는 한자음 표기를 근거로 각자병서(全濁音)의 음가가 유성음이라는 주장을 하고 있으나, 許雄(1953)에서는 이 주장에 대하여 다음과 같은 근거에서 비판하고 있다.3) 첫째, ≪訓民正音≫ 解例에 全濁音에 대하여

---

2) 허웅 선생의 국어 음운 변천사 연구에 대해서는 이미 김주원(2005)에서 상세하게 고찰한 바 있다. 김주원(2005)에서는 허웅 선생의 각 국어 음운사 연구서의 개요, 방법론 및 연구 대상과 함께 허웅(1985)에 기술된 내용을 중심으로 선생의 국어 음운사 연구를 살펴보고 있다. 따라서 이 글에서는 김주원(2005)에서 언급된 내용과 되도록 중복을 피하면서 허웅 선생의 국어 음운사 연구 성과 중 주목할 만한 몇 가지 문제를 골라 논의하도록 한다. 또한 이 글은 15세기 국어 음운의 상황이나 음가를 언급하는 부분이 많아서, 고동호(2005)에서 논의한 내용이나 이 책에서 허웅 선생의 15세기 국어 음운 연구를 다루는 다른 논문의 내용과도 일부 중복되는 부분이 있다. 그러나 허웅 선생의 국어 음운사 연구와 관련된 몇 가지 문제를 주제별로 논의하는 것을 주요 내용으로 하는 이 글에서, 논의의 출발점으로 병서, 치음, 이중모음, 방점의 15세기 음가나 상황을 상당 부분 언급하는 것은 불가피한 것임을 밝혀 둔다.
3) 朴昌遠(1990:170)에 따르면 각자병서의 음가에 대해서는 된소리라는 주장, 유성음이라는

"凝"이라 설명한 것은 유성음을 표현한 말이기 보다는 된소리의 청각인 상을 표현했다고 보는 것이 더 적합해 보이며, ≪訓民正音≫ 解例에 나타난 音聲 記寫 用語 "厲"를 통하여 조음적인 측면에서 분석해 보아도 全濁音은 不淸不濁音과 같은 유성음이 아니라 全淸·次淸과 같은 부류의 무성음이었음을 짐작할 수 있다. 둘째, 훈민정음 창제 당시 중국 북방음에서는 이미 全濁音 계통의 유성음이 무성음화하였고 당시의 한국한자음에서도 全濁音의 자취가 전혀 없었다는 주장이 일반적으로 받아들여지고 있는데, 중고 중국어에 존재한 "群, 定, 並" 등 全濁音 聲母에 대하여 현대 학자들이 추정한 옛 음가([g, d, b])를 근거로 조선 초기 한국한자음에서 이 字母를 표시한 각자병서를 유성음으로 단정하는 것은 대단히 위험한 것이다. 또한 외국어음을 수입함에 있어서 되도록 자국어음에 가장 가까운 것으로 생각되는 음으로 대용하는 것이 일반적인데, 유성음과 한국어의 된소리는 음성적으로 매우 가까운 소리이며 현대 국어에서도 외국어의 유성음을 된소리로 표기하는 경우가 많다.4) 셋째, 아래 음이 된소리라면 아래 음을 된소리화하는 사잇소리가 들어갈 필요가 없기 때문에 일부 학자는 全濁音 위에 사잇소리가 들어가는 일이 있는 것을 全濁音이 유성음이라는 근거로 삼고 있다. 그러나 이처럼 기계적으로 생각하는 것은 문제가 많으며, 이러한 견해를 부정할

주장 이외에 강길운(1955)에서와 같이 평음과 된소리의 중간 소리라는 주장이 있다.

4) 愼鏞權(2009:498)에서는 ≪飜譯老乞大≫(1515년경)와 같은 朝鮮 漢學書에서 중국어의 全濁音을 우리말의 각자병서를 사용하여 표기한 이유에 대해서도 고찰이 필요하다고 하고 있다. 즉 평음, 격음, 경음으로 구성된 한국어 장애음 체계와 무성음(무기음, 유기음), 유성음으로 구성된 濁音淸化 완료 이전의 북방 중국어의 장애음 체계를 대비해볼 때 당시 중국어의 유성음을 중국어 전사표기체계에서 사용되지 않고 남아있는 한국어의 경음(각자병서)으로 표기한 것은 충분히 이해가 가는 일이나 당시 한국어의 경음과 중국어의 유성음 사이에 어떤 음성적 특성을 공유하고 있는가의 문제에 대해서도 세밀한 고찰이 필요하다는 것이다. 예를 들어 현대에 영어에서 유성음이 들어간 어휘인 "dance"를 "땐스", "game"을 "께임"과 같이 발음하는 예가 있음을 상기해볼만하다. 이러한 견해는 許雄(1953)을 보지 못한 상태에서 한 것인데, 이는 이미 許雄(1953)에 제시되어 있다.

수 있는 각자병서의 사용 예가 많이 존재하고 있다.5)

허웅 선생이 제시한 이러한 비판은 관련 기록에 대한 언어학적 해석의 측면이나 당시 문헌에서의 각자병서 용례 및 당시 중국어음에 대한 우리말 표기 방식 등을 고려할 때 상당히 근거가 있는 것으로 판단할 수 있다. 이처럼 합리적인 근거에서 각자병서의 음가를 된소리로 추정한 허웅 선생의 연구는 이후 많은 국어학자들의 관련 연구에 영향을 주었다.

병서 문제와 관련하여 논란이 많은 것은 합용병서의 음가와 복합 자음 음소의 된소리화와 관련된 논의이다. 許雄(1965)에서 제시한 견해는 다음과 같이 정리할 수 있다. 첫째, ㅅ계, ㅂ계, ㅴ계 합용병서는 15세기에 각 합용 글자가 각기 제 음가를 가진 자음군이었다(許雄 1965:317~326). 둘째, ㅅ계 병서가 된소리화된 정확한 시기는 알 수 없으나 대체로 16세기에 이루어진 것으로 보인다(許雄 1965:424~425).6) 셋째, ㅂ계 병서의 된소리화는 17세기 말에서 18세기 초에 걸쳐 이루어졌으며 1740년경에는 이미 그 변천이 완성되었다(許雄 1965:425~428).7) 넷째, ㅴ계 병서는 16세기부터 동요하기 시작하여 17세기에는 된소리로 변한 것도 있고 ㅂ계와 합류한 것도 있어서 결국 ㅂ계와 운명을 같이 하였다(許雄 1965:428~429). 다섯째, ㅅ계의 ㅅ은 간극이 매우 좁고 마찰이 약한

---

5) 허웅(1985:364~367)에서는 옛 문헌에서 나타나는 각자병서의 네 가지 사용 예를 근거로 각자병서가 된소리를 적었던 것임을 믿게 된다고 하였다. 첫째, 앞 음절의 끝소리가 무성 자음이고 뒤 음절의 첫소리가 무성 평음인 경우 뒤 음절의 첫소리를 각자병서로 적은 것이 나타난다(덥쑵고, 노쑵고 등). 둘째, 관형사형 어미 "-을" 밑에서 평음이 각자병서로 표기되는 일이 있었다(ㅎ 실쩌긔, 쉴쓰시 등). 셋째, 사잇소리가 들어간 어휘에서 사잇소리 뒤의 첫소리 평음이 각자병서로 반영되는 일이 있다(니쏘리, 눈쯧ᅀ 등). 넷째, 옛 문헌에 각자병서로 적힌 말들은 현대어에서 거의 다 된소리로 내고 있다(말씀, 볼쎠 등).

6) 허웅(1985:471~478)에서는 ㅅ계 병서가 된소리됨은 대체로 16세기 초기에 이루어진 것으로 보았다.

7) 허웅(1985:473~476)에서는 ≪여사서언해≫(1736), ≪어제내훈언해≫(1737)의 표기를 근거로 1730년경에는 ㅂ계 병서의 된소리화가 완성된 것으로 보았다.

음이었으며, ㅂ·ㅄ계의 ㅂ은 배치성의 국한과 약한 내파성을 가지고 있었기 때문에 다음 소리에 동화되어 어두 자음군이 소멸된 것으로 보인다. 훈민정음을 만들던 당시에 된소리인 각자병서 "ㄲ, ㄸ, ㅃ, ㅉ"은 독립된 음소로서 그리 분명한 자리를 차지하지 못했던 것인데, 이러한 변천으로 말미암아 된소리는 우리 음운 체계 안에서 확고부동한 독립 음소의 자격을 확보하게 되었고 이러한 된소리의 발달은 연음의 된소리화로 말미암아 더 촉진되어 내려왔다는 것이다(許雄 1965:429).

합용병서의 음가와 된소리화 문제에 대해서는 허웅 선생과 다른 견해도 많이 제기되었는데, 이를 대표하는 李基文(1955, 1972) 등에서 제시된 견해는 다음과 같은 부분에서 허웅 선생의 견해와 차이를 보인다. 첫째, 李基文(1955, 1972)에서는 15세기에는 ㅅ계 병서만 된소리였고, ㅂ계 병서와 ㅄ계 병서는 자음군이었지만 "ㅂ" 내파음을 선행으로 하는 복합음이었다고 보고 있다.8) 둘째, 李基文(1972)에서는 15세기에 "ㅆ, ㆅ"과 "ㅺ, ㅼ, ㅽ"의 된소리가 있었다고 보았다. 또한 15세기 후반 문헌에 나타난 예에서 된소리 계열이 표현적 가치를 가지고 있는 점은 이 시기에 이미 된소리가 어두에서 확고한 지반을 가지고 있고서야 가능한 일이라고 보아 어두 된소리는 15세기 후반보다 앞서 나타났다고 보는 것이 온당하다고 하였다(李基文 1998). 朴昌遠(1987)에서는 각자병서의 폐기, ㅅ계 병서의 생성 등을 근거로 하여 ㅅ계 자음군이 1460년대에 소멸하였다고 보고 있고, 劉昌惇(1975)에서는 ㅅ계의 소멸 시기를 17세기로 추정하였다. 셋째, 李基文(1955, 1972)에서는 15세기 이전에 이미 변화를 시작하여 ㅄ계는 16세기에, ㅂ계는 17세기 중엽에 된소리화가

---

8) 朴昌遠(1990:171)에 따르면 김민수(1955), 도수희(1971), 박병채(1977) 등에서는 ㅂ계와 ㅄ계 병서도 된소리였다고 보고 있다. 朴昌遠(1990:170)에서는 ㅅ계 합용병서가 된소리였다는 주장은 대체로 사이 "ㅅ"의 음가, 음절말 "ㅅ"의 다음 음절초 ㅅ계 병서표기, 각자병서의 폐기, "ㅺ"의 생성, ≪鷄林類事≫에서의 "寶姐"의 변화 등을 근거로 하고 있다고 한다.

이루어진 것으로 추정하였다. 劉昌惇(1975)에서는 ㅂ계가 16세기 말경에 소멸되었다고 하여 ㅅ계보다 소멸 시기가 이른 것으로 보았다. 넷째, 許雄(1965:420~421)에서는 /ㆅ/이 대체로 1460년경에는 이미 동요가 심하여 1480년경에는 완전히 소멸된 것으로 보아 틀림없을 것이라 하였는데, 李基文(1972)에서는 "ㆆ"의 된소리를 인정하는 경우에도 그것이 1480년경까지 존속했다고 보는 것은 옳지 못하며 이 年代는 바로 각자병서 全廢의 그것에 지나지 않는다고 하였다. 다섯째, 李基文(1972)에서는 국어에서 어두 자음군의 출현이 당혹할 만한 사건이었기 때문에 체계상의 불안정을 해소시키려는 노력의 결과로 어두 자음군이 소멸된 것으로 보고 있다.

병서와 관련된 허웅 선생의 견해는 주로 15세기 합용병서의 음가와 된소리화가 일어난 시기에서 다른 학자들과 차이를 보이고 있다. 선생이 제시한 근거를 검토하고 관련 연구에서의 평가를 참고하여 이 부분과 관련된 허웅 선생 연구의 의의를 정리하면 다음과 같다.

첫째, 허웅 선생의 병서에 대한 견해는 최현배(1942)의 주장을 계승하여 보다 체계화한 것이다. 특히 각자병서와 합용병서의 음가 문제나 자음군의 생성원인에 대해서 허웅 선생은 최현배(1942)의 견해를 계승 발전시켰는데, 선생은 더 나아가 자음군의 소멸 시기 및 원인과 된소리의 발달 과정에 대하여 심도 있는 논의를 진행하였다. 이러한 견해는 김차균(1984) 등으로 직접적으로 이어졌으며, 이후의 연구에 많은 영향을 주었다.

둘째, 許雄(1953)은 주로 각자병서의 음가 문제를 다룬 것으로 허웅 선생의 초기 연구이지만 제시한 근거가 언어학적 관점이나 중국음운학적 관점에서 볼 때 상당히 완성도 있는 것으로 판단할 수 있어서 각자병서가 유성음이라는 주장의 문제점을 잘 짚어냈다고 할 수 있다.

셋째, 15세기에 ㅅ계, ㅂ계, ㅄ계 합용병서의 음가가 자음군이었을 가능성에 대하여 합리적인 근거를 제시하였다. 許雄(1965:316~326)과 허웅(1985:344~355)에서는 합용병서의 음가가 자음군이었다는 것을 증명하기 위한 다양한 근거를 제시하고 있는데, 먼저 ≪訓民正音≫ 解例에 합용병서의 음가에 대한 설명이 없는 점과 중성·종성 합용자에 있어서는 각 글자가 제 음가를 가지고 있었던 두 가지 근거에 의거하여 15세기 합용병서는 각기 제 음가를 가졌던 것으로 보았다. 이외에 ㅅ계 합용병서가 자음군이었다는 견해는 당시의 전사자료, 다른 언어와의 어원 관계, 방언분화형, "ㅻ"의 존재 등의 근거를 기반으로 하고, ㅂ계 및 ㅄ계 합용병서가 자음군이었다는 주장은 통시적 변화과정, 15세기 문헌에서 混記된 예, "ㅴ"의 존재 등을 근거로 하고 있다. 허웅 선생은 이러한 근거들을 충실하게 활용하여 15세기에 ㅅ계, ㅂ계, ㅄ계 합용병서의 음가가 자음군이었음을 논증하고 있다.

넷째, 복합 자음 음소의 경우 사용되어 있는 문헌과 그렇지 않은 문헌이 年代적으로 획연히 구분되지 않기 때문에(許雄 1965:423), 합용병서가 된소리화된 시기를 정확히 추정하기 어려운 상황에서 중세 및 근대 시기 문헌에서의 각자병서와 합용병서가 혼용된 예 등 이용할 수 있는 자료를 최대한 참고하여 구체적인 시기를 추정하였다.

다섯째, 복합 자음 음소의 된소리화의 원인 문제에 대하여 언어학적 관점에서 해명을 시도하였다. 許雄(1965:424)에서는 ㅅ계 병서의 ㅅ은 간극이 매우 좁고 마찰이 매우 약해서 설단 내파음 [t]에 가까운 소리였고, 이에 따라 "ㅺ, ㅼ, ㅽ"은 된소리가 될 만한 충분한 조건을 구비하고 있었다고 하였다. 또한 ㅂ·ㅄ계의 ㅂ은 배치성의 국한과 약한 내파성을 가지고 있었기 때문에 다음 소리에 동화되어 어두 자음군이 소멸되었다고 보고 있다.9) 음운변화의 원인을 논의하는 것이 결코 쉬운 일이

---

9) 허웅(1985:507~508)에서는 ㅂ·ㅄ계 닿소리떼(자음군)가 된소리로 바뀐 원인을 다음과 같이 제시하고 있다. 첫째, ㅄ계는 말머리의 세 닿소리 연결이 너무 무거웠기 때문에 앞의 약한 /ㅄ/가 뒤의 강한 터짐에 완전히 닮아서 된소리가 되거나, 첫 /ㅂ/만이 그대로 남아서 ㅂ계 닿소리떼에 합류하게 된 것이다. 둘째, 배치상으로 말머리에 설 수 있는 닿소리떼의

아니라는 점에서 주로 조음적인 측면에서 된소리화의 원인을 합리적으로 제시하였다는 점은 높이 평가할 수 있다.

허웅 선생은 병서 관련 연구에서 스스로 정립한 옛 소리의 추정 방법을 충실히 적용하였고, 대상 문헌에 나타난 표기를 엄밀한 관점에서 분석하여 복합 자음 음소의 소멸 시기와 된소리의 발달 문제를 고찰하였다.10) 또한 역사음운론에서 개별적인 설명이 아닌 일정한 설명 원리를 찾으려는 의도에서 이 문제를 고찰한 점은 높이 평가받아야 할 것이다. 합용병서의 음가나 된소리화의 시기 문제에 대해서는 여전히 논란이 있으나, 선생의 연구가 이 분야에서 국어 음운사 연구를 심화하는 데 공헌을 했다는 점은 부인할 수 없을 것으로 보인다.

3. 치음의 음가와 변천 과정에 대한 연구

치음과 관련된 허웅 선생의 연구 성과는 주로 중세 국어 치음의 음가 추정과 구개음화의 과정에 대한 해석에서 나타나므로 이 장에서는 이 두 문제에 대하여 집중적으로 살펴보도록 한다. 치음의 변천 과정을 고찰하기 위해서는 중세 국어 치음의 음가가 어떠하였는가의 문제를 해명하는 것이 전제가 되므로, 이 장에서는 먼저 중세 국어 치음의 음가

연결이 극히 국한되어 있었는데, ㅅ 계마저 된소리로 바뀌고 나니 첫머리의 닿소리는 /ㅂ/만이 남게 되고, 이 결과 닿소리떼를 형성할 수 있는 닿소리의 범위가 한층 좁아지게 되면 이들 두 닿소리(ㅂ-ㄷ, ㅂ-ㅅ, ㅂ-ㅈ, ㅂ-ㄱ)는 한 낱덩이처럼 작용하게 되는 경향이 더욱 강해지는 것이다.

10) 허웅(1985:311)에서는 옛 소리(음가)의 추정 방법으로 다음과 같은 네 가지를 제시하고 있다. 첫째, 그 때 어학자들의 이 글자의 소리에 대한 설명. 둘째, 다른 언어의 글자와의 소리옮김(音譯) 관계로 다른 나라 말을 우리 글자로 기록한 것과 그 반대로 우리말을 다른 나라 글자로 기록한 것. 셋째, 문제의 글자의 쓰임으로 그 환경의 특이성에 유의할 것. 넷째, 그 글자로 적힌 소리가 어떤 소리로부터 변해 왔으며, 또 어떠한 소리로 변해 갔는가? 이 경우에는 여러 방언의 소리가 많은 도움이 된다. 許雄(1965:286)에서도 용어는 다소 다르지만 동일한 내용이 제시되어 있다.

에 대한 허웅 선생의 추정 근거를 살펴보고, 이들 치음이 齒莖音(舌端的 齒槽音)에서 경구개음으로 변했음을 보여주는 관련 현상에 대하여 허 웅 선생이 행한 설명을 다른 학자의 설명 방식과 비교하여 그 타당성을 검토하도록 한다.

許雄(1964, 1965)에서는 중세 국어 치음(ㅅ, ㅈ, ㅊ)의 음가와 관련된 매우 중요한 견해를 제시하였는데, 15세기의 "ㅈ, ㅊ"은 현대국어와 달 리 舌端的 齒槽音([ts, tsʰ])으로 실현되었음을 암시하는 사실들이 있다 는 것이다.[11] 이 주장에는 주로 다음과 같은 근거가 있다. 첫째, 훈민정 음 체계에서 "ㅅ, ㅈ, ㅊ"을 치음으로 규정하고 있어서 이들은 조음 위치가 동일한 같은 서열의 자음이라고 볼 수 있다.[12] 둘째, 조선 초기 국어에서 "ㅅ" 다음 위치에서는 물론이고 "ㅈ, ㅊ" 다음 위치에서도 "ㅏ : ㅑ" 등의 대립이 변별적으로 기능했으리란 확실한 추측을 하게 해 주는 사실이 표기법에 반영되어 있다. 이러한 구별은 16세기, 17세기 문헌은 물론이고 18세기 문헌에서도 잘 지켜져서 표기상의 혼란이 보이 지 않는데, 19세기 문헌부터 표기상의 혼란이 매우 심하게 나타나서 현대 국어에서는 이러한 대립이 변별적으로 기능하지 못하고 있다.[13]

---

11) 許雄(1964)에서는 15세기의 "ㅅ, ㅈ, ㅊ"은 舌端的 齒槽音([s, ts, tsʰ])이었고, 舌背的 硬口蓋音([ʃ, ʧ, ʧʰ])의 변이음은 가지지 않았던 것으로 추측하였다. 그러나 姜信沆 (1983)에서는 ≪四聲通攷≫ 凡例 등 훈민정음 창제 무렵의 기록을 통해 볼 때 중세국어 의 치음은 漢音의 齒頭音과 整齒音 사이에서 조음되는 음이었으므로 "ts" 계열로 볼 수도 있고 "ʧ(또는 tɕ)" 계열로 볼 수도 있어서, 중세국어의 치음은 "-i-(-j- 포함)" 모음 이외의 모음과 결합될 때에는 "ts, tsʰ, s"로 실현되고 -i- 모음과 결합될 때에는 "ʧ, ʧʰ, ʃ" 또는 "tɕ, tɕʰ, ɕ"로 실현되었다고 볼 수 있다고 하였다. 박창원 편(2002:203)에서는 姜信沆(1983)의 주장 이후 구개음화를 보여주는 문헌 자료의 지지를 받아 구개변이음으 로 치음이 실현되었다는 것은 거의 확고한 가설로서의 자리를 확보하고 있는 듯하다고 하고 있다.
12) 박창원 편(2002:190~191)에 따르면 ≪訓民正音≫에서 치음이라는 동일 서열로 규정하 는 "ㅅ, ㅈ, ㅊ"의 조음 위치에 관한 견해는 다양하다고 하는데, 이 견해들에는 치음을 치조음으로 해석하는 경우와 경구개치조음으로 해석하는 경우가 있으며, 심지어는 "ㅅ, ㅈ, ㅊ"의 동일 서열마저 부정하는 견해도 있다.
13) 姜信沆(1983)에서는 許雄(1964)의 이러한 주장과는 달리 15, 16세기의 正音 문헌을 보

15세기 "ㅈ, ㅊ"의 으뜸 변이음을 "[ʦ, ʦʰ]"으로 본다면, "ㅅ"의 으뜸
변이음 "[s]" 및 "△"의 "[z]"와 함께 모든 치음의 으뜸 변이음이 동일한
조음 위치를 가져서 정연한 균형이 잡히고 "자, 차"계와 "쟈, 챠"계의
구별도 잘 유지될 수 있다. 셋째, "ㅈ"의 음가를 "[ʦ]"로 잡으면, 15세기
문헌에 나타나는 "ㄷ+ㅅ → ㄷ+ㅈ"과 "ㄴ+△ > ㄴ+ㅈ"의 변동
및 변화 과정을 쉽게 이해할 수 있다. 예를 들어 객체 존대를 나타내는
형태소 {ㅅ}의 첫소리는 舌端 內破音 "[t']" 다음에서 /ㅈ/으로 변동하

면 "조개(능八 55) 죠개(字會 上 20)", "처섬(용가 78) 쳐섬(圓下二之 1, 17)" 등과 같이
양자 사이의 구별이 없이 혼용된 예들이 나타난다는 점을 지적하고 있다. 아울러 기존의
일부 연구에서 후기 문헌 자료에 나타난 혼용례를 근거로 하여 18세기경에는 중세국어의
치음 가운데 "[ʦ, ʦʰ]"로 발음되던 "ㅈ, ㅊ"의 조음위치가 "[ʧ, ʧʰ]" 자리로 옮겼기 때문
이라고 해 왔으나, 姜信沆(1983)에서는 15, 16세기경에 이미 혼용례가 있는 것으로 보아
이들의 혼용은 조음위치의 이동과는 무관한 것으로 오히려 이들을 초기부터 혼용할 정도
로 중세국어에서는 "자"계열과 "쟈"계열의 변별적 기능이 별로 크게 작용하지 못했던
것 같다는 견해를 제시하고 있다. 15, 16세기의 자료에 나타난 혼용례는 許雄(1964)에서
제시한 견해를 반박할 수 있는 중요한 근거가 될 수 있을 것으로 보이나, 이러한 반박을
합리적으로 하기 위해서는 15, 16세기의 자료에 나타난 혼용례가 18, 19세기의 자료에
나타난 혼용례에 비하여 그 수가 현격히 적으며 점차 혼용례가 확산되는 경향이 있다는
점에서 이러한 상황이 나타나게 된 것에 대한 적절한 해명이 있어야 할 것이다. 이명규
(2000:53~54)에서는 두 계열의 대립적 표기는 15세기 중엽을 기준으로 하여 다소 엄격하
게 지켜지다가 시간의 흐름과 비례하여 점차 깨져 나간다는 것을 포착할 수 있으나,
그러면서도 상당한 기간 두 대립적 표기는 두드러지게 유지되고 있는 것도 확인할 수
있다고 한다. 이와 같은 언어 사실은 15세기 국어의 "ㅈ" 등 치음은 [ʦ]이며 이것이
차차 "[i, j]" 환경 앞에서 구개음화를 입어 [ʧ]로 됨에 따라 대상 표기의 혼기가 점차
확산된 것임을 입증하는 것이라 할 수 있다고 하였다. 김주필(1994:6)에서도 姜信沆
(1983)에서 제시된 견해에는 해결해야 할 다음의 몇 가지 과제가 있다는 점을 지적하고
있다. 첫째, 현대 평안도 방언에서는 중앙어와 달리 "ㅈ"이 치조음으로 실현된다는 사실
을 고려하면 姜信沆(1983)에서는 평안도 방언의 "ㅈ"이 조음위치가 이동된 것으로 간주
해야 한다. 둘째, 15·6세기에 보이는 혼용례는 "ㅈ"이나 "ㅅ" 다음의 위치에서 "j"계
이중모음자가 "j"를 탈락시킨 혼용례인데 비해 17세기 이후에 보이는 혼용례는 단모음자
를 "j"계 하향 이중모음자로 혼기된 예들이 새로 나타나는 것이다. 이들 혼기가 "자"계열
과 "쟈"계열이 변별되지 않아 일어난 것이라면 이러한 두 유형의 혼기가 별도로 나타나
는 이유를 설명해야 한다. 셋째, 동일한 혼기를 보이던 "ㅅ"은 현대 국어에서 치음과
경구개음으로 나뉘어 조음되는 데에 반해서 "ㅈ"은 그렇지 않고 경구개 치조음 또는
경구개음으로 실현되는 차이도 설명해야 한다.

며, 15세기 문헌에 보이는 "손소"가 후대 문헌에는 "손조"로 나타난다. 이 현상은 /ㅈ/이 혀끝소리이고 "[ʦ]"와 "[dz]"의 변이음을 가졌던 것으로 생각하면 쉽게 해명된다(許雄 1965:354). 넷째, ≪四聲通攷≫(1455) 凡例에 나타난 "凡齒音, 齒頭則擧舌點齒, 故其聲淺, 整齒則卷舌點腭, 故其聲深. 我國齒聲ㅅㅈㅊ在齒頭整齒之間, 於訓民正音, 無齒頭整齒之別, 今以齒頭爲ᄼᅎᅔ, 以整齒爲ᄾᅐᅕ, 以別之"라는 기록은 우리말 치음인 "ㅅ, ㅈ, ㅊ"의 조음위치가 15세기 당시 중국어의 齒頭音([s, ʦ, ʦʰ])과 整齒音([ʃ, tʃ, tʃʰ])의 사이에 있으며 현대 국어 치음의 음가와 유사한 整齒音의 조음 위치(舌背的 硬口蓋音)와는 다르다는 사실을 시사하고 있다.[14] 이는 15세기 우리말 치음의 조음 위치 추정에 매우 중요한 기록인데, ≪四聲通攷≫의 편찬자인 申叔舟가 중국어 齒頭音과 整齒音의 발음 위치와 방법뿐만 아니라 청각적 인상까지 정확히 서술하고 있고, 우리말 치음인 "ㅅ, ㅈ, ㅊ"과의 차이점에 대해서도 꿰뚫고 있었다는 것을 보여주고 있어서 이러한 기록을 근거로 사용하였다는 점은 주목할 만하다. 다만 ≪四聲通攷≫ 凡例의 기록은 15세기 치음의 음가 추정에 매우 중요한 기록이라고 할 수 있으나, 凡例에 나타난 중국어 整齒音의 조음위치에 대한 해석이 연구자에 따라 엇갈리고 있어서 이 기록을 통해 15세기 국어 치음의 음가를 확정하기는 쉽지 않다(박창원 편 2002:192~196). ≪訓民正音諺解≫에서도 齒頭音은 "이 소리ᄂᆞᆫ 우리나랏소리예셔 열ᄫᅩ니 혓그티 웃닛머리예 다ᇿ니라"라

---

14) 북방중국어 음운사의 관점에서 보면, 中古 精系인 齒頭音은 15세기 당시 그 음가가 "[ʦ, ʦʰ, s]"이었던 것으로 추정할 수 있고, 中古 照系인 整齒音(正齒音)은 15세기에 권설음화가 진행 중이었기 때문에 그 음가는 권설음화 이전 상태인 舌葉音 "[tʃ, tʃʰ, ʃ]" 또는 권설음 "[tʂ, tʂʰ, ʂ]"이었던 것으로 추정할 수 있다. ≪四聲通攷≫ 凡例에 나타난 "整齒則卷舌點腭, 故其聲深"이라는 언급은 표면적으로는 권설음을 나타내는 것으로 보이지만, 15세기는 북방중국어 권설음화의 초반 단계라는 점과 현대 중국 방언에서 "[tʃ, tʃʰ, ʃ]"가 약간의 권설성을 수반한다는 점을 고려하면 오히려 舌葉音에 대한 설명으로 보는 것이 더 합리적인 해석으로 보인다.

고 하여 혀끝이 웃이머리에 닿아 우리 소리보다 "엷다"고 하였고, 整齒
音은 "이 소리ᄂᆞᆫ 우리나랏소리예셔 두터브니 혓그티 아랫닛므유메 다
ᄂᆞ니라"라고 하여 혀끝이 아랫 잇몸에 닿아 우리 소리보다 "두텁다"고
설명함을 통하여 조음 위치와 청각적 인상의 측면에서 중국어와 우리말
의 소리를 대비하고 있다(許雄 1964:50~51). 이 역시 ≪四聲通攷≫ 凡
例의 관련 기록과 상통하는 설명을 보여주는 것으로, 15세기 우리말의
치음이 중국어의 齒頭音·整齒音과는 조음 위치와 청각 인상이 다르다
는 것을 증언해주고 있다. 다섯째, 현대 평안도 방언에서는 "ㅈ, ㅊ"이
일반적으로 "[ts], [tsʰ]"로 발음되는 듯한데, 이것은 이 방언이 "ㄷ, ㅌ"의
구개음화뿐 아니라 "[ts], [tsʰ]"의 구개음화에도 가장 강력하게 저항해
온 결과이다(許雄 1965:354).

위에 제시한 근거들은 ≪訓民正音≫의 규정, 문헌 자료에서의 표기,
중국어음과의 비교, 방언 자료 등에 기초한 것으로 상당한 설득력이
있다고 할 수 있다.15) 李明奎(1990:35)에서도 언급하고 있는 바와 같이
≪訓民正音≫에 치음으로 규정된 "ㅈ, ㅊ, ㅅ" 등에 대하여 許雄(1964)
이전에는 현대 국어의 구개음 "ㅈ[tʃ], ㅊ[tʃʰ]"에 이끌려 중세나 근대
국어의 "ㅈ, ㅊ" 등도 같은 구개음으로 인식하여 이에 대한 본격적 논의
없이 구개음화 현상을 다루었다. 따라서 15세기의 "ㅈ, ㅊ"이 현대 국어
와 달리 설단적 치조음([ts, tsʰ])으로 실현되었음을 주장한 許雄(1964)의
견해는 중세 국어 치음 문제에 대한 논의를 촉발시켰다는 점에서 국어
음운사 연구에서 매우 중요한 의미를 가지고 있다고 할 수 있다.16)

---

15) 許雄(1964:52)에서는 15세기의 /ㅈ, ㅊ/이 현대어의 음가([tʃ, tʃʰ])이어서는 곤란하다는
점은 절대성을 띠는 것이 아니며, 조선 초기의 /ㅈ, ㅊ/이 설배적 경구개음이었을 가능성
보다는 치음 서열의 모든 음소가 설단적 치조음이었을 가능성이 훨씬 농후하다는 점만은
명백하다고 하여 가능성을 열어 놓고 있다.
16) 김주필(1994:5)에서는 許雄(1964)와 Lee(1964)는 모두 15세기의 "ㅈ"이 치조음이었던
것으로 추정하여 "ㅈ"의 경구개음으로의 위치 이동현상과 "ㄷ" 구개음화 발생 시기의
선후 관계를 논의하고 있다고 하였다. 두 논문이 동일한 해에 발표되었다는 점에서 두

중세 국어 치음의 음가는 17~19세기에 나타난 "i, j" 앞에서 "ㄷ > ㅈ"에 의해 대표되는 현상의 해석과 직접적인 관계가 있다.[17] 허웅 (1985:508~509)에서는 15세기에는 센입천장소리는 없고 혀끝소리만이 나타나던 것이 18세기 초기에는 /ㄷ[t], ㅌ[tʰ]/이 /i, j/ 앞에서 /ㅈ[ts], ㅊ[tsʰ]/으로 바뀌고 18세기 말기에서 19세기 초기에 걸쳐서는 /ㅈ, ㅊ/ 의 으뜸 변이음이 센입천장으로 옮아지게 되었다고 하고 있다.[18] 그 결과 /j/계 重母音은 /ㄷ[t], ㅌ[tʰ]/에도 연결되지 못하고 /ㅈ[ts], ㅊ[tsʰ]/ 에도 연결되지 못하게 되었다고 하였다(許雄 1965:457). 허웅(1985:509) 에서는 이 과정을 다음과 같이 제시하고 있다.

논문 사이의 영향 관계에 대해서는 정확히 알 수 없으나, Lee(1964)는 중세 한국어에서의 몽골어 차용어를 다루는 것이 주요 내용이라는 점에서 중세 한국어 치음의 음가에 대하 여 체계적이고 전문적인 논증 과정을 통해 설단적 치조음([ts, tsʰ])으로 실현되었음을 규명한 최초의 연구는 許雄(1964)라고 할 수 있다. 李基文(1972)에서도 Lee(1964)에서 제시한 13세기 중세 몽골어 차용어에 근거하여 중세어에서 "ㅈ"은 현대어의 그것과 같은 구개음([ʧ])이 아니었던 듯하다는 견해를 제시하고 있으나, 15세기에 "ㅈ"이 [ts]로 실현되었음을 암시하는 사실들이 있다는 근거는 許雄(1964)를 인용하고 있다.

17) ≪訓民正音≫에서는 "ㅈ, ㅊ"을 분명히 치음으로 규정하고 있기 때문에 "i, j" 앞에서 "ㄷ > ㅈ"에 의해 대표되는 변화는 "ㅈ"이 구개음이라는 전제 없이는 구개음화라고 할 수 없고 치음화가 올바른 호칭이 될 것이라는 문제가 제기되었다(李明奎 1990:35). 따라 서 "ㄷ > ㅈ"에 의해 대표되는 국어 음운사에서의 현상을 구개음화라고 부르기 위해서는 "ㅈ"이 구개음이라는 것을 전제로 한다.

18) 許雄(1964:53)에서는 /ㅈ, ㅊ/이 /i, j/ 앞에서 구개음화한 것과 /ㄷ, ㅌ/이 /i, j/ 앞에서 구개음화하는 두 가지 구개음화가 거의 같은 때에 일어나지 않았을까 생각되는데, 아마 /ㄷ, ㅌ/의 구개음화가 약간 앞섰을 것으로 보는 것이 더 사실에 가까운 견해가 아닐까 생각한다고 하였다. 여기에서 /ㄷ, ㅌ/이 구개음화한다는 것은 /i, j/ 앞에서 "[ts, tsʰ]"로 변하는 파찰음화를 의미하고, /ㅈ, ㅊ/이 구개음화한다는 것은 /i, j/ 앞에서 "[ʧ, ʧʰ]"로 변하는 구개음화를 의미한다.

	(18세기 초)			(18세기 말~19세기 초)		
/다/ [ta]	−	/다/ [ta]	−	/다/ [ta]	−	/다/ [ta]
/디/ [ti]	>	/지/ [ʦi]	}			
/지/ [ʦi]	−	/지/ [ʦi]	} >	/지/ [ʧi]	−	/지/ [ʧi]
/자/ [ʦa]	−	/자/ [ʦa]	−	/자/ [ʦa]	>	/자/ [ʧa]

표 1. 입천장소리 되는 경향(허웅 1985:509)

　　결국 허웅 선생은 근대국어 이전의 구개음화를 연구하는 데는 /ㅈ[ʦ],
ㅊ[ʦʰ]/의 구개음화도 아울러 고찰할 필요가 있음을 전제하고 있다(이명
규 2000:14).[19] 또한 표 1에 나타난 변천과정에서 "ㄷ > ㅈ"의 과정은
구개음화가 아닌 파찰음화(치음화)로 이 역시 공시적·통시적으로 충분
히 일어날 수 있는 자연스러운 음운과정이라고 볼 수 있다.[20]

　　반면에 李基文(1972)에서 언급한 "ㄷ > ㅈ"의 변화는 "ㅈ, ㅊ"이 구
개음임을 전제로 한다는 논리성을 제기하고 있다. 즉, 李基文(1972)에
서는 i, j 앞에서 "ㅈ"이 [ʦ]에서 [ʧ]로 변화한 것이 구개음화의 첫 단계
이고, "ㅈ"이 i, j 앞에서는 [ʧ]로, 그 밖의 환경에서는 [ʦ]로 발음된 시기
가 있었으며("지"는 [ʧi], "자"는 [ʦa]로 발음), "[ʦa]"마저 "[ʧa]"로 된
과정은 아마도 "[ʧja]"가 "[ʧa]"로 의식되면서 "[ʦa]"와의 구별이 모호

---

19) 이명규(2000:56~61)에서는 齒莖音 "ㅈ, ㅊ"이 "i, j" 앞에서 경구개음으로 변하면 "/ʦjV/
→ /ʧjV/"로 되면서 "/ʧjV/~/ʧV/"의 혼란을 일으키므로 이러한 치음 다음의 이중 모음의
혼란 표기를 문헌에서 찾아내면 바로 그 시기를 치음이 구개음화된 시기로 잡을 수
있는데, 15세기 50년대까지만 해도 치음에 후행하는 "j"계 이중모음의 혼기는 찾아볼
수 없는 반면 60년대 문헌에서는 드물기는 하지만 혼란된 모습이 드러나고 있다고 하였
다. 아울러 이명규(2000:56)에서는 許雄(1964)에서 이 같은 혼란의 자료를 ≪斥邪綸音≫
(1839)에서 처음으로 채집한 탓으로 이것이 실제 "ㄷ" 구개음화 자료보다 나중 시기의
문헌자료라는 데 이끌리어 "ㄷ" 구개음화가 "ㅈ" 구개음화보다 선행되어야 한다는 지적
을 한 것으로 보았다.
20) 김주원(2005:147)에 따르면 /ti/가 /ʦi/로 되는 변화, 즉 파찰음화도 보편적인 음운 변화
방법 중의 하나이며, 현대 러시아어에서 /tʹ/가 [ʦ]로 실현되는 이러한 음운 현상이 존재
한다고 한다. 중국어 음운사에서도 10~12세기에 知系 聲母 [t, tʰ]가 [ʧ, ʧʰ]로 변화하는
파찰음화 현상이 나타난 예가 있다.

하게 된 데서 찾을 수 있는 것이 아닌가 추측하였다. 따라서 "ㅈ"이 [ʦ]에서 [ʧ]로 변화한 것은 "ㄷ > ㅈ" 구개음화 이전이며, 서울말에서 "ㄷ > ㅈ" 구개음화가 일어난 것은 대체로 17세기와 18세기의 교체기로 보인다고 하였다.

李基文(1972) 이외에 김주필(1994), 이명규(2000) 등 통시적 관점에서 한국어 구개음화를 전문적으로 고찰한 연구에서도 "ㄷ" 구개음화가 일어나기 위해서는 "ㅈ"이 구개음으로 실현되었다는 것을 전제로 하고 있으나, 김주원(2005:147)에서 언급한 바와 같이 이러한 견해와 허웅 선생의 견해는 현재로서는 양립 가능하다고 판단되며 "ㅈ" 구개음화가 선행되어야 한다는 주장이 논리적 필연성을 가진 것은 아닌 것으로 보인다. 실제로 "ㄷ" 구개음화 이전에 "ㅈ" 구개음화가 선행되었다는 문헌적 증거를 찾는 문제는 여러 연구에서 관심을 가져왔으나 "ㅈ"이 [ʦ]에서 [ʧ]로 조음위치가 변화한 것은 문헌 자료에서 초성의 표기를 통해 직접적으로 확인할 수 있는 것이 아니기 때문에 어떤 결론을 내리기에 충분한 증거를 찾았다고 보기는 어려운 상황이다.21)

---

21) 이명규(2000:171~182)에서는 치음 다음에서 "/ㅏ/ : /ㅑ/" 등의 대립이 언제 붕괴되어 현대어와 같이 중화되었는가를 면밀하게 검토한다면, 이러한 중화가 "ㅈ"이 [ʦ]에서 [ʧ]로 조음위치가 변화된 데 기인하는 것으로 이들이 혼란되는 시기를 문헌을 통해 고찰함으로써 경구개음으로 변화된 시기를 추정해 보고자 하였다. 이에 따라 이명규(2000)에서는 16세기 자료뿐 아니라 15세기 자료에서도 치음 다음의 이중 모음의 혼란 표기를 찾아내려는 시도를 하고 있다. 그러나 15세기 일부 문헌부터 이러한 혼란 표기는 나타나기 시작하고 이는 혼기의 발단 과정을 보여주는 중요한 증거이기는 하지만 "ㅈ" 구개음화가 선행되었다고 단정을 내릴 수 있는 수준의 증거라고는 할 수 없다. 김주필(1994:5)에서는 許雄(1964)와 Lee(1964)에서 "ㅈ"의 경구개음으로의 위치 이동현상과 "ㄷ" 구개음화 발생 시기의 선후 관계에 대한 논의를 통하여 구개음화와 관련 음운변화의 상호관계에 주목하게 되었다는 점은 중요한 인식의 전환으로 간주해야 하지만, 점진적인 음변화의 과정을 거쳐 음운론적 결과가 뒤따른다는 관점을 취하게 되면 그 논의의 결과는 그리 중요한 논쟁점이 되지 않는 것으로 보았다. 즉, "ㅈ"이 15세기에 "i, j" 앞에서 구개변이음으로 실현되었다면 "ㄷ" 구개음화가 일어날 수 있는 전제조건은 충족된 것으로 볼 수 있기 때문이라는 것이다.

중세국어 치음의 음가와 그 변천 과정에 대한 연구는 허웅 선생의 국어 음운사 분야 연구 성과 중 방점 및 성조 연구와 함께 가장 주목할 부분 중의 하나이다. 허웅 선생의 치음에 대한 연구는 다음의 두 가지 점에서 의미가 있는 것으로 볼 수 있다.

첫째, 許雄(1964) 이전의 연구에서는 현대 국어의 경구개음(ㅈ[tʃ], ㅊ[tʃʰ])에 이끌린 결과 중세와 근대 국어의 "ㅈ, ㅊ" 등도 동일한 경구개음으로 인식하여 이에 대한 심도 있는 논의 없이 구개음화 현상을 다루었다. 이 때문에 합리적인 근거를 바탕으로 15세기의 "ㅈ, ㅊ"이 현대 국어와 달리 설단적 치조음([ts, tsʰ])으로 실현되었음을 주장한 허웅 선생의 견해는 국어 음운사 연구에서 치음에 대한 연구 방향을 바로잡는 데 결정적인 역할을 하였다. 許雄(1964)에서 15세기의 치음이 설단적 치조음이었다는 것을 증명하기 위해 제시한 근거들은 이후의 연구에서 검증이 이루어지고 반박 의견과 재해석이 제시되기도 하였으며, 15세기 치음의 음가에 대한 의견은 여전히 분분한 상황이지만 이러한 과정을 거치며 관련 논의는 한층 심화되었다.[22] 박창원 편(2002:203)에서 언급하고 있는 바와 같이 치음의 연구가 許雄(1964)에서부터 비롯된 것을 보면 현상을 인식하는 통찰력을 발휘한다는 것이 언어 연구에서 얼마나 중요한지 허웅 선생의 치음 관련 연구는 여실히 보여주고 있다.

둘째, 근대 국어 시기 "i, j" 앞에서 나타난 "ㄷ > ㅈ" 현상에 대한 해석에서 허웅 선생은 15세기에는 경구개음은 없고 설단적 치조음만이 나타나던 것이 18세기 초에는 "ㄷ[t], ㅌ[tʰ]"이 "i, j" 앞에서 "ㅈ[ts], ㅊ[tsʰ]"으로 바뀌고 18세기 말에서 19세기 초에 걸쳐서는 /ㅈ, ㅊ/의 으뜸 변이음이 경구개로 옮아지게 되었다는 견해를 제시하였다. 이 변천

---

22) 박창원 편(2002)에서는 許雄(1964) 이후 15세기 치음의 음가와 관련된 논점을 정리하면서 문헌규정의 해석과 표기 예에 대한 각 연구자들의 해석을 제시하고 있어, 許雄(1964)에서 촉발된 15세기 치음의 음가와 관련 문제에 대한 치열한 논의의 과정을 살펴볼 수 있다.

과정에 대한 허웅 선생의 견해는 이후 여러 학자들에 의하여 반론이 제기되었으나 이 문제에 대한 논의의 단초를 제공하였다는 점에서 의미가 있으며 여전히 변천 과정에 대한 해석으로 충분한 설명력을 가지고 있다. 또한 중세·근대 국어에 나타난 구개음화를 연구하는 데는 "ㅈ[ʦ], ㅊ[ʦʰ]"의 구개음화도 아울러 고찰할 필요가 있음을 보여 주었다.

4. 이중모음의 변천에 대한 연구

이 장에서는 이중모음의 변천 과정에 대한 허웅 선생의 견해를 살펴보도록 한다. 이와 관련된 許雄(1952, 1965), 허웅(1968)의 견해와 함께 관련 논의를 정리하면 다음과 같다.

첫째, 18세기 자료를 근거로 하면 1780년경까지는 "애, 에" 따위는 명백히 [aj, əj]로 발음되고 있었음을 알 수 있으나, 이후 단모음화한 정확한 시기를 결정할 수 있는 증거를 찾기는 어렵다.[23] 다만 "ᄋᆡ"가 "애"와 같이 /ɛ/로 변한 사실로 미루어 보면 /ᄋᆞ/가 /아/로 변하고 난 뒤에 "애"가 /ɛ/로 변했으리라 추측된다(許雄 1965:436). 결론적으로 말해 "/aj/ > /ɛ/", "/əj/ > /e/"의 변천은 19세기에 일어난 일이라는 것이다. 또한 /aj/, /əj/의 단모음화는 19세기 이후 삼중모음 /jaj/, /jəj/, /waj/, /wəj/의 이중모음화를 수반하였다. /aj/, /əj/의 단모음화에 비하면 /uj/, /oj/의 단모음화는 더 늦은 것이어서 이 두 소리는 19세기 이후에 변화가 일어

---

23) 許雄(1952:7~8)에서는 《捷解新語》(1676)의 일본어음 표기나 1632년 간행의 《杜詩諺解》重刊本, 《朴通事諺解》(1677)의 관련 표기를 보면 대체로 17세기까지는 단모음화하지는 않은 듯 생각된다고 하였다. 그러나 1751년 간행된 《三韻聲彙》凡例에 "애, 외"의 "ㅣ"를 重中聲이라고 하고 이 重中聲의 "ㅣ"는 "침" 中聲의 "ㅣ"와는 다르다고 한 기록이 있는 것으로 보아 이 시기에 "애, 외"는 단모음화가 완성되었으며, 저자 洪啓禧가 태어난 해가 1703년이라는 점을 미루어 단모음화한 시기는 대체로 17세기말인 것으로 보았다. 이는 許雄(1965)에 제시된 단모음화의 시기보다는 상당히 이른 것이다.

나기 시작하여 단모음화는 지금도 진행 중인 것으로 보인다(許雄 1965:437). 李崇寧(1954)에서는 대체로 18세기가 이중모음이 단모음으로 변이되기 시작한 또는 변이가 끝난 시기가 아닐까하는 추정을 하고 있다. 李基文(1972)에서는 이중모음의 단모음화가 일어난 중요한 증거로 움라우트 현상을 들면서, 이것은 뒷 음절의 "i"의 동화로 앞 음절의 "a, ə" 등이 "ɛ, e" 등으로 변한 현상으로 18세기와 19세기의 교체기에 일어난 것으로 보이며, 이런 변화는 국어 모음 체계에 "ɛ, e"의 존재를 전제로 하는 것이라고 하였다.24)

둘째, 원래 하강적 이중모음이었던 /ij/는 하강적 이중모음이 많았던 15~18세기에는 안정적이었으나, /aj/, /əj/가 단모음화하고 /uj/, /oj/도 단모음화 내지는 상승적 이중모음화하고 /ʌj/는 없어지고 삼중모음이 상승적 이중모음이 된 19세기 이후 불안정하며 소멸의 운명에 놓여 있다(許雄 1965:438).

셋째, /joj/, /juj/ 두 삼중모음이 소멸된 시기는 "-가" 조사가 본격적으로 등장되고 重母音들의 대이동이 일어난 19세기의 일로 추정된다(許雄 1965:438~439).

넷째, 許雄(1952:7)에서는 이중모음 중 일부만이 단모음화한 이유에 대하여 언급하고 있다. 이에 따르면 상승적 이중모음은 제1요소인 "오, 우"를 한층 간극을 좁혀서 sonority를 약하게 하여 반모음 "w"로 발음함으로 해서 "자음＋모음"과 비슷한 음감을 주는 안정된 이중모음이 되어

---

24) "애, 에, 외" 등 이중모음 표기는 다른 표기와 혼기되지 않고 단모음화한 음을 표기할만한 문자도 따로 존재하지 않기 때문에 단모음화의 시기를 결정하는 것이 매우 어려운 상황에서 "ᄋ"의 비음운화와 움라우트 현상은 단모음화의 발생을 확인할 수 있는 증거로 간주되어 왔다. 그러나 "ᄋ"의 비음운화를 "애, 에, 외" 등의 단모음화와 항상 관련시켜 고찰하던 태도에 대하여 문제를 제기하는 견해도 있었고(金完鎭 1967), 국어의 경우 움라우트가 일차적으로는 앞 음절에 반홀소리 /j/를 첨가하는 변화라는 사실이 논증된 후에는 단모음화의 발생에 대하여 더 이상 증거력을 가지지 못한다는 견해도 제기되었다 (김주원 2005).

서 현재까지 내려왔으며, "위"도 이와 같이 하여 모음점을 제2요소 "i"로 옮겨서 안정된 상승적 이중모음과 발을 맞추었다는 것이다. 그러나 "애, 에, 외"는 그 두 요소의 모음도상으로 본 거리가 너무 멀기 때문에 발음하기에 큰 노력이 필요했을 것이므로 "ai, əi, oi"의 상호동화로 두 요소가 서로 매우 가까워져서 단모음화하고 만 것이라고 하였다. 李崇寧 (1954:425~430)에서는 許雄(1952)는 짧은 글이지만 물샐 틈 없이 견고하고 착실하게 자료 면에 입각한 역사적 연구로서 좋은 논문으로 평가하지만 Haplology의 해석은 견해를 달리하는 점이라 하면서, 이중모음 "이, 의, 외, 애, 위, 에"는 발달 과정상의 차이는 있으나 두 모음이 중간 위치의 한 모음으로의 "收約(contraction)"을 통하여 발달한 것으로 보았다.[25] 金完鎮(1971)에서는 "ᄋᆞ"의 음운으로서의 소멸이 기존 음운체계에 존재했던 조화의 붕괴를 의미하는 것이라면 그로 인하여 생긴 파탄을 수습하고 새로운 조화를 찾아오게 하려는 노력이 단모음화 현상이라고 하여 단모음화의 원인을 체계와 관련시켜 해석하였다.

다섯째, 허웅(1968)에서는 15세기 이중모음 체계에서 "ij, ji, wo, wu"를 음운적 조건에 의한 필연적인 "빈간(case vide)"으로 정의하였고, "ji, jʌ, wï, wʌ"의 네 "빈간"은 음운적으로 설명될 수 없는 우발적인 현상에 속하는 것으로 보았다. 또한 15세기에는 /uj/라는 하강적 이중모음이 있었기 때문에 /wi/는 존재하지 않았다고 하였다. 이에 반해 李基文 (1972)에서는 훈민정음의 중성 11자 속에 "yʌ, yï, yi" 등은 포함되어 있지 않았지만, 당시의 방언에 "yʌ, yï"가 존재했었다는 중요한 기록이 나타나고 있어서 이 이중모음의 존재는 충분한 가능성이 있는 것으로

---

25) 許雄(1965:476)에서도 "縮約(contraction)"의 개념을 제시하고 있다. 축약은 연속된 두 모음을 특히 분리해서 발음할 필요를 느끼지 않을 때에 말의 속도를 빨리하고 노력을 경감하기 위해서 한 음절로 줄이거나 또는 그 間音으로 발음하는 일이라고 하는데, 그 사례로 모음 사이 "ㅎ" 탈락 후 두 음절이 한 음절의 이중모음으로 축약되고 이중모음이 다시 그 間音으로 축약되는 경우를 제시하고 있다(가히>개(犬), 자히->재-, 버히->베-).

보았다.26) 또한 형태음소론적인 두 현상을 통하여 "iy"를 확립할 수 있으며, 기저 표상으로서 /wʌ/, /wi/를 인정할 수 있음을 지적하였다.

위에서 살펴본 바와 같이 허웅 선생은 이중모음의 변천 문제에 대하여 여러 주목할 만한 견해를 제시하였다. 허웅 선생의 이중모음 변천에 대한 연구는 다음과 같은 점에서 의미가 있다고 할 수 있다.

첫째, 許雄(1952) 등의 연구를 통하여 15세기의 "애, 에, 외" 등이 단모음이 아니라 이중모음임을 체계적으로 증명하였다. 金永鎭(1990:56)에서는 방언 연구에서 河野六朗이 ≪朝鮮方言學試攷≫(1945)에서 "애, 에, 외" 등이 이중모음이었을 가능성을 주장하였고, 李崇寧(1949)에서는 15세기의 "애, 에, 외" 등이 단모음이 아니라 이중모음임을 처음으로 증명하였다고 하고 있다. 許雄(1952)가 15세기의 "애, 에, 외" 등이 이중모음임을 처음으로 증명한 연구는 아니지만 許雄(1952) 등을 포함한 1940~50년대의 여러 연구는 이러한 사실을 증명하는 데 큰 기여를 하였다. 李基文(1972)에서는 이러한 연구를 통하여 넓게는 "ᅴ"를 제외하고 오늘날 아직도 사용되고 있는 문자 결합들의 음가가 옛날에는 다를 수 있다는 사실이 드러남으로써 종래 이 방면의 연구를 지배하여 온 문자의 환영을 떨쳐 버릴 계기가 마련되었고, 좁게는 중세어의 모음 체계 연구로 하여금 튼튼한 기반 위에 놓이게 했다고 평가하였다.

둘째, 이중모음의 단모음화 시기와 과정에 대하여 상세한 의견을 제시하였다. 許雄(1965:433)에서 언급한 바와 같이 "애, 에" 등은 다른 자와 혼기된 일도 없고 변한 음을 표기할만한 문자가 따로 존재하지 않아 그 변한 모습이 문헌에 반영되지 않으며 단모음화와 관련된 기록도 없기 때문에 이 단모음화의 시기를 결정하는 것은 "ᄋᆞ"의 비음운화 시기 결정보다 더 어려운 일인데, 이 문제에 대하여 許雄(1965), 허웅(1985)에서는 譯學書의 譯音 표기나 "ᄋᆞ"의 변화 시기 등을 고려하여 단모음

---

26) 李基文(1972)에서의 "y"와 "i"는 허웅(1968)에서의 "j"와 "ĭ"에 대응한다.

화의 시기를 추정하고 있다.[27] 이중모음의 변천 과정과 단모음화 시기에 대한 허웅 선생의 연구는 1960년대 이후 단모음화 현상에 대하여 활발하고 다양한 논의가 이루어지는 데 바탕이 되었다.[28]

셋째, 이중모음 체계 전체에 대한 고찰을 시도하여 15세기 이중모음의 목록과 체계에서의 빈칸에 대하여 논의하였다. 이중모음에 대한 초기 연구에서는 주로 하향 이중모음에 관심이 집중되어 있었고 이중모음을 체계적 관점에서 파악하려는 시도가 이루어지지 않았는데, 許雄(1952)에서도 이중모음에 대한 체계적인 고찰은 이루어지지 않았다. 許雄(1965), 허웅(1985)에서는 15세기 국어의 이중모음 목록과 조직이 제시되어 있고, 허웅(1968)에서는 부분적이기는 하지만 15세기 국어의 상승적 이중모음 체계에 대하여 구조적 관점에서 논의하였다. 다만 이중모음의 단모음화에 대한 논의에서 체계적 관점에서의 논의가 충분하지 않은 것은 문제점으로 지적할 수 있다.

중세국어 이중모음의 음가와 그 변천 과정에 대한 허웅 선생의 연구는 음운사 분야에서 치음이나 성조 등과 관련된 연구 성과만큼 주목을 받지는 못했지만, 중세 국어 이중모음의 성격 및 그 변천 문제와 관련된 많은 부분을 해명하였다는 점에서 이 분야의 연구사에서 빠뜨릴 수 없는 위치에 있다고 할 수 있다.

---

27) 許雄(1965) 등에서는 譯學書에 나타난 漢語, 日語, 淸語, 蒙語에 대한 한글 표기를 "ㅐ /aj/, ㅔ/əj/"의 단모음화 시기 추정을 위한 방증으로 사용하고 있다. 그러나 이러한 표기는 외국어 표기이고 외국어를 표음하기 위한 한글 표기의 음가는 다소 인위적인 조정을 거쳐 고정된다는 점에서 이를 중세 국어 음운 연구에 사용하기 위해서는 상당한 주의가 필요하다. 예를 들어 조선 초기 漢學書에서는 당시 한국어에 아직 대응되는 음이 없었던 漢語音의 "e"나 "ɛ"를 음가에서 비슷하거나 어중간한 음가를 가진 한국어 모음인 "ㅓ(ə)" 나 "ㅡ(ɨ)"로 표기하였고((예) "ㅓ : iɛ"/"ㅡㅣ : ei"), "ㅐ, ㅔ"는 漢語音의 "ai"나 "əi"를 표음하는 데 사용하였으나 이러한 상황은 "ㅐ, ㅔ"의 단모음화가 완성된 19세기 후반 이후의 漢學書까지도 그대로 이어진다.

28) 이중모음의 단모음화 현상에 대한 연구는 1970년대 이후 연구영역을 확대하고 방언으로 연구범위도 확대하게 된다. 이에 대한 상세한 연구사는 박창원 편(2002)를 참고할 수 있다.

5. 방점 연구

이 장에서는 許雄(1955)를 대표로 하는 중세 국어 성조 체계와 그 변천 과정에 대한 허웅 선생의 연구 중 방점 연구와 관련된 부분을 다시 한 번 살펴보고자 한다.29) 엄밀하게 말하면 방점 연구는 선생의 15세기 국어 음운 연구 부분에서 다루는 것이 적절한 것으로 보이나, 허웅 선생의 성조 변천 연구를 살펴보기 위해서는 선생의 중세 국어 방점에 대한 견해를 살펴보는 것이 연구의 출발점이 된다는 점을 고려하여 이 글에서 논의하도록 하겠다.

許雄(1955)에 대한 전면적이고 상세한 검토는 김차균(2005)에서 이미 이루어졌다. 김차균(2005)에서 이미 허웅 선생의 성조 연구에 대하여 더 이상의 부언을 허용하지 않을 만큼 상세한 논의를 행하였지만 충분히 논의되지 않은 부분도 있다. 許雄(1955)는 일곱 부분으로 되어 있는데, "旁點 音長說에 對한 批判"과 "旁點의 本質" 부분에 대해서는 김차균 (2005)에서 상세히 논의되지 않았다. 방점의 본질과 관련된 문제는 許雄 (1955)의 핵심적인 부분 중의 하나인데, 기존의 연구에서 심도 있는 검토가 행해지지 않았고 필자의 전공 분야인 중국어 음운학과 밀접한 관련을 맺고 있는 부분이므로 이 글에서 전문적으로 다루어보고자 한다.

허웅 선생은 중세 국어 방점의 본질에 대하여 상세하게 밝힘으로써 이후의 성조 체계 및 성조 변천 연구에 큰 영향을 주었다.30) 먼저 許雄 (1955:41~45)에서는 "旁點 音長說에 對한 批判" 부분에서 방점을 음장을 나타내는 부호로 볼 수 없는 이유에 대하여 다음과 같은 세 가지

---

29) 성조와 관련된 이론적 관점과 학술 용어를 다소 가다듬기는 했지만, 許雄(1955)의 주요 내용은 許雄(1965), 허웅(1985)의 성조 관련 부분에서 그대로 이어지고 있다.

30) 김차균(2005:166)에서는 선생의 성조 연구 업적 가운데서 가장 특징적이고 후학들에게 큰 영향을 준 것은 중세 국어의 방점의 본질을 밝힘과 동시에 중세 국어가 평성, 거성, 상성의 3성조 체계라는 것과 세 성조의 음가를 밝힌 것이라고 하였다.

근거를 제시하고 있다. 첫째, 방점을 음장 부호로 보는 근본 이유는 옛 문헌의 上聲點(二點) 찍힌 음절이 대개 현대어에서 긴 소리로 나기 때문이지만, 현대어 소리의 길이는 두 가지뿐이므로 去聲(一點)과 平聲(無點) 사이에는 하등의 차별이 없어서 그 당시의 음운체계에서 모음의 길이를 세 가지로 엄격하게 구별했다고 보기는 어렵다. 둘째, 실험음성학에 의하면 동일한 길이로 생각되는 모음이라도 그 음절의 말음이 무성음일 경우에는 말음이 유성음이거나 개음절인 경우에 비하여 짧은 것이니, 만일 그 당시의 사람들이 장단에 대해서 세 가지를 변별할 만큼 그렇게 민감했더라면 무성자음을 말음 삼은 음절은 대체로 같은 부류로 잡으려는 경향이 나타나야 할 것인데, 그러한 흔적은 조금도 나타나지 않고 二點, 一點, 無點字에 무성 말음이나 유성 말음의 음절이 혼재되어 있으며 오히려 반대의 예가 나타나기도 한다. 셋째, 조선 초기에 세 가지의 길이가 음운체계의 일부를 구성한 것이었더라면 적어도 현대 방언의 어느 한 가지가 그러한 자취를 이어받아 있을 법한데 이러한 방언을 찾아볼 수 없다.

주시경 선생이나 최현배 선생 등은 모두 방점 음장설을 주장했던 것인데, 국어 음운사 연구의 많은 부분에서 주시경 선생 특히 최현배 선생의 견해를 계승 발전시키는 태도를 보여 왔던 허웅 선생은 방점 연구에 있어서만은 조목조목 방점 음장설의 문제점을 지적하고 있다.

許雄(1955)에서는 그 당시 어학 문헌의 설명, 중국 四聲과의 비교, 그 당시 문헌의 방점 사용법, 방언과의 비교 등의 네 가지 방법을 통하여 중세 국어 방점의 본질에 대하여 상세하게 논의하고 있다. 가능한 방법을 최대한 활용하여 체계적인 논증을 해 나가는 방식은 허웅 선생의 기존 연구에서 보아 왔던 것인데, 방점의 본질을 밝히는 논의 과정에서도 이러한 경향은 분명히 드러나고 있다. 이 글에서는 네 가지 방법 중 방언과의 비교를 제외한 세 가지 방법의 타당성에 대하여 살펴보도록 하겠다.[31]

먼저 그 당시 어학 문헌의 설명에 근거한 방법을 살펴보면, 許雄 (1955:45~48)에서는 그 당시의 문헌 중 방점에 관해서 가장 명료한 설명을 하고 있는 것은 ≪訓民正音諺解≫라고 하였다. 그리고 ≪訓民正音諺解≫ 중의 우리말의 四聲에 대한 기술을 기초로 우선 入聲의 성격을 집중적으로 논의하고 있다.32) 특히 "入聲加點同而促急(入聲은 샐리긋듣ᄂᆞᆫ소리라)"이라는 기록에서 "加點同"과 "促急"이라는 표현에 대한 고찰을 통하여 이 기록이 "우리말 소리의 ㄱㄷㅂ종성을 가진 음절은 한자음과 달라서, 혹은 평성과 같이 낮은 소리도 있고, 혹은 거성과 같이 높은 소리도 있고, 혹은 상성처럼 낮다가 높아가는 소리도 있다. 그러나 보통 평상거성과 다른 점은 그 종성이 ㄱㄷㅂ이어서 促急할 따름이다"라는 뜻이며 특히 "促急"이란 말은 종성만을 두고 말한 것이라고만 생각할 것이 아니라 입성 음절을 전체적으로 고려하여 중성(모음)의 길이도 아울러 생각한 것이라고 하였다(許雄 1955:47~48). 따라서 선생은 입성은 성조라기보다는 장애음(ㄱ, ㄷ, ㅂ) 종성을 가진 음절이 다른 음절과 비교할 때 "促急"이라는 성격을 나타내는 것으로 보았다.

또한 ≪訓民正音諺解≫ 중의 우리말의 四聲에 대한 기술은 ≪訓蒙字會≫(1527)에서도 동일하게 나타나는데, 선생은 이러한 기록을 통하여 당시의 우리말에는 高低의 音調가 분명히 구비되어 있었고 그 음절

---

31) 김차균(2005)에서는 許雄(1955)의 내용 중 조선 초기 성조와 방언 성조를 비교하는 IV, V, VII장을 상세하게 고찰하고 있어서, 방언과의 비교와 관련된 부분은 김차균(2005)를 참고할 수 있다.

32) ≪訓民正音諺解≫에는 우리말 四聲에 대하여 "去聲은 뭇노픈소리라", "上聲은 처ᅀᅥ미ᄂᆞᆺ갑고 乃終이노픈소리라", "平聲은 뭇ᄂᆞᆺ가ᄇᆞᆫ소리라", "入聲은 샐리긋듣ᄂᆞᆫ소리라"라고 기록하고 있어 어떤 자료보다도 調値에 대하여 직접적인 언급을 하고 있다. 중세 국어 성조를 전문적으로 다룬 최초의 단행본으로 성조 연구사에서 중요한 위치를 차지하고 있는 金完鎭(1973)에서도 중세 국어 성조와 四聲의 명칭 및 방점법을 설명하는 부분에서 許雄(1955)에서 이용한 자료들인 ≪訓民正音諺解≫, ≪訓蒙字會≫ 凡例, 飜譯老乞大朴通事凡例, ≪四聲通攷≫ 凡例 등을 모두 그대로 이용하고 있어서 본문에 명시하지는 않았지만 이 부분에서 許雄(1955)를 참고했음을 짐작하게 한다.

음조는 낮은 소리(평성), 높은 소리(거성), 낮다가 높아가는 소리(상성)의 세 가지이었음을 알 수 있다고 하였다.[33]

주목할 만한 것은 許雄(1955)에서 중세 국어 및 방언의 성조와 관련된 방대한 자료를 이용했을 뿐 아니라 관련된 방증 자료도 폭넓게 이용하였다는 점이다. 許雄(1955)에서는 ≪訓民正音諺解≫와 ≪訓蒙字會≫ 이외에도 16세기 초의 자료인 飜譯老乞大朴通事凡例(이하, 飜譯凡例)를 방점의 본질을 밝히는 핵심적인 자료로 사용하고 있는데, 이는 중세 국어 방점 연구와 중세 국어 성조 調値 추정을 위한 자료로 許雄(1955)에서 이용한 이후 국어학계에서는 중세 국어 성조 연구를 위한 중요한 자료로 간주하여 왔다.[34] 중세 국어 四聲의 調値에 대한 구체적인 기록이 ≪訓民正音諺解≫의 俠注와 ≪訓蒙字會≫ 凡例 등에 국한되어 있는 상황에서, 飜譯凡例의 조항 중 旁點條는 좌우음 성조 표기의 이론적 근거를 제시하고 있을 뿐 아니라 중국어와 우리말의 성조를 비교하여 서술하고 있다는 점에서 漢音條와 함께 16세기경의 중국어와 우리말 성조를 연구하는 데 매우 중요한 기록이라고 할 수 있다. 이는 기본적으로 16세기경의 중국어음 자료의 성격을 가지고 있는데, 허웅 선생은

---

33) 宋喆儀(1985:41)에서는 鄭然粲의 "15世紀 國語의 Tone에 대한 연구"(1960)가 15세기의 국어 성조체계가 고·저의 두 聲調素로 이루어진다는 주장을 한 최초의 기술적인 연구로서 15세기 국어의 聲調素를 셋으로 보려는 견해(許雄 1955)를 비판한 것이었다고 하고 있다. 그러나 김차균(2005:168)에 따르면 河野六郞(1945, 1951)에서 이미 중세 조선어의 성조를 저조와 고조의 2성조 체계로 보았다고 한다.

34) 鄭光(1974)에서는 ≪四聲通解≫ 말미에 부재된 飜譯老乞大朴通事凡例는 1955년 허웅 교수가 중세 국어 방점 연구에 자료로 사용한 이래 16세기 초엽의 국어 연구 자료로 중요하게 거론되어 왔으며 특히 중세 국어의 성조 연구에는 귀중한 자료로 최근까지 특수한 대우를 받아왔다고 하고 있다. 그러나 南廣祐(1953)에서도 방점 연구에 飜譯老乞大朴通事凡例의 기록을 사용한 것으로 보아 이 자료를 許雄(1955)에서 방점 연구에 처음 사용한 것은 아닌 것으로 보인다. 다만 南廣祐(1953)에서는 방점의 명칭이나 四聲의 성질을 설명하는 데 飜譯老乞大朴通事凡例의 기록을 부분적으로 사용하고 있어서 이 자료를 중세 국어 調値의 추정이나 체계적인 방점 연구에 최초로 사용한 것은 許雄(1955)라고 볼 수 있다.

이러한 자료를 중세 국어 성조 연구에 효과적으로 이용하였다. ≪飜譯老乞大≫·≪飜譯朴通事≫(1515년경, 이하 ≪飜譯老乞大·朴通事≫)에 나타난 左右字의 방점 표기 및 飜譯凡例에서 중국어 성조의 調値를 설명하고 한국어음(國音)과 중국어음(漢音)의 성조를 비교한 관련 기록을 정리하면 다음과 같다(愼鏞權 2008:411).

표 2. ≪飜譯老乞大·朴通事≫ 左右字의 방점 표기와 飜譯凡例의 관련 기록

四聲		淸濁	在左字		在右字	
			漢音 調値에 대한 설명(凡例)	旁點	國音 성조와의 비교(凡例)	旁點
平聲	陰	全淸 次淸	輕呼而稍擧	無點	如國音去聲之呼/ 其呼與國音去聲相似	1點
	陽	全濁 不淸不濁	先低而中按後厲 而且緩	無點	如國音上聲之呼/ 其聲勢同國音上聲之呼	2點
仄聲	上		低而安	2點	如國音平聲之呼/ 其呼勢同國音平聲之呼	無點
	去		直而高	1點	與同國音去聲之呼/ 與國音去聲相同	1點
	入		直而高	1點	呼如去聲	1點
			先低後厲而促急	1點	少似平聲濁音之呼	2點

위의 표에서 보이는 바와 같이 飜譯凡例에서는 "如, 相似, 同, 相同, 少似" 등의 표현을 사용하여 漢音의 각 성조와 유사한 國音의 성조를 비교하고 있다. 許雄(1955:51)에서는 위의 기록과 같이 우리말과 중국어의 성조를 비교하는 일은 우리말이 중국어와 같이 高低의 특성을 가지고 있지 않았다면 도저히 가능한 것이 아니라는 의견을 제시하고 있다. 이처럼 譯音 자료 및 관련 기록을 중세 국어 음운의 음가 추정에 이용하는 것은 ≪四聲通攷≫ 凡例의 기록을 이용한 15세기 한국어 치음의 음가 추정, 譯學書의 譯音 표기를 이용한 15세기 이중모음의 음가

및 단모음화 시기 추정 등 허웅 선생의 연구에서 적지 않게 볼 수 있었던 것이다.

다음으로 許雄(1955)에서 우리말 성조를 중국어 四聲과 비교한 부분에 대해서 살펴보도록 한다. 許雄(1955:52~56)에서는 상당한 부분을 할애하여 全濁 聲母의 변화와 平分陰陽, 濁上變去, 入派三聲 등 ≪中原音韻≫(1324) 이후 근대 북방중국어에서 현대 北京語에 이르는 과정에서 나타난 성조의 변화 규칙과 ≪四聲通攷≫의 저자 申叔舟, ≪飜譯老乞大·朴通事≫의 저자 崔世珍의 증언을 비교하여 15, 16세기 당시 북방중국어의 四聲이 현대 北京官話의 四聲과 大同하였다는 점을 밝히고자 하였다.[35] 그리고 이를 근거로 현대 北京官話의 四聲과 崔世珍

---

35) 許雄(1955:52)에서는 만일 그 당시(崔世珍 시대, 16세기 초엽)의 중국어 성조의 melody 를 적확하게 알아낼 도리만 있다면, 우리말의 성조도 따라서 한층 명확하게 알아낼 도리 가 있을 것이라고 하였다. 그러나 선생은 이것이 내 힘의 미칠 바가 아니라 하며, "古代의 平上去入의 표준적인 높낮이가 어떤 것이었는가는 지금으로서는 대단히 考定하기 어렵 다"는 중국의 언어학자 王力의 언급을 인용하고 있다. 중국 문헌과 朝鮮 漢學書의 성조 관련 기록을 미루어 볼 때, 15, 16세기 북방중국어의 성조가 고저의 성격을 가지고 있었 던 것은 분명한 사실로 보인다. 그러나 중국어의 성조가 발생 당시부터 고저의 성격을 가지고 있었는지는 불분명하며, 중국어 성조의 調値와 관련된 중국 문헌의 기록도 대부 분 매우 추상적인 묘사로 되어 있어 王力 선생의 말대로 성조의 정확한 높낮이를 파악하 기 어렵다. 다만 1960년대 이후 중국어 성조와 관련된 많은 연구가 있었기 때문에, 고대 중국어 성조의 기원과 調値 문제에 대하여 어느 정도의 면모는 파악할 수 있다. 먼저 중국어 성조의 기원에 대한 견해로는 모음의 긴장이완 차이, 자음 韻尾의 차이, 모음의 길이 차이, 聲母의 淸濁 차이 등에서 각각 기원하였다는 것이 비교적 대표적인 네 가지 견해인데(舒志武 2002:55~56), 이 중 모음의 길이 차이에서 성조가 기원하였다는 견해가 비교적 많은 중국학자들의 지지를 받고 있다. 다음으로 愼鏞權(2012)에 의거하여 고대중 국어 성조의 調値 문제에 대하여 간략하게 정리해보도록 한다. 明代 초기 이후 15, 16세 기의 북방 중국어는 南京語 성조의 영향을 받았다고 보기도 하고, 平山久雄(1991:145)에 서와 같이 상고에서 현대까지 중국어의 성조가 일종의 순환적인 추이를 겪었으며 일정 기간 불명확한 단계를 거친 것으로 보는 견해도 있으나, 많은 학자들은 고대 중국어에서 현대 중국어에 이르기까지 그 調値가 큰 변화 없이 계승되어 내려왔다고 보고 있다. 王力(1980:102)에서는 중고 중국어 성조의 명칭으로 미루어볼 때 평성은 평탄조(高平 調), 상성은 상승조, 거성은 하강조, 입성은 일종의 促急한 성조인 것으로 추정하였다. 陳振寰(1986:27~28)에서는 고대 시기 정치·문화의 중심이었던 黃淮 유역 일대에서 隋唐 시기 이전에 통용되던 중국어 성조의 調値를 평성 陰 *44 / 陽 *33, 상성 陰 *45 /

시대의 우리말 소리의 三聲을 비교 대조하고 있다.

≪飜譯老乞大・朴通事≫에 나타난 좌우음 성조의 상황이나 飜譯凡例의 성조 관련 기록이 근대 북방중국어에서 나타난 성조의 변화 규칙을 대체적으로 따르고 있는 것은 분명한 사실이나, 飜譯凡例가 기록하고 있는 16세기 북방중국어의 四聲이 현대 北京官話의 四聲과 별 다르지 않다고 간주하고 논의를 진행한 許雄(1955)의 관련 내용에 대해서는 동의하기 어려운 부분이 있다. 표 2에 보이는 飜譯凡例의 漢音 調値에 대한 설명을 현대적인 기준에서 調値로 제시하면 陰平 *45(輕呼而稍擧), 陽平 *13(先低而中按後厲而且緩), 上聲 *21(3)(低而安), 去聲 *55(直而高), 入聲 *5(直而高) 및 *23(先低後厲而促急)으로 추정할 수 있다(愼鏞權 2008).36) 이는 분명히 16세기 당시의 북방중국어 四聲에 대한 崔世珍의 증언이 調類와 調値에서 현대 북경어와 상당한 차이가 있음을 보여주는 것이다. 許雄(1955:58)에서 현대 북경어의 第三聲(상성)・第四聲(거성)과 崔世珍 시대의 우리말 성조의 대응 관계가 일

陽 *23, 거성 陰 *322 / 陽 *211, 입성 陰 *44 / 陽 *22(21, 22)로 추정하였다. 平山久雄(1991:146~147)에서는 "官話祖調値初案"을 제시하고 중국어 성조 변화 규율을 고려하여 상고 중국어의 調値를 추정하였다. 결론적으로 聲母가 淸音(陰調)일 때의 상고 중국어 성조의 調値를 평성은 *44 또는 *43(高平調 또는 약간의 하강조), 상성은 *35(상승조), 거성은 *31(低降調), 입성은 *31(低降促調)로 보았다. 丁邦新(1998:106)에서는 平聲은 平調, 上聲은 高昇調, 去聲은 대략적인 中降調, 入聲은 短促調라고 추정하였는데, 상고의 성조도 중고의 平上去入 四聲과 대응하는 형태의 四聲이었다는 것을 전제로 하고 있다는 점에서 상고 성조의 調値도 중고와 유사했던 것으로 보았다.

36) 入聲의 調値에 밑줄을 친 것은 높낮이 이외에 촉급한 성격을 가지고 있음을 의미한다. Mei(1977)에서는 飜譯凡例의 기록에 근거하여 16세기 北方話(Mandarin) 성조의 調値를 陰平 *35, 陽平 *13, 上聲 *22, 去聲 *55, 入聲 *2라고 추정하였고, 遠藤光曉(1984)에서는 陰平 *45, 陽平 *214, 上聲 *11, 去聲 *55, 入聲 *5, *24라고 추정하였다. 이러한 성조의 상황은 明代官話를 반영하는 중국 자료에서도 나타난다. Mei(1977:243)에 따르면 ≪西儒耳目資≫(1625)에서는 성조 고저(pitch)의 순서를 陰平을 중간 높이로 하여 가장 높은 것은 去聲이고 다음으로 높은 것은 入聲이며 가장 낮은 것은 陽平이고 다음으로 낮은 것은 上聲이라고 기술하고 있다고 한다. 이러한 언급은 飜譯凡例의 기록과 상당 부분 일치하는 것이다.

견 맞지 않다고 한 것도 이러한 차이에서 기인한 것으로 보인다. 따라서 선생의 설명처럼 ≪中原音韻≫을 통하여 중원을 포함한 북방중국어 지역에서는 14세기에 이미 유성음 聲母의 무성음화와 입성 소실 및 이에 따른 성조 변화 등의 중요한 음운변화가 나타나고 있었음을 확인할 수 있고 飜譯凡例가 이러한 상황을 반영하고 있는 것도 사실이지만, 飜譯凡例가 기록하고 있는 15, 16세기 북방중국어의 성조 상황은 14세기뿐 아니라 현대 북경어와도 상당히 달랐던 것으로 보인다(愼鏞權 2009).[37]

이러한 문제점에도 불구하고 許雄(1955)에서 이러한 자료를 통하여 15, 16세기의 우리말 성조가 高低昇降의 성격을 가지고 있었다는 사실을 다시 한 번 증명한 것과 함께, 이를 위하여 현대 북경어의 四聲과 崔世珍 시대의 우리말 소리의 三聲을 비교 대조한 것은 방법론상으로 여전히 유용하다. 또한 다양한 중국어학 관련 참고문헌을 활용하여 논의를 전개하고 있는 것은 당시의 국어학 논문에서는 흔치 않은 일이라고 할 수 있다.

許雄(1955:59~62)에서는 그 당시 문헌의 방점 사용법도 중세 국어

---

37) 飜譯凡例가 기록하고 있는 16세기 성조의 調類와 調値는 오히려 현대 南京方言과 상당한 유사성을 보이는데, 南京方言 성조 체계에서 陰平이 하강조라는 점 이외에 陽平이 低昇調, 上聲이 低平調, 去聲이 高平調라는 점은 飜譯凡例의 기록과 기본적으로 일치하고 있으며, 入聲의 상황도 양자가 유사하다(愼鏞權 2009). 劉丹靑(1995)에 따르면 현대 南京方言의 入聲은 入聲韻尾 -ʔ가 있으나 인접한 지역의 다른 江淮官話나 江蘇省 南部 吳方言보다 韻尾가 약화된 높은 調値의 상태를 보여주며 高母音 入聲韻이 "iʔ, uʔ, yʔ"에서 入聲韻尾가 더 약화되는 양상을 보이는데, 이는 韻母音이 高母音인가의 여부에 따라 入聲이 두 종류로 분화되는 ≪飜譯老乞大·朴通事≫ 우측음의 상황과 유사하다. 1420년에 明朝는 吳方言 지역에 근접한 南京에서 北京으로 수도를 옮겼고, 수도의 이전에 따라 지배층이 대거 이주를 하기 때문에 천도한 수도의 언어는 이전 수도 언어의 영향을 크게 받는 것이 일반적인 사례라는 점에서 飜譯凡例가 기록하고 있는 16세기 초엽은 北京을 중심으로 하는 지역에서 통용된 北方官話에 南京語의 영향이 강하게 반영된 시기였다. 따라서 15, 16세기의 北京語音은 현대와는 성격이 좀 달랐다고 할 수 있고, 이후 이러한 南京語의 영향은 北京語에서 점차 약화되는 과정을 거친 것으로 추측할 수 있다.

성조의 본질을 살펴보기 위한 방법으로 이용하고 있다. 이 방법에서는 먼저 체언의 끝이 개음절인 경우 주격조사 혹은 지정사의 "이"(이다)가 연결될 때 일어나는 음절 축약에서 증거를 찾고 있다. 여기서의 "이"는 대개 높은 소리인 거성(一點)인데, 체언의 끝 개음절이 낮은 소리인 평성(無點)일 경우에는 축약음이 낮다가 높아지는 상성이 되는 예가 나타나지만(□+·이 → :□), 체언의 끝 개음절이 상성 혹은 거성일 때는 이러한 변동이 일어나지 않고 본래의 성조를 그대로 지닌다는 것이다(·□+·이 → ·□ 또는 :□+·이 → :□). 음절 축약에서의 이러한 현상은 한 어휘의 통시적인 변천에서도 볼 수 있는 일인데(수을 > 술, 막다·히 > 막:대), 이러한 방점의 사용은 방점이 길이에 관한 것이 아닌 고저와 관련된 것임을 보여주는 것이다.

許雄(1955)의 "二. 旁點의 本質" 부분에서는 이처럼 다양한 방법을 통하여 조선 초기 우리말이 높낮이의 성격을 가진 세 가지 성조를 음운 체계의 일부로서 지니고 있음을 논증하고 있다. 許雄(1955)의 제3장부터는 경상도 방언의 성조 체계와 성조형을 고찰하고, 중세 국어 방점을 경상도 방언 성조와 체언부·용언부의 순서로 비교하며 실증적 관점에서 문헌 자료와 방언 자료의 예를 통해 방점의 본질을 논증해 나가고 있다.

우리말 성조와 그 변천에 대한 연구사의 관점에서 볼 때, 許雄(1955)의 방점 연구는 체계적인 우리말 성조 연구의 출발점이라는 의미를 가진다고 할 수 있으며, 이러한 평가는 국어학 연구사 관련 저작들에서 확인할 수 있다. 宋喆儀(1985:37)에서는 許雄의 "旁點研究"(1955) 등의 논문들은 비록 중세 국어를 기점으로 하였으나 단순한 음가론을 뛰어넘어 시대차를 고려한 음운사적 관점에서 쓰여진 것들인데, 특히 경상도 방언 성조와의 비교를 꾀한 점에 특색이 있다고 하였다. 李相億(1990:130)에서는 許雄(1955)의 방점 연구는 그 양으로 보나 중세 국어와 김해방언의 비교를 체계적으로 행한 점에서 가장 주목할 만한 초기적

성과였다고 평가하고 있다. 배주채(2002:292)에서도 중세 국어의 방점이 성조를 나타냄은 河野六郎(1945, 1951)에서 논의된 바 있으나 許雄(1955)에 와서 중세 국어의 성조와 현대 경상방언의 성조의 관련성 및 중세 국어의 성조체계와 성조형의 상세한 내용이 밝혀지게 되었다고 하고 있다.

허웅 선생의 성조 연구를 가장 세밀하게 검토했다고 할 수 있는 김차균(2005)에서는 許雄(1955)를 대표로 하는 허웅 선생의 성조 연구가 가지고 있는 의미를 언급하고 있는데, 이 언급을 제시함으로 이 장을 마무리하고자 한다. 한국 최초의 성조 논문으로서 구조주의 시대의 성조 이론의 완성이며, 중세 국어가 성조 언어였음을 증명하는 곡진한 과정을 보였으며, 중세 국어 성조의 방대한 자료 수집과 적절한 분류를 했으며, 경상도(곧 김해) 방언 성조의 음가에 대한 정확한 기술과 방대한 자료를 제시했다.

6. 맺음말

이 글에서는 허웅 선생이 국어 음운사 방면의 연구에서 논의한 몇 가지 중요 문제를 집중적으로 살펴보았다. 이 글에서 논의한 네 가지 문제는 모두 각각의 독립된 논문으로 다루기에도 부족함이 없지만, 미흡하나마 주제별로 선생의 연구 성과와 그 의미를 고찰하였다. 허웅(1985)에서 일부 수정이 이루어지기는 했으나 許雄(1965) 이후 국어 음운사 분야를 전문적으로 논의한 허웅 선생의 새로운 연구는 사실상 보이지 않는다. 이는 許雄(1965) 이후 허웅 선생의 주요 관심이 문법 연구 분야로 집중되었기 때문이기도 하지만, 許雄(1965), 허웅(1985)에서 이루어진 국어 음운사 연구의 성과가 그 자체로 어느 정도 완결성을 보인다는 의미로도 해석할 수 있을 것이다. 허웅 선생의 국어 음운사 관련 초기 연구 성과와 국어 음운사 연구의 성과를 집대성한 許雄(1965), 허웅 (1985)는 철저히 자료에 근거한 실증적 방식의 바탕 위에서 동시대의 다른 국어학자들의 연구 성과들과는 확연히 다르게 언어학적 분석 방법이 충실히 반영된 역작이라고 할 수 있다.

허웅 선생의 국어 음운사 연구에서도 문제점은 발견된다. 국어 음운사 연구의 초기 단계에서 대부분의 연구가 이루어져서 자료의 전산 처리도 어려웠고 방대한 양의 자료를 모두 대상으로 할 수 없었기 때문에 변화가 일어난 시기나 변화의 과정을 정확하게 추정할 수 없었던 경우도 일부 있었으며, 음운 분야뿐 아니라 다양한 분야를 다루다보니 국어 음운사의 특정 주제에 대하여 후속 연구가 부족한 측면도 있다. 그러나 이러한 문제점은 허웅 선생의 국어 음운사 연구의 많은 부분이 개척적인 성격을 가지고 있는 연구이고, 선생의 연구 이후에 새로운 자료가 많이 발굴되었고 이를 바탕으로 많은 연구가 이루어졌음에도 불구하고 선생의 연구가 현재의 국어 음운사 연구에 여전히 큰 영향을 끼치고 있는 상황을 감안한다면 충분히 이해될 수 있다. 또한 선생은 그 당시까지 알려진 자료를 가능한 한 최대로 이용하려 하였을 뿐 아니라 초기 연구에서 자료상 미흡했던 부분은 이후 연구에서 자료를 보강하여 수정하기도 하였다. 이러한 점에서 허웅 선생의 연구 성과에 나타난 논의의 결론도 중요하지만 우리가 무엇보다도 주목해야 할 것은 이러한 결론에 이르기까지 선생이 보여준 통찰력과 곡진한 증명 과정이며, 현재의 언어학도와 국어학도가 허웅 선생의 연구를 통해 배워야 할 가장 중요한 점도 여기에 있다는 것을 지적하지 않을 수 없다.

음운사 전공자인 필자의 입장에서는 허웅 선생께서 추가 연구를 통해 국어 음운사 분야의 논의를 보다 풍성하게 해 주었으면 좋았을 것이라는 아쉬움이 남기도 하지만, 또 한편으로는 국어 연구의 다양한 분야에서 이루신 탁월한 성과를 통하여 국어학 연구는 한 단계 발전한 것으로 확언할 수 있다. 아울러 허웅 선생의 국어 음운사 연구는 양적인 면에서 선생의 다른 분야 연구에 미치지 못하지만 근거 없이 폄하되거나 사소한 문제점이 결정적인 문제점으로 포장되는 주장은 재고할 필요가 있는 것으로 보인다.

참고 문헌

姜信沆 (1983), 齒音과 한글表記, ≪國語學≫ 12, 국어학회. pp.13~34.

고동호 (2005), 15세기 국어 음운 체계 연구, ≪허웅 선생의 우리말 연구≫, 태학사. pp.109~135.

金敏洙 (1953), 各自並書 音價論 －並書論 研究(二)－, ≪國語國文學≫ 4, 국어국문학회. pp.4~12.

金永鎭 (1990), 母音體系, ≪國語研究 어디까지 왔나≫, 東亞出版社. pp.55~67.

金完鎭 (1967), 韓國語發達史 上 音韻史, ≪韓國文化史大系≫ Ⅴ, 고려대학교 민족문화연구소. pp.113~164.

金完鎭 (1971), ≪國語音韻體系의 研究≫, 一潮閣.

金完鎭 (1973), ≪中世國語聲調의 研究≫, 韓國文化研究所, 1989(3版), 塔出版社.

김주원 (2005), 국어 음운 변천사 연구, ≪허웅 선생의 우리말 연구≫, 태학사. pp.137~158.

김주필 (1994), ≪17・8세기 국어의 구개음화와 관련 음운현상에 대한 통시론적 연구≫, 서울대학교 박사학위논문.

김차균 (1984), 15세기 국어 병서의 음운론적 연구, ≪한글≫ 183, 한글학회. pp.3~67.

김차균 (2005), 성조 연구, ≪허웅 선생의 우리말 연구≫, 태학사. pp.159~225.

南廣祐 (1953), 傍點攷, ≪國語國文學≫ 7, 國語國文學會. pp.2~5.

朴昌遠 (1987), 15세기 國語의 音節境界, ≪震檀學報≫ 64, 진단학회. pp.205~220.

朴昌遠 (1990), 竝書, ≪國語硏究 어디까지 왔나≫, 東亞出版社. pp.169~177.

박창원 편 (2002), ≪국어 음운 연구사 (1)≫, 태학사.

배주채 (2002), 국어음운론 반세기, ≪국어국문학회 50년≫, 태학사. pp.289~316.

宋喆儀 (1985), 音韻, ≪國語國文學硏究史≫, 宇石. pp.28~63.

愼鏞權 (2008), 老乞大諺解書에 나타난 漢語 聲調 표기와 관련된 몇 가지 문제에 대하여, ≪中國文學≫ 57, 한국중국어문학회. pp.405~436.

愼鏞權 (2009), ≪飜譯老乞大≫에 나타난 濁音과 入聲 표기에 대하여, ≪中國語文學≫ 54, 영남중국어문학회. pp.483~517.

愼鏞權 (2012), 去聲의 변화와 문법적 기능의 쇠퇴, ≪中國語文學≫ 61, 영남중국어문학회. pp.725~754.

劉昌惇 (1975), ≪李朝國語史硏究≫, 二友出版社.

李基文 (1955), 語頭 子音群의 生成 및 發達에 對하여, ≪震檀學報≫ 17, 진단학회. pp.187~258.

李基文 (1972), ≪國語音韻史硏究≫, 韓國文化硏究所, 1987(5版), 塔出版社.

李基文 (1998), ≪新訂版 國語史槪說≫, 태학사.

李明奎 (1990), 口蓋音化, ≪國語硏究 어디까지 왔나≫, 東亞出版社. pp.33~54.

이명규 (2000), ≪중세 및 근대 국어의 구개음화≫, 한국문화사.

李相億 (1990), 聲調, ≪國語硏究 어디까지 왔나≫, 東亞出版社. pp.128~138.

李崇寧 (1949), "애·에·외"의 音價變異論, ≪한글≫ 106, 한글학회. pp.25~35.

李崇寧 (1954), 十五世紀의 母音體系와 二重母音의 Kontraktion的 發達에 對하여, ≪東方學志≫ 1, 연세대학교 동방학연구소. pp.330~432.

鄭光 (1974), 飜譯老乞大朴通事凡例硏究 －漢音, 國音, 諺音의 意味를 中心으로－, ≪全國 國語國文學大會 發表要旨≫.

최현배 (1942), ≪한글갈≫, 정음사.

許雄 (1952), 「에 애 외 이」의 音價, ≪國語國文學≫ 1, 국어국문학회. pp.5~8.

許雄 (1953), 並書의 音價에 對한 反省, ≪國語國文學≫ 7, 국어국문학회. pp.9~15.

許雄 (1955), 旁點 研究 (慶尚道 方言 聲調와의 비교), ≪東方學志≫ 2, 연세대학교 동방학연구소. pp.37~194.

許雄 (1964), 齒音攷, ≪國語國文學≫ 27, 국어국문학회. pp.45~54.

許雄 (1965), ≪國語音韻學(改稿 新版)≫, 正音社.

허웅 (1968), 국어의 상승적 이중모음 체계에 있어서의 「빈간」(case vide), ≪李崇寧博士頌壽紀念論叢≫, 乙酉文化社. pp.611~617.

허웅 (1985), ≪국어 음운학－우리말 소리의 오늘・어제－≫, 샘문화사.

舒志武 (2002), 從四聲別義看漢語聲調的發展, ≪語言研究≫ 第4期. pp.54~57.

王力 (1980), ≪漢語史稿(修訂本)≫, 中華書局.

遠藤光曉 (1984), ≪飜譯老乞大・朴通事≫裏的漢語聲調, ≪語言學論叢≫ 13, 商務印書館, pp.162~182.

劉丹靑 (1995), ≪南京方言詞典≫, 江蘇教育出版社.

丁邦新 (1998), ≪丁邦新語言學論文集≫, 商務印書館.

陳振寰 (1986), 關于古調類調值的一種假設, ≪音韻學研究≫ 第二輯, 中華書局. pp.27~36.

平山久雄 (1991), 漢語聲調起源窺探, ≪語言研究≫ 第1期. pp.145~151.

Lee, Ki-Moon (1964), Mongolian Loan-Words in Middle Korean, *Ural-Altaische Jahrbücher* 35.B. pp.188~197.

Tsu-lin Mei (1977), Tones and tone sandhi in 16th century Mandarin, *Journal of Chinese Linguistics* 5:2. pp.237~260.

허웅 선생의 언어 사상과 언어 정책

조 원 형

1. 머리말

눈뫼 허웅 선생은 국어학을 일반언어학적 관점에서 연구한 학자로서
뿐만 아니라 평생을 대학 강단에서 봉직한 교육자로서, 또한 한글학회
회장을 34년 동안 역임한 언어 정책가이자 언어 운동 실천가로서도 잘
알려져 있다.[1] 허웅 선생에게 이 세 가지는 서로 따로 떼어놓을 수 없는
한 가지 일이었다. 이 모든 것은 예외없이 그가 '한국어의 발전'을 목표
로 삼고 평생에 걸쳐 구축한 언어 사상에 바탕을 두고 있기 때문이다.

---

1) 권재일(2004)은 허웅 선생에 대하여 다음과 같이 회고하였다. "국어 연구에서는 과학적
  방법으로 국어의 본질을 규명하는 것도 중요하거니와, 국어에 깃든 민족문화의 뿌리를
  밝히면서 국어를 발전시키고 보전하려는 의지를 실천하는 것도 매우 가치 있는 일이다.
  선생님은 국어 연구의 올바른 방향을 바로 이렇게 생각하셨다. 그리고 이렇게 가르치셨다.
  또한 한평생 국어를 연구하는 동안 이를 몸소 실천하셨다. 그런 뜻에서 선생님은 탁월한
  업적을 남기신 국어학자이시면서, 우리 민족문화의 바탕을 꿋꿋하게 지킨 국어운동의
  실천가이셨다."

학문 세계에서마저 전공 세분화와 분업이 일상화된 현대에 허웅 선생과 같이 사상가이자 교육자이자 학술단체 지도자로, 이론가이자 실천가로 여러 분야에 걸쳐 큰 영향을 미친 사람은 찾아보기 드물다. 이 때문에 오늘날 언어학 역시 이른바 '순수학문'이자 '실용학문'이라는 본연의 성격을 충분히 드러내지 못한 채 상아탑 안에만 갇힌 담론 수준을 벗어나지 못하고 있는 실정이다.2) 그러나 허웅 선생은 논문을 통해 한국어 문법을 정교하게 기술하고자 하였을 뿐만 아니라 대중들이 읽기 쉬운 에세이를 통해서 한국어를 더욱 합리적으로 사용할 수 있는 방안을 논하였다. 한국어 문법을 기술하는 것과 대중들을 상대로 언어생활 향상에 관한 논리를 설파한 것은 모두 '한국어의 발전'을 도모한다는 측면에서 의의를 지니는 일이었다.

이 글에서는 허웅 선생이 남긴 언어 사상 및 언어 정책 관련 논집의 내용을 중심으로 하여 그의 사상을 조망하고 나아가 허웅 선생이 1970년부터 2004년까지 회장으로서 이끌었던 한글학회의 활동이 국가의 언어 정책에 어떠한 영향을 주었는지를 함께 살펴봄으로써, 궁극적으로는 21세기 한국의 언어학계와 사회에서 허웅 선생의 사상을 발전적으로 계승할 수 있는 방안을 모색하고자 한다.

허웅 선생은 한글학회 회장 취임 이전부터 대중을 상대로 언어 문제에 관하여 논하는 글들을 각종 매체에 발표하였으며, 1973년에 그 이전까지 발표한 자료들을 묶어 ≪우리말과 글의 내일을 위하여≫라는 저서를 출간하였다. 그리고 1979년에는 이 저서의 내용 일부와 새로 낸 글들을 모아 엮은 ≪우리말과 글에 쏟아진 사랑≫을 출간하였다. 그리고 퇴임 이후인 1987년에는 ≪이삭을 줍는 마음으로≫를, 1998년에는

---

2) 언어에 관한 각종 사안 중에는 '자장면'과 '짜장면'의 복수 표준어 인정 문제와 같이 대중의 관심을 많이 받는 것들도 적지 않으나, 이를 학술적으로 뒷받침하는 언어학적 담론은 일반 대중에게 거의 알려져 있지 않으며 사회적으로 이렇다 할 영향을 미치지도 못하고 있다.

≪이삭을 줍는 마음으로 (둘째 모이)≫를 각각 출간하였다.[3] 이 저서들에 실린 글 중에는 여러 책에 겹쳐 실린 것들도 적지 않은데, 각각의 저서에 모두 처음 발표했던 신문이나 잡지 등의 서지사항을 밝혀 두었기 때문에 실제로는 언제 발표한 글인지를 알 수 있다. 이 글들은 허웅 선생의 사상이 가장 잘 드러난 단편들로서, 이 논문에서 가장 중점적으로 활용한 연구 자료이기도 하다. 이와 함께 허웅 선생이 회장으로 봉직한 한글학회의 1970년대 이후 활동사를 알 수 있는 ≪한글 새소식≫과 ≪한글학회 100년사≫ 역시 이 논문에서 주요한 참고 자료로 삼았다는 점을 밝힌다.

2. 허웅 선생의 언어 사상

2.1. 문자 생활 개선

2.1.1. 한글 전용의 타당성과 합리성

허웅 선생이 오랫동안 회장으로 봉직했던 한글학회는 세간에 '한글 전용'과 관련하여 널리 알려져 있다. 한글 전용이냐 한글·한자 혼용이냐 하는 문제는 최근까지도 학계 안에서는 물론 대중적으로도 널리 논란이 되어 온 사안으로서, 대중적 이슈인 탓에 학문적 바탕 없이 단순한 개인적 경험이나 인상 또는 '민족적 자존심' 같은 것들만을 토대로 이에 대한 자신만의 주장을 펼치는 이들도 많았다.

그러나 허웅 선생은 단지 민족주의적인 관점만을 내세우기보다 언어학적인 근거를 들어 한글 전용을 주장하였다. ≪한글≫ 143호(1969)에 발표한 글을 일부 수정하여 허웅(1973:35~73)에 수록한 "한자는 폐지되

---

3) 이 저서들은 앞으로 각각 허웅(1973), 허웅(1979), 허웅(1987), 허웅(1998)로 줄여 표기한다.

어야 한다"에서 허웅 선생이 제시한 근거들은 다음과 같다.

(1) 한자는 한글보다 어려운 문자 체계이다.
   - 한자는 한글보다 깨치는 데 시간이 오래 걸린다.
   - 한자는 문자의 특성상 자전을 활용하기도 어렵다.
   - 한자를 모르는 사람들도 문자생활을 효율적으로 할 수 있어야
     한다.

(2) 한자어를 반드시 한자로 적을 필요는 없다.
   - 언어 기호에서 중요한 것은 '소리'와 '개념'의 관계일 뿐이므로,
     그 소리를 반드시 뜻 글자로 적어야 하는 것은 아니다.
   - 동음이의어는 맥락으로 구별할 수 있으며, 그것이 어려우면 동
     음이의어 쌍 중 어느 하나를 다른 말로 바꾸어 표현할 수 있다.
   - 글을 적을 때 반드시 어원을 밝혀야 할 필요는 없다.
   - 한 가지 단어를 발음 차이에도 불구하고 분명하게 표현하기
     위해서는 한자를 혼용하여야 한다는 주장은 근거가 없다.
   - 한글 맞춤법 통일안 역시 한자 폐지를 전제로 하고 있다.

(3) 한자는 기계화하기 어렵다.
   - 한자는 타자기로 입력하는 데 효율적인 문자가 아니다.
   - 한자의 텔레타이프 등은 당대 기술로는 만들어 내기 어려웠다.

(1)은 한자 교육을 강화함으로써 한글·한자 혼용을 문제없이 할 수
있다는 주장에 대한 반박으로 볼 수 있다. 문해율이 현재, 즉 2010년대보
다 현저히 낮았던 1960년대의 현실에서 이는 충분히 설득력을 지닐 수
있었다. 물론 중등학교 과정 이상의 교육을 받은 계층은 학교 교육을
성실히 받은 한 한자를 읽고 쓰는 데 큰 문제가 없었을지도 모르나,

그러한 언어생활을 하기 어려운 이들 역시 상당수 존재하였던 것이 당대의 현실이기 때문이다. 이들 역시 한자가 많이 노출된 환경에서 생활하는 한 학교 교육을 통하지 않고서라도 몇몇 한자들을 자연스럽게 익히고 사용할 수 있었겠지만, 잘 모르는 한자를 처음 보았을 때 그 음과 훈을 쉽게 알기는 어려웠을 것이다. 글자 모양만 분간할 수 있으면 사전에서 그 뜻을 쉽게 찾아볼 수 있는 한글과 달리 한자는 부수를 파악하여야 하고 획수를 일일이 세어야 비로소 자전을 활용할 수 있기 때문이다.

(2)는 현실적 문제를 고려한 (1)과 달리 언어학 이론에 입각하여 한글 전용의 정당성을 주장한 것으로 이해할 수 있다. 청각영상(시니피앙)과 사물(시니피에)의 관계를 고려해 본다면 글자는 청각영상을 시각적으로 대신하는 기능을 하면 될 뿐 반드시 한자와 같이 낱글자 하나하나마다 그 뜻이 대응되어야 하는 것은 아니라는 것이다.

허웅 선생의 이러한 주장은 유사 이래 줄곧 한자로 표기해 온 중국어를 놓고 보더라도 타당함을 알 수 있다. 중국어 역시 청각영상과 개념의 결합으로 이루어진 언어로서, 한자 역시 결국은 청각영상을 시각적 기호로 옮겨놓은 것의 범주를 벗어날 수 없기 때문이다. 예컨대 한자 '大'는 '크다'라는 뜻을 나타내는 글자이지만 /dà/라는 북경어 발음을 표시하는 기호이기도 하다.4) 만일 '대학'이라는 말을 표현하기 위하여 한자로 '大學'이라고 썼다가 '대(大)'와 '태(太)'의 뜻이 크게 다르지 않다고 해서 이것을 '太學'으로 고쳐 쓴다면 한국어에서든 중국어에서든 발음이 서로 달라지고 그에 따라 구체적인 뜻도 달라질 것이다. 이는 한자 낱글자의 뜻 내지 새김이 아니라 단어 자체, 즉 청각영상과 사물(또는 개념)의 결합 관계에 따라 말의 뜻이 변별된다는 것을 의미한다. 그뿐만 아니라 '斯大林'은 한자 낱글자의 뜻과 상관없이 'Stalin'과 유사한 중국어(북경어 기준) 발음을 표기한 것으로서, 이 또한 한자 역시 청각영상을 시각

---

4) 중국어의 다른 방언에서는 다른 음운을 표시할 수도 있다.

매체로 표기하는 다른 문자들과 근본적으로 다를 바가 없다는 것을 보여 준다. 나아가 중국어를 주음부호나 병음 등 표음문자로 표기하는 경우도 있으며, 한자 대신 표음문자로 중국어를 표기하더라도 사실상 큰 어려움 없이 의사소통을 할 수 있다는 점도 상기하여야 할 것이다.5) 만일 중국어 표기에 표의문자가 반드시 필요하다면 이 표의문자를 미처 익히지 못한 사람들은 중국어를 아예 구사할 수 없어야 할 텐데 그러한 일은 실제로 없다는 점도 이를 증명해 준다.6)

동음이의어 문제에 대해서 허웅 선생은, 동음이의어는 어느 언어에나 존재하며 맥락을 통하여 이를 구별할 수 있고 그것이 어려울 경우에는 그 동음이의어 쌍 중 어느 하나를 다른 말로 바꾸어 표현함으로써 문제를 해결할 수 있다는 논리를 폈다. 이 또한 언어학적으로 반박할 여지가 없는 이론으로서 한글 전용의 언어학적 타당성을 뒷받침해 주고 있다.7)

음운 환경에 따라 서로 다르게 발음되는 한 형태소를 분명히 밝혀 적기 위해 한자를 사용하여야 한다는 일각의 주장에 대해서도 허웅 선생은 논리적으로 반박하였다. 허웅(1973:66~67)에 따르면 예컨대 '종로/종노/'와 '을지로/을찌로/'에서 각각 '노'와 '로'로 발음되는 것이 실제로 모두 '로'라고 하더라도 이를 반드시 '路'로 적어야 하는 것은 아니다. '종로'를 /종노/로 발음하여도 유추에 의하여 '종로'임을 알 수 있다.

---

5) 이는 베트남어도 마찬가지이다. 베트남어는 중국어와 어족이 서로 다르나 중국어에서 차용한 어휘가 많으며 근대 이전까지 한자를 변형한 문자(쯔놈)가 표기 수단으로 사용되어 왔으나, 근대 이후 베트남어 사용자들은 표음문자인 로마자로 자신의 언어를 표기하고 있다.

6) 중국의 비문해율은 한국보다 높은 것으로 알려져 있다. 미국 중앙정보부에서 펴낸 '월드 팩트북' 2013년판에 따르면 북한의 문해율은 100%, 대한민국의 문해율은 97.9%인 반면 중국의 문해율은 95.1%로 집계되었다. 이는 한자를 읽고 쓰지 못하는 채로 중국어를 구사하는 사람도 중국 인구의 5%가량 된다는 것을 의미하며, 한자를 모르더라도 중국어를 구사하는 데는 문제가 없다는 것을 보여 주는 사례라 할 수 있다.

7) 중국어의 경우 자오위안런[趙元任]이 지은 《시씨식사사(施氏食獅史)》와 같이 표의문자로 동음이의어들을 구별하여 표기하는 것이 현실적으로 불가피한 사례가 예외적으로 존재하나, 이는 한국어와는 무관한 문제이다.

허웅 선생은 한글 맞춤법 통일안(1933)이 한자 폐지를 전제로 하고 있다는 점도 분명히 하였다. '女'를 '여자' 등에서는 '여'로, '남녀' 등에서는 '녀'로 적도록 하고 있는데, 이처럼 한자어 음소가 두음법칙에 따라 두 가지로 소리날 때는 각각의 소리를 밝혀 적도록 한 것은 한국어의 발음을 중시한 것이지 한자로 동일하게 표기하는 글자라는 사실을 중시한 것이 아니다(허웅 1973:66 참조).

(3)은 한글 기계화를 염두에 둔 주장이다. 컴퓨터가 발명되기 이전에 한자를 타자기로 입력한다는 것은 매우 어려운 일이었기 때문이다. 반면 한글은 자판의 건반을 40개[8]만 만들면 모든 글자를 표기할 수 있기에 기계화하기가 한자보다 훨씬 수월하였다. 물론 컴퓨터가 발명된 이후에는 주음부호나 병음, 한글, 가나 등 표음문자를 입력 보조 수단으로 사용하거나 파자[9] 방식을 응용하여 한자를 기계로 표기할 수 있게 되었다. 하지만 표음문자를 한자 입력 보조 수단으로 사용할 경우 특정한 말소리를 표음문자로 입력한 다음 거기에 대응하는 한자를 목록에서 일일이 찾아 선택하여야 하기 때문에 알맞은 한자를 입력하는 데 시간이 오래 걸리며, '창힐수입법(蒼頡輸入法)' 등 파자 방식으로 한자를 입력하고자 할 경우 글자마다 입력 방식을 따로 익혀야 하는 어려움이 따른다. 이 때문에 한자는 아직까지도 한글이나 로마자 등에 비하여 효율적으로 기계화하기가 어려운 문자로 남아 있는 것이 현실이다.

---

8) 자음 19개, 모음 21개. 종성을 정확한 위치에 표기하기 위하여 시프트 키를 추가한다고 하더라도 건반 41개만 만들면 한글로 표기할 수 있는 모든 글자를 타자기로 정확하게 표기할 수 있다. 초성 19개, 중성 21개, 종성 27개를 각각 별개의 건반으로 만든 세벌식 자판도 존재하나, 이것은 입력의 편의를 위해 고안한 것일 뿐 초성자와 종성자를 반드시 서로 다른 건반으로 입력하여야 할 이유는 없다.
9) 한자 한 글자를 그 본래 의미와 관계없이 여러 부분으로 쪼개어 풀이하는 것. '조(趙)'를 '주초(走肖)'로 풀이하거나 '이(李)'를 '십팔자(十八子)'로 풀이하는 것이 이에 해당한다.

2.1.2. 한글 기계화의 타당성과 합리성

앞에서 한자는 한글에 비하여 기계화하기 어려운 글자라는 점을 논하였다. 그러나 한글은 낱글자를 일직선상에 늘어놓기만 하면 되는 로마자나 그리스 문자, 키릴 문자 등과 달리 낱글자를 일정한 규칙에 따라 음절 단위로 조합하는 방식으로 표기하는 문자이기 때문에 그 조합 기술을 구현하는 것이 기계화의 선결 과제라 할 수 있다. 그러나 한글의 음절 조합 방식은 다행히 매우 단순하고 직관적이기 때문에 이를 타자기 방식으로 기계화하는 것은 사실상 아무런 문제가 없다. 다만 모든 글자를 1바이트 또는 2바이트 단위로 전산화하는 방식의 문자 코드가 도입되면서 조합형 한글 코드와 완성형 한글 코드의 불일치 문제가 한동안 논란이 되기도 하였다.[10] 하지만 고성능 컴퓨터가 발명되고 유니코드가 정착되면서 일부 글꼴 문제를 제외하면 이 문제는 사실상 해결되었다. 유니코드는 한글로 나타낼 수 있는 모든 글자를 나타낼 수 있도록 설계되어 있고 글자의 배열 순서를 정렬하는 데도 효과적이어서 오늘날 사용하는 컴퓨터들은 거의 모두 유니코드로 한글을 처리하

---

10) 조합형 한글 코드는 기존의 타자기와 같은 방식으로 한글을 전산화한 것이다. 이 가운데 가장 널리 보급되었고 완성형 코드(KS X 1001, 한국산업규격 지정 당시 명칭은 KS C 5601)에 이어 정부 표준(KS X 1001의 부속서 3)으로 채택되기도 한 2바이트 상용 조합형 코드는 한글 낱글자마다 5비트씩을 배정하여 16비트(초성, 중성, 종성 각 5비트에 한글 식별 부호 1비트), 즉 2바이트로 한글을 표기하는 방식이었다. 이 기술은 1980년대에서 1990년대 중반에 이르기까지 한국 내 컴퓨터 학계와 업계에서 사용되어 왔으나, 완성형이 조합형보다 먼저 국가 표준으로 채택된 탓에 결과적으로 널리 확산되지는 못하였다. 반면 완성형 한글 코드는 한글을 미리 음절 단위로 조합한 뒤 각각의 음절마다 2바이트씩을 배정하는 방식이다. 이는 한자나 가나 등 다른 2바이트 문자와 근본적으로 같은 문자 인코딩 방식이었는데, 1980년대 당시의 컴퓨터 기억장치 수용 가능 용량 문제 등으로 인하여 한글로 표기할 수 있는 11,172자 중 2,350자만 코드화하였다는 근본적인 문제를 안고 있었다. 이 때문에 한동안 '똠방각하'의 '똠', '펩시콜라'의 '펩' 등 일부 음절을 컴퓨터로는 표기할 수 없었고, 유니코드가 이미 정착된 오늘날까지도 컴퓨터에서 사용하는 일부 한글 글꼴은 이 2,350자만을 나타낼 수 있도록 제작되어 있어 그 밖의 글자를 적을 때는 다른 글꼴로 나타내어야 하는 문제점을 극복하지 못하고 있다.

고 있다.

그런데 허웅 선생이 한글 기계화를 앞장서서 주장하였던 시절은 유니코드는커녕 컴퓨터 자체도 대중에게 거의 보급되지 않았던 시기였다. 하지만 일찍이 기계화의 효용을 알고 있었던 허웅 선생은 한글이 로마자 못지않게 기계화하기 쉬운 글자라는 것도 일찌감치 간파하였고, 한글을 기계화함으로써 글 쓰는 속도도 높이고 그로써 국가 전체의 생산력도 높일 수 있다는 점도 파악하고 있었다. 21세기로 접어들면서 이제는 기계로 글을 쓰는 것이 종이에 손으로 글을 쓰는 것보다 더 보편적이 되었다고 해도 지나치지 않지만, 한국의 경제성장이 본궤도에 오르기 전이었던 1960년대부터 글자 생활의 기계화를 역설하였다는 것은 허웅 선생의 선견지명이 아닐 수 없었다.

2.2. 언어 표현 개선

2.2.1. 국어 순화의 이론적 근거

허웅 선생은 고려대학교에서 발간한 ≪민족문화 연구≫ 11호(1977)에 "국어 순화는 왜 해야 하며 어떻게 해야 하나?"라는 글을 발표하였고, 이 글을 고쳐서 허웅(1979:35~63)에 다시 실었다.

이 글에서 허웅 선생은 국어를 순화하여야 하는 이유로 크게 세 가지를 들고 있는데, 이는 다음과 같다.

(1) 언어의 전달 기능을 정상적으로 수행하기 위하여
(2) 말과 생각의 관계 때문에
(3) 말의 생성 창조의 본질과 관련된 문제이므로

이 가운데 (1)은 주로 '쉬운 말'과 관련이 있는 사항이다. 일부 계층만이 이해할 수 있는 말, 특히 외래어나 외국어를 지나치게 섞어 쓸 경우 이를 이해하지 못하는 사람과 소통하기가 힘들어지고 나아가 국민들 사이에 불필요한 계층이 생겨날 수 있다는 것이다.

그러나 과연 외래어를 사용하는 것이 '계층의 분리'까지 일으킬 만한 사안인가에 대해서는 좀 더 깊이있게 고민해 볼 필요가 있다. 물론 특정 집단에서만 쓰는 어휘가 존재할 수는 있으며 그러한 어휘를 자주 접해 보지 않은 사람들은 그 어휘들을 즐겨 쓰는 사람들을 이질적인 존재로 생각할 수도 있을 것이다. 특정 종교 집단에서만 사용하는 어휘들이 그 대표적인 예이다. '보시, 도솔천, 동안거' 등은 불교 신자가 아니면 이해하기 쉽지 않을 어휘들이며 '성체성사, 피정, 성무일도' 같은 말들은 가톨릭 신자가 아니라면 낯설게 느낄 만한 어휘에 속할 것이다.

하지만 외래어도 이와 같은 경우인가에 대해서는 논란이 불가피하다. 물론 외래어를 지나치게 많이 사용할 경우 다른 사람과 이질적으로 보일 수 있다는 것은 어느 정도 사실이나, 이러한 것이 사회적인 계층 분리까지 야기한다고 단정하기 어려운 것 또한 사실이다.

하지만 쉽고 자연스러운 언어 소통에 지장을 줄 정도로 외래어를 비롯한 어려운 말들을 남용할 경우 의사소통 장애로 인한 사회적 비용이 발생할 우려가 있다. 국립국어원(2011d:10)에 따르면 행정 용어나 정책 용어가 이해하기 어려운 말로 되어 있을 경우 이를 이해하고자 노력하는 데 해마다 백억 원이 넘는 사회적 비용이 발생할 수 있다고 한다. 가능하면 이해하기 어렵거나 낯선 말들보다 쉽게 이해할 수 있는 말을 사용하는 것이 바람직하다는 것은 이러한 면에서 설득력을 얻을 수 있을 것이다.

(2)와 관련하여 허웅 선생은 "말과 마음(생각)사이에는 뗄 수 없는 밀접한 관계가 있다는" 주장을 펴고 있다(허웅 1979:45). 그리고 이를 근거로 말에는 '생각하는 힘'이 있다고 주장한다(같은 책, 같은 쪽). 이는 곧 언어마다 음운 체계가 다르듯이 사물을 분류하는 체계, 문법 체계 등도 다르다는 논리로 이어진다. 허웅 선생은 언어가 사고를 '결정한다

는' 이른바 언어상대성 가설에 대해서는 유보적인 태도를 보였지만, 그럼에도 언어가 생각에 어느 정도 영향을 미친다는 생각에는 동의하고 있었다. 그리고 나아가 이중언어 생활은 언어 습득에 지나치게 많은 공을 들이는 것이기 때문에 오히려 한 언어도 잘 배우지 못하는 결과를 낳거나 언어를 배우느라 다른 것을 배울 기회를 놓칠 수 있다는 주장도 펼쳤다.11)

그러나 이는 반드시 그러하다고 단정짓기 힘들다. 우선 이중언어 사용은 세계적으로 볼 때 흔한 일에 속할 뿐만 아니라, 다양한 언어를 구사하는 사람이 사고의 혼란을 겪을 수 있다는 것도 자명한 이치로 검증된 바가 없는 추정일 뿐이다. 오히려 외래어 몇 마디를 섞어 쓰는 것과 그러지 않는 것 사이에는 결정적인 차이가 없다는 반론도 가능하다. 예컨대 '열쇠로 문을 열었다.'라고 한 경우와 '키로 문을 열었다.'라고 한 경우 서로 다른 사고방식을 가지고 말을 했다고 하기는 어렵다. 또한 '푸르다'를 영어에서는 'green'과 'blue'로 구분한다고 해서 그것이 결정적인 사고 방식의 차이를 의미하는 것은 아니다. 각각 다른 단어가 다른 사물을 가리키거나 다른 의미를 가지는 경우는 한 언어 안에서도 얼마든지 있으며, 이것을 근거로 하여 서로 다른 말을 쓰는 사람 사이에는 사고방식의 차이가 있다고 하는 것은 견강부회에 가깝다고 여겨진다.

(3)과 관련하여 허웅 선생은 촘스키, 예스페르센 등의 글과 소쉬르의 랑그-파롤 개념 등을 인용하며 '말의 생성 창조의 본질'을 언급하였다. 하지만 랑그를 '부려 쓰는' 과정에서 개인의 창조적 정신 활동이 발로된다는 것을 주장한 것까지는 큰 무리가 없었으나 '이러한 과정이 도외시된' 링구아 프랑카, 피진 언어 등은 '기생 체계'라고 주장하는 것이나 이를 근거로 하여 외래 요소가 섞인 말은 한국말 생성 창조의 정신활동

---

11) 허웅(1979:47)은 '생각의 곬'이라는 표현을 통하여 이중언어 사용자들은 서로 다른 사고 방식 사이에서 혼선을 일으킬 수 있다고 주장하고 있다.

이라 보기 어렵다고 주장하는 것에는 동의하기 어렵다. 우선 링구아 프랑카나 피진 언어를 사용할 때는 개인의 창조적 정신 활동[12])이 발로 되지 않는다는 것부터가 언어학적으로 타당하지 않으며[13]), 외래어를 섞어 쓰면 한국말 생성 창조가 일어나지 않는다는 주장 역시 논리에 맞지 않는다. 한국말 어법 체계 속에서 어원이 외국어인 단어 몇 개를 섞어 썼다고 해서 그 단어를 쓴 시점에 한국말을 생성 창조하지 않은 것은 아니기 때문이다.

따라서 허웅 선생이 국어 순화의 이론적 근거로 내놓은 것들 가운데 일부는 오늘날의 관점에서 볼 때 언어학적으로 설득력을 얻기 힘들다. 따라서 국어를 순화해야 하는 합당한 근거는 다른 곳에서 찾는 것이 바람직할 것이다.

하지만 허웅 선생은 그 '다른 곳' 또한 명시적으로 언급하였다. 허웅 (1979:54)은 국어 순화를 "한마디로 말하면 '고운 말, 바른 말, 쉬운 말' 을 가려 쓰는 운동"이라고 풀이하고 있는데, 이것이 바로 국어 순화를 해야 하는 이유라 할 수 있다. 즉, '고운 말, 바른 말, 쉬운 말을 가려 쓰기 위하여' 국어 순화를 하여야 한다는 것이다. '고운 말'과 '쉬운 말'은 상대방을 배려한다는 차원에서 중요하며, 아무리 어법이나 문법 이 시대에 따라 변화할 수 있다고 하더라도 그 시대에 바른 어법으로 통용되는 규범에 맞게 언어생활을 하는 것은 교양의 척도로 꼽히는 사안 이다. 요컨대 '곱고 바르고 쉬운 말'을 쓰는 것을 합당한 의미의 국어 순화라고 볼 수 있을 것이다.

---

12) 이것이 구체적으로 무엇을 의미하는지 허웅(1979)은 언급하지 않고 있다.
13) 링구아 프랑카, 피진 언어 등도 모두 랑그와 파롤로서 성립하며 파롤 층위, 즉 실제 발화 층위에서는 그 어떤 언어를 사용하든지 모국어를 발화할 때와 마찬가지로 개인적이 고 일회적인 발화가 생성된다. 그뿐만 아니라 모국어가 아닌 언어로 창작한 문학작품 등도 엄연히 존재한다. 그 대표적인 사례로 이미륵(1899~1950)이 독일어로 쓴 소설 ≪압 록강은 흐른다≫(1946, 원제 Der Yalu Fliesst)를 꼽을 수 있을 것이다.

2.2.2. 일본어 잔재에 대하여

허웅 선생은 언중이 (어렵고 낯선 말이라고) 저항을 느끼든 말든 일본어 잔재는 모두 다른 말로 바꾸어야 한다고 주장하였다(허웅 1979:58). 즉, 일본어 잔재는 모두 뿌리뽑아야 한다는 것이 허웅 선생의 주장이었다. 우리말 속의 식민 잔재 청산은 광복된 지 30년이 지난 1970년대 후반에도 충분히 이루어지지 못했다고 판단하였기 때문일 것이다.[14]

일본어 잔재는 '사시미(생선회), 요지(이쑤시개)' 등 일본어 발음을 차용한 단어와 '행선지(가는 곳), 수속(절차)' 등 이른바 '일본식 한자어'를 모두 아우르는데, 허웅 선생은 이 두 범주에 속하는 것들을 모두 다른 말로 바꾸는 것이 좋다고 하였다.

이는 허웅 선생이 일본어 잔재를 쉽고 어렵고를 떠나 '바른 말'로 인정하지 않았다는 뜻으로 이해할 수 있다. '바른 말'은 '바르다'라는 단어의 뜻에서도 알 수 있듯이 단순히 문법 규칙을 잘 지킨 것을 넘어서서 '정당성을 지닌' 말로 풀이할 수 있는데, 한국이 처한 사회적·역사적 조건을 생각한다면 허웅 선생이 일본어 잔재를 모두 '바르지 않은 말'로 인식한 것은 필연적인 일이었을 것이다.

2.2.3. 어려운 한자어에 대하여

허웅(1979:55)은 이른바 '한문식 말투' 역시 순화 대상임을 밝혔다. 한문식 말투는 '낡은' 말투이며 '어려운' 말이라고 판단하였기 때문이다. 허웅 선생은 나아가 한글학회에서 낸 ≪쉬운 말 사전≫(1967)[15]을

---

14) 실제로 일상생활 속에서 일제 강점기 때 강제로 들어온 일본어 차용어를 거의 사용하지 않게 된 것은 1980년대 이후라 할 수 있으며, 2010년대에도 '돈가스' 등 몇몇 어휘들에서 일본어 차용어의 흔적을 찾아볼 수 있다.

15) 순화 대상 어휘 15,924개를 '어렵고 낡은 한자말', '일본말 찌꺼기', '서양 외국말', '그 밖에 틀리게 쓰는 말' 등으로 분류하여 대안(순화어)과 함께 수록하였다.

기준으로 하여 어려운 한자어들을 토박이말로 바꾸어 쓰자고 하였다. 그 구체적인 사례는 아래와 같다(허웅 1979:55).

집집(가가), 값(가격), 집터전(가대), 탈(가면), 집임자(가주), 속옷(내의), 마음속(내심), 참벌(밀봉), 흰밥(백반), 절(사찰), 물감(염료), 싼값(염가), 잎담배(엽연초), 농사밑천(영농자금), 콩팥(신장)

그러나 허웅 선생은 '가짜머리(가발)', '물씻이(수세식)' 등을 '약간의 저항을 느끼는 것'으로 간주하였고 '전시회'를 '넣어보임회'라고 한 것 등은 '저항을 많이 느끼는 것'으로 파악하였다(허웅 1979:56).

한자말을 피하고 토박이말을 살려 쓰자는 것은 기본적으로 '쉬운 말 쓰기'에 바탕을 두고 있으나, 민족주의적인 관점에서 한자말보다 토박이말이 더 좋다는 것을 전제로 하고 있기도 하다. 허웅 선생은 "어려운 한자말은 물론 쉬운 한자말도 할 수만 있다면 쉬운 토박이말로 바꾸었으면 좋겠다."(허웅 1979:55)라고 하였는데, 이것은 한자말이 단지 어려워서가 아니라 '우리 것'이 아니어서 바꾸어야 한다는 뜻이다.

한편 허웅 선생은 국어 순화론자들이 한자어 등을 완전히 몰아내려 한다는 일각의 오해에 대해서도 해명하였다. 허웅 선생은 '비행기'를 '날틀'로, '이화여자전문학교'를 '배꽃 계집 오로지 배움 집'으로 하자는 극단적 순화론은 순화론자들의 주장이 아니며 오히려 순화를 거부하는 쪽에서 순화론자를 비난하기 위해 지어 낸 말이라는 것을 밝히고, 외래 요소에 억눌려 있던 고유 요소를 발전시키는 것은 우리말의 후진성을 극복하는 방안이라는 점을 덧붙여 강조하였다(허웅 1973:260).

2.2.4. 서양 외래어에 대하여

허웅 선생은 서양에서 들어온 외래어를 '국어 순화 운동의 도화선'(허웅 1979:56)이라고 하였다. 어려운 한자어는 그 어려운 성격에도 불구하고 오랜 옛날부터 쓰였던 것이고 일본어 잔재는 일제 강점기에 집중적으로 들어왔다가 광복 이후 적어도 새로 들어오는 일은 거의 없어진 반면, 서양 외래어는 개화기를 시작으로 하여 광복 이후 갑자기 많이 들어오기 시작한 말이어서 1970년대 당시에도 사회적인 논란이 있었기 때문이다.

허웅 선생은 1974년 ≪부산일보≫에 발표하고 허웅(1987)에 다시 실은 글 "외래말과 외국말"에서 "우리 토박이말에 없어서 외국말을 빌어 쓰는 것은 도리 없는 일이며, 어떤 면으로 보면 오히려 환영해야 할 일이기도 하다. 우리말의 어휘를 풍부하게 해 주고 우리의 사고의 폭을 그만큼 넓혀 주기 때문이다. 그러나 우리들이 쓰고 있는 외래말은 반드시 그런 것만이 아니라는 데 문제가 있다."(허웅 1987:122)라고 하였다. 그리고 그 '반드시 그런 것만이 아니라는' 이유로 토박이말과 어감이 다르며 우리나라 사람 대부분이 듣고 알아차리기 힘들다는 것을 들고 있다. 우리나라 사람이 알아듣기 힘든 말은 외래말이 아니라 '외국말'이라는 것이다.

그런데 허웅 선생은 이 글에서도 김만중의 말을 인용하여 '남의 나라 말은 앵무새의 사람 말 흉내에 불과하며 토박이말이야말로 진실한 사람 말'이라는 논리를 펴고 있어, 이 점은 비판적으로 받아들이는 것이 불가피하다. 아예 문법 체계가 다른 외국어를 구사하는 것과 한국어를 사용하는 가운데 낯선 외래어 낱말을 섞어 쓴 것은 엄연히 다르다. 그리고 '외국어는 앵무새의 사람 말 흉내'라는 주장도 앞에서 논한 바와 같이 선뜻 받아들이기 힘든 것이 사실이다.[16]

그러나 이러한 문제점이 있음에도 불구하고 외래어를 토박이말로 순화하는 것이 필요하다는 주장에는 설득력이 있다. 외래 요소보다 토박이

---

16) 앞에서 각주를 통해 언급한 이미륵의 소설 ≪압록강은 흐른다≫는 이를 반박할 수 있는 구체적 반례가 될 것이다.

말이 대체로 언중들에게 쉽게 이해될 뿐만 아니라 말하는 사람의 처지에서도 사용하기 쉬운 말이라는 점은 외래어를 토박이말로 순화하여야 할 충분한 이유가 될 수 있기 때문이다.

2.2.5. 바르고 고운 표현 쓰기에 대하여

허웅 선생은 단지 일본어 잔재, 서양 외래어 등 외래 요소를 순화하는 데에만 관심을 가진 것이 아니라, 비속어와 욕설 등 좋지 못한 표현들을 쓰지 않도록 계도하는 한편 한국인의 생각을 잘 표현해 낼 수 있도록 한국어의 문학적, 미적인 측면을 갈고 닦자고 제언하기도 하였다. 이 또한 국어 순화의 범주 안에 들어가는 만큼 아래에서 이에 대하여 좀 더 자세하게 살펴보고자 한다.

허웅 선생은 1970년 ≪대학신문≫에 발표한 "말의 병"이라는 글에서 문법에 맞지 않는 말, 무슨 말인지 알아들을 수 없는 말 등을 '말의 병'이라고 비판하였다(허웅 1973:221~223). 이 글에서 이야기하는 '문법에 맞지 않는 말'이란 말을 생성하는 인간 능력의 정상적인 활동에 맞는 규칙을 지키지 않은 말을 뜻하며 '공산주의자와 타협이나 협상은 패배를 의미하는 것'을 그러한 말의 예로 들었다.[17] 그리고 '무슨 말인지 알아들을 수 없는 말'이란 '가지 않을 수밖에 없다'와 같이 말을 지나치게 복잡하게 하는 것을 허웅 선생이 비판하면서 쓴 용어이다.

한편 허웅 선생은 어린이들을 위해 1969년에 발표한 "말씨와 마음씨"에서는 상대방을 비난하는 말을 쓰지 않을 것을 독자들에게 당부하였고(허웅 1969:197~202), 1968년에 발표한 "말과 생각"이라는 글에서는 바른 말을 통해 생각을 바르게 하는 것이 필요하다는 견해를 밝혔다(허웅 1969:203~207).

---

17) 이것을 문법에 맞게 고치면 "공산주의자와 타협하거나 협상하는 것은 패배를 의미하는 것" 또는 "공산주의자와의 타협이나 협상은 패배를 의미하는 것" 등이 될 것이다.

2.2.6. 허웅 선생의 국어 순화론에 대한 평가

앞서 우리는 허웅 선생이 국어 순화에 대하여 다양한 범위에 걸쳐 논한 바를 살펴보았다. 광복 이후 새로운 나라, 새로운 민족 문화를 건설하여야 하는 시점에 국어 순화는 피해 갈 수 없는 숙명이었고, 허웅 선생은 이에 단순한 민족 의식만으로 국어 순화의 필요성을 촉구한 것이 아니라 현대 언어학의 다양한 연구 성과를 토대로 하여 국어 순화 사업을 이론적으로 뒷받침하고자 하였다. 물론 모국어와 외국어의 관계를 논하는 과정에서 언어학적으로 선뜻 받아들이기 어려운 주장을 일부 한 것도 사실이기는 하나, 국어 순화의 지향점으로 '고운 말, 바른 말, 쉬운 말'을 내세운 것은 현재 국립국어원에서 시행하고 있는 말 다듬기 사업의 지향점과도 일치한다는 점에서 시대를 뛰어넘는 의의를 지닌다고 할 수 있다.

2.3. 어문 규범 연구

2.3.1. 로마자 표기

허웅 선생은 나라를 대표하는 언어학자 가운데 한 사람으로서 어문 규범 연구 및 정비 작업에도 동참하였다. 그 과정에서 이와 관련한 글을 몇 편 남기기도 하였는데, 그 글들을 통하여 허웅 선생이 어문 규범에 대하여 어떠한 견해를 가지고 있었는지를 살펴볼 수 있다.

허웅 선생이 1958년 ≪경대학보≫에 발표한 "로마자 적기에 대한 소견"(허웅 1987:265~272)에 따르면, 로마자 표기와 관련하여 허웅 선생은 '한글의 한 음소는 로마자 한 음소에 대응시킬 것'을 주장하였다. 예컨대 한국어의 'ㅂ' 음소는 한국인에게 어디에서나 'ㅂ'으로 인식되므로 이것을 'b'로만 적자는 것이다. 하지만 1950년대에 국어심의위원회에서는 이 안을 채택하지 않고 '외국인이 듣기에 편하도록' 소리 나는 위치에 따라 'ㅂ'을 'b' 또는 'p'로 구분하여 적는 안을 채택하였다. 여기에 대하여 허웅 선생은 음운론적 근거를 들어 비판하였다. 'ㅂ'은 무성음으로 발음되거나 유성음으로 발음되거나 변이음 차이일 뿐이고 모두 'ㅂ'으로 인식된다는 것이 그 근거의 골자이다. '외국인'들이 'b'와 'p'를 다른 음소로 인식한다는 반론에 대해서는, 외국어의 가짓수가 수천 개가 되며 서로 다른 언어를 쓰는 사람들은 모두 서로 다른 음운 체계를 가지고 있지만 국어의 로마자 표기법에서 그것을 일일이 고려하는 것은 합리적이지 않다는 말로 대응하였다.

허웅 선생의 견해는 결국 국어의 로마자 표기법을 제정하는 과정에서 받아들여지지 않았는데, 그 뒤로 국어의 로마자 표기법은 한국의 어문 규범 가운데 가장 일관성이 부족하고 잘 지켜지지도 않는 규범이 되고 말았다. 표기법 자체도 여러 차례 바뀌었고, 그때마다 새로운 원칙을 정하기 위하여 갑론을박이 벌어졌으나 모두를 만족시킬 만한 표기법은 아직 나오지 않았다.[18] 허웅 선생의 주장대로 로마자 표기법을 제정하였을 경우 일관성 측면에서 상대적으로 뛰어난 표기법을 가질 수 있었을 것이나[19], 현실은 그렇지 못하였다.

2.3.2. 표준어의 범주

한때 '대체로 현재 중류 사회에서 쓰는 서울말'로 규정되어 왔던 표준어는 1988년 문교부 교시 제88-2호에 의하여 '교양 있는 사람들이 두루 쓰는 현대 서울말'로 새롭게 규정되었다. 이는 국어심의회에서 여러 차례 논의를 거듭한 끝에 확정된 것인데, 이 과정에서 허웅 선생은 '교양

---

18) 현행 국어의 로마자 표기법(2000년 개정)이 그나마 그동안 제기되어 온 여러 의견들을 폭넓게 고려한 표기법이기는 하나, 하이픈 등 글자 이외의 부호를 쓰지 않으면 '판교'와 '팡요'의 로마자 표기가 같아지는 등 해결되지 않은 과제가 남아 있는 것이 사실이다.

19) 예컨대 '비빔밥'은 'bibimbab'으로, '불국사'는 'bulgugsa'로 쓰게 될 터이므로 한국어 음소와 로마자 음소가 일관성 있게 대응되었을 것이다.

있는 사람들이 두루 쓰는 현대 서울말'이라는 대원칙에는 공감하면서도 복수 표준어를 확대하는 것에 대해서는 "지금 서울의 교양 있는 사람들이 쓰고 있는 말이라 해서 죄다 '표준'이 될 수는 없는 것"이라며 부정적인 견해를 밝혔다(허웅 1987:395~396). 허웅 선생은 표준어가 '모든 국민의 말을 하나로 통일하는 도구'가 되기를 바랐는데, 복수 표준어가 많아지면 이러한 이상을 추구하는 데 지장이 생길 수 있기 때문이었다.

2.3.3. 한글 맞춤법

한글 맞춤법 통일안이 1933년에 제정된 이래 몇몇 이들이 이 맞춤법에 문제를 제기하여 왔다. 이 가운데 대표적인 주장은 된소리 표기에 'ㅅ'을 이용하자는 것, 종성자를 일곱 개로 한정하자는 것, 용언의 기본형을 '먹다, 붉다' 식이 아니라 '머그, 불그' 식으로 할 것 등이었다.

하지만 허웅 선생은 여기에 대하여 모두 반대하였다. 먼저 된소리 표기에 'ㅅ'을 사용하자는 주장에 대해서는, 훈민정음 창제 당시부터 'ㄲ, ㄸ, ㅃ, ㅆ, ㅉ' 등은 된소리를 나타내는 글자였으며 'ㅽ, ㅼ' 등을 초성으로 가진 말 위에 사잇소리 표를 쓴 예가 있다는 점을 들어 반박하였다(허웅 1979:231). 그리고 종성자를 일곱 개로 제한하자는 것은 한국어를 소리대로 적지 못하는 방법이라고 설명하였으며[20], 용언의 기본형을 '머그, 불그' 식으로 하자는 주장에 대해서는 이러한 주장이 '먹다'의 '다'에 분명한 뜻이 없다는 데서 나왔음을 간파하고 '머그, 불그' 등도 마찬가지로 분명한 뜻이 나타나는 말은 아니라고 반박하였다. 이에 덧붙여 '머그, 불그' 등은 단독으로 쓰인 예가 없다는 점도 용언의 기본형을

---

20) 어법을 고려하지 않고 순전히 발음만을 고려하여 표기할 경우 종성자를 일곱 개만으로 한정할 수 있을지 모르나 체언과 조사를 분리해서 적는 등 어법을 고려할 경우 필요한 종성자의 개수는 일곱 개를 넘어가게 된다. 겹자음을 각각 별개의 글자로 간주할 경우(즉, 'ㄱ, ㄲ, ㄳ' 등을 각각 별개로 셀 경우) 종성자의 개수는 모두 27개가 된다.

'먹다, 붉다'와 같은 형태로 쓰는 것이 합당한 이유라고 밝혔다.

허웅 선생은 띄어쓰기에 대해서도 자신의 견해를 밝혔는데, 띄어쓰기에 관한 엄격한 규정을 세우기 어렵다는 점을 인정하고 합성어를 하나하나 규정하여 사전에 수록하는 방법으로 띄어쓰기 문제를 해결하여야 한다고 이야기하였다(허웅 1979:253).

허웅 선생은 맞춤법에 대한 일부의 부당한 주장을 단순히 반박하는 데 그치지 않고 맞춤법의 장점을 학계는 물론 대중들에게도 널리 알리고자 하였다. 특히 형태소를 분명히 알 수 있게 표기하도록 한 규정이 한글 맞춤법의 장점이라는 점을 강조하였는데, 이는 한글 맞춤법의 표의성을 강조한 것이며 넓게 보면 한글 전용에 관한 문제와도 그 맥락이 맞닿아 있다고 볼 수 있다.[21]

최근 학계 일각에서 한글 맞춤법 규정을 폐기하고 사전 표제어를 기준으로 정서법을 규정하자는 주장이 제기되기도 하였으며 국립국어원에서도 이와 관련한 공개 토론회를 마련한 바 있다.[22] 이와 관련하여 허웅 선생의 견해를 듣고자 하였다면, 허웅 선생은 한글 맞춤법을 어문 규범으로서 존속시키되 띄어쓰기 등 맞춤법만으로는 충분히 규정할 수 없는 것에 한하여 사전 표제어를 올바른 표기의 기준으로 삼자는 제안을 하였을 것으로 짐작된다.

---

21) 한자를 섞어 써야 그 뜻을 분명히 알 수 있다는 것이 일부 한글·한자 혼용론자들의 주장인데, 형태소를 분명히 밝혀 적으면 한글만으로도 표의성을 충분히 담보할 수 있기 때문이다.

22) 2012년 7월 21일 국립국어원 주최로 서울 양천구 방송회관에서 개최된 제3회 국어 정책 연속 토론회에서 신지영 교수가 국어 사전 표제어를 기준으로 정서법을 규정하고 성문화된 맞춤법 규정은 폐지할 것을 주장하였으나, 김정남 교수는 이에 대하여 국어 사전 표제어의 표기법도 맞춤법 때문에 혼란을 피할 수 있는 만큼 성문화된 맞춤법은 폐기하기보다 오히려 갈고 닦아 유지하는 것이 바람직하다는 견해를 밝혔다.

2.4. 국어학계 선열들의 언어 사상 연구

2.4.1. 주시경 선생 연구

허웅 선생은 자신의 언어 사상을 음운론과 문법론의 토대 위에서 과학적으로 정립하고 이를 대중에게 전파하는 한편, 선배 언어학자들의 업적을 기리는 작업에도 힘을 기울였다. 그러면서 단지 이들이 이론적인 면에서 공헌한 업적만을 발굴해 낸 것이 아니라 그 바탕에 흐르고 있었던 언어 사상을 함께 논하고자 하였다. 이는 허웅 선생이 자신의 언어 사상을 정립하는 데에도 적지 않은 영향을 미쳤을 것으로 보인다.

허웅 선생이 특히 관심을 가지고 연구한 학자는 주시경 선생이었다. 허웅 선생은 1965년 ≪한국의 인간상≫(신구문화사 간행)에 주시경 선생의 평전을 실은 바 있다(허웅 1973:267~294). 이 글에서 허웅 선생은 주시경 선생과 관련된 여러 일화들을 발굴하여 소개함으로써 그가 단순한 언어학자일 뿐만 아니라 민족 정신의 수호와 나라의 독립을 위하여 목숨을 바친 선열이라는 점을 알리고자 하였으며, 한글 맞춤법 통일안의 기본 이론이 주시경 선생에게서 이어받은 것이고 국어 정화 운동도 주시경 선생에게서 비롯된 것이라고 밝혔다.

허웅 선생은 또한 주시경 선생의 학문적 업적에 대하여서도 상세하게 소개하였는데(허웅 1973:295~376), 주시경 선생 특유의 이론을 풀어 설명하는 것에 만족하지 않고 그 이론 안에 민족주의적 이념이 담겨 있다는 점을 강조하고자 애썼다. 심지어 "학문적 이론의 연구에서보다, 그의 공로는 실용적인 면에서 더 크게 나타났다. 그의 학문의 출발점이 바로 '국성'을 굳건히 발전시켜 나가기 위한, 말과 글의 연구이었기 때문에, 그의 목표는 항상 실천적인 면에 있었던 것은 당연한 일이다."(허웅 1973:376)라고까지 하였다. 주시경 선생은 정교하고 논리적이면서 현대 서구 기호학과도 어깨를 나란히 할 만한 기호학 이론 체계를 이미 100년 전에 독자적으로 구축하는 등 순전한 학술적 업적만으로도 후대 사람들의 인정을 받기에 충분하다.23) 그런데 허웅 선생은 이러한 학술적 업적을 높이 평가하면서도 주시경 선생이 '민족을 위한 언어학'을 하였다는 점을 더 높이 산 것이다. 이는 허웅 선생 역시 민족주의 이념을 강하게 가지고 있었기 때문일 것이다. 그리고 주시경 선생은 언어 계몽가로서 후대 사람들에게 많이 알려져 있는 반면 그가 오랫동안 공을 들여 체계화하였을 언어학 이론은 그 탁월함에도 불구하고 후대 언어학자들에게 폭넓게 계승되지 못하였다는 점도 허웅 선생이 주시경 선생의 '언어 계몽가'적 측면을 더욱 강조한 이유일 수 있을 것이다.

2.4.2. 최현배 선생 연구

최현배 선생은 허웅 선생의 직계 스승으로서 허웅 선생의 학문과 사상에 큰 영향을 미쳤다. 허웅 선생은 최현배 선생의 언어 사상에 대한 글도 남겼는데(허웅 1973:377~398)24), 이를 통하여 허웅 선생의 사상이 어디에 뿌리를 두고 있는지를 알 수 있다.

허웅 선생은 이 글에서 "주시경 선생은 민족의 자주적인 정신의 지주를 찾기 위하여 국어 연구에 뜻을 두었다. 외솔 선생도 민족의 독립운동의 일환으로 국어 연구에 몰두하게 되었다. 주 선생은 민중의 교화와 국운의 발전을 위하여 한글전용을 부르짖고 실천하였다. 외솔 선생도 민족의 부흥은 문자생활의 근대화에 있음을 깨닫고, 한글전용과 가로풀어쓰기를 한 평생의 소원으로 하고 있다. 이 두 분의 학문은 민족을 떠나서는 존재하지 않았고, 민족을 떠나서는 이해되지 않는다."(허웅 1973:377)라고 하였다.

---

23) 고영근(2011)은 주시경의 이론이 지니는 기호학적 의미를 높이 평가하는 한편 그 이론이 텍스트언어학과도 관련을 맺을 수 있다는 점을 논하였다.

24) 이 글은 본래 1966년 ≪사상계≫에 발표한 것으로서, 이 글을 쓸 당시 최현배 선생은 생존해 있었다. 이 때문에 이 글은 "민족의 운명과 더불어 그의 앞날에 영광이 있기를 비는 마음 간절하다."라는 문구로 끝맺음을 하고 있다.

이 두 선열들의 학문에 민족의식이 자리잡고 있다고 지적한 것은, 허웅 선생 역시 이러한 의식에 바탕을 둔 학자라는 것을 드러내 보여 준다. 허웅 선생이 본격적으로 활동한 시기는 광복 이후이고 특히 한글 학회 회장으로서 활동한 것은 최현배 선생이 세상을 떠난 1970년 이후 이지만, 일제 강점기 이전부터 이어져 내려 온 최현배 선생의 민족주의 언어 사상은 허웅 선생으로 이어져 20세기와 21세기의 전환점까지 그 명맥을 유지한 것이다.

허웅 선생은 최현배 선생의 업적 중에서도 특히 국어 정책과 관련한 업적에 비중을 두고 소개하였다. 최현배 선생은 문맹 퇴치를 위하여 한글 전용을 내세우고 한자 교육 축소도 주장하였다. 그리고 식민지 잔재인 일본말을 몰아내고 다른 외래어들도 순화하고자 하였다. 표준어 사용 역시 최현배 선생이 내세운 것 가운데 하나였다. 이는 모두 허웅 선생이 그대로 이어받아 주장해 온 것들이었다.

허웅 선생은 또한 최현배 선생이 사용하여 왔던 토박이말 국어학 용어를 그대로 받아들여 사용하고자 하였다. 비록 학교 문법에서는 거의 모든 범위에 걸쳐[25] 한자어 용어가 사실상의 표준으로 사용되고 있으나, 토박이말 용어는 허웅 선생과 최현배 선생의 제자들 일부를 중심으로 지금도 사용되고 있다.[26]

3. 한글학회의 활동과 허웅 선생의 언어 정책

3.1. 한글학회 회장 허웅

---

25) 다만 학교 문법에서도 '안은 문장'과 '안긴 문장' 등 토박이말을 활용한 용어가 일부 사용되고 있다.

26) '토씨 하나 안 **빼놓고**'라는 관용어구에 쓰인 '토씨'는 문장부류 명칭인 '조사'에 대응하는 토박이말 용어로서 대중들에게도 널리 알려져 있다.

3.1.1. 한글학회 회장 취임

허웅 선생은 1971년 4월 11일에 최현배 선생의 뒤를 이어 한글학회 회장에 취임하였다. 당시는 학회 창립 연도를 1921년으로 잡고 있었기 때문에, 1971년은 학회 창립 50주년 행사를 치르는 해이기도 하였다. 이 해에 주목할 만한 한글학회 주최 행사는 '한글학회 창립 50돌 기념 제1회 세계 언어학자 대회'와 '한글 기계 전시회' 등이었다.[27] 특히 이미 최현배 선생이 회장으로 재임할 때부터 공을 들여 온 한글 기계화와 관련해서는 1974년 학회 안에 '한글 기계화부'를 신설하는 등 허웅 회장 재임 시기에도 한글학회 차원에서 특별한 관심을 기울였다.

3.1.2. ≪한글 새소식≫ 창간

허웅 선생은 또한 한글학회 회장을 맡은 지 얼마 지나지 않아 월간지 ≪한글 새소식≫을 창간하고(1972년) 학회 병설 '한글 문화 협회'를 창설하여(1974년), 한글학회의 활동 성과와 그 바탕에 깔린 민족주의적 언어 사상을 전문가 집단인 학계 안에서만 내세우지 않고 국민 대중에게 확산하는 데 힘썼다. ≪한글 새소식≫은 한글학회 회원들이 학회의 이념과 정책을 담은 글들을 게재하는 한편 국어학의 각종 연구 성과들을 대중들에게 풀어 설명하는 글도 함께 담아 펴내는 월간지로서, 오늘날까지도 꾸준히 발간되어 국민 교양 함양에 이바지하고 있다.[28]

---

27) 한글 기계 전시회는 한글 도서 전시회, 한글 붓글씨 전시회 등과 함께 열렸다.

28) ≪한글 새소식≫에서는 연해주와 중앙아시아에서 활동한 언어학자이자 역사학자 계봉우의 저작을 국내 학계에 그 이름이 비로소 알려지기 시작한 1990년대부터 관심을 가지고 소개한 바 있고(김필영 1998) 다양한 소수 언어로 번역된 그리스도교 성서와 그 표기에 쓰인 문자를 소개하는 글을 연재하기도 하는 등(김동소 2009), 분과학문 체계가 공고하여 특정 분과 이외의 것을 잘 이야기하지 않으려 하는 이른바 '강단 언어학계'에서는 다룰 자리가 마땅치 않았던 주제들도 폭넓게 다루었다.

허웅 선생이 1972년 9월 5일에 발간한 ≪한글 새소식≫ 창간호에서 발표한 발간사는 1970년대 이후 한글학회가 어떠한 이념을 가지고 활동하여 왔는지를 가늠할 수 있는 글이므로 이를 모두 옮겨적고 그 내용을 따져 보고자 한다.

   "과거 우리는 제 말을 다듬어 본 일이 없었다. 신라나 고려 시대에 있어서는 그 어려운 한자와 한문에 시달려서 자기 말에 대한 반성을 해 볼 마음의 여유를 가지지 못했던 것 같고, 또 그럴 필요를 느껴 본 일도 있는 것 같지 않다. 훈민정음이 만들어지고 난 뒤로도, 제 말과 글에 대한 관심은 별다른 큰 변화를 일으킨 것 같지 않다. 소위 양반 선비들은 여전히 한자 한문만을 숭상하여 배우고 쓰면서, 제 말 제 글에는 전혀 관심을 가져 보려 하지 않았다. 그리하여 제 말은 방언이나 속어로 돌리고, 제 글은 암클로 뒷방에 처넣어 둔 채, 제 글 아는 것을 부끄러운 일로만 여겼고, 제 글 모르는 것을 오히려 자랑으로 여겼었다.
   우리말 우리글이 문화 생활의 밑바닥에서 표면에 떠오르기 시작한 것은 갑오경장이다. 양반 선비의 전유물이었던 한자 한문은 그들의 운명과 같이 차차 힘을 잃어 가고, 그 대신, 서민계급이 머리를 들기 시작함과 함께 그들의 말과 글이었던 우리말 우리글이 머리를 들기 시작했다. 그리하여, 서 재필은 제 글만으로 신문을 내게 되고, 주 시경은 제 말 제 글 연구에 심혈을 기울였던 것이다. 그러나 불행하게도 먹구름이 앞을 가리기 시작했다.
   일본 제국주의자들은 무자비하게 이 땅을 점령하고, 군사 경제 문화의 식민지로 만들고 말았다. 말과 글도 예외일 수는 없었다. 일본 제국주의 침략자들은 이 나라 백성들의 얼을 빼고 순종하는 노예로 만들기 위하여, 우리에게서 역사를 뺏으려고 했던 것이며, 조직적인 파괴의 마수가 우리말에 미치게 되었다. 그리하여 그 정책에 순응한 이 나라 지식인들은 출세의 길을 찾기 위해서 그 말과 그 글을 배우는 데에만 열중하고, 제 말과 제 글을 모르는 것을 조금도 부끄럽게 여기지 않았던 것이다. 해방이 되었다. 악마들은 물러갔다.

그러나 거창한 물질 문명의 조류는, 아직 채 잠을 깨지 못한 이 겨레를 억누르기 시작했다. 이러한 문화적 침식은 말에도 현저하게 나타나기 시작한다. 보라, 그 많은, 설익은 서양 외래말의 범람을!

우리는 이러한 역사적 현실에서 살아 왔다. 그리하여 그 말에도 할퀴고 찢긴 자취를 지니고 있다. 언어 침식의 첫 물결은 한자말의 범람으로 나타나고 있다. 과거 중국의 문화 조류는 제 것에 눈을 뜨지 못하게 할 정도로 억센 것이었다. 그와 더불어 중국말에서 많은 말을 들여 왔다. 이러한 현상은 어디서나 볼 수 있는 일로서 그리 염려할 일이 못 되는지 모르겠다. 그러나 그것이 정도를 지나칠 때에는 언어 침식의 현상이 나타나게 된다. 제 말을 버리고 한자말을 쓰는 버릇이 생긴 것이 그것이다. 무엇 때문에 우리 조상들은 '가람' 대신 '강'을 써야 했고, '뫼' 대신 '산'을 써야 했던가? 그들에게 묻고 항의하고 싶다. 언어 침식의 둘째 물결은 일본말의 범람으로 나타난다. 일제 침략 시대에는 지능적이고 조직적인 언어 침략을 당했기 때문에, 지금도 그 손톱의 자취가 역력하다. 요리점에서는 지금도 '다이지리'나 '스끼야끼'를 먹고 '요지'로 이를 쑤시는 점잖은 지식인들이 많다. 거리에는 '우와기'를 입지 않고, '한소데'로 활보하는 일제 잔재들이 아직 존재한다. 언어 침식의 세째 물결은 서양말의 범람으로 나타난다. 중국으로 쏠렸던 관심이 일본으로 쏠리더니, 다시 이것이 서양으로 쏠려지기 시작한 것이다. 대학의 교수 회의에서까지 서양말 우리말을 반반씩 섞어 쓰는 최고급 학자가 있다. 스포츠 중계 방송을 들으면 무엇이 무엇인지 모를 지경이다. 상품 광고들을 보면 여기가 어느 나라인지 정신을 잃어 버릴 형편이다. 이리하여 우리 말에는 말의 잡초들이 무한정 무성하다. 아무리 뽑으려 해도, 그 땅은 너무나 기름지고 그 뿌리는 너무나 깊다. 자칫하면 뽑는 사람의 손에 상차가 날까 두려울 정도이다. 뿐인가?

세계에서 가장 어려운 글자인 한자를 섞어 쓰는 버릇은 좀처럼 뿌리가 뽑히지 않는다. 역사의 흐름은 결정적인 방향을 보이기 시작했건만, 그 반동적인 보수의 힘은 좀처럼 꺾이지 않고, 기회 있을 때마다 머리를 쳐들고, 역사의 수렛바퀴를 뒤에서 끌어당기려 한다. 요즈음은 또 일본 바람이 다시 거센듯 하더니, 일본말 강습이 양성화되고, 가뜩이나 외국어의 무거운 짐에 억눌려 있는 젊은 세대의 어깨에 일본말의 짐을 지우려 하고 있다. 그 듣기 싫던 일본말이 다시 우리 젊은 세대의 입에 오르내리게 되다니, 과거 일본말 배우던 불쾌하고 쓰라린 기억이 되살아난다. 이것이 우리의 역사요 현실이다.

우리는 이 역사와 이러한 현실을 직시해야 한다. 거대한 물결처럼 밀려들어오는 외국 세력과 외국 문화의 조류 속에서 자기를 잃지 말아야 할 것이다. 그렇지 못할 때, 우리는 다시 치욕의 역사를 되풀이하게 된다. 겨레 문화의 정수는 말과 글이다. 우리 학회는 과거 이 말과 이 글을 지키고 발전시켜 나가기 위해 목숨까지 바친 일이 있었다. 지금 우리는 선각의 이 정신을 다시 한 번 새롭게 해야겠다. 말과 글의 이 극심한 혼란 속에서 말의 잡초를 뽑아 제 정신이 담긴 올바른 말을 바로 쓰기 위해, 한자의 해독에서 하루바삐 벗어나기 위해, 나아가서는 글자 생활의 기계화로 겨레의 현대화를 하루바삐 성숙시키기 위해, 우리는 이 조그마한 신문을 내 놓는다. 우리 주변의 물결은 너무나 거세고, 우리 힘은 너무나 작은 것을 우리는 잘 알고 있다.

그러나 이 조그마한 돌일지라도, 그 위에 반드시 하나의 파문을 던지고야 말, 우리 민족의 양심을 굳게 믿기 때문에, 우리는 절망하지 않는다."

이 발간사에서 허웅 선생은 옛 사람들이 우리말을 등한시한 채 숭상하던 한문, 일제 강점기에 강제로 써야만 했던 일본어, 현대로 접어들면서 많이 늘어난 서양 외래어를 모두 '우리말 우리글'을 해치고 나아가 민족을 위태롭게 하는 존재로 간주하며 이에 강하게 저항할 것을 촉구하고 있다. "거대한 물결처럼 밀려 들어오는 외국 세력과 외국 문화의 조류 속에서 자기를 잃지 말아야 할 것이다. 그렇지 못할 때, 우리는 다시 치욕의 역사를 되풀이하게 된다."라는 말에서 그러한 위기 의식과 저항 의식을 느낄 수 있다.

이처럼 강한 민족주의에 바탕을 둔 한글학회의 위기 의식은 한글학회의 활동에 여실히 반영되어, 한글·한자 혼용 문제나 외래어 사용 문제 등 사회적으로 큰 관심을 불러일으키는 사안이 있을 때마다 한글학회는 가장 민족주의적인 견해를 내세워 왔다. 이는 오랜 세월 외세의 억압을 받아 온 탓에 단지 정도의 차이가 있을 뿐 대체로 민족주의적 성향을 지니게 된 한국 사람들에게 호소하는 바가 적지 않았지만, 한편으로는 지나치게 민족만을 앞세운 탓에 오히려 수구적인 모습을 보이는 결과를 종종 낳은 것도 사실이다.

3.2. 한글학회와 국가 기관 사이의 대립과 협력

3.2.1. 대립

(1) 어문 정책과 관련한 대립

한글학회는 허웅 선생 취임 이후 외형적으로 크게 성장하는 한편, 국가에서 별도의 언어 정책 전문 기관을 출범시킨 이후 국가와 협력하면서도 국가 언어 정책이 학회의 취지와 맞지 않을 때는 저항하기도 하는 등 민간 언어 정책 기관으로서의 역할을 다하고자 노력해 왔다.

한글학회는 일제 강점기 이전부터[29] 국어 연구를 주도하여 왔고 특히

---

29) 한글학회는 1908년 8월 31일에 설립된 '국어 연구 학회'에 뿌리를 두고 있다. 한때는 '조선어 연구회' 창립 시기인 1921년을 한글학회 창립 시기로 보았으나, 고영근(1983) 등 학회의 뿌리를 밝히는 연구 성과가 발표되면서 한글학회의 역사가 새롭게 정립되었으며 주시경 선생과 한글학회의 직접적 연관성도 분명히 밝혀지게 되었다. 허웅 선생은 1987년 "한글학회 창립 79돌 및 ≪한글 새소식≫ 창간 15돌 기념 말씀"에서 이를 토대로

일제 강점기에는 민족 정신을 지키고 나아가 독립을 이루기 위하여 힘써 왔다. 따라서 광복 이후 국가의 언어 정책 역시 정통성 있는 단체인 한글학회를 중심으로 추진하는 것이 합당하였다고 볼 수 있다. 그러나 국가에서는 일제 강점기 당시 조선어학회에 참여하기는 하였으나 한글 전용 등의 문제에 대하여 한글학회의 기본 이념과는 다른 견해를 가진 학자들도 중용하였고, 이때부터 한글학회를 주도하는 학자들과 그 반대 편에 선 학자들 사이의 대립이 국어학계의 주요한 논쟁거리 가운데 하나 로 대두되었다. 한글 전용과 한글·한자 혼용 문제는 물론 교과서의 국어학 용어로 토박이말 용어와 한자어 용어 가운데 무엇을 택할지, 어문 규범을 어떠한 방향으로 다듬을 것인지 등이 그 대표적인 논쟁 주제였다.

한글·한자 혼용을 주장하고 한자어 용어를 선호하던 학자들의 의견 은 허웅 선생이 한글학회 회장에 취임하기 전부터 이미 국가의 언어 정책에 대폭 반영되고 있었다. 이 때문에 한글학회의 활동 지향점은 국가 정책에 비판적인 방향이 될 때가 적지 않았다. 한글학회에서 1975 년에 발표한 "언어 정책을 담당하는 관계 당국, 그리고 친애하는 국민 여러분께"는 그 대표적인 사례라 할 것이다. 그 이후에도 한글학회는 학회 안팎의 행사와 ≪한글 새소식≫ 등을 통하여 국가의 언어 정책을 '바로잡을' 것을 촉구하여 왔다. 한글학회는 1999년 2월에 정부가 공문 서의 한자 병용을 제한적으로 허용한 이후 몇 달에 걸쳐 이를 성토하여 왔고,30) 그 이후에는 이른바 영어 공용화론 등 우리말보다 영어를 중시

하여 한글학회의 창립일이 1908년 8월 31일임을 밝히고 있다(허웅 1998:103~107).

30) ≪한글 새소식≫ 제319호(1999년 3월)에 "나라 망치는 말글 정책을 규탄한다!"라는 특집 을 실어 한글·한자 병용 정책을 강도 높게 비판하였으며, 이와 관련한 글은 이른바 영어 공용화론을 비판하는 글이 ≪한글 새소식≫ 기고문의 주류를 차지하기 시작하는 제328호(1999년 12월) 이전까지 계속 실리게 된다. 물론 그 이후에도 한글학회는 기회가 있을 때마다 한글·한자 병용 또는 혼용을 완강하게 반대하는 글과 성명 등을 발표하고 있다.

하는 세태를 비판하는 데 힘을 쏟았다.

(2) 어문 규범과 관련한 대립

한글학회에서는 1933년에 조선어학회에서 제정한 한글 맞춤법 통일안을 개정하는 작업을 추진하여 1980년에 새로운 '한글 맞춤법'을 발표하였다. 그러나 이것은 정부안으로 받아들여지지 않았고, 정부에서는 1988년 문교부 교시 제88-1호로 '한글 맞춤법'을 공표하였다. 한글학회의 개정안과 정부의 개정안은 성과 이름의 띄어쓰기, 사이시옷 표기 등에서 차이를 보인다. 예컨대 '김연아'는 한글학회의 개정안대로 쓰면 '김 연아'가 되고 정부의 개정안대로 쓰면 '김연아'가 된다.[31] 2013년 현재는 정부의 개정안만이 나라 안팎에서 통용되고 있지만, ≪한글 새소식≫ 등 한글학회에서 발간하는 일부 매체에는 여전히 한글학회의 개정안이 쓰이고 있다.

3.2.2. 협력

그러나 한글학회가 정부의 언어 정책과 첨예하게 대립하기만 한 것은 아니었다. 1970년대 이후 허웅 선생을 비롯한 한글학회 소속 학자들은 국어심의회 위원으로서 국가의 언어 정책 수립에 깊이 관여하였고, 1999년 2월에 발표된 공문서의 한글·한자 병용 방침 역시 한글학회의 강력한 반대와 비판을 국가에서도 의식하여 국립국어연구원 차원에서 한글 전용이라는 기조 자체가 변한 것은 아니라는 입장을 밝힌 바 있

---

31) 다만 정부의 개정안에서도 성과 이름을 분명하게 구분할 필요가 있을 때는 이를 띄어 쓰는 것을 허용하고 있다. '남궁 옥분'(남궁씨)과 '남 궁옥분'(남씨)이 그 예이다. 그러나 '김연아'의 경우 한국에 '김씨'는 있어도 '김연씨'는 없기 때문에 누구든지 이 이름을 보면 '김씨 성을 가진 사람'이라고 알 수 있을 것이다. 따라서 정부의 개정안을 따르면 '김연아'는 붙여 써야 한다. 한편 북한에서 자체적으로 사용하는 맞춤법에서는 '김정은, 리설주'와 같이 성과 이름을 모두 붙여 쓰도록 규정하고 있다.

다.32) 정부는 사회 일각에서 주장하는 영어 공용화론 등도 전혀 수용하지 않고 있는데, 이 또한 한글학회와 의견을 같이 하는 것이라 할 수 있다. 또한 국어 순화 사업도 1991년 국립국어연구원(현 국립국어원) 설립 이후 국가가 주도하여 2013년 현재까지 지속적으로 추진하고 있는데, 이 또한 한글학회가 한 세기 전부터 닦아 온 기반이 없었다면 불가능한 일이었을 것이다.

그리고 그 이전에 국가 언어 정책의 기조를 이루는 사상 자체가 한글학회의 사상과 궤를 같이 하고 있다. 최용기(2001)에 따르면 대한민국의 언어 정책은 '언어 사상 형성관'에 가까운 이념을 바탕으로 하고 있는데, 이는 "언어는 사고와 행동의 모체이며 사회 의식을 창조하고 부단히 가다듬어 가야 향상 발전되어 간다고 생각하는 언어관"이다(최용기 2011:11). 이는 한글학회와 허웅 선생이 늘 강조하여 왔던 것과도 대체로 일치하는 관점이다. 따라서 한글 전용 문제 등 일부 사안에 대해서는 한글학회와 정부 사이에 대립이 불가피하였을지언정 큰 틀에서는 이 둘이 서로 협력하는 관계를 가질 수밖에 없었을 것이다.

---

32) 당시에는 "한글 전용에 관한 법률"이 실정법으로 시행되고 있었는데, 이 법률에는 '다만, 얼마 동안 필요한 때에는 한자를 병용할 수 있다.'라는 단서가 달려 있었다. 여기서 '병용'이란 한글을 먼저 쓰고 한자를 괄호 안에 병기하는 것을 뜻한다. 1999년 2월에 발표된 정부 방침 역시 이와 근본적으로 어긋나는 것은 아니었고, 이에 국립국어연구원에서도 한글 전용을 기조로 하는 기존 방침은 변함없다는 점을 밝힌 것이었다. 다만 한글학회는 이 '얼마 동안 필요한 때에는 한자를 병용할 수 있다.'라는 단서 자체의 폐기를 주장하는 쪽이었기 때문에 정부와 대립할 수밖에 없었다. 한편 "한글 전용에 관한 법률"은 2005년에 "국어 기본법"이 제정되면서 폐지되며, 국어 기본법에서는 한자 또는 다른 외국 문자의 병용을 대통령령이 정하는 경우에 한하여 '한글을 먼저 쓴 다음 괄호 안에 외국 문자를 병기하는' 방식으로 허용하였다. 그리고 이 법 시행령에서는 '뜻을 정확하게 전달하기 위하여 필요한 경우'와 '어렵거나 낯선 전문어 또는 신조어를 사용하는 경우'에 한하여서만 공문서에 한자 또는 다른 외국 문자를 병용할 수 있도록 규정하였다. 이는 "한글 전용에 관한 법률"에 달려 있던 '다만, 얼마 동안'이라는 단서를 삭제하는 대신 '필요한 때'가 언제인지를 분명히 규정하여 한글 전용론과 한글·한자 혼용론을 절충한 것이라 할 수 있다.

4. 21세기 한국의 언어 정책과 허웅 선생의 언어 사상

4.1. 21세기 한국의 언어 현실

4.1.1. 세계화에 의한 외래어 급증

1990년대 이후 한국 사회에서 주요한 담론으로 자리잡아 온 것들 가운데 하나는 '세계화'일 것이다. 나라 안의 일만을 생각해서는 국제 사회의 변화에 발맞추기도 힘들 뿐만 아니라 나라의 생존 자체도 어려워질 수 있다는 생각에서 이러한 담론이 대두되기 시작하였다고 볼 수 있다.

외국어 교육, 특히 영어 교육은 이제 선택 사항이 아닌 의무가 되었고 이미 초등학생 시기부터 누구나 의무 교육으로 영어를 배우고 있다. 이에 따라 영어는 한국 사회에서 공용어까지는 아니더라도 웬만큼 교육을 받은 사람이라면 누구나 어느 정도 알고 있는 언어가 되었다. 그리고 컴퓨터와 인터넷 등이 전 국민에게 보급되면서 인터넷을 통해 영어를 비롯한 외국어 정보들이 날마다 물밀 듯이 들어오고 있다. 그리고 이에 발맞추듯 외래어, 특히 영어에서 유래한 차용어가 이전과는 비교도 할 수 없이 늘어났고 웬만한 차용어들은 토박이말 못지않게 국민 대중에게 익숙한 수준이 되었다.

이 때문에 언어 순화의 효용을 부정적으로 인식하는 견해도 날로 힘을 얻고 있다. 순화어가 보급되기 전에 이미 외래어가 사회에 널리 자리를 잡아 버린다는 것이다. '스마트폰'이라는 개념을 풀이해서 순화어를 만들려는 노력을 하기보다 그냥 '스마트폰'이라는 말을 쓰는 식이다. 더구나 영어를 구사하는 사람들이 많아지면서 비교적 이해하기 쉬운 영어 명사구를 어원으로 하고 있는 '스마트폰' 같은 외래어는 현실적으로 대중들 사이에서 더욱 쉽게 확산될 수밖에 없게 되었다.

4.1.2. 한국어의 세계화 필요성 대두

세계화란 단지 외국 문물을 받아들이는 것을 의미하는 것이 아니다. 세계화가 진행되면서 한국 역시 세계의 일원으로서 세계 속으로 진출하여야 하는 사회가 된 것이다. 1980년대 이전까지 대한민국은 세계 무대에 거의 알려져 있지 않은 나라였으나[33] 경제 성장과 냉전 체제 해소, 그리고 이러한 변화들을 상징적으로 보여 준 서울올림픽 등 여러 계기를 통하여 비로소 세계 사회에 본격적으로 이름이 알려지기 시작하였다. 그리고 1990년대 이후 한국어를 외국어로 배우는 사람들도 늘어나기 시작하여, 현재는 세계 곳곳의 교육기관에 한국어 강좌가 개설되어 있으며 한국 정부에서 지원하는 공식 한국어 교육 기관 '세종학당'도 2013년 7월 현재 세계 51개국에 113개소가 개설되어 있다. 이 수는 앞으로 더욱 늘어날 것으로 보인다. 그뿐만 아니라 한국국제협력단, 한국국제교류재단 등에서도 자체적으로 한국어 교원을 외국에 파견하거나 해외 한국학자들을 지원하는 방식을 통하여 한국어 세계화 사업에 이바지하고 있다.

요컨대 오늘날은 한국어에 외래 요소가 날로 많이 들어오는 동시에 한국어 자체는 세계 곳곳에 외국어로서 널리 보급되고 있는 시대라 할 수 있다.

4.2. 허웅 선생 언어 사상의 계승

4.2.1. 긍정적 계승: 국립국어원과 한글학회

대한민국의 언어 정책과 관련한 각종 연구 업무를 담당하는 국립국어원은 대한민국 학술원 산하 국어연구소를 모태로 하여 1991년 1월에

---

33) 심지어 냉전 체제에서 처음으로 일어난 국제적 무력 충돌로서 세계사적 의미를 지니는 한국 전쟁마저 서구 사회에서는 '잊혀진 전쟁(der vergessene Krieg)'이라는 별칭으로 불리고 있다(Stöber 2013 참조).

문화부 소속기관인 '국립국어연구원'으로 설립되었다. 이후 문화부[34] 소속기관이라는 성격을 유지한 채로 직제 개편을 여러 차례 거쳐 오다가 2004년 11월 11일 '국립국어원'으로 명칭이 변경되어 오늘에 이르고 있다(국립국어원 2011a 참조).

2013년 현재 국립국어원은 어문 규범 정비와 각종 사전 구축 등을 담당하는 어문연구실, 언어의 실제 사용에 관한 제반 사항과 언어 순화, 대국민 언어 상담 등을 담당하는 공공언어지원단, 한국인 대상 국어 교육과 외국인 대상 한국어 교육 관련 업무를 담당하는 교육진흥부 등으로 직제를 구성하여 언어 정책에 관한 다양한 업무를 수행하고 있으며, 이와 별도로 문화체육관광부에 설치된 국어정책과에서는 언어 정책을 실제로 추진하고 집행하는 업무를 담당하고 있다.

이 가운데 2009년 5월 직제 개편[35]으로 탄생한 공공언어지원단의 업무는 그 성격상 한글학회의 활동과 유사한 면모를 보이고 있다. 말 다듬기 사업을 통하여 순화어를 선정하고 보급하는 한편 공공기관 및 언론기관의 언어 사용 실태를 조사하고 이들 기관에서 부적절한 언어 표현을 사용하지 않도록 계도하는 등 한글학회가 해 오던 사업을 국가에서 전담 부서를 두고 수행하고 있는 것이다.

국립국어원의 활동은 현재 다방면에서 성과를 내고 있다. 2010년부터 시행하고 있는 행정기관 공공언어 진단 사업의 결과물은 정부 업무 평가 시에도 참고 자료로 활용될 정도로 공신력을 얻고 있으며, 이에 발맞추어 공직 사회 내부에서도 공공 용어와 행정 용어를 올바르게 사용하여야 한다는 인식이 확산되고 있다. 그리고 2004년에 개설한 '모두가 함께하는 우리말 다듬기' 누리집(홈페이지)[36]과 2011년에 출범한 말 다듬기

---

34) 이 부처는 정부 조직 개편에 따라 문화부, 문화체육부, 문화관광부, 문화체육관광부 등으로 여러 차례 개편되었으나 국어 정책을 문화 정책의 하나로 간주하여 문화 담당 부처 소관 사무로 두는 것은 국립국어원 출범 이후 바뀌지 않았다.
35) 이때 개편된 직제는 2014년 1월 현재까지 유지되고 있다.

위원회의 협력으로 이루어지는 말 다듬기 사업은 '일반 국민의 참여'와 '전문가의 심의'를 아우름으로써 외래어가 날로 늘어나고 있는 현실 속에서 국민의 호응을 널리 얻은 순화어들을 여러 차례 선정하고 보급하는 성과를 올리고 있다.[37] 이처럼 한글학회에서 오랫동안 국가 정책에 반영하고자 힘써 온 사안들 가운데 적지 않은 것들이 현재 국가 정책에 반영되어 적극 추진되고 있다. 한글학회의 첫째가는 이념은 국어를 발전시키고 국민의 언어 생활을 더욱 합리적인 방향으로 개선하고자 하는 것이었던 만큼 국가 차원에서도 이와 같은 뜻을 존중하여 그에 맞는 언어 정책을 시행하고 있는 것이다.

4.2.2. 비판적 계승: 세계화의 물결에 발맞추는 국어 정책

앞서 우리가 비판적으로 평가한 바와 같이 허웅 선생은 때때로 지나치게 국수주의적인 면모를 보이기도 하였고 외국어 교육에 대해서도 현실에 맞지 않을 만큼 부정적인 태도를 보인 바도 있다. 이는 세계화된 현대 사회의 실정에 맞게 비판적으로 받아들이되 그 바탕에 담긴 뜻만은 잘 살려서 수용하는 것이 바람직할 것이다.

허웅 선생은 앞에서 소개한 대로 외국어로 생각을 표현하는 것이 모국어를 사용하는 것과 달리 '앵무새가 사람 말을 흉내내는 것'과 같다고 하였는데, 다시금 강조하건대 이는 자칫 '외국어는 아무리 배워도 소용없는 말'이라는 식의 오해를 불러일으키기 쉬운 견해였다. 특정한 언어 표현을 외국어로 할 수 있다면 모국어가 다른 사람끼리도 소통을 할 수 있게 될 터이니 크나큰 장점이라 할 것이고, 또한 외국어로 된 문학 작품을 읽으면서 느끼는 것은 그 외국어가 모국어인 사람이 느끼는 것과

---

36) 이 누리집의 주소는 http://malteo.korean.go.kr이다.
37) '댓글(←리플)', '안전문(←스크린도어)' 등이 국립국어원의 말 다듬기 사업을 통해 대중들 사이에 정착된 순화어의 대표적인 사례이다.

여러모로 다르겠지만 그 '다름' 자체가 그 작품에 대한 새로운 해석의 씨앗이 될 수 있는 만큼 이 또한 문학적으로 충분한 의의가 있다. 그리고 그 새로운 해석은 한국어 문학과 한국 문화를 더욱 풍부하게 하는 데도 도움을 줄 수 있을 것이다. 따라서 외국어 교육은 세계화 시대 한국 문화의 성장 발전을 위해서도 오히려 더욱 권장하는 것이 바람직하다.

또한 토박이말로는 도저히 적절하게 표현할 수 없으나 어떻게든 꼭 이야기해야 할 말이 있다면 그것은 아무리 낯선 말이라 해도 외래어를 받아들여 표현하는 것이 불가피할 것이다. 예컨대 '스마트폰'을 '똑똑전화'로 순화하려는 시도가 사실상 실패했던 것은 '스마트폰'의 '스마트'가 '똑똑하다'에 정확하게 대응하는 낱말도 아니었거니와 '스마트폰'이라는 낱말이 가지는 어감이 '똑똑전화'와는 엄연히 달랐기 때문이었다. 따라서 대중들이 이미 폭넓게 받아들인 '스마트폰' 같은 용어는 오히려 긍정적으로 인정해서 한국어에 이처럼 다양한 어휘가 새롭게 생겨나고 있다고 평가하는 것이 더욱 합리적일 수 있다. 미시적인 어휘 층위에서 외래어를 불가피하게 받아들여 사용한다 하더라도 그보다 거시적인 텍스트 층위에서 세계 문화 발전에 공헌할 수 있는 한국어 글들을 많이 생산해 낸다면 이것이야말로 한국어 발전에 이바지하는 길일 것이다.[38]

하지만 현실이 그러하다는 이유로 국어 순화를 강조하였던 허웅 선생의 뜻을 그 뿌리부터 부정하는 것 또한 합당한 태도라 하기는 어렵다. 허웅 선생이 국어 순화에 관한 이야기를 어떠한 의도에서 하였는지를 따져 보고 그 본뜻을 발전적인 방향으로 계승하는 것은 '비판적 계승'이라는 차원에서 필요한 일이기 때문이다. 허웅 선생이 국어 순화론을 주장하면서 지향하였던 것 가운데 하나는 '우리나라 사람의 생각을 나타낼 때 외국어 용어를 외래어로 받아들여서 표현하기보다 우리 토박이

---

38) 프랑스어 어휘를 대폭 받아들인 영어가 세계에서 가장 위세를 떨치는 언어가 된 것에서도 그 선례를 찾아볼 수 있다.

말 용어로 표현하는 것'이었다. 예컨대 '파랗다'라고 할 것을 굳이 '블루'라고 할 필요는 없다는 뜻으로 이해하면 쉬울 것이다. 물론 영어를 모국어로 하는 사람들을 이해하고 이들과 소통하기 위해서는 '블루'라는 표현을 알아야 할 필요가 있고 그 말의 어감이 어떠한지, 그 말이 가리키는 범주는 어떠한 것인지를 깊이 아는 것 또한 필요하다. 하지만 한국 사람이 한국 사람들끼리 대화하면서는 '블루'라는 표현보다 '파랗다'라는 표현을 쓰는 것이 더 낫다는 점에서는 이의를 제기하기가 어려울 것이다. 그뿐만 아니라 영어든 어떠한 언어든 외국어로서 배우기 위해서는 먼저 모국어를 충실하게 알아야 할 텐데[39], 그러한 점에서라도 '파랗다'라는 말을 잘 살려 쓰는 것이 중요하다. 한국어를 외국인에게 보급하고 세계화하여야 한다는 과제를 안고 있는 오늘날 한국의 지식인들 역시 '파랗다'라는 말의 뜻을 정확하고 충실하게 알고 있어야 이를 외국인에게 올바르게, 그리고 효율적인 방법으로 설명할 수 있을 것이다.

요컨대 세계화 시대에 발맞추는 언어 정책은 크게 '외국어는 외국어대로 열심히 공부하고 구사하되 그 못지않게 우리말 역시 충실하게 공부하고 갈고 닦아서', 궁극적으로는 우리말과 외국어 모두 잘 구사하고 나아가 이를 토대로 외국인에게 한국어를 올바르게 보급하는 단계까지 나아가는 것이라고 할 수 있다. 이는 허웅 선생이 본디 의도하였던 '국어 발전을 통한 민족의 발전'이라는 목표와도 합치하는 일이다.

5. 맺음말

지금까지 우리는 허웅 선생의 언어 사상과 언어 정책을 그의 저서와 한글학회의 활동 내용을 토대로 하여 비판적으로 논하고자 하였다. 허웅

---

39) 이미 한 언어가 모국어로서 정립된 사람의 경우 외국어를 받아들일 때 모국어의 틀에 맞추어 받아들이게 되기 때문이다.

선생은 '국어 연구를 통한 독립 운동'이 필요했던 일제 강점기에 젊은 시절을 보내고 새 나라의 기틀을 잡아야 하는 시기에 국어학계를 대표하는 학자로 활동해 온 결과, 언어 연구를 통하여 무엇보다 민족 의식과 민족 정신을 드높이는 데 생애를 바쳤다고 할 수 있다. 이에 때로는 지나치게 국수주의적인 면을 보이기도 하고 현대의 언어학 이론에 비추어 볼 때 비판을 받을 만한 주장을 펴는 경우도 있었으나, 큰 틀에서 살필 경우 허웅 선생은 국어 발전을 통해 국가 발전을 이끈 선각자 가운데 한 사람으로 평가받기에 충분할 것이다.

현재 한국 사회와 한국어가 처한 상황은 허웅 선생이 활동하던 시기와 분명히 다르다. 따라서 언어 정책의 방향도 그때와는 달라질 수밖에 없을 것이다. 예컨대 앞에서 몇 차례에 걸쳐 논한 대로 외국어와 외래어 등을 바라보는 관점 역시 시대와 상황이 다른 만큼 서로 같을 수 없으며, 이러한 관점들은 시대 상황에 맞게 변화하는 것이 오히려 당연하며 필요한 일이다. 다만 그 궁극적인 지향점이 무엇인가를 따져 보는 것은 특정 사안에 대한 관점이나 방향의 변화와 '비록 관련은 있지만 범주가 다르므로 서로 달리 생각하여야 할' 문제인 만큼, 허웅 선생이 20세기를 살면서 20세기적 관점을 가지고 궁극적으로 지향하였던 이상과 오늘날 우리가 21세기적 관점에서 지향하여야 할 이상 사이에는 어떠한 합일점이 있을지를 따지는 것도 필요할 것이다.

허웅 선생은 한민족이 위기에 처한 상황에서 민족을 살리는 데 몸을 바쳤다. 이 때문에 대한민국이 이미 선진국이자 강국 반열에 들었고 한국 문화가 외국에 널리 소개되기 시작한 지도 여러 해가 지난 오늘날 허웅 선생의 사상을 문자 그대로 따르고 지키는 것은 어쩌면 고루한 일이 될 수도 있을 것이다. 하지만 21세기 한국 사회는 '외국 문물을 더욱 적극적으로 받아들이는 것이 당연한' 사회인 동시에 '한국어와 한국 문화를 외국에 더욱 적극적으로 소개하고 확산시켜야 하는' 사회로서, '국어'이자 '민족어'가 우리에게 과연 어떠한 의미를 지닌 존재인지를 숙고하고 이를 시대 상황에 맞게 발전시켜야 한다는 소명을 안고 있다는 점에서는 허웅 선생의 시대나 지금이나 본질적인 차이가 없다고 할 수 있다. 시대 상황이 다르고 그에 따른 대응 방안이 달라질 뿐 '한국 어의 발전'이라는 대의는 한국의 언어학계가 변함없이 지향해야 할 목표일 것이다.

참고 문헌

1. 허웅 선생 논집[40]

허웅 (1973), ≪우리말과 글의 내일을 위하여≫, 과학사.
허웅 (1979), ≪우리말과 글에 쏟아진 사랑≫, 문성출판사.
허웅 (1987), ≪이삭을 줍는 마음으로≫, 샘 문화사.
허웅 (1998), ≪이삭을 줍는 마음으로(둘째 엮음)≫, 샘 문화사.

2. 일반 논저

고영근 (1983), 개화기(開化期)의 국어연구단체(國語研究團體)와 국문보급활동(國文普及活動)－'한글모죽보기'를 중심으로－, ≪한국학보≫ 제9권 제1호, 일지사. pp.83~127.
고영근 (2001), ≪역대한국문법의 통합적 연구≫, 서울대학교 출판부.
고영근 (2011), ≪텍스트과학≫, 집문당.
국립국어원 (2010), ≪공공언어 요건 정립 및 진단 기준 개발 연구≫.
국립국어원 (2011a), ≪국립국어원 20년사≫.
국립국어원 (2011b), ≪2011년 행정기관 공공언어 진단 1≫.
국립국어원 (2011c), ≪2011년 행정기관 공공언어 진단 2≫.

---

40) 허웅 선생이 신문이나 잡지 등에 발표한 글은 그 신문이나 잡지를 직접 찾아 인용하지 않고 모두 이 논집에서 인용하였다. 다만 각 글의 제목과 본래 출처를 본문에서 밝혔다.

국립국어원 (2011d), ≪한눈에 알아보는 공공언어 바로 쓰기≫.

국립국어원 (2012a), ≪행정기관 공공언어 진단 1≫.

국립국어원 (2012b), ≪행정기관 공공언어 진단 2≫.

김동소 (2009), 각국어 성경으로 보는 세계의 언어와 문자 (1), ≪한글 새소식≫ 448(2009년 12월), 한글학회. pp.2~4.

김정남 (2011), <한글 맞춤법>은 한글 사용의 매뉴얼 – 갈고 닦아 유지하자, ≪제3회 국어정책 연속 토론회 자료집≫, 국립국어원. pp.13~20.

김필영 (1998), 새로 발견된 게 봉우 지음 ≪과학의 원수≫ ≪한글 새소식≫ 313(1998년 9월), 한글학회. pp.25~26.

신지영 (2011), 성문화된 한글 맞춤법을 유지해야 하는가?, ≪제3회 국어 정책 연속 토론회 자료집≫, 국립국어원. pp.3~10.

최용기 (2001), 남북한 국어 정책 변천 연구사, 단국대학교 국어국문학과 박사학위 논문.

한글학회 (2009), ≪한글학회 100년사≫, 한글학회.

Chomsky, Noam (1966), *Cartesian Linguistics: a Chapter in the History of Rationalist Thought*, Harper.

Katz, Jerrold J. (1966), *The Philosophy of Language*, Harper & Row.

Parain, Brice (1942), *Recherches sur la nature et les fonctions du langage*, Gallimard.

de Saussure, Ferdinand (1916), 김현권 옮김 (2012), ≪일반언어학 강의≫, 지식을만드는지식.

Stöber, Bernd (2013), *Geschichte des Koreakriegs: Schlachtfeld der Super-mächte und ungelöster Konflikt*, Beck.

3. 신문 기사

권재일 (2004), 한평생 우리말 사랑 길이 빛나리 – 허웅 한글학회장을 기리며, ≪한국일보≫ 2004.1.28.

4. 인터넷 사이트

World Factbook 2013: https://www.cia.gov/library/publications/the-world-factbook/index.html

글쓴이 소개 (가나다 순)

강희조

서울대학교 인문대학 언어학과 졸업
미국 Stony Brook University 언어학과 졸업 (Ph.D in Linguistics)
현재 서울대학교 인문학연구원 선임연구원
주요 논저: Diachrony in Synchrony: Korean vowel harmony in verbal con-
jugation(2012), Segmental OCP in Manchu syllables(2013), Phonetic
grounding of position and height asymmetries in hiatus resolution:
An acoustic analysis of Korean VV sequences(2013)

고성연

서울대학교 인문대학 언어학과 졸업
미국 Cornell University 대학원 언어학과 졸업 (Ph.D in Linguistics)
현재 뉴욕시립대학교 퀸즈칼리지 동아시아학과 조교수
주요 논저: 중세국어 모음체계의 대립 위계와 그 변화(2010), Vowel
contrast and vowel harmony shift in the Mongolic languages (2011),
퉁구스어와 몽골어의 모음조화 대조 연구(2011)

김건희

서울대학교 인문대학 언어학과 졸업
서울대학교 대학원 언어학과 졸업 (문학박사)
현재 서원대학교 국어교육과 조교수
주요 논저: ≪한국어 형용사의 논항 구조 연구≫(2011), 연결어미 '-고서,
-아서/어서, -(으)면서'에 나타나는 '서'의 의미기능(2012), 품사의
분류 기준과 분류 체계 -언어유형론적 고찰을 중심으로- (2013)

김윤신

서울대학교 인문대학 언어학과 졸업

서울대학교 대학원 언어학과 졸업 (문학박사)

현재 신라대학교 국어교육과 조교수

주요 논저: 파생동사의 어휘의미구조 -사동화와 피동화를 중심으로-(2001), 한국어 동사의 사건구조와 어휘상(2006), 생성 어휘부 이론과 합성성의 기제(2013)

목정수

서울대학교 인문대학 언어학과 졸업

루마니아 University of Bucharest 어문학부 졸업 (언어학박사)

현재 서울시립대학교 국어국문학과 교수

주요 논저: ≪한국어 문법론≫(2003), ≪한국어, 문법 그리고 사유≫(2009), 한국어학에서의 소쉬르 수용의 문제(2009), 선어말어미 '-시-'의 기능과 주어 존대(2013), ≪한국어, 보편과 특수 사이≫(2013)

박소영

서울대학교 인문대학 언어학과 졸업

서울대학교 대학원 언어학과 졸업 (문학박사)

미국 University of Southern California 대학원 언어학과 졸업 (Ph.D in Linguistics)

현재 부산대학교 국어국문학과 부교수

주요 논저: ≪한국어 동사구 수식 부사와 사건구조≫(2004), Functional Categories: the syntax of DP and DegP(2009), 한국어 피동문에 나타나는 격 교체의 비대칭성에 대하여(2013)

신용권

서울대학교 인문대학 언어학과 졸업
중국 난징대학 대학원 중문계 졸업 (문학박사)
서울대학교 대학원 언어학과 졸업 (문학박사)
현재 인천대학교 중어중국학과 부교수
주요 논저: 고금운회거요 연구(2002), 노걸대, 박통사 제간본에 나타난
　　　　　한어 문법 변화 연구(2007), 근대한어 구개음화 연구 I (2010)

조원형

서울대학교 인문대학 언어학과 졸업
서울대학교 대학원 언어학과 졸업 (언어학박사)
현재 만하임 독일어연구원 방문연구원
주요 논저: 천주가사에 대한 텍스트언어학적 연구(2009), 텍스트성 기준
　　　　　과 디자인 척도(2013), ≪러시아의 한국학과 북우 계봉우≫(공저,
　　　　　2013)